Immaterialgüterrechtliche Vorbenutzungsrechte

# Studien zum deutschen und europäischen Medienrecht

herausgegeben von Dieter Dörr und Udo Fink

mit Unterstützung der Dr. Feldbausch Stiftung

Bd. 53

PETER LANG

Frankfurt am Main · Berlin · Bern · Bruxelles · New York · Oxford · Wien

Christian Gehweiler

# Immaterialgüterrechtliche Vorbenutzungsrechte

PETER LANG
Internationaler Verlag der Wissenschaften

**Bibliografische Information der Deutschen Nationalbibliothek**
Die Deutsche Nationalbibliothek verzeichnet diese Publikation in der Deutschen Nationalbibliografie; detaillierte bibliografische Daten sind im Internet über http://dnb.d-nb.de abrufbar.

Zugl.: Mainz, Univ., Diss., 2012

D 77
ISSN 1438-4981
ISBN 978-3-631-63474-5


www.peterlang.de

Für Pinar und meine Eltern

Vorwort

Die vorliegende Arbeit wurde im Herbst 2011 von der Rechts- und Wirtschaftswissenschaftlichen Fakultät der Johannes Gutenberg-Universität in Mainz als Dissertation angenommen. Sie entstand im Anschluss an meine Teilnahme am Masterstudiengang im Medien- und Urheberrecht des Mainzer Medieninstituts. Die Dissertation befasst sich mit einer Sonderkonstellation im Immaterialgüterrecht, dem Grundkonflikt von vorbenutztem Sonderrechtsgut und nachfolgend entstandenem Schutzrecht. Literatur und Rechtsprechung wurden bis einschließlich September 2011 berücksichtigt.

Mein besonderer Dank gilt meinem Doktorvater Herrn Prof. Dr. Jürgen Oechsler, der mir ermöglichte an seinem Lehrstuhl zu promovieren und dieses Thema zu bearbeiten. Er hat mich stets vorbildlich betreut. Mit seiner offenen und herzlichen Art hat er mich motiviert und in zahlreichen konstruktiven Gesprächen durch wertvolle Hinweise unterstützt. Für die Erstellung des Zweitgutachtens danke ich Herrn Prof. Dr. Udo Fink. Ferner danke ich Herrn Prof. Dr. Dieter Dörr sowie Herrn Prof. Dr. Udo Fink für die Aufnahme in diese Schriftenreihe. Ebenfalls möchte ich mich bei Herrn Dr. Thomas Claer für das Korrekturlesen sowie bei Herrn Tarek Abdelghany für seine hilfreichen Anregungen bedanken. Herzlich danke ich auch Frau Kadriye Karacinar, die mir stets den Rücken von Alltagsproblemen freigehalten hat. Mein besonderer Dank gilt meiner Verlobten Pinar, die mich während der Erstellung dieser Dissertation immer unterstützt und aufgebaut hat. Ihr und meinen Eltern ist diese Arbeit gewidmet.

Mannheim, im Juni 2012 Christian Gehweiler

## Inhaltsverzeichnis

# Literaturverzeichnis


***Ahrens,** Claus* — Gewerblicher Rechtsschutz, Tübingen 2008

***Badura,** Peter* — Geistiges Eigentum und Gemeinfreiheit, Tübingen 2007, S.45-60

***Bamberger,** Heinz Georg/ **Herbert,** Roth* — Kommentar zum Bürgerlichen Gesetzbuch: BGB, Gesamtwerk in 3 Bänden, 3. Auflage, München 2011

***Bartenbach,** Kurt* — Patentlizenz- und Know-how-Vertrag, 6. Auflage, 2007

***Baumbach,** Adolf/ **Hefermehl,** Wolfgang* — Wettbewerbs- und Warenzeichenrecht, 8. Auflage, München und Berlin 1960

***Baur,** Fritz/ **Stürner,** Rolf* — Sachenrecht, 18. Auflage, München 2009

***Beater,** Axel* — Das gezielte Behindern im Sinne von § 4 Nr. 10 UWG, WRP 2011, S. 7-17

Unlauterer Wettbewerb, 11. Auflage, Tübingen 2011

***Becher,** Carl* — Wettbewerbsrecht unter besonderer Berücksichtigung des Namens-, Firmen-, Patent- und Warenzeichenschutzes, Berlin 1928

***Becker,** Maximilian* — Positive und negative Zeichenberechtigung im Internet, WRP 2010, S. 467-474

***Beier,** Friedrich-Karl* — Markenrechtliche Abhandlungen, Beiträge zur neueren Entwicklung des Warenzeichen-, Ausstattungs- und Herkunftsschutzes 1956-1985, Köln, Berlin, Bonn, München 1986

***Benkard,** Georg* — Patentgesetz – Gebrauchsmustergesetz, 10. Auflage, München 2006

**Berberich,** *Matthias* | Absolute Rechte an der Nutzung einer Domain – eine zentrale Weichenstellung für die Rechtsentwicklung, WRP 2011, S. 543-549

**Berlit,** *Wolfgang* | Markenrecht, 8. Auflage, München 2010

**Bettinger,** *Torsten* | Handbuch des Domainrechts: Nationale Schutzsysteme und internationale Streitbeilegung, Köln 2008

**Beyerlein,** *Thorsten* | Das neue Geschmacksmustergesetz, WRP 2004, S. 676-682

**BGB-RGRK** | Das Bürgerliche Gesetzbuch, mit besonderer Berücksichtigung der Rechtsprechung des Reichsgerichts und des Bundesgerichtshofes, herausgegeben von Mitgliedern des Bundesgerichtshofes, 12. Auflage, Berlin, New York 1982

**Boecker,** *Dominik* | Der Löschungsanspruch in der registerkennzeichenrechtlich motivierten Domainstreitigkeit, GRUR 2007, S. 370-373

**Bork,** *Reinhard* | Allgemeiner Teil des Bürgerlichen Gesetzbuchs, Tübingen 2001

**Bornkamm,** *Joachim* | Markenrecht und wettbewerbsrechtlicher Kennzeichenschutz, GRUR 2005 S. 97-101

**Brandi-Dohrn,** *Matthias* | Die kommende Neuordnung des Kennzeichenrechts: Das Markenrechtsreformgesetz, BB Beilage 1994, Nr. 16, S. 1-14

**Brandner,** *Hans Erich*/ **Bergmann,** *Alfed* | UWG Großkommentar zum Gesetz gegen den unlauteren Wettbewerb mit Nebengesetzen, Berlin und New York 2000

**Brömmelmeyer,** *Christoph* | Internetwettbewerbsrecht – Das Recht der Ubiquität – Das Recht der Domain Names – Das Recht der kommerziellen Kommunikation, Habilitationsschrift, Humboldt-Universität, Berlin 2005

***Bruchhausen,** Karl* — Das Vorbenutzungsrecht gegenüber einem europäischen Patent, GRUR Int. 1964, S. 405-415

***Bücking,** Jens* — Internet-Domains – Neue Wege und Grenzen des bürgerlich-rechtlichen Namensschutzes, NJW 1997, S. 1886-1890

***Bühring,** Manfred* — Gebrauchsmustergesetz – Kommentar, 9. Auflage, 2011

***Bunnenberg,** Steffen* — Internetdomains zwischen Markenrecht und Namensrecht, MarkenR 2010, S. 69-77

***Busche,** Jan* — Das Vorbenutzungsrecht im Rahmen der deutschen und europäischen Patentrechts, GRUR 1999, S. 645-649

***Busse,** Rudolf* — Sammlung Guttentag Patentgesetz, 5. Auflage, Berlin, New York 1999

Kommentar zum Warenzeichengesetz, 6. Auflage, Berlin 1990

***Callmann,** Rudolf* — Der unlautere Wettbewerb, Kommentar zum Gesetz gegen den unlauteren Wettbewerb mit Notverordnung vom 9. März 1932 und zu den materiellrechtlichen Vorschriften des Gesetzes zum Schutze der Warenbezeichnungen, 2. Auflage, Mannheim, Berlin, Leipzig 1932

***Canaris,** Claus-Wilhelm* — Systemdenken und Systembegriff in der Jurisprudenz entwickelt am Beispiel des deutschen Privatrechts, 2.Auflage, Berlin 1983

***Damme,** F.* — Das Wesen der Priorität im Patent und Gebrauchsmusterrecht, das sog. Vorbenutzungsrecht und Artikel 4 des Unionsvertrages, GRUR 1904, S.107-113.

***Däbritz,** Erich/ **Jesse,** Ralf-Rüdiger/ **Bröcher,** Dirk* — Patente – Wie versteht man sie? Wie bekommt man die? Wie geht man mit ihnen um? 3. Auflage, München 2009

***Dreyer,*** *Gunda/* ***Kotthoff,*** *Jost/* ***Meckel,*** *Astrid* — Heidelberger Kommentar zum Urheberrecht, 2. Auflage, Heidelberg 2009

***Eckhardt,*** *Jens* — Anmerkung zur Entscheidung des Bundesgerichtshofs vom 9.9.2004 „mho.de“, CR 2005, S.364-366

***Ehrenberg,*** *Victor* — Ueber das Wesen der Firma. Zugleich ein Beitrag zur Lehre von den negativen Verbindlichkeiten, ZHR 28 (1882), S.25-55

***Eichmann,*** *Helmut* — Kritische Überlegungen zum Vor- und Weiterbenutzungsrecht, GRUR 1993, S. 73-87

Die Regelung des Vorbenutzungsrecht in den Ländern des Europarats, GRUR-Int 1967, S. 378-390

***Eichmann,*** *Helmut/* ***von Falckenstein,*** *Roland Vogel* — Geschmackmustergesetz - Kommentar, 2. Auflage, München 1997

Geschmackmustergesetz – Kommentar, 4. Auflage, München 2010

***Ekey,*** *Friedrich L./* ***Klippel,*** *Diethelm/* ***Bender,*** *Achim* — Markenrecht, Band 1: MarkenG und Markenrecht ausgewählter ausl. Staaten - Kommentar, 2. Auflage, Heidelberg 2009

***Engisch,*** *Karl* — Einführung in das juristische Denken, herausgegeben und bearbeitet von Thomas Würtenberger und Dirk Otto, 10. Auflage, Stuttgart 2005

***Ernst,*** *Stefan* — Internetadressen – Der Stand der Rechtsprechung, MMR 2001, S. 368-374

***Fabricius,*** *Fritz* — Extensive Anwendung des § 12 BGB?, JR 1972, S. 15-18

***Fabry,*** *Bernd* — Rotkäppchen und der böse Wolf – Von wertvollen Besitzständen und bösgläubigen Markenanmeldern, GRUR 2010, S. 566-573

***von Falck,** Kurt* — Zur Reform der Bestimmungen über Schutzbereich und Verletzung des Patents, Bericht des Unterausschusses „Schutzbereich, Lizenz, Verletzung" des Fachausschusses für Patent- und Gebrauchsmusterrecht der Deutschen Vereinigung für gewerblichen Rechtsschutz und Urheberrecht, GRUR 1971, S. 541-550

***Fechner,** Frank* — Geistiges Eigentum und Verfassung, Habilitationsschrift, Tübingen 1999

***Fezer,** Karl-Heinz* — Lauterkeitsrecht – Kommentar zum Gesetz gegen den unlauteren Wettbewerb (UWG), München 2010

Handbuch der Markenpraxis – Markenverfahrensrecht und Markenvertragsrecht, Band I. Markenverfahrensrecht, München 2007

Kommentar zum Markengesetz, 4. Auflage, München 2009

***von Filseck,** Moser* — Anmerkungen zum Urteil des BGH vom 24.2.1961 Az I ZF 15/60, „Dolex", GRUR 1961, S. 416-418

***Finger,** Christian* — Das Reichsgesetz zum Schutz der Warenbezeichnungen vom 12. Mai 1894 nebst den Ausführungsbestimmungen und dem internationalen Warenbezeichnungsrecht, 2. Auflage, Berlin 1906

Das Reichsgesetz zum Schutze der Warenbezeichnungen vom 12. Mai 1894, 3. Auflage, Berlin 1926

***Fromm,** Friedrich K./ **Nordemann,** Wilhelm* — Kommentar zum Urheberrechtsgesetz, Urheberrechtswahrnehmungsgesetz, Verlagsgesetz, 10. überarbeitete und ergänzte Auflage, Stuttgart 2008

***von Gamm,** Otto-Friedrich* — Warenzeichen-Änderungsgesetz vom 4. September 1967, München 1968

Warenzeichengesetz – Kommentar, München und Berlin 1965

***Gloy**, Wolfgang/ **Loschelder**, Michael/ **Erdmann**, Willi* — Handbuch des Wettbewerbsrechts, 4. Auflage, München 2010

***Goldbaum**, Wenzel* — Fragen aus dem Grenzgebiet zwischen Urheberrecht und unlauterem Wettbewerb, GRUR 1926, S. 295-309

***Göller**, Kurt Hermann* — Das Vorbenutzungsrecht bei Warenzeichen – Ein Vergleich mit dem Vorbenutzungsrecht bei Patenten, Dissertation vom März 1934, Tübingen

***Goldmann**, Michael* — Der Schutz des Unternehmenskennzeichen, 2. Auflage, Köln 2005

***Götting**, Horst-Peter* — Gewerblicher Rechtsschutz – Patent-, Gebrauchsmuster-, Geschmacksmuster- und Markenrecht, 8. Auflage, München 2007, 9. Auflage, München 2010

Der Begriff des Geistigen Eigentums, GRUR 2006, S. 353-358

***Gülland**, Paul* — Die nicht eingetragene Warenbezeichnung, MuW 1913/14, S. 533-545

***Günther**, Philipp H.* — Die Entstehung des Unternehmenskennzeichenschutzes nach § 5 Abs. 2 Satz 1 MarkenG, WRP 2005, S. 975-978

***Hackbarth**, Ralf* — „Branchenübergreifende Gleichnamigkeit“ bei Domainstreitigkeiten vor dem Hintergrund der „mho.de“-Entscheidung des BGH“, WRP 2006, S. 519-525

***Hacker**, Franz* — Methodenlehre und Gewerblicher Rechtsschutz – dargestellt am Beispiel der markenrechtlichen Verwechslungsgefahr, GRUR 2004, S. 537-548

Die Änderungen des Markengesetzes durch das Patentrechtsmodernisierungsgesetz, GRUR 2010, S. 99-102

***Hacker,*** *Franz* Markenrecht – Das deutsche Markensystem, 2. Auflage, Köln 2011

***Hagens,*** *Alfred* Gewerbe- und Industrie-Kommentar, 3. Band Warenzeichenrecht, Berlin, Leipzig 1927

Warenzeichen und Ausstattungsbesitz, MuW 27/28, S. 561-566

***Hartig,*** *Helge* Die Rechtsnatur der Domain – Anmerkung zur BGH-Entscheidung „Domain-Pfändung", GRUR 2006, S. 299-301

***Harte-Bavendamm,*** *Henning/* ***Henning-Bodewig,*** *Frauke* Gesetz gegen den unlauteren Wettbewerb (UWG) Mit Preisangabenverordnung, München 2004

***Härting,*** *Niko/* ***Reinholz,*** *Fabian* Domainrecht – eine Bilanz der Rechtsprechung aus den Jahren 2004/2005, K & R 2005, S. 529-533

***Hefermehl,*** *Wolfgang* Anmerkung zur Entscheidung des Bundesgerichtshofs vom 23.März 1966, „Modess", GRUR 1967, S.303-304

***Heinrich,*** *Michael* Der kennzeichenrechtliche Schutz von Internet Domains, MarkenR 03/2003, S. 89-97

***Helm,*** *Horst* Die bösgläubige Markenanmeldung, GRUR 1996, S. 593-601

***Hildebrandt,*** *Ulrich* Marken und andere Kennzeichen, Handbuch für die Praxis, 2. Auflage, Köln 2010

Der Hase im Goldpelz, Überlegungen zum Vorabentscheidungsgesuch des OGH vom 2.10.2007 – Az. 17 Ob 20/07a zur Frage der bösgläubigen Markenanmeldung, MarkenR 2008, S. 102-111

***Hoffmann,*** *Franz* Immaterialgüterrechtliche Anwartschaftsrechte. Dissertation, Tübingen 2009

***Ingerl,*** *Reinhard* — Der wettbewerbsrechtliche Kennzeichenschutz und sein Verhältnis zum MarkenG in der neueren Rechtsprechung des BGH und in der UWG-Reform, WRP 2004, S. 809-816

***Ingerl,*** *Reinhard/* ***Rohnke,*** *Christian* — Markengesetz – Kommentar, 3. Auflage, München 2010

**UWG** Großkommentar — Gesetz gegen den unlauteren Wettbewerb mit Nebengesetzen, Großkommentar, 1. Auflage; Erster Band Einleitung; §§ 1 bis 12, Berlin 2006; Zweiter Band Vor § 13; §§ 13 bis 30; Rabattgesetz; Gesamtregister, Berlin 2006

***Jarass,*** *Hans D./* ***Pieroth,*** *Bodo* — Kommentar zum Grundgesetz für die Bundesrepublik Deutschland, 11. Auflage, München 2011

***Jänich,*** *Volker Michael* — Vorbenutzungsrechte im Markenrecht, Der Begriff der Bösgläubigkeit nach der Goldhase-Entscheidung des EuGH, MarkenR 10/2009, S. 469f-474

***Kaiser,*** *Felix* — Ausstattung gegen Warenzeichen, MuW 1929, S. 565-571, Berlin 1929

***Karl,*** *Roland* — Domainnamen als Kollisionszeichen von Marken und geschäftlichen Bezeichnungen, MarkenR 11-12/2003, S. 439-448

***Kazemi,*** *Robert/* ***Leopold,*** *Anders* — Die Internetdomain im Schutzbereich des Art. 14 Abs. 1 GG, MMR 2004, S. 287-292

***Klauer,*** *Georg/* ***Möhring,*** *Phillip* — Patentrechtskommentar, 3. Auflage, München 1971

***Klippel,*** *Diethelm* — Der zivilrechtliche Schutz des Namens – Eine historische und dogmatische Untersuchung, Paderborn, München, Wien, Zürich 1985

***Klöppel,*** *E.* — Der „Schutz ohne Eintragung" nach dem Entwurf des neuen Warenzeichengesetzes, MuW 1913/14, S. 52-61

***Knaak,*** *Roland* — Die Gemeinschaftsmarke Lindt Goldhase und ihre gerichtliche Durchsetzung in Österreich und Deutschland, MarkenR 07-08/2008, S.285-291

***Kohler,*** *Josef* — Warenzeichenrecht, 2. Auflage des Rechts des Markenschutzes mit Berücksichtigung ausländischer Gesetzgebungen, Mannheim und Leipzig 1910

Handbuch des deutschen Patentrechts in rechtsvergleichender Darstellung , Mannheim 1900

***Köhler,*** *Helmut/* ***Bornkamm,*** *Joachim* — Gesetz gegen den unlauteren Wettbewerb – Kommentar, 28. Auflage, München 2010

***Kort,*** *Michael* — Markenrechtliche Verwechslungsgefahr bei Domain-Namen, WRP 2002, S. 302-303

***Kirchberger,*** *Hans* — Glossen zum künftigen Warenzeichenrecht, MuW 1913/14, S. 259-262

***König,*** *F. J.* — Rechtliches Wesen des persönlichen Vorbenutzungsrechts nach § 7 Patentgesetz und Versuch einer Definition, WRP 1967, S. 177

***Koos,*** *Stefan* — Der Name als Immaterialgut, GRUR 2004, S. 808-815

***Kraßer,*** *Rudolf* — Patentrecht, 6. Auflage, München, 2009

***Kreft,*** *Gerhard* — Insolvenzordnung – Kommentar, 5. Auflage, Heidelberg 2008

***Kur,*** *Annette* — Internet Domain names – Brauchen wir strengere Zulassungsvorschriften für die Datenautobahn?, CR 1996, S. 325-330

Der wettbewerbliche Leistungsschutz, Gedanken zum wettbewerbsrechtlichen Schutz von Formgebungen, bekannten Marken und „Characters“ GRUR 1990, S.1-15

***Kur,*** *Annette* — Auswirkungen des neuen Geschmacksmusterrechts auf die Praxis, GRUR 2002, S.661-670

***Kurlbaum,*** *Dietrich* — Das Vorbenutzungsrecht, Dissertation, Sächsische Technische Hochschule zu Dresden, 1933

***Lampert,*** *Wilhelm* — Zur Frage einer Änderung von § 7 Abs. 1 PatG im Rahmen der großen Patentreform, GRUR 1967, S. 221-268

***Larenz,*** *Karl* — Die Methodenlehre der Rechtswissenschaft, 2.Auflage, Springer Verlag, Berlin, Heidelberg, New York; London, Paris, Tokyo, Hong Kong, Barcelona, Budapest 1992

***Larenz,*** *Karl/* ***Wolf,*** *Manfred* — Allgemeiner Teil des Bürgerlichen Rechts, 9. Auflage, München 2004

***Larenz,*** *Karl/* ***Canaris,*** *Claus-Wilhelm* — Methodenlehre der Rechtswissenschaft, 3. Auflage, Berlin und Heidelberg 1995

***Lenn*** — Zum nicht eingetragenen Warenzeichen des Entwurfs, MuW 1913/14, S. 478-480

***Lindenmaier,*** *Fritz* — Das Patentgesetz, 6. Auflage, Köln, Berlin, Bonn, München 1973

***Loewenheim,*** *Ulrich* — Handbuch des Urheberrechts, München 2003

***Loschelder,*** *Michael/* ***Erdmann,*** *Willi* — Handbuch des Wettbewerbsrechts, 4. Auflage, München 2010

***von Mangoldt,*** *Hermann/* ***Klein,*** *Friedrich/* ***Starck,*** *Christian* — Kommentar zum Grundgesetz, Band 1: Präambel, Artikel 1 bis 19, 6. Auflage, München 2010

***Marcus,*** *Paul* — Die Warezeichenrechtliche Vorbenutzung, MuW 1929, S. 536-541

***Medicus,*** *Dieter* — Bürgerliches Recht, 22. Auflage, Köln 2009

***Mes,*** *Peter* — Patentgesetz Gebrauchsmustergesetz, München 1997

***Möhring,** Phillip* — Hausfarben und ihre rechtliche Bedeutung, MA 1950, S. 139-145

***Münchener Kommentar*** — zum Bürgerlichen Gesetzbuch, Band 1 Allgemeiner Teil, 5. Auflage, München 2006; Band 2 Schuldrecht Allgemeiner Teil §§ 241-432 FernAbsG, 4. Auflage, München 2001 Band 5 Schuldrecht Besonderer Teil III, 5. Auflage, München 2009

***Münchener Kommentar*** — zum Lauterkeitsrecht, Band 1 Grundlagen des Wettbewerbsrechts Internationales Wettbewerbs- und Wettbewerbsverfahrensrecht Europäisches Gemeinschaftsrecht-Grundlagen und sekundärrechtliche Maßnahmen §§ 1-4 UWG, München 2006. (Herausgeber Heermann Peter W./ Hirsch Günter)

***Nägele,** Thomas* — Schutzumfang des Geschmacksmusters, IPRB 2011, S. 183-186

Das Verhältnis des Schutzes geschäftlicher Bezeichnungen nach § 15 MarkenG zum Namensschutz nach § 12 BGB, GRUR 2007, S. 1007-1013

Die Rechtsprechung des Bundesgerichtshofs zu Internet-Domains, WRP 2002, S. 138-153

***Neu,** Christian O.* — Ausstattungsschutz, Schutz des vorbenutzten Kennzeichens nach § 1 UWG und Verwirkung, GRUR 1984, S. 501-504

Die neuere Rechtsprechung zur Verwirkung im Wettbewerbs- und Warenzeichenrecht, Köln, Berlin, Bonn München 1984

***Nirk,** Rudolf* — Offene Fragen der Vorbenutzung, GRUR 2001, S. 984-989

***Nordemann,** Axel* — Internet-Domains und zeichenrechtliche Kollisionen, NJW 1997, S. 1891-1897

***Nowrot,*** *Karsten*

Verfassungsrechtlicher Eigentumsschutz von Internet-Domains, Arbeitspapiere aus dem Institut für Wirtschaftsrecht, Heft 8, Oktober 2002

***Ohl,*** *Albert*

Die Vorbenutzung einer Doppelerfindung als Voraussetzung des Vorbenutzungsrechts im künftigen deutschen und europäischen Patentrecht, GRUR Int. 1968, S. 33-43

***Ohly,*** *Ansgar*

Geistiges Eigentum?, JZ 2003, S. 345-355

Vergleichende Werbung für Zubehör und Warensortimente – Anmerkungen zu den EuGH-Urteilen „Siemens/VIPA“ und Lidl Belgium/Colruyt“, GRUR 2007, S. 3-8

Schadensersatzansprüche wegen Rufschädigung und Verwässerung im Marken-und Lauterkeitsrecht, GRUR 2007, S. 926-929

***Ohly,*** *Ansgar/* ***Klippel,*** *Diethelm*

in Geistiges Eigentum und Gemeinfreiheit, Tübingen 2007

***Osterrieth,*** *Christian*

Patentrecht, 3.Auflage, München 2007

***Pahlow,*** *Louis*

Das Recht der Gleichnamigkeit im Internet, WRP 2002, S. 1228-1236

***Pawlowski,*** *Hans-Martin*

Methodenlehre für Juristen: Theorie der Norm und des Gesetzes. Ein Lehrbuch, 3. Auflage, Heidelberg 1999

***Palandt,*** *Otto*

Kommentar zum Bürgerlichen Gesetzbuch, 70. Auflage, München 2011

***Petzold***

Die Vorbenutzung im neuen Patentrecht, GRUR 1937, S. 581-592

***Pierson,*** *Matthias/* ***Ahrens,*** *Thomas/* ***Fischer,*** *Karsten*

Recht des geistigen Eigentums, 2. Auflage, München 2010

***Pinzger,** Werner* — Das deutsche Warenzeichenrecht, Kommentar zum Warenzeichengesetz vom 5. Mai 1936 nebst den internationalen Verträgen, 2. Auflage, München, Berlin 1937

Das deutsche Warenzeichenrecht, Kommentar des Reichsgesetzes zum Schutz der Warenbezeichnungen nebst den internationalen Verträgen, Berlin 1926

***Pinzger,** Werner/ **Heinemann,** Felix* — Das deutsche Warenzeichenrecht, Berlin 1926

***Piper,** Henning/ **Ohly,** Ansgar/ **Sosnitza,** Olaf* — Gesetz gegen den unlauteren Wettbewerb, Kommentar, 5. Auflage, München 2010

***Pothmann,** Julia/ **Guhn,** Jakob* — Erste Analyse der Rechtsprechung zu .eu-Domains in ADR-Verfahren, K&R 2007, S.69-78

***Quade,** Fr.* — Das Recht des Warenzeichens – Vorbenutzer im gegenwärtigen und geplanten Gesetz, MuW 1913/14, S.476-478

***Rau,** Marco* — Der internationale Schutz von Domainnamen und Markenrechten im Internet, Peter Lang GmbH, Frankfurt a.M. 2010

***Rauer,** Nils* — K&R-Kommentar zur BGH-Entscheidung „mho.de" vom 9. September 2004 – I ZR 65/02, K&R 2005, S. 235-236

***Rehbinder,** Manfred* — Urheberrecht, 16. Auflage, München 2010

***Rehmann,** Thorsten* — Geschmacksmusterrecht, München 2004

***Reinholz,** Fabian/ **Schätzle,** Daniel* — Domainrecht – eine Bilanz der Rechtsprechung aus den Jahren 2008/2009, K & R 10/2009, S. 606-612

***Reimer,** Eduard* — Wettbewerbs- und Warenzeichenrecht, Systematischer Kommentar, 1. Band, Warenzeichen und Ausstattung, 4. Auflage, Köln, Berlin, Bonn, München 1966

Wettbewerbs- und Warenzeichenrecht, 1. Band: Allgemeine Grundlagen und Schutz der geschäftlichen Kennzeichnungsmittel 1. Auflage, Berlin 1933

***Reimer,*** *Eduard* — Wettbewerbs- und Warenzeichenrecht, 2. Auflage, Berlin 1947

Wichtige Interessenausgleichsfragen im Patent- und Warenzeichenrecht und ihre Behandlung durch die Rechtsprechung, GRUR 1931, S. 447-471

Die nicht eingetragene Marke im Verhältnis zum eingetragenen Warenzeichen. Warenzeichentagung, Verhandlungsberichte, Berlin 26. bis 27. April 1929, GRUR 1929, S. 814-836

Patentgesetz und Gebrauchsmustergesetz, 3. Auflage, Köln, Berlin, Bonn, München 1968

***Reimer,*** *Ernst* — Anmerkung zur Entscheidung des Bundesgerichtshofs vom 7.Oktober 1965, GRUR 1966, S.375

***Richter,*** *Reinhold* — Rettet die Warenzeichenrolle, MuW 1932, S.1-4

***Rohnke,*** *Christian* — Die Entwicklung des Markenrechts seit Mitte 2003, NJW 2005, S. 1624-1629

***Röse,*** *Sascha* — Die Afilias.de-Entscheidung des BGH, Die Domain-Inhaberschaft zwischen eigentumsrechtlichen Schutz und Namensrecht, MarkenR 06/2010, S. 245-248

***Rosenthal,*** *Alfred* — Wettbewerbsgesetz nebst den materiellen Vorschriften des Warenzeichengesetzes, 8. Auflage, Berlin 1930

Die Regelung des Vorbenutzungsrechts im Entwurf zum neuen Warenzeichengesetz, MuW 1913/14, S. 57-59

***Rössel,*** *Markus* — Kommentar zur Entscheidung des BGH-Urteil vom 19.2.2009 – I ZR 135/06 – „ahd.de", K & R 2009, S. 478-480

Kommentar zur Afilias.de-Entscheidung des BGH vom 24.04.2008 – I ZR 159/05, K & R 2008, S. 739-742

***Sachs,*** *Michael* Grundgesetz Kommentar, 5. Auflage, München 2009

***Sack,*** *Rolf* Sonderschutz bekannter Marken, GRUR 1995, S. 81-98

Die eigenmächtige Werbung mit fremden Namen als Delikt, WRP 1984, S. 521-582

***Schack,*** *Hans* Fragen des Vorbenutzungsrechts, GRUR 1929, S. 621-640

Markenrechtstagung, GRUR 1929, S. 812-817

***Schack,*** *Haimo* Urheber- und Urhebervertragsrecht, 5.Auflage, Tübingen 2010

***Schanze,*** *Oscar* Patentrechtliche Untersuchungen, Jena 1901

***Schäfers,*** *Alfons/* ***Schennen,*** *Detlef* Der erste Teil der Diplomatischen Konferenz zum Abschluß eines Vertrages zur Harmonisierung des Patentrechts – Bericht der deutschen Delegation, GRUR Int. 1991, S. 850-858

***Schramm,*** *Carl* Grundlagenforschung auf dem Gebiete des Gewerblichen Rechtsschutzes und Urheberrechtes, Berlin, Köln 1954

Anmerkung zur Entscheidung des Bundesgerichtshofs vom 7. Januar 1965 „Lacktränkeinrichtung“, GRUR 1965, S. 415-416

***Schricker,*** *Gerhard/* ***Dreier,*** *Thomas/* ***Kur,*** *Annette* Geistiges Eigentum im Dienst der Innovation, Baden Baden 2001

***Schricker,*** *Gerhard/* ***Loewenheim,*** *Ulrich* Urheberrecht – Kommentar, 4. Auflage, München 2010

***Schulte,*** *Rainer/* ***Kühnen,*** *Thomas* Patentgesetz: mit Europäischem Patentübereinkommen – Kommentar auf der Grundlage der deutschen und europäischen Rechtsprechung, 8. Auflage, 2008

***von Schultz,*** *Detlef* Kommentar zum Markenrecht, 2. Auflage, Frankfurt am Main 2007

***Seligsohn,*** *Arnold* Patentgesetz und Gesetz, betreffend den Schutz von Gebrauchsmustern, Berlin, Leipzig 1932

***Soergel,*** *Hans Theodor* Bürgerliches Gesetzbuch mit Einführungsgesetz und Nebengesetzen Band 1 Allgemeiner Teil 1 §§ 1-103, 13. Auflage, Stuttgart, Berlin, Köln und Mainz 2000; Band 1, Allgemeiner Teil, 13. Auflage, Stuttgart, Berlin, Köln, Mainz; Band 2, Schuldrecht 1, 12.Auflage, Stuttgart, Berlin, Köln 1990; Band 12, Schuldrecht 10, 13. Auflage, Stuttgart 2005

***Sosnitza,*** *Olaf* Das Vorbenutzungsrecht als Baustein eines allgemeinen Immaterialgüterrechts, in **Pahlow** Louis/**Eisfeld** Jens, Grundlagen und Grundfragen des Geistigen Eigentums, Festschrift für Diethelm Klippel, Tübingen 2008, S. 275-289

***Spengler,*** *Albrecht* Das Vorbenutzungsrecht bei Warenkennzeichnungen, GRUR 1953, S. 160-164

***Spier,*** *S.* Vorbenutzungsrecht gegenüber der Ausstattung? GRUR 1933, S. 371-374

***von Staudinger,*** *Julius* Kommentar zum Bürgerlichen Gesetzbuch mit Einführungs- und Nebengesetzen

Buch 1 – Allgemeiner Teil - §§1-14; VerschG (Einleitung zum BGB und Allgemeiner Teil 1), Berlin 2004; Buch 2 – Recht der Schuldverhältnisse, Einleitung zum Schuldrecht; §§ 241-243 (Treu und Glauben), Berlin 2009; Buch 2 Recht der Schuldverhältnisse §§826-829; Prod HaftG (Unerlaubte Handlungen 2, Produkthaftung), Berlin 2009

***Starck*** Vorbenutzungsrecht, Weiterbenutzungsrecht und Billigkeitsgrundsatz, GRUR 1939, S. 514-515

| | |
|---|---|
| ***Starck*** | Erwerb eines Vorbenutzungsrechts infolge Mitteilung des Erfinders, GRUR 1939, S. 812-813 |
| ***Steinberg,*** *Jens H./* ***Jaeckel,*** *Christoph* | Rechtsschutz gegenüber Verwarnungen aus bösgläubig registrierten Markenrechten, zugleich eine Besprechung von BGH, Urt. v. 10.1.2008 – I ZR 38/05 – AKADEMIKS, MarkenR 2008, S. 296-309 |
| ***Stjerna,*** *Ingue Björn* | Die Einrede des älteren Rechts im Patent- und Gebrauchsmusterverletzungsstreit, GRUR 2010, S. 202-208 |
| ***Stöckel,*** *Maximilliane/* ***Lüken,*** *Uwe* | Handbuch Marken- und Designrecht, 2. Auflage, Düsseldorf 2006 |
| ***Ströbele,*** *Paul* | Zeiten der Bösgläubigkeit – Probleme im Löschungsverfahren wegen bösgläubiger Markenanmeldung, MarkenR 2010, S. 409-412 |
| ***Ströbele,*** *Paul/* ***Hacker,*** *Franz* | Kommentar zum MarkenG, 9. Auflage, Köln 2009 |
| ***Teplitzky,*** *Otto* | Wettbewerbsrechtliche Ansprüche, 9. Auflage, Köln 2007 |
| ***Tetzner,*** *Heinrich* | Kommentar zum Warenzeichengesetz, Heidelberg 1958 |
| ***Ubber,*** *Thomas* | Rechtsschutz bei Missbrauch von Internet-Domains, WRP 1997, S. 497-513 |
| ***Ullmann,*** *Eike* | Die bösgläubige Markenanmeldung und die Marke des Agenten – überschneidende Kreise, GRUR 2009, S. 364-369 |
| ***Ulmer,*** *Eugen* | Warenzeichen und unlauterer Wettbewerb in ihrer Fortbildung durch die Rechtsprechung, GRUR 1929, S. 736-738 |
| | Warenzeichen und unlauterer Wettbewerb, 1929 |
| ***Viefhues,*** *Martin* | Anmerkung zur Entscheidung des LG Essen vom 22.9.1999 „Pfändung von Domainnames", MMR 2000, S.286-291 |

***Wadle,*** *Elmar* — Geistiges Eigentum – Bausteine zur Rechtsgeschichte, Weinheim, New York, Basel, Cambridge, Tokyo 1996

***Wandtke,*** *Artur-Axel/* ***Bullinger,*** *Winfried* — Praxiskommentar zum Urheberrecht, 3. Auflage, München 2009

***Wandtke,*** *Artur/* ***Ohst,*** *Claudia* — Zur Reform des Geschmacksmustergesetzes, GRUR Int. 2005, S. 91-102

***Wassermann,*** *Martin* — Die nicht eingetragene Marke im Verhältnis zum eingetragenen Warenzeichen. Warenzeichentagung, Verhandlungsberichte, Berlin 26. bis 27. April 1929, GRUR 1929, S. 413-420

Zeichen, die sich im Verkehr durchgesetzt haben, GRUR 1929, S. 1-12

Die nicht eingetragene Marke im Verhältnis zum eingetragenen Warenzeichen, GRUR 1929, S. 413-420

„Ausstattung" gegen „Warenzeichen", MuW 1929, S. 565-570

Das Recht am eigenen Namen, MuW 1915/16, S. 349-355

***Weis,*** *Katja* — Der Immaterialgüterrechtliche Übertragungsanspruch, Dissertation, Konstanz 2004/2005

***Weisert,*** *Daniel* — Die Domain als namensgleiches Recht? Die Büchse der Pandora öffnet sich, WRP 2009, S. 128-132

***Welzel,*** *Stephan* — Zwangsvollstreckung in Internet-Domains, MMR 2001. S. 131-134

***Winkler,*** *Matthias* — Harmonisierung des Markenrechts – Festschrift für Alexander von Mühlendahl zum 65. Geburtstag am 20. Oktober 2005, Köln, Berlin, München 2005

**Abkürzungsverzeichnis**

| | |
|---|---|
| a.A. | Andere Auffassung |
| ABl. | EG Amtsblatt der Europäischen Gemeinschaften |
| Abs. | Absatz |
| Alt. | Alternative |
| Amtl. | Begr. Amtliche Begründung |
| Anh. | Anhang |
| Anm. | Anmerkung |
| ArbErfG | Arbeitnehmererfindungsgesetz |
| Art. | Artikel |
| Aufl. | Auflage |
| Bd. | Band |
| BGB | Bürgerliches Gesetzbuch |
| BGBl. | Bundesgesetzblatt |
| BGH | Bundesgerichtshof |
| BGHZ | Entscheidungen des Bundesgerichtshofs in Zivilsachen |
| BlPMZ | Blatt für Patent-, Muster- und Zeichenwesen |
| BPatG | Bundespatentgericht |
| bspw. | Beispielsweise |
| BT-Drucks. | Bundestagsdrucksache |
| BVerfG | Bundesverfassungsgericht |
| BVerfGE | Bundesverfassungsgerichtsentscheidung |
| bzw. | beziehungsweise |
| CR | Computer und Recht |
| DENIC | Deutsches Network Information Center |
| d.h. | Das heißt |
| Einf. | Einführung |
| Einl. | Einleitung |
| EPÜ | Europäisches Patentübereinkommen |
| etc. | Et cetera |
| EuGH | Gerichtshof der Europäischen Gemeinschaften |
| f. | Folgende |
| ff. | Fortfolgende |
| FS | Festschrift |
| GebrMG | Gebrauchsmustergesetz |
| gem. | Gemäß |
| GeschmMG | Geschmacksmustergesetz |
| GG | Grundgesetz |
| GMV | Gemeinschaftsmarkenverordnung |
| GPÜ | Gemeinschaftspatentübereinkommen |
| GRUR | Zeitschrift für Gewerblichen Rechtsschutz und Urheberrecht |
| GRUR Int. | Zeitschrift für Internationalen Gewerblichen Rechtsschutz und Urheberrecht |
| GRUR-RR | Zeitschrift für Gewerblichen Rechtsschutz und Urheberrecht Rechtsprechungsreport |
| HGB | Handelsgesetzbuch |
| HLSchG | Halbleiterschutzgesetz |
| h.M. | Herrschende Meinung |

| | |
|---|---|
| Hrsg. | Herausgeber |
| i.V.m. | In Verbindung mit |
| iSd. | Im Sinne des |
| JR | Juristische Rundschau |
| JW | Juristische Wochenschrift |
| JZ | Juristenzeitung |
| K&R | Kommunikation und Recht |
| LG | Landgericht |
| MA | Markenartikel |
| MarkenG | Markengesetz |
| MarkenR | Zeitschrift für deutsches, europäisches und internationales Markenrecht |
| Mitt. | Mitteilungen des Verbandes deutscher Patentanwälte |
| MMR | Multimedia und Recht |
| MRR | Erste Richtlinie des Rates zur Angleichung der Rechtsvorschriften der Mitgliedstaaten über Marken (89/104/EWG) |
| MSchG | Markenschutzgesetz |
| MüKo | Münchener Kommentar zum Bürgerlichen Gesetzbuch |
| MuW | Markenschutz und Wettbewerb |
| m.w.N. | Mit weiteren Nachweisen |
| n.F. | Neue Fassung |
| NJW | Neue juristische Wochenschrift |
| NJW-RR | Neue juristische Wochenschrift – Rechtsprechungs-Report Zivilrecht |
| OLG | Oberlandesgericht |
| PatG | Patentgesetz |
| PVÜ | Pariser Verbandsübereinkunft |
| RG | Reichsgericht |
| RGZ | Entscheidungen des Reichsgerichts in Zivilsachen |
| RL | Richtlinie |
| Rn. | Randnummer |
| RT. | Reichstag |
| s.a. | Siehe auch |
| SortenG | Sortenschutzgesetz |
| UrhG | Urheberrechtsgesetz |
| UnlWG | Gesetz gegen den unlauteren Wettbewerb |
| UWG | Gesetz gegen unlauteren Wettbewerb |
| VO | Verordnung |
| WBG | Warenbezeichnungsgesetz |
| WRP | Zeitschrift für Wettbewerb in Recht und Praxis |
| WZG | Warenzeichengesetz |
| z.B. | Zum Beispiel |
| ZHR | Zeitschrift für das gesamte Handelsrecht und Wirtschaftsrecht |

**Einleitung**

„*Vorbenutzungsrechte sind dem Markenrecht fremd*“, so lautet eine gängige Aussage der Rechtswissenschaft[1]. Blickt man auf die positivrechtlichen Normierungen des Markengesetzes oder die markenrechtlichen Regulierungen auf europäischer Ebene, so verwundert diese Einschätzung zunächst wenig. Dort sucht man vergeblich nach einer mit *§ 12 PatG* vergleichbaren Normierung eines Vorbenutzungsrechts. Allerdings lassen sich auch vereinzelt Stimmen aufzeigen, die gerade bemängeln, dass es trotz der fehlenden Regulierung nach wie vor an einer stichhaltigen Begründung für die Ablehnung von Vorbenutzungsrechten im Markenrecht mangelt[2]. Auftrieb könnte die Thematisierung der Vorbenutzungsrechtsmaterie durch jüngste Entscheidungen des Bundesgerichtshofs im Domainrecht erhalten[3]. So lehnte es der BGH erstmalig in Sachen „afilias.de“ ab, der Kennzeicheninhaberin Ansprüche auf Löschung eines übereinstimmenden Domainnamens zuzusprechen, obgleich sich der Domaininhaber nicht auf eigene Rechte an der Bezeichnung berufen konnte[4]. Insofern kann in gewisser Weise von einem Paradigmenwechsel gesprochen werden. Denn das Vorhandensein eigener Kennzeichen- oder Namensrechte zum Zeitpunkt der Domainregistrierung wurde bislang als unerlässliche Voraussetzung dafür angesehen, dass der Domaininhaber die Domain, im Konfliktfall behalten darf[5]. Das Gericht begründete seine Ansicht damit, dass der Inhaberin des Kennzeichenrechts in dieser besonderen Konstellation, in welcher die Domain bereits vor der Entstehung des Kennzeichenrechts registriert wurde, keine übergeordneten Interessen zur Seite stünden, die einen entsprechenden Freigabeanspruch gerechtfertigt hätten[6].

---

1 Ströbele/*Hacker*; *§ 14 MarkenG*, Rn.28; *Fezer*, *§ 4 MarkenG*, Rn.12 und Rn.221; BGH, Urt.v.24.01.2002, GRUR 2002, S.544f, 546,-Bank24; BGH, Urt.v.09.10.1997, GRUR 1998, S.412f, 414,-Analgin; BGH, Urt.v.19.02.1998, GRUR 1998, S.1034f, 1035,-Makalu, BGH, Urt.v.27.10.1983, GRUR 1984, S.210f, 211-AROSTAR; BGH, Urt.v.02.04.1969, GRUR 1969, S.607f, 609,-Recrin.

2 *Hildebrandt*, MarkenR, 2008, S.102f, 103.

3 BGH, Urt.v. 24.04.2008, WRP 2008, S.1520f,-afilias.de; BGH, Urt.v.19.02.2009, K&R 2009, S.473f,-ahd.de; BGH, Urt.v.14.05.2009, K&R 2009, S.717f,-airdsl.de.

4 BGH, Urt.v. 24.04.2008, WRP 2008, S.1520f,-afilias.de.

5 BGH, Urt.v.22.11.2001, GRUR 2002, S.622f,-shell.de; BGH, Urt.v.26.06.2003, MMR 2003, S.726f, 727,-maxem.de. Eingehende Darstellung der Gleichnamigkeitsrechtsprechung, bei *Hackbarth*, WRP 2006, S.519f; Ausführliche Darstellung der Rechtsprechung zum Domainrecht bis 2002 bei *Nägele*, WRP 2002, S.138ff; *Bayreuther*, in MüKo, *§ 12 BGB*, Rn.204ff.

6 BGH, Urt.v. 24.04.2008, WRP 2008, S.1520f, 1523, Rn.33,-afilias.de.

## A. Problemstellung

Diese angerissene Entscheidungsbegründung lenkt das Interesse auf die Erörterung des Grundkonflikts zwischen einem vorbenutzten Sonderrechtsgut und einem nachträglich erworbenen Sonderschutzrecht. Charakteristisch für derartige Konfliktsituationen ist, dass ein Sonderrechtsgut, wie beispielsweise eine Erfindung oder ein Design in Gebrauch genommen wird, bevor ein Dritter daran ein absolut wirkendes Schutzrecht erwirbt. In dieser Konstellation entsteht aufgrund gegenläufiger Interessenlagen - des Inhabers des Sonderschutzrechts an der ausschließlichen Verwendung des Sonderrechtsguts auf der einen Seite und des Vorbenutzers an der Fortsetzung des Gebrauchs auf der anderen Seite - ein grundlegender Konflikt. Zur Auflösung dieses Widerstreits beinhalten das Patentgesetz, das Gebrauchsmustergesetz, das Geschmacksmustergesetz sowie die Gemeinschaftsgeschmacksmusterverordnung Regelungen, welche den Vorbenutzer des Sonderrechtsguts zur Weiterbenutzung legitimieren[7]. Im Markenrecht findet sich eine vergleichbare Regelung nicht. Jedoch sieht das Markengesetz anders als die technischen Sonderschutzgesetze, mit der Benutzungsmarke nach *§ 4 Nr.2 MarkenG* die Entstehung eines sachlichen, d.h. nicht „staatlich" verliehenen Ausschlussrechts vor. Das sachliche Markenrecht entsteht jedoch nicht bereits mit der Aufnahme der Benutzung, sondern erst mit dem Erreichen eines gewissen Bekanntheitsgrades. Deshalb kann wie bei den technischen Schutzrechten die Konstellation auftreten, dass eine lediglich verwendete Kennzeichnung mit einem zeitlich später entstandenen Kennzeichenrecht kollidiert, ohne dass dem Vorbenutzer zum Zeitpunkt der Schutzrechtsentstehung ein eigenes Recht zur Seite steht. Als Beispiel darf folgender fiktiver Fall gebildet werden, in welchem eine Kollisionslage zwischen einem nicht geschützten Zeichen mit einer späteren Registermarke nach *§ 4 Nr.1 MarkenG* dargestellt wird. A verkauft seit dem Jahr 2000 in Filialgeschäften, sowie über seinen Online-Handel www.abc.de Holzspielzeug mit der Bezeichnung „Peppi". Über diese Domain vertreibt er seine Produkte bundesweit und erlangt insgesamt jährliche Umsätze von mehreren Millionen Euro. Jüngste Umfragen haben ergeben, dass die Bezeichnung „Peppi" in den relevanten Verkehrskreisen einen Bekanntheitsgrad von etwa 15 % aufweist. A hat die Bezeichnung nicht als Registermarke nach *§ 4 Nr.1 MarkenG* schützen lassen, da er die Kosten scheut und nicht beabsichtigt andere von der Verwendung der Bezeichnung auszuschließen. Im Januar 2006 lässt sich B, der zwar auf dem gleichen Marktsegment tätig ist, aber von der Zeichenbenutzung durch A keine positive Kenntnis hat, die Bezeichnung „Peppi" als

7 *§ 12 PatG, § 13 Abs.5 GebrMG, § 41 GeschmMG, Art. 22 Gemeinschaftsgeschmacksmusterverordnung.*

Marke eintragen. Im Dezember 2008 nimmt B den A auf Unterlassung in Anspruch, ohne das Zeichen zwischenzeitlich in Benutzung genommen zu haben.

## B. Praktische Bedeutung des Problems

Die praktische Bedeutung der Vorbenutzungsproblematik ist beträchtlich. Ob A im Beispielsfall berechtigt ist, die bereits in gewisser Weise vorhandene Werbekraft seiner Kennzeichnung und die damit verbundene Marktstellung auch weiterhin auszunutzen oder ob er zur Aufgabe derselben verpflichtet wird, ist für beide Konfliktparteien von erheblicher Relevanz. Mögen solche Konstellationen im Offline-Bereich noch eher selten auftreten, so hat diese Frage, wie die aktuellen BGH Entscheidungen belegen, gerade im Domainrecht eine immense praktische Bedeutung. So ist es von erheblicher Relevanz, ob ein Domaininhaber gegenüber dem Inhaber eines zeitlich nachfolgenden, absolut geschützten Kennzeichenrechts berechtigt ist, die Domain zu behalten oder ob er verpflichtet ist, in deren Löschung einzuwilligen.

## C. Ziele

Diese Dissertation versucht eine abschließende Antwort auf die Frage zu geben, ob dem Vorbenutzer allein aufgrund der Vorbenutzung einer Kennzeichnung gegenüber einem nachfolgenden Erwerber eines Zeichenrechts eine Weiterbenutzungsbefugnis eingeräumt werden kann, ohne dass ein eigener Beitrag des Kennzeichenrechtsinhabers erforderlich ist. Ein denkbares Ergebnis dieser Dissertation könnte gleichwohl in einer Verifizierung der h.M. liegen, wonach generelle Vorbenutzungsrechte mit dem Kennzeichenrecht unvereinbar sind. In diesem Fall läge ein Beitrag dieser Arbeit darin, eine Begründung für die Auffassung der h.M. bereitzustellen, welche, worauf *Hildebrandt* zutreffend hinweist nach wie vor aussteht[8]. Bemerkenswert ist in diesem Kontext, dass auch den normierten Vorbenutzungsrechten des Immaterialgüterrechts in der Rechtswissenschaft lediglich ein untergeordneter Stellenwert beigemessen wird. Da jedoch auch insoweit diverse Unklarheiten bestehen, deren Bereinigung Voraussetzung der Charakterisierung von Vorbenutzungsrechten ist, soll die Arbeit auch diesbezüglich einen kleinen Beitrag leisten. Darüber hinaus bietet die Behandlung der Vorbenutzungsrechtsthematik die Möglichkeit, die jeweilige Kollisionssystematik der Sonder-

8 *Hildebrandt*, MarkenR, 2008, S.102f, 103.

schutzgesetze vor dem spezifischen Hintergrund der Vorbenutzungsrechtsthematik zu betrachten. Ein erklärtes Ziel dieser Arbeit soll es sein, einen Beitrag zu einem besseren Verständnis einiger Zusammenhänge im Grundkonflikt zwischen vorbenutztem Sonderrechtsgut und nachfolgendem Schutzrecht zu leisten. Ein weiteres Ziel der Arbeit besteht darin, aktuelle Entscheidungen und Ansichten auf die faktische Anerkennung von Vorbenutzungsrechten zu durchleuchten. Sollten sich derartige Vorbenutzungsrechte aufzeigen lassen, so wäre im Falle der Unvereinbarkeit des Instituts mit dem Kennzeichenrecht ein weiteres Ziel darin zu sehen, alternative- und dogmatisch konsistente Lösungsmöglichkeiten aufzuzeigen.

## D. Gang der Untersuchung

Die Arbeit ist in drei Abschnitte unterteilt: einen Abschnitt zur Charakterisierung des Vorbenutzungsrechts anhand der normierten Vorbenutzungsrechte des Immaterialgüterrechts sowie jeweils einen Abschnitt zur Vorbenutzung im Marken- und im Namens- bzw. Domainrecht. Ein Schwerpunkt der Arbeit besteht in der Beantwortung der Frage, ob das Vorbenutzungsrecht nach dem Vorbild der normierten Vorbenutzungsregelungen auf das Marken- sowie das Namensrecht übertragbar ist. Insoweit wird festzustellen sein, ob eine entsprechende Anwendung des Vorbenutzungsrechts aufgrund wesensmäßiger Übereinstimmung in den relevanten Kriterien geboten ist[9]. Bevor jedoch der Blick auf diese Form der Rechtsfortbildung gelenkt werden kann, sind zunächst eine Reihe von Vorarbeiten erforderlich. So gilt es zunächst, den Begriff des Vorbenutzungsrechts und seine charakteristischen Eigenschaften anhand der einzelgesetzlichen Regelungen des Immaterialgüterrechts zu konturieren. Denn erst, wenn der Gegenstand klar definiert ist, lässt sich eine sachliche Auseinandersetzung über die Übertragung führen. So kranken zahlreiche zu dieser Problematik vertretene Ansichten nicht zuletzt daran, dass sie den Charakter des Vorbenutzungsrechts lediglich unzureichend erfasst haben[10]. Im Anschluss daran setzt die Darstellung der Vorbenutzungsthematik im Markenrecht an. Eingeleitet wird dieser zweite Abschnitt mit der Historie der Vorbenutzungsrechtsthematik, welche einen weiteren Schwerpunkt der Arbeit darstellt. Eingebettet in den jeweiligen historischen Kontext werden relevante Entwicklungsstränge von den Anfängen des positivierten Warenzeichenschutzes vom Markenschutzgesetz 1874 bis zur heutigen Rechts-

9 *Larenz*, S.269.

10 Beispielsweise: OLG Düsseldorf, Urt.v.12.6.1953, GRUR 1953, S.527f,-Damas/Dimas.

lage aufgezeigt. Daran anknüpfend schließt sich die Präsentation aktueller Vorbenutzungskonstellationen im Markenrecht an. Auch in diesem Kontext gibt die jüngste Entwicklung der Rechtsprechung, hier allerdings zur Thematik der bösgläubigen Markenanmeldung, den Anstoß zur Auseinandersetzung mit dieser Materie[11]. So soll das geltende Markenrecht, jenseits von Gedankenspielen mit der Übertragung der Vorbenutzungsrechte nach dem Vorbild der technischen Schutzrechte, auf bestehende Weiterbenutzungsbefugnisse untersucht werden. Darauf folgt die Beantwortung der Frage nach einer analogen Anwendung der normierten Vorbenutzungsrechte auf das Markenrecht. Der dritte Abschnitt wird eingeleitet mit der Erörterung von Vorbenutzungskonstellationen im Namensrecht als Vorbereitung der Darstellung der in höchstem Maße praxisrelevanten Problematik der Domainvorbenutzung. In diesem Kontext gilt es die jüngsten Entscheidungen des Bundesgerichtshofs daraufhin zu durchleuchten, ob die Begründungen zur Einführung faktischer Vorbenutzungsrechte in das Kennzeichenrecht führen. Abschließend wird die Möglichkeit einer analogen Anwendung der normierten Vorbenutzungsrechte auf das Namensrecht einer Betrachtung unterzogen und alternative Lösungsmöglichkeiten im Domainrecht offeriert.

---

11 EuGH, Urt.v.11.06.2009, GRUR 2009, S.763f,-Goldhase; BGH, Urt.v.10.01.2008, MarkenR 2008, S.233f,-AKADEMIKS.

## Abschnitt 1 Vorbenutzungsrechte im Immaterialgüterrecht

### Kapitel 1 Die Sonderschutzgesetze des Immaterialgüterrechts

#### A. Sonderschutzgesetze im Immaterialgüterrecht mit positivierten Vorbenutzungsrechten

I. Vorbenutzungsrechte im Patentgesetz

*1. Gegenstand des Patentgesetzes*

Das Patentgesetz dient dem Schutz geistiger Leistungen auf dem Gebiet der Technik[12]. Es verfolgt dabei mehrere Ziele. Im Vordergrund steht das Bestreben, Erfinder die im Besitz von Kenntnissen über gewerblich verwertbare technische Lösungen sind, dazu zu veranlassen, diese mit der Öffentlichkeit zu teilen, damit die Allgemeinheit aus den preisgegebenen Erfindungen Nutzen ziehen kann[13]. Zum anderen dient das *PatG* dem Ausgleich der Interessen des Erfinders mit denjenigen der Öffentlichkeit[14]. Die Einräumung des zeitlich begrenzten subjektiven Ausschlussrechts Patent, verliehen durch staatlichen Hoheitsakt, ist letztlich der Lohn des Erfinders dafür, dass er die Allgemeinheit an seiner Erfindung teilhaben lässt[15]. Auf der anderen Seite hat die Allgemeinheit ein Interesse daran, dass der Staat keine Monopolrechte für etwas einräumt, das längst Gemeingut ist[16]. Als Kompensation dieser gegenläufigen Interessenlagen erhält der Erfinder sein Verbotsrecht letztlich nur insoweit, als es mit der Bereicherung der Technik durch die Erfindung und dem damit verbundenen Nutzen der Allgemeinheit korrespondiert[17].

---

12 *Rogge*, in Benkard, PatG Einleitung, Rn.1.

13 *Rogge*, in Benkard, PatG Einleitung Rn.1; *Falck*, GRUR 1971, S.541f, 545; Regelmäßig wird der Zweck des Patentrechts in der Förderung des technischen Fortschritts gesehen; *Busche*, GRUR 1999, S.645f; *Petzold*, GRUR 1937, S.581f.

14 *Schramm*, S.43.

15 *Benkard*, PatG Einleitung, Rn.1; *Ohly*, in Geistiges Eigentum und Gemeinfreiheit, S.3; *Osterrieth*, Rn.242; *Busche*, GRUR 1999, S.645f; *Mes*, *§ 1 PatG*, Rn.2; *Nirk*, GRUR 2001, S.984f, 985; *Bruchhausen*, GRUR Int. 1964, S.405ff, 407; BGH, Urt.v.28.05.1968, GRUR 1969, S.534f, 535,- Europareise.

16 *Schramm*, S.43; *Kraßer*, S.4.

*2. Kollisionssystematik*

Im Patentrecht ist, wie im übrigen Immaterialgüterrecht auch, stets zwischen der Entstehung des Schutzrechts und dessen Verletzung zu differenzieren.

a) Schutzentstehung Festlegung des Schutzumfangs am Prioritätstag

Das deutsche Patentrecht basiert auf dem Erstanmeldersystem[18]. Dieses besagt, dass das Patentrecht an einer Erfindung grundsätzlich demjenigen zusteht, der die Erfindung zuerst, d.h. mit zeitlicher Priorität beim Patentamt angemeldet hat[19]. In der Systematik der Erstanmeldung kommt letztlich verstärkt der Gedanke der Belohnung zum Ausdruck. Denn der Erfinder erwirbt nur unter der Voraussetzung und in dem Umfang ein Schutzrecht, indem er der Gesellschaft sein Wissen, mithin die erfinderische Lehre, durch die Anmeldung offenbart[20]. Allein diejenigen Inhalte, die der Erfinder im Rahmen seiner Anmeldung darbietet, bestimmen den Gegenstand der Anmeldung, Prüfung und Patenterteilung[21]. Nach *§ 38 S.1 PatG* dürfen nach Einreichung der Anmeldung keine Änderungen mehr vorgenommen werden, die zu einer unzulässigen Erweiterung führen[22]. Inhalt und Gegenstand des Patents sind somit prinzipiell statisch und erfahren nach dem Prioritätstag grundsätzlich keine Veränderung[23]. Das Patentgesetz gewährt einen Schutz der Erfindung prinzipiell in zwei Stufen. Mit der Vollendung der Erfindung entsteht nach *§ 6 PatG* in der Person des Erfinders ein Recht auf Erteilung des Patents (Erfinderrecht), gegen dessen Usurpation sich der Erfinder im Wege der Patentvindika-

---

17 *Schramm*, S.43; *Kraßer*, S.6. Zusammenfassend für sämtliche Schutzrechte des Immaterialgüterrechts: *Ohly*, in Geistiges Eigentum und Gemeinfreiheit, S.7.

18 *Eichmann*, GRUR 1993, S. S.73f, *Kraßer*, S.5; *Nirk*, GRUR 2001, S.984f, 985.

19 *Busche*, GRUR 1999, S.645; *Kraßer*, S.5. Das Erstanmelderprinzip verhilft dem Anmelder jedoch nur dann zum Patent wenn er selbst Erfinder-, d.h. ein Fall der Doppel-bzw. Mehrfacherfindung gegeben ist. Andernfalls besteht ein Anspruch des wahren Erfinders auf Abtretung des Patents. Vgl. *§ 8 PatG*.

20 *Kraßer*, S.3. Anders das Ersterfindersystem welches beispielsweise nach wie vor in den Vereinigten Staaten anzutreffen ist. Danach kommt Patentschutz nur demjenigen zu, der die prioritätsälteste Erfindung nachweisen kann. Auf eine Veröffentlichung kommt es für die Erlangung des Schutzes nicht an; vgl. *Eichmann*, GRUR 1993, S.645f; *Schäfers*/Schennen, GRUR Int. 1991, S.849f, 850.

21 *Kraßer*, S.3.

22 *Kraßer*, S.542; *Schäfers*, in Benkard, *§ 38 PatG*, Rn.34ff, 35f.

23 Zulässig sind jedoch gewisse Berichtigungen und Einschränkungen der Anmeldung, soweit diese nicht zu einer nachträglichen Ausweitung des Schutzes führen. Vgl. *Schäfers*, in Benkard, *§ 38 PatG*, Rn.16ff.

tion nach *§ 8 PatG* behelfen kann[24]. Rechte aus dem Patent entstehen demgegenüber gemäß *§ 58 Abs.1 S.3 PatG* erst mit der Veröffentlichung der Patenterteilung mit Wirkung zum Prioritätstag[25]. In materieller Hinsicht setzt die Erteilung eines Patents gemäß *§ 3 PatG* voraus, dass es sich bei der geistigen Leistung um eine technische Erfindung handelt, die neu ist, auf einer erfinderischen Tätigkeit beruht und darüber hinaus im gewerblichen Bereich anwendbar ist[26]. Im Patentrecht gilt der absolute Neuheitsbegriff[27]. Das heißt, ein Patent kann nur unter der Voraussetzung erteilt werden, dass die Erfindung nicht bereits an irgendeinem anderen Ort geschaffen und der Allgemeinheit zugänglich gemacht wurde[28]. Ist eine Erfindung demgegenüber bereits der Öffentlichkeit bekannt, so scheidet die Verleihung eines Patents aus, da die Allgemeinheit nicht mehr um die Erkenntnis bereichert werden kann und eine Monopolisierung geistigen Gemeinguts ausscheidet[29].

b) Ausgestaltung des Schutzrechts / Verletzung des Patents

Erlangt der Anmelder die Erteilung des Patents, so erhält er ein absolut wirkendes Sonderschutzrecht, welches ihn nach *§§ 9ff PatG* in die Lage versetzt, Dritte von der Benutzung der Erfindung auszuschließen[30]. Der Schutzbereich des Patents richtet sich gemäß *§§ 9 S.2, 14 S.1, 2 PatG* nach den Patentansprüchen unter Heranziehung der Beschreibung der Erfindung[31]. Das Patent ist dabei derart ausgestaltet, dass allein die Verwendung der patentierten erfinderischen Lehre die Rechtsfolgen des Verletzungstatbestands auslöst[32]. Weder erfordert die Patentverletzung Kenntnis vom Schutzrecht noch eine subjektive Nachahmungsabsicht. Diese weitreichende Wirkung, welche grundsätzlich auch den Doppelerfinder erfasst, wird regelmäßig als Sperrwirkung bezeichnet[33].

---

24 *Götting*, S.166; *Kraßer*, S.5.

25 *Götting*, S.172.

26 *Rogge*, in Benkard, PatG Einleitung Rn.1; *Kraßer*, S.1.

27 *Kraßer*, S.284; *Osterrieth*, Rn. 205.

28 *Kraßer*, S.284; Pierson/*Ahrens*/Fischer, S.54f.

29 *Osterrieth*, Rn.204.

30 *Kraßer*, S.1; Busche, GRUR 1999, S.645; *Däbritz*/Jesse/*Bröcher*, Rn.5.

31 Pierson/*Ahrens*/Fischer, S.81f; zur Bestimmung des Schutzbereichs des Patents; *Osterrieth*, Rn.421f, 428ff.

32 Pierson/*Ahrens*/Fischer, S.38; *Scharen*, in Benkard, *§ 9 PatG*, Rn.5.

33 *Kraßer*, S.6, 577; *Badura*, in Geistiges Eigentum und Gemeinfreiheit, S.52; Pierson/*Ahrens*/Fischer, S.38.

*3. Gesetzliche Normierung des Vorbenutzungsrechts § 12 PatG*

Im Patengesetz findet sich eine Normierung des Vorbenutzungsrechts in *§ 12 PatG; „Beschränkung der Wirkung gegenüber Benutzer"*. Tatbestand und Rechtsfolge sind in *§ 12 Abs.1 S.1 PatG* normiert. Danach tritt die Wirkung des Patents nicht gegenüber demjenigen ein, der die Erfindung im Inland zum Zeitpunkt der Anmeldung bereits in Benutzung genommen oder die erforderlichen Veranstaltungen dazu getroffen hatte[34]. *§ 12 PatG* betrifft somit allein Fallkonstellationen, in denen eine Erfindung bereits vor der Anmeldung des Patents durch einen Dritten in Benutzung genommen wurde, ohne dass die Erfindung vor der Patentanmeldung der Öffentlichkeit zugänglich gemacht worden wäre.

a) Ratio des Vorbenutzungsrechts

Nach der zwischenzeitlich herrschenden Meinung besteht der gesetzgeberische Zweck des patentrechtlichen Vorbenutzungsrechts darin, den am Anmeldetag im Inland bereits bestehenden, redlich erworbenen Besitzstand zu Gunsten des Vorbenutzers, d.h. aus seinen individuellen Interessen heraus, aus Billigkeitsgründen zu schützen[35]. Dieser Gedanke findet sich zum Teil in unterschiedlichen Formulierungen ausgedrückt. In den Worten des Reichsgerichts: *„soll durch das Vorbenutzungsrecht die unbillige Zerstörung in berechtigter Ausübung geschaffener wirtschaftlicher Werte verhindert werden[36]."* In einer etwas abgewandelten Abfassung heißt es: *„Bereits getätigte Aufwendungen, sollen nicht umsonst investiert worden sein und ein auf diese Weise erlangter Besitzstand nicht ohne weiteres entwertet werden[37]."* Aus einem etwas anderen Blickwinkel betrachtet, der vornehmlich die Beziehung des Vorbenutzungsrechts zum Schutzrecht herausstellt, findet man darüber hinaus die Erwägung: *„Der Gesetzgeber habe sich bei der Regelung des § 7 a.F. PatG von dem Gedanken leiten lassen,*

---

34 *Rogge*, in Benkard, *§ 12 PatG*, Rn.13.

35 *Rogge*, in Benkard, *§ 12 PatG*, Rn.2; RG Urt.v.15.12.1928, GRUR 1929, S.220f, 220,-farbige Papierbahn I; RG, Urt.v.25.02.1911, RGZ, 75, S.317f, 318; RG, Urt.v.06.09.1941, GRUR 42, S.34f, 37,-Stauchfalzmaschine; *Kraßer*, S.820; *Busse*, *§ 12 PatG*, Rn.3; *Eichmann*, GRUR 1993, S.73f, 74; *Busche*, GRUR 1999, 645f; *Starck*, GRUR 1939, S.514f, 515.

36 RG, Urt.v.17.07.1942, RGZ 169, S.289f, 292,-Muffentonrohre.

37 BGH, Urt.v.10.09.2009, GRUR 2010, S.47f, 48,-Füllstoff; BGH, Urt.v.21.05.1963, BGHZ 39, S.389f, 397,-Taxilan; RG, Urt.v. 07.07.1926, RGZ 114, S.246f, 250,-Eversharp; RG, Urt.v. 20.05.1936, GRUR 1937, S.357f, 359,-Mantelkronen; *Rogge*, in Benkard, *§ 12 PatG*, Rn.2; *König*, WRP 1968, S.177.

*einen billigen Ausgleich zwischen den Interessen des Patentinhabers und denen des Vorbenutzers zu schaffen*[38]*."*

b) Historische Entwicklung

Der mittlerweile gefestigte Konsens dahingehend, dass das Vorbenutzungsrecht als Ausprägung des Billigkeitsgedankens auf den individuellen Anstrengungen des Vorbenutzers beruht, bestand in den Anfängen des Patentrechts noch nicht[39]. Die erste Regelung des Vorbenutzungsrechts in Deutschland findet sich in *Ziff. 8* des *preußischen Publikandums über die Ertheilung von Patenten* vom 14.10.1815[40]. Dort heißt es: *„Wenn jemand vollständig zu erweisen im Stande ist, dass er die nämliche Sache, worüber ein Patent erteilt worden früher oder gleichzeitig mit dem Patentierten erfunden, oder in der nämlichen Art verbessert hat, so wird demselben das Recht, seine gleichzeitige oder frühere Erfindung oder Verbesserung zu benutzen, durch das erteilte Patent in keiner Art beschränkt"*[41]. Durch das Vorbenutzungsrecht sollte somit ausnahmslos die Konstellation der Doppelerfindung erfasst werden, in der dieselbe Erfindung von zwei unabhängigen Erfindern erschaffen wurde[42]. Diese deutliche Fokussierung auf die Erfindereigenschaft kam auch noch in der Begründung des Entwurfs zu *§ 5 PatG 1877* zum Ausdruck: *„Es wäre unbillig und namentlich dem Erfinder gegenüber, der Kraft, Zeit und Kapital für die Erfindung aufwandte, eine ungerechtfertigte Härte, wenn ihm in einem solchen Falle, aus dem Grunde, dass zufällig die Erfindung noch nicht ausgeführt und in Anwendung gebracht wurde, das Recht zur Benutzung entzogen werde*[43]*."* In diesem Sinne erkannte auch das Reichsgericht in seinen frühen Entscheidungen nur dann auf ein

---

38 *Neumar*, in Reimer, *§ 7 PatG a.F.*, Rn.1 m.w.N.; BGH, Urt,v. 07.01.1965, GRUR 1965, S.411f, 413,-Lacktränkeinrichtung.

39 *Sosnitza*, FS für Klippel, S. 275f, 276f; ausführliche Darstellung des Meinungsstands bei *Schanze*, S.188ff.

40 Verhandlungen des Vereins zur Beförderung des Gewerbefleißes in Preußen, Berlin 1822, S.112, 113; *Neuhaus*, in Klauer-Möhring, *§ 7 PatG a.F.*, Rn.2; *Bruchhausen*, GRUR Int. 1964, S.405ff, 406.

41 Vgl. *Bruchhausen*, GRUR Int. 1964, S.405f, 406.

42 *Neuhaus*, in Klauer-Möhring, *§ 7 PatG, a.F.*, Rn.2; *Petzold*, GRUR 1937, S.581f, 584; *Ohl*, GRUR Int. 1968, S.33ff, 34.

43 *Petzold*, GRUR 1937, S.581f, 583.

Vorbenutzungsrecht, wenn der Vorbenutzer zugleich auch Erfinder war[44]. Gleichwohl war bereits der Gesetzesbegründung zu entnehmen, dass der Schutzzweck des Vorbenutzungsrechts nicht (mehr) allein in der Erbringung der geistigen Leistung zu sehen sei, sondern vornehmlich darin liege, im Zusammenhang mit der geistigen Leistung erbrachte Aufwendungen zu schützen. Diese Auffassung wurde später auch von der Rechtsprechung des Reichsgerichts und des Bundesgerichtshofs geteilt[45]. In den Begründungen zur Einführung des *§ 7 Abs.1 Satz 4 PatG 1936* heißt es dazu: *„Im übrigen war bei der hier in Betracht kommenden Regelung auch auf den Rücksicht zu nehmen, der die Erfindung unter Aufwand an Mühen und Kosten in Benutzung genommen hat, ohne damit rechnen zu müssen, dass sie zum Patent angemeldet werden würde[46]."* Es lässt sich somit sagen, dass sich der Schwerpunkt des Vorbenutzungsrechts kontinuierlich vom Schutz des Doppelerfinders hin zum Schutz des durch Investitionen vermittelten Besitzstandes entwickelte. Gleichwohl blieb die Ursache und der Schutzzweck des Vorbenutzungsrechts umstritten[47]. Die herrschende Meinung sah den Zweck des Vorbenutzungsrechts bereits früh darin, im Inland geschaffene wirtschaftliche Werte aufrecht zu erhalten[48]. Allerdings lässt sich auch diese wirtschaftliche Sichtweise weiter ausdifferenzieren. So wurde zum einen die Auffassung vertreten, das verwendete Kapital müsse unabhängig von den individuellen Interessen des Vorbenutzers, vornehmlich aus volkswirtschaftlichen Erfordernissen heraus, gegen Zerstörung geschützt werden[49]. Bereits geschaffene wertvolle Anlagen sollten damit einer gewinnbringenden Produktion nicht entzogen werden[50]. Demgegenüber stellte eine andere Meinung primär die individuellen Anstrengungen des Vorbenutzers in den Vordergrund. Danach war der Grund der Vorbenutzungsprivilegierung darin zu sehen, werthaltige Besitzstände, die auf individuellen Anstrengungen und Investitionen beruhen, zugunsten der Privatperson, welche diese Anstrengungen unternommen hat, vor unbilli-

---

44 RG, Urt.v.11.06.1890, RGZ 26, S.64f, 65,-Vacuumtrockenapparat, RG, Urt.v.11.04.1896, RGZ 37, S.41f, 44,-Kristallzucker-Zentrifugierverfahren; RG, Urt.v.24.01.1900, RGZ 45, S.116f, 117,-Flaschenkapsel.

45 RG, Urt.v.25.02.1911, RGZ, 75, S.317f, 319; BGH, Urt.v. 21.05.1963, BGHZ 39, S.389f, 391,-Taxilan; BGH, Urt.v.28.05.1968, GRUR 1969, S.35f, 36,-Europareise.

46 Vgl. bereits die Erwägungen zur Einführung des *§ 7 Abs.1 Satz 4 PatG 1936*, Begründung zu den Gesetzen über den gewerblichen Rechtsschutz vom 05.05.1936 Bl.1936, S.103f, 105.

47 *Sosnitza*, FS für Klippel, S.275f, 277 m.w.N.; *Petzold*, GRUR 1937, S.581f, 583.

48 *Petzold*, GRUR 1937, S.581f, 583.

49 *Kurlbaum*, S.2ff; *Neuhaus*, in Klauer-Möhring, *§ 7 PatG a.F.*, Rn.2.

50 *Schack*, GRUR 1929 S.621f, 622.

ger Entziehung zu sichern[51]. Letztere Auffassung konnte sich zwischenzeitlich durchsetzen. Maßgeblich für die Ablehnung einer volkswirtschaftlichen Grundidee war dabei mitunter die Erwägung, dass es für den Vorbenutzungsschutz weder auf die Qualität der Arbeit noch die Höhe des eingesetzten Kapitals ankommt[52]. Die Intention des Schutzes werthaltiger Besitzstände darf somit nicht darauf reduziert werden, allein den Schutz qualitativ hochwertiger Erfindungen zu bezwecken. Der Inhaber des Vorbenutzungsrechts sollte vielmehr unabhängig davon Schutz genießen, ob es sich um ein Millionenobjekt oder eine Bleistiftzeichnung handelt[53]. Der Schutz geschaffener Anlagen zum Wohle der Volkswirtschaft kann somit lediglich als Reflex des Individualschutzes gewertet werden.

#### *4. Fazit*

Das Vorbenutzungsrecht ermächtigt seinen Inhaber, die Nutzung der Erfindung auch nach der Entstehung des Patentschutzes für einen Dritten, im bisherigen Umfang fortzusetzen[54].

### II. Vorbenutzungsrechte im Europäischen Patentübereinkommen

Das EPÜ enthält keine – eigenständige – Regelung des Vorbenutzungsrechts. Jedoch verweist *Art. 64 Abs.1, 3 EPÜ* auf die jeweils geltenden nationalen Vorschriften[55]. So ist *§ 12 PatG* insoweit mit Wirkung für die BRD anwendbar, da ein europäisches Patent kein supranationales Recht vermittelt wie die Gemeinschaftsmarke, sondern einem Bündel nationaler Patente entspricht[56]. Ob ein Vorbenutzungsrecht auch in anderen Ländern geltend gemacht werden kann, ist aufgrund der territorialen Beschränkung des Vorbenutzungsrechts somit abhängig vom jeweiligen nationalen Recht.

---

51 *Rogge*, in Benkard *§ 12 PatG*, Rn.2; *Schack*, GRUR 1929, S.621f, 622.

52 *Schack*, GRUR 1929, S.621f, 640.

53 *Schack*, GRUR 1929, S.621f, 640; *Lampert*, GRUR 1967, S.221f, 222.

54 *Kraßer*, S.820; *Nirk*, GRUR 2001, S.984f, 985; *Rogge*, in Benkard, *§ 12 PatG*, Rn.22.

55 *Kühnen*, in Schulte, *§ 12 PatG*, Rn.3.

56 *Kühnen*, in Schulte, *§ 12 PatG*, Rn.3.

III. Vorbenutzungsrechte nach der Gemeinschaftspatentverordnung

In *Art. 14f* des Entwurfs zur Gemeinschaftspatentverordnung mit dem Titel: „right based on prior use of the invention“ ist nunmehr eine Regelung zum Vorbenutzungsrecht vorgesehen: *„Any person, who, if a national patent had been granted in respect of an invention, would have had, in a Contracting State, a right based on prior use of that invention or a right of personal possession of that invention, shall enjoy, in that Contracting State, the same rights in respect of a European patent for the same invention*[57]*.“* Nach dieser Regelung erstreckt sich der Schutz eines nach nationalem Recht anerkannten Vorbenutzungsrechts zugleich auch auf ein europäisches Patent. Jedoch setzt auch diese Regelung gegenüber einem europäischen Patent nach seinem Wortlaut die Anerkennung des Vorbenutzungsrechts nach dem nationalen Recht voraus und begründet es nicht.

IV. Vorbenutzungsrecht im Gebrauchsmustergesetz

*1. Gegenstand des Gebrauchsmustergesetzes*

Der Schutzgegenstand des Gebrauchsmustergesetzes liegt wie im Patentrecht im Schutz von geistigen Leistungen, die sich in einer technischen Erfindung niedergeschlagen haben[58].

*2. Kollisionssystematik*

a) Entstehung des Schutzrechts / Festlegung des Schutzinhalts am Prioritätstag

Die Entstehung des Gebrauchsmusterschutzes entspricht in materieller Hinsicht mittlerweile weitgehend den Anforderungen des Patentgesetzes[59]. Eine Darstellung des Gebrauchsmuster-

57 Draft Agreement on the European and Community Patents Court and Draft Statute, des Europäischen Rates vom 23.März 2009.

58 Pierson/*Ahrens*/Fischer, S.4; *Braitmeyer*, in Bühring, *§ 1 GbmG*, Rn.1.

59 So hat der BGH in der Entscheidung v.20.06.2006, GRUR 2006, S.842ff, 844f,-Demonstrationsschrank verdeutlicht, dass an das Merkmal des erfinderischen Schritts nach *§ 1 GebrMG* dieselben Anforderungen zu stellen sind, wie an das Merkmal der erfinderischen Tätigkeit nach *§ 3 PatG*. Denn, so der BGH, aufgrund der herabgesetzten gesetzlichen Anforderungen an die patentrechtliche Schutzfähigkeit, sei für eine differenzierende Betrachtungsweise zwischen Gebrauchsmuster und Patentrecht kein Raum mehr.; *Ohly*, in Geistiges Eigentum und Gemeinfreiheit, S.7; *Braitmayer*, in Bühring, *§ 1 GbmG*, Rn.10.

rechts erfolgt an dieser Stelle lediglich insoweit, als es erforderlich ist, um spezifische Unterschiede zum Patentgesetz herauszustellen. Der Gebrauchsmusterschutz entsteht ohne Prüfung durch das Patentamt mit der Eintragung in die Gebrauchsmusterrolle *§ 11 GebrMG*[60]. Es handelt sich somit um ein sogenanntes ungeprüftes Schutzrecht, dessen Werthaltigkeit erst im Verletzungsverfahren vor den ordentlichen Gerichten einer Prüfung unterzogen wird[61]. Ein weiterer Unterschied zum Patentrecht besteht in der divergierenden Definition des Neuheitsbegriffs. So steht der Entstehung des Gebrauchsmusters nicht jede der Öffentlichkeit zugänglich gemachte Nutzung der technischen Lehre entgegen, sondern nur spezifische Formen, welche abschließend in *§ 3 Abs.1 S.2 GebrMG* aufgeführt sind. Das Gebrauchsmustergesetz kennt somit nur ein eingeschränktes Neuheitserfordernis[62].

b) Ausgestaltung des Schutzrechts / Verletzung des Gebrauchsmusters

Der Gebrauchsmusterschutz entspricht dem des Patents und ist wie dieses als absolutes Recht mit Sperrwirkung konzipiert[63].

*3. Gesetzliche Normierung des Vorbenutzungsrechts*

Das Gebrauchsmustergesetz selbst enthält keine eigenständige Regelung des Vorbenutzungsrechts. Jedoch erklärt die Verweisungsnorm des *§ 13 Abs.3 GebrMG* die patentgesetzliche Normierung des *§ 12 PatG* auch für das Gebrauchsmustergesetz für anwendbar. Ursprünglich erkannte die Rechtsprechung nur demjenigen ein – ungeschriebenes – Vorbenutzungsrecht gegenüber einem Gebrauchsmusterrecht zu, der ein Gebrauchsmuster aus eigenem Antrieb hergestellt und benutzt hatte, also selbst Erfinder war[64]. Das Vorbenutzungsrecht des Gebrauchsmustergesetzes vollzog analog der Entwicklung des Patentgesetzes eine Wandlung vom Schutz des Doppelerfinders hin zum Investitionsschutz. Dokumentiert wurde der Gleichklang mit dem patentrechtlichen Vorbenutzungsrecht durch die, wenn auch späte,

60 *Braitmayer*, in Bühring, *§ 1 GbmG*, Rn.21.

61 *Braitmayer*, in Bühring, *§ 1 GbmG*, Rn.12.

62 *Braitmayer*, in Bühring, *§ 3 GbmG*, Rn.1.

63 S.O. Kap.1 A. I. 1.ff.

64 *Scharen*, in Benkard, *§ 13 GebrMG*, Rn.10.

Positivierung des Vorbenutzungsrechts durch das Gebrauchsmustergesetz von 1968 mittels Integration einer Verweisungsnorm auf das patentrechtliche Vorbenutzungsrecht in *§ 5 Abs.4 GebrMG a.F.*[65]. Diese Norm wurde durch das Gesetz zur Änderung des Gebrauchsmustergesetzes vom 15.08.1986 in *§ 13 Abs.3 GebrMG* teilweise neu gefasst, ohne dass damit eine inhaltliche Umgestaltung verbunden wäre[66]. Durch die Aufnahme der Verweisungsnorm besteht, sowohl respektive der Voraussetzungen des Vorbenutzungsrechts als auch des Schutzzwecks, Identität zu den Anforderungen des patentrechtlichen Vorbenutzungsrechts[67].

#### *4. Fazit*

*§ 13 Abs.3 GebrMG* enthält eine Verweisung auf *§ 12 PatG* und basiert auf den Erwägungen des Patentgesetzes. Das Vorbenutzungsrecht des Gebrauchsmustergesetzes ermächtigt seinen Inhaber, die Nutzung der Erfindung auch nach Entstehung eines Gebrauchsmusterrechts für einen Dritten, fortzusetzen[68].

### V. Vorbenutzungsrecht im Geschmacksmustergesetz[69]

#### *1. Gegenstand des Geschmacksmustergesetzes*

Das Geschmacksmustergesetz dient dem Schutz bestimmter ästhetischer Gestaltungen (Designs)[70]. Es richtet sich darauf, äußere Erscheinungsmerkmale eines Musters, denen ein spezi-

---

65 BGBl. I 1986, 741; *Scharen*, in Benkard, *§ 13 GebrMG*, Rn.1; *Braitmayer*, in Bühring, *§ 13 GbmG*, Rn.1

66 BGBl. I 1986, S.1446ff; *Goebel*, in Benkard, GebrMG Vorbem., Rn.2b.

67 *Scharen*, in Benkard, *§ 13 GebrMG*, Rn.10; a.A. *Braitmayer*, in Bühring, *§ 13 GbmG*, Rn.31, der den Zweck des Vorbenutzungsrechts darin sieht, den langsameren Erfinder, der bereits in die Erfindung investiert hat zu schützen.

68 *Kraßer*, S.820; *Nirk*, GRUR 2001, S.984f, 985. Der sachliche Umfang des Vorbenutzungsrechts, bestimmt sich nach dem am Anmeldetag erlangten Besitzstand. Zulässig sind allerdings kleinere Vervollkommnungen oder Handlungen, die außerhalb des Schutzbereichs des Sonderschutzrechts liegen. Seiner Natur nach ist das Vorbenutzungsrecht jedoch auf die Erhaltung des Status quo angelegt; vgl. *Rogge*, in Benkard, *§ 12 PatG*, Rn.22.

69 *Fischoeder*, in Stöckel/Lüken S.452.

70 *Rehmann*, S.1; *Götting*, S.47, 268f; Umsetzung der Richtlinie 98/71/EG des europäischen Parlaments und des Rates vom 13. Oktober 1998 über den rechtlichen Schutz von Mustern und Modellen umgesetzt

fischer künstlerischer Wert innewohnt und die zudem bestimmt und geeignet sind, auf den menschlichen Form und Farbensinn einzuwirken, zu schützen[71]. Mit den übrigen Immaterialgüterrechten teilt das Geschmacksmustergesetz die Problematik des Ausgleichs der Belange der Allgemeinheit mit denjenigen des Schutzrechtsinhabers. Aufgrund dessen sind im Interesse der Öffentlichkeit bestimmte Gestaltungen, an denen ein Freihaltebedürfnis besteht, nach *§ 3 GeschmacksMG* vom Schutz ausgeschlossen[72].

### *2. Kollisionssystematik*

#### a) Schutzentstehung: Festlegung des Schutzinhalts am Prioritätstag

Das Geschmacksmusterrecht folgt ebenso wie das Patentgesetz dem Erstanmelderprinzip[73]. Wie dieses entwickelt sich das Sonderschutzrecht des eingetragenen Geschmacksmusters in zwei Stufen. Durch die Erschaffung des Musters erhält der Entwerfer nach *§ 7 Abs.1 S.1 GeschmacksMG* ein Recht auf das Muster[74]. Mit der Eintragung des Musters in das vom DPMA geführte Register erlangt er nach *§§ 38, 27 GeschmacksMG* ein Recht aus dem Geschmacksmuster[75]. Materielle Voraussetzung des Schutzes ist jeweils die Neuheit und Eigenart des Musters, *§ 2 Abs.1 GeschmacksMG*[76]. Im Geschmacksmusterrecht gilt das Erfordernis objektiv-relativer Neuheit[77]. Ein Muster gilt demnach als neu, wenn vor dem Anmelde- bzw. Prioritätstag noch kein identisches Muster offenbart worden ist[78]. D.h. das Muster muss sich zumindest in einem, nicht nur unwesentlichen Merkmal vom vorbekannten Formenschatz unterscheiden[79]. Im Gegensatz zum Patent handelt es sich bei dem Geschmacksmuster jedoch

---

in das deutsche Geschmacksmusterrecht durch das Geschmacksmusterreformgesetz vom 12.03.2004 zum 01.06.2004.

71 *Rehmann*, S.1; *Eichmann*, in v.Falckenstein, Allgemeines Rn.8.

72 *Fischoeder*, in Stöckel/Lüken, S.433.

73 *Beyerlein*, WRP 2004, S.676f.

74 *Götting*, S.273; *Wandtke/Ohst*, GRUR Int.2005,S.91f, 99.

75 *Götting*, S.279; im Gegensatz zur vorherigen Regelung des *§ 7 Abs. 1 i.V.m. § 1 Abs.1 GeschmMG a.F.* wonach Rechte aus dem Geschmacksmuster bereits nach der Anmeldung geltend gemacht werden konnten.

76 Diese Voraussetzungen müssen in der Regel am Anmeldetag vorliegen; vgl. *§§ 2 Abs.2, Abs.3, 5 S.2 GeschmacksMG.*

77 *Rehmann*, S.8; *Nägele*, IPRB 2011, S.183.

78 *Fischoeder*, in Stöckel/Lüken, S.412; *Wandtke/Ohst*, GRUR Int.2005,S.91f, 95.

79 *Rehmann*, S.8.

um ein ungeprüftes Registerschutzrecht, das mit der Eintragung in das Musterregister entsteht[80]. Die Frage, ob sich das eingetragene Geschmacksmuster letztlich als schutzfähig erweist, wird folglich erst im Rahmen des Verletzungsprozesses vor den ordentlichen Gerichten beantwortet[81].

b) Ausgestaltung des Geschmacksmusterschutzes / Verletzung des Rechts aus dem Geschmacksmuster

Wie bei den technischen Schutzrechten wird dem Inhaber des Geschmacksmusters durch *§ 38 GeschmacksMG* ein objektiv wirkendes Ausschließlichkeitsrecht mit Sperrwirkung eingeräumt[82]. Das bedeutet, dass die Verwirklichung des Verletzungstatbestands auch unabhängig von der Kenntnis des Geschmacksmusters möglich ist[83]. Diese absolute Sperrwirkung setzt am Tag der Anmeldung bzw. Priorität an, mit der Folge, dass ab diesem Zeitpunkt Ausschlussrechte geltend gemacht werden können, *§ 27 GeschmacksMG.*

*3. Gesetzliche Normierung des Vorbenutzungsrechts, § 41 GeschmMG*

Im siebten Abschnitt des Geschmacksmustergesetzes mit dem Titel „Schutzwirkungen und Schutzbeschränkungen" findet sich in *§ 41 GeschmMG* die Positivierung eines Vorbenutzungsrechts. Nach dem Wortlaut können Verbotsrechte aus einem Geschmacksmuster nicht gegenüber Dritten geltend gemacht werden, die vor dem Anmeldetag im Inland ein identisches Muster gutgläubig in Benutzung genommen oder wirkliche und ernsthafte Anstalten hierzu getroffen haben[84]. Sind die tatbestandlichen Voraussetzungen erfüllt, so kann der Inha-

---

80 *Rehmann*, S.1; Fromm/*Nordemann*, *UrhG* Einl. Rn.78; *Beyerlein*, WRP 2004, S.676f.

81 *Beyerlein*, WRP 2004, S.676f.

82 *Wandtke/Ohst*, GRUR Int.2005, S.91f, 99.

83 *Wandtke/Ohst*, GRUR Int.2005, S.91f, 99; *Fischoeder*, in Stöckel/Lüken, S.413; *Beyerlein*, WRP 2004, S.676f 678. Eine Ausnahme von diesem Grundsatz gilt lediglich während des Zeitraums der Aufschiebung der Bekanntmachung nach *§ 21 GeschmacksMG*. Im Zeitraum zwischen Anmeldung und Bekanntmachung besteht nach wie vor das Erfordernis der Nachahmung.

84 Vgl. *GeschmacksMG* vom 12.03.2004, in Kraft getreten zum 1. Juni 2004.

ber des Geschmacksmusterrechts den Vorbenutzer nicht wegen Verletzung des Schutzrechts in Anspruch nehmen[85].

a) Ratio des *§ 41 GeschmMG*

Nach Auffassung der Literatur entspringt das Vorbenutzungsrecht des Geschmacksmustergesetzes der Erwägung, dass die absolute Sperrwirkung des in *§ 38 GeschmMG* normierten Verletzungstatbestandes im Einzelfall zu unakzeptablen Härten führen kann[86]. Auch findet sich die Formulierung, dass der Aufwand des in gutem Glauben handelnden Vorbenutzers aus Billigkeitsgründen nicht umsonst gewesen sein soll, wenn nachträglich ein Dritter das Muster als Recht schützen lässt[87]. In der Begründung zu *§ 41 GeschmacksmusterG* wird demgegenüber hervorgehoben, dass die Regelung des Vorbenutzungsrechts einen interessengerechten Ausgleich zwischen dem Inhaber des Schutzrechts auf der einen Seite und den Interessen desjeni-

---

85 *Fischoeder*, in Stöckel/Lüken S.452. Entgegen der Ansicht von *Wandtke/Ohst*, GRUR Int.2005, S.91ff, lassen sich keine Divergenzen zwischen den Tatbestandsvoraussetzungen der technischen Vorbenutzungsrechte und denen des Geschmacksmustergesetzes wahrnehmen. So wird zwar teilweise behauptet, das Vorbenutzungsrecht nach *§ 41 GeschmacksmusterG* fordere im Unterschied zu den Vorbenutzungsrechten der technischen Schutzrechte eine eigene Schöpfung des Vorbenutzers. So wird eine Ableitung des Designs von einem Dritten nach dieser Auffassung nicht als ausreichend erachtet. Jedoch erweist sich dieser Einwand als unrichtig. Zutreffenderweise wird man auch für das geschmackmusterrechtliche Vorbenutzungsrecht keine Eigenschöpfung des Vorbenutzers voraussetzen. Ein derartiges Verständnis des Vorbenutzungsrechts, lässt sich nicht begründen. Sowohl die Historie des *§ 41 GeschmMG* dem die technischen Vorbenutzungsrechte als Vorbild dienlichen waren, als auch der Wortlaut des *§ 41 GeschmMG* der an die Benutzungsaufnahme und nicht wie *§ 7 GeschmMG* an die Eigenschaft des „Entwerfers" anknüpft, sprechen sich gegen das Erfordernis einer Eigenschöpfung aus. Die Eigenschöpfung des Vorbenutzers ist somit auch bei *§ 41 GeschmMG* kein konstitutives Tatbestandsmerkmal.

86 *Fischoeder*, in Stöckel/Lüken S.452; *Rehmann*, Rn.174; *Eichmann*/v. Falckenstein, *§ 41 GeschmMG*, Rn.1; in der Gesetzesbegründung zu *§ 41 GeschmacksmusterG* heißt es: „*Diese Regelung stellt einen interessengerechten Ausgleich zwischen dem Bedürfnis des Rechtsinhabers an einem umfassenden Schutz und dem Interesse Dritter dar, die ein in den Schutzumfang des eingetragenen Geschmacksmusters fallendes Muster bereits zu einem Zeitpunkt verwendet haben bzw. Vorkehrungen dazu getroffen haben, zu dem das später geschützte Geschmacksmuster weder bekannt war noch erste rechtserhebliche Handlungen zur Erlangung des Musterschutzes vorgenommen worden waren. Da nach dem Entwurf ein eingetragenes Geschmacksmuster einen Schutz mit Sperrwirkung genießt, könnte der Rechtsinhaber ohne die Bestimmung des § 41 GeschmMG die Benutzung eines in den Schutzbereich seines Geschmacksmuster fallenden Musters durch einen Dritten untersagen und zwar auch dann, wenn der Dritte das Muster bereits seit langer Zeit verwendet.*" Vgl. BT-Drucks.15/1075, S.54.

87 *Rehmann*, Rn.174f, 178.

gen darstelle, der das Muster bereits zu einem Zeitpunkt verwendet hat, welcher vor der Entstehung des Geschmacksmusterrechts lag[88].

b) Historische Entwicklung des *§ 41 GschmMG*

Die Schaffung des in *§ 41 GschmMG* regulierten Vorbenutzungsrechts erfolgte erst mit der Neufassung des Geschmacksmustergesetzes im Juni 2004 in Anlehnung an *Artikel 22 der Gemeinschaftsgeschmacksmusterverordnung*[89]. Bis zu dieser Reform des Geschmacksmustergesetzes, welche eine grundlegende Umstrukturierung bewirkte, enthielt das Geschmacksmustergesetz kein Vorbenutzungsrecht[90]. Die Gesetzesänderung, welche in Umsetzung der europäischen Geschmacksmusterrichtlinie erfolgte, führte zur Aufgabe der bis dahin an das Urheberrecht angelehnten Konzeption der Nachahmung[91]. Stattdessen bewirkte die Reform die Umgestaltung des Geschmacksmusterrechts nach dem Vorbild der technischen Schutzrechte hin zu einem absolut geschützten Recht mit Sperrwirkung[92]. Diese Änderung hatte zur Folge, dass es auf die subjektive Nachahmungsabsicht oder die Kenntnis vom Schutzrecht für die Verletzung des Schutzrechts künftig nicht mehr ankam[93]. Der alten Fassung des Geschmacksmustergesetzes war eine kenntnisunabhängige Verletzung eines Musters hingegen unbekannt[94]. Aufgrund des Nachahmungserfordernisses des Verletzungstatbestands, war somit auch die Eintragung und Koexistenz identischer Muster möglich, sofern jeweils eigenständige Schöpfungen und keine Nachbildungen vorlagen. Die Substituierung des Nachahmungserfordernisses mit der Sperrwirkung, führte somit zu einer Verschiebung der Kollisionslage zwischen vorbenutztem Sonderrechtsgut und Schutzrecht. Da die Verletzung des Geschmacksmusters nunmehr bereits durch den objektiven Eingriff bewirkt werden konnte, sah sich der Gesetzgeber mit einem neuen Problem konfrontiert. So galt es dem Umstand zu begegnen, dass dem Geschmacksmusterrechtsinhaber durch diese Ausgestaltung des Schutz-

88 BT-Drucks.15/1075, S.54.

89 BT-Drucks.15/1075, S.54.

90 *Eichmann*/v.Falckenstein, Allgemeines zum Designrecht, Rn.9.

91 Richtlinie 98/71/EG des Europäischen Parlaments und des Rates vom 13.Oktober 1998 über den rechtlichen Schutz von Muster und Modellen. Begr., BT-Drucks. 15/1075, S.29; *Kur*, GRUR 2002, S.661f, 667; *Fischoeder*, in Stöckel/Lüken S.417.

92 *Rehmann*, Vorwort, Einleitung S.1; *Wandtke/Ohst*, GRUR Int.2005, S.91f, 99.

93 *Eichmann*/v. Falckenstein, *§ 38 GeschmacksMG*, Rn.9.

94 *Fischoeder*, in Stöckel/Lüken, S.413.

rechts die Möglichkeit eröffnet wurde, auch solchen Dritten die Weiterbenutzung zu verbieten, welche die geschützte Gestaltung bereits lange vor der Entstehung des Schutzrechts redlich benutzt hatten[95]. Die Einführung des *§ 41 GeschmacksMG* darf somit als Reaktion auf den geänderten Charakter des nunmehr mit absoluter Sperrwirkung versehenen eingetragenen Geschmacksmusters gesehen werden[96]. So lässt die Begründung durchblicken, dass die Einführung eines Vorbenutzungsrechts als Korrektiv der Sperrwirkung sowie als interessengerechter Ausgleich zwischen den Bedürfnissen des absolut geschützten Sonderschutzrechtsinhabers einerseits und denjenigen des Vorbenutzers auf der anderen Seite angesehen wurde[97].

#### *4. Fazit*

*§ 41 GeschmacksMG* beinhaltet eine autonome Regelung zur Weiterbenutzung aufgrund vorangegangenen redlichen Gebrauchs einer ästhetischen Formgestaltung im Inland. Es dient vornehmlich dem Investitionsschutz, indem es verhindert, dass eingesetzte Vermögenswerte, die vor Schutzrechtsentstehung zu einem schützenswerten Besitzstand geführt haben, zerstört werden[98].

### VI. Vorbenutzungsrecht in der Gemeinschaftsgeschmacksmusterverordnung[99]

#### *1. Gegenstand der Verordnung*

Der Gegenstand und die materiellen Voraussetzungen des Schutzes sind identisch mit dem des *GeschmacksMG*. Insoweit wird auf die obigen Ausführungen verwiesen.

---

95 Begr.BT-Drucks.15/1075, S.54.

96 Begr.BT-Drucks.15/1075, S.54; *Sosnitza*, in FS für Klippel, S. 275f, 279.

97 Begr.BT-Drucks.15/1075, S.54.

98 *Eichmann*/v. Falckenstein, *§ 41 GeschmacksMG*, Rn.3; *Wandtke/Ohst*, GRUR Int.2005, S.91f, 99.

99 Verordnung (EG) Nr.6/2002 des Rates vom 12. Dezember 2001 über das Gemeinschaftsgeschmacksmuster. Auch wenn es systematisch nicht ganz korrekt ist, wurde die Darstellung des Geschmacksmustergesetzes, welches an die Gemeinschaftsgeschmacksmusterverordnung angelehnt ist vorgezogen, um den Wandel vom Nachbildungsschutz zum Recht mit Sperrwirkung herauszuarbeiten. Bei der Darstel-

*2. Kollisionssystematik*

a) Schutzentstehung des nicht eingetragenen Geschmacksmusters

Für das eingetragene Gemeinschaftsgeschmacksmuster gilt gleichfalls das Prinzip der Erstanmeldung[100]. Ebenfalls ist der Gemeinschaftsgeschmacksmusterschutz zweistufig aufgebaut, so dass mit der Fertigstellung des Musters in der Person oder Personengruppe der Entwerfer ein Recht auf das Muster entsteht, welches im Wege der Vindikation durchsetzbar ist, vgl. *Art. 14, 15 Gemeinschaftsgeschmacksmusterverordnung.* Neben der Möglichkeit der Schutzerlangung durch die Eintragung eines Musters nach *Art. 1 Abs.2 lit.b) Geschmacksmusterverordnung* kennt das Gemeinschaftsgeschmacksmusterrecht daneben die Entstehung des Rechts durch die öffentliche Zugänglichmachung eines Musters, vgl. *Art.1 Abs.2 lit.a), Gemeinschaftsgeschmacksmusterverordnung.* Nach *Art. 7 Gemeinschaftsgeschmacksmusterverordnung* gilt das Muster auch dann der Öffentlichkeit als zugänglich gemacht, wenn es im Verkehr verwendet oder auf sonstige Weise offenbart wurde. Das Gemeinschaftsgeschmacksmusterrecht akzeptiert somit ein sachliches, allein im Wege der Benutzung entstandenes Musterrecht.

b) Ausgestaltung des Gemeinschaftsgeschmacksmusterrechts / Verletzung des Rechts aus dem Gemeinschaftsgeschmacksmuster

Mit diesen divergierenden Entstehungsvoraussetzungen korreliert ein unterschiedlicher Inhalt des Geschmacksmusterschutzes. Während das eingetragene Geschmacksmuster als absolutes Recht mit Sperrwirkung Schutz genießt, schützt das im Wege der Benutzungsaufnahme entstandene Muster seinen Inhaber nach *Art. 19 Abs.2* lediglich vor der Nachbildung.

*3. Normierung des Vorbenutzungsrechts*

*Art. 22* der *Gemeinschaftsgeschmacksmusterverordnung* sieht ein Vorbenutzungsrecht lediglich in Bezug auf das eingetragene Geschmacksmuster vor. Die Tatbestandsmerkmale des

---

lung der Regelungen der Gemeinschaftsgeschmacksmusterverordnung werden lediglich relevante Unterschiede respektive des durch Benutzung entstandenen Geschmacksmusters erörtert.

100 Vgl. *Art.19 Abs.1 GemeinschaftsgeschmacksmusterVO.*

Vorbenutzungsrechts sind in *Abs.1*, die Rechtsfolgen in *Abs.2* reguliert. Voraussetzung für die Annahme eines Vorbenutzungsrechts ist die Glaubhaftmachung, ein Muster vor dem Anmelde- bzw. Prioritätstag innerhalb der Gemeinschaft in Benutzung genommen oder wirkliche und ernsthafte Anstalten dazu getroffen zu haben. Sind diese Voraussetzungen erfüllt, so ist der Dritte dem Inhaber eines eingetragenen Geschmacksmusters gegenüber berechtigt, das Muster für die Zwecke, für die er es vor dem Anmelde bzw. Prioritätstag benutzt hat, weiterhin zu verwerten. Auf das im Wege der Benutzungsaufnahme entstandene Geschmacksmuster findet *Art. 22 Gemeinschaftsgeschmacksmusterverordnung* demgegenüber keine Anwendung. Der Zweck der Norm besteht gleichfalls darin, den Entwerfer eines Musters, welcher es versäumt hat, das Design rechtzeitig anzumelden oder der Öffentlichkeit zu präsentieren, vor den im Einzelfall unbilligen Folgen einer Inanspruchnahme aus dem absolut geschützten, eingetragenen Geschmacksmuster zu bewahren[101]. Der Schutz des eingetragenen Musters führt somit zwar in aller Regel zum Ausschluss sämtlicher prioritätsjüngerer Muster, jedoch wird dieser Grundsatz durchbrochen, wenn der gutgläubige Entwerfer bereits ernsthafte finanzielle und sonstige Vorbereitungen zur Verwertung des Musters getroffen hat, da sein Ausschluss in diesem Fall zu unnötigen Härten führt[102]. Anders verhält es sich bei dem nicht eingetragenen Geschmacksmuster, welches den Inhaber lediglich vor einer Nachbildung des Musters bewahrt. Der Verordnungsgeber hielt die Aufnahme eines Vorbenutzungsrechts insoweit für nicht erforderlich, da derjenige Entwickler, welcher das Muster eines anderen nicht nachbildet, sondern eigenständig kreiert, nicht als Rechtsverletzer gilt[103].

### *4. Fazit*

Auch im Gemeinschaftsgeschmacksmusterrecht kommt zum Ausdruck, dass die Normierung des Vorbenutzungsrechts als Ausgleich zwischen den kollidierenden Interessen des Kennzeicheninhabers und denen des Vorbenutzers aufzufassen ist. In der Systematik der Gemeinschaftsgeschmacksmusterverordnung wird insbesondere das Korrelat zwischen absoluter

---

101 Vorschlag der Kommission für eine Verordnung des Europäischen Parlaments und des Rates über Gemeinschaftsgeschmacksmuster vom 31.01.1994, Abl. C 29, S.25f.

102 Vorschlag der Kommission für eine Verordnung des Europäischen Parlaments und des Rates über Gemeinschaftsgeschmacksmuster vom 31.01.1994, Abl. C 29, S.25f.

103 Vorschlag der Kommission für eine Verordnung des Europäischen Parlaments und des Rates über Gemeinschaftsgeschmacksmuster vom 31.01.1994, Abl. C 29, S.26.

Sperrwirkung des Schutzrechts und Ausgleich durch die Einräumung eines Rechts zur Vorbenutzung verdeutlicht, da der Normgeber diesen Ausgleich beim nicht eingetragenen Geschmacksmuster gerade nicht für erforderlich gehalten hat.

## VII. Vorbenutzungsrecht als Recht zur Weiterbenutzung

Zusammenfassend lässt sich zu Vorbenutzungsrechten folgendes festhalten: Im Immaterialgüterrecht finden sich Normierungen des Vorbenutzungsrechts in *§ 12 Patentgesetz*, *§ 13 Abs.3 Gebrauchsmustergesetz*, *§ 41 Geschmacksmustergesetz* und *Art. 22 der Gemeinschafsgeschmacksmusterverordnung*. Diese positivierten Vorbenutzungsrechte gewähren übereinstimmend die Befugnis, die Benutzung des jeweiligen Sonderrechtsguts, welches von einem Dritten durch ein absolut wirkendes Schutzrecht geschützt ist, aufgrund vorangegangener und redlicher Benutzung im Inland fortzusetzen[104]. Mit anderen Worten, der Vorbenutzer wird aufgrund vorangegangener redlicher Vorbenutzung zur Weiterbenutzung berechtigt.

104 S.O. Kap.1 A.I. 4; IV. 4.; V.4.; VI.4.; *Mes*, *§ 12 PatG* Rn.1f.

## B. Gesetze im Immaterialgüterrecht ohne Normierung eines Vorbenutzungsrechts[105]

### I. Urhebergesetz

#### *1. Gegenstand des Gesetzes*

Das Urheberrecht dient dem Schutz des Schöpfers geistiger Leistungen auf dem Gebiet der Literatur, der Wissenschaft und der Kunst[106]. Begründet wird der Urheberrechtsschutz nach europäischer Leseart aus der naturrechtlichen Beziehung des Urhebers zu seinem geistigen Elaborat[107]. Das Urhebergesetz sichert dem Urheber den wirtschaftlichen Wert seiner geistigen Leistung und darüber hinaus wegen des hohen persönlichkeitsrechtlichen Einschlags eine Absicherung seiner ideellen Interessen[108]. Auf der anderen Seite dient das Urheberrecht, wie sämtliche Sonderschutzgesetze des Immaterialgüterrechts, dem gerechten Ausgleich mit den

---

105 Daneben lassen sowohl das *Halbleiterschutzgesetz* als auch das *Sortenschutzgesetz* eine Normierung des Vorbenutzungsrechts vermissen. Von der Darstellung der Gesetze wird jedoch abgesehen, da diese Spezialmaterien eigenständige Kollisionssystematiken aufweisen, welche sich nicht unerheblich von denen der traditionellen Schutzrechte unterscheiden. Ein mit dem Patent- oder dem Geschmacksmustergesetz identisches Vorbenutzungsrecht ist im Halbleiterschutzgesetz bereits deshalb nicht denkbar, da es wie das Urheberrecht nur gegen Nachahmung schützt. Vgl. *§ 6 HalbleiterschutzG*. Die Verordnung zum Schutz von geografischen Angaben und Ursprungsbezeichnungen für Agrarerzeugnisse und Lebensmittel enthält in *Abs.2* des *Art. 14* mit der amtlichen Überschrift: *„Beziehungen zwischen Marken, Ursprungsbezeichnungen und geografischen Angaben“* ein Weiterbenutzungsrecht für Marken. Dort heißt es sinngemäß: Unter Wahrung des Gemeinschaftsrechts darf eine Marke, welche vor dem Zeitpunkt des Schutzes der Ursprungsbezeichnung in gutem Glauben im Gebiet der Gemeinschaft angemeldet, eingetragen oder durch Benutzung erworben wurde, ungeachtet der Eintragung der geografischen Herkunftsangabe weiter verwendet werden. Bei dieser Vorschrift handelt es sich jedoch nicht um die Einräumung eines Weiterbenutzungsrechts kraft Vorbenutzung. Vielmehr ist die Regelung lediglich deklaratorischer Natur dahingehend, dass der Schutz eines bereits erworbenen Markenrechts nicht durch die Eintragung einer geografischen Herkunftsangabe beeinträchtigt wird.

106 *Rehbinder*, § 1, Rn. 2, 55; *Nordemann*, *§ 1 UrhG*, Rn.1. Vgl. ferner die amtliche Begründung BT-Drucks. IV/270, S.37, nach der klar zum Ausdruck gebracht wird, dass nur Leistungen auf kulturellem Gebiet Urheberrechtsschutz genießen sollen. Eine Ausnahme von diesem Grundsatz bilden der Schutz von Computerprogrammen gemäß *§ 69ff UrhG* sowie von Datenbankwerken gemäß *§ 4 UrhG*, die urheberrechtlich geschützt sind, obwohl es sich dabei nicht um kulturelle Schöpfungen handelt. Dieser „Systembruch“ basiert allerdings allein darauf, dass die Einführung dieses Schutzes auf zwingende europarechtliche Vorgaben zurückzuführen ist.

107 Schricker/*Loewenheim*, Einleitung, Rn.10.

108 *Rehbinder*, Rn.77f; *Schack*, § 1, Rn.2. Daneben spielen auch wie beim Patentgesetz Innovationsanreize und wirtschaftliche Gesichtspunkte eine Rolle, die den Urheber dazu bewegen sollen, sein Werk- zur Förderung des kulturellen Fortschritts- mit der Allgemeinheit zu teilen.

Interessen der Allgemeinheit[109]. So soll die Monopolisierung geistigen Gemeinguts vermieden und der Öffentlichkeit eine Teilhabe am Kulturleben ermöglicht werden[110].

### *2. Kollisionssystematik*

#### a) Schutzentstehung

Das Urheberrecht folgt dem Schöpferprinzip[111]. D.h. die Entstehung des Schutzes ist nicht von der Einhaltung von Formalien wie der Anmeldung abhängig, sondern beginnt in dem Moment, in dem sie den menschlichen Sinnen zugänglich geworden ist[112]. Dieser Umstand trägt der besonderen persönlichen Färbung und der damit einhergehenden engen Bindung des Urhebers an sein Werk Rechnung, die es dem Verkehr ermöglicht, die geistige Leistung, auch ohne die Einhaltung publizitätswirksamer Formalien, der Person des Schöpfers zuzuordnen[113]. In materieller Hinsicht verfolgt das Urheberrecht gleichfalls ein von den technischen Schutzrechten divergierendes Schutzkonzept. So setzt das Urheberrecht für die Gewährung des Schutzes keine objektive Neuheit, sondern eine individuelle Prägung des Werks durch den Urheber voraus[114]. Daher gewährt das Urheberrecht prinzipiell auch bei Doppelschöpfungen, bei denen zwei Urheber unabhängig voneinander identische Werke erschaffen, zwei selbständige Schutzrechte, ohne dass es darauf ankäme, wer die Leistung zuerst erbracht hat[115].

---

109 *Rehbinder*, Rn.79; *Schack*, § 1 Rn.17.

110 *Rehbinder*, Rn.79.

111 Fromm/*Nordemann*, Einl. UrhG, Rn.17.

112 *Rehbinder*, Rn.47; Wandtke/*Bullinger*, *§ 2 UrhG*, Rn.19; *Loewenheim*, § 6 Rn.11.

113 *Rehbinder*, Rn.55.

114 Leistungen, welche nicht über einen gewissen Grad an individueller Prägung verfügen, sind selbst, wenn diese technisch hochwertig ausgeführt wurden, nicht vom Urhebergesetz erfasst. Diese Leistungen, die in Ermangelung einer persönlichen Note prinzipiell jeder hervorbringen kann, sollen hingegen nicht zu Lasten der Allgemeinheit monopolisiert werden, Schricker/*Loewenheim*, *§ 2 UrhG*, Rn. 26; *Dreyer*/Kotthoff/Meckel, *§ 2 UrhG*, Rn.2ff; BGH, Urt.v.23.10.1981. GRUR 1982, S.305f, 307,-Büromöbelprogramm.

115 *Dreyer*/Kotthoff/Meckel, *§ 2 UrhG*, Rn.75, 86. Zwar lassen auch die technischen Schutzrechte prinzipiell Doppelschöpfungen zu. Der Unterschied besteht jedoch darin, dass die technischen Schutzrechte für denselben Schutzgegenstand nur einmal ein Schutzrecht gewähren. Dem Interesse des anderen Schöpfers wird durch die Einräumung eines Vorbenutzungsrechts Rechnung getragen, welches zwar keine Ausschlussbefugnisse vermittelt, aber zur Weiterbenutzung ermächtigt. S.O. Kap.1.A. VII.

b) Ausgestaltung des Urheberrechtsschutzes / Rechtsverletzung

Das Urhebergesetz stellt dem Berechtigten nach *§ 15f UrhG* die Befugnis zur Seite, Dritten die Verwertung seines Werks zu verbieten[116]. Die Ausschlussbefugnisse sind vom Gesetzgeber als absolute Rechte ausgestaltet und entfalten ihre Wirkung somit gegen jedermann[117]. Anders als bei den technischen Schutzrechten oder dem Markenrecht ist das Sonderschutzrecht jedoch nicht mit einer objektiven Sperrwirkung versehen. Vielmehr besteht die Prämisse subjektiver Nachahmung. Daraus folgt zugleich, dass nicht jede Verwertung eines urheberrechtlich geschützten Werkes zugleich eine Urheberrechtsverletzung begründet. Der Schutz des Urheberrechts greift vielmehr nur dann ein, wenn die schutzbestimmende Individualität der Formgebung übernommen bzw. nachgebildet wurde[118].

### *3. Keine Normierung eines Vorbenutzungsrechts*

Das Urhebergesetz enthält keine Normierung eines Vorbenutzungsrechts. Ein solches ließe sich auch mit der Struktur des Urheberrechts nicht vereinbaren. Dafür sind zwei Gründe maßgeblich. Zum einen folgt das Urheberrecht dem Schöpferprinzip. Dass heißt, dass bereits mit der Vollendung des Werks, welche den qualitativen Anforderungen an die Gestaltungshöhe genügt, ein absolut wirkendes Schutzrecht entsteht. Das Problem der Kollision eines tatsächlichen Besitzstandes mit einem Schutzrecht kann sich im Urheberrecht somit nicht stellen[119]. Bei Doppelschöpfungen liegen folglich unmittelbar zwei (selbständige) Schutzrechte vor. Die Frage nach einer Koexistenz zweier absoluter Schutzrechte ist jedoch strikt von der Problematik des Vorbenutzungsrechts zu trennen. Der andere Gesichtspunkt liegt in der gesetzgeberischen Ausgestaltung des Schutzrechts als absolutes Recht mit Nachahmungserfordernis und nicht mit objektiver Sperrwirkung. Maßgeblich für das Eingreifen des Urheberrechtsschutzes ist letztlich allein, ob eine eigenständige schöpferische Leistung erbracht oder die eines ande-

116 *Heerma*, in Wandtke/Bullinger, *§ 15 UrhG*, Rn.2. Abweichend von den technischen Schutzrechten monopolisiert das Urheberrecht jedoch nicht die (abstrakte) geistige Leistung selbst, sondern ausschließlich die individuelle Verkörperung derselben. Das Urhebergesetz schützt somit stets die Form und nicht den Inhalt einer geistigen Leistung.

117 *Heerma*, in Wandtke/Bullinger, *§ 15 UrhG*, Rn.1.

118 *Rehbinder*, Rn.55.

119 *Schramm*, S.61.

ren nachgeahmt wurde[120]. Die Verwertung einer mit dem geschützten Werk identischen Formgebung, allein ohne Hinzutreten des subjektiven Nachahmungskriteriums, bewirkt somit noch keinen Eingriff in das Schutzrecht. Die Verwertung einer redlichen Doppelschöpfung ist somit zulässig. Wird demgegenüber für eine eigene Schöpfung bewusst auf einem anderen Werk aufgebaut, so kommt es nach *§ 24 UrhG* für die Frage, ob eine unzulässige Nachahmung vorliegt, allein darauf an, ob die eigene schöpferische Leistung von solcher Qualität ist, dass das benutzte Werk im Hintergrund verblasst und lediglich als Anregung diente[121].

## II Gesetz gegen den unlauteren Wettbewerb: Der ergänzende wettbewerbsrechtliche Leistungsschutzes *§ 4 Nr.9 UWG*[122]

### *1. Gegenstand des Gesetzes*

Das Gesetz dient dem Schutz freien Leistungswettbewerbs vor Beeinträchtigung durch unlautere Verhaltensweisen der Marktbeteiligten[123]. Zur Verwirklichung dieses Schutzzwecks gibt das Gesetz einen rechtlichen Rahmen vor, in welchem sowohl die Interessen der Gewerbetreibenden an einer möglichst freien Entfaltung ihrer wirtschaftlichen Betätigung als auch diejenigen der Marktgegenseite und der Mitbewerber vor einer unlauteren Beeinträchtigung erfasst sind[124]. Eine unlautere Beeinträchtigung kann jedoch gerade in der Art und Weise erfolgen, dass ein von einem Mitbewerber erschaffenes Leistungsergebnis mit unlauteren Mitteln ausgebeutet wird[125]. Zur Vermeidung derart gestalteter Verhaltensweisen dient der ergänzende wettbewerbsrechtliche Leistungsschutz des *§ 4 Nr. 9 UWG*[126].

---

120 *Dreyer*/Kotthoff/Meckel, *§ 2 UrhG*, Rn.75.

121 *Dreyer*/Kotthoff/Meckel, *§ 24 UrhG*, Rn.12f.

122 *Sosnitza*, in FS für Klippel, S.275f, 285f. Der ergänzende wettbewerbsrechtliche Leistungsschutz wird üblicherweise ebenfalls unter dem Begriff gewerblichen Rechtsschutz und damit auch unter den Oberbegriff Immaterialgüterrecht gefasst.

123 *Nordemann*, Rn.1.

124 *Nordemann*, Rn.1.

125 *Sambuc*, in Harte/Henning/Glöckner, *§ 4 UWG*, Rn.4; *Köhler*/Bornkamm, *§ 4 UWG*, Rn.9.2.

126 *Köhler*/Bornkamm, *§ 4 UWG*, Rn.9.23. Wie im Urheberrecht, bezieht sich der lauterkeitsrechtliche Schutz ausschließlich auf die konkrete Verkörperung der Gestaltung und nicht auf die dahinterstehende abstrakte Idee. Der Schutz bezieht sich somit ausschließlich auf die Formgebung und nicht wie die technischen Schutzrechte etwa auf den gedanklichen Inhalt. Vgl. BGH, Urt.v.25.02.1977, GRUR 1977, S.547f, 551,-Kettenkerzen; BGH, Urt.v.20.10.1978, GRUR 1979, S.119f, 120,-Modeschmuck; BGH,

*2. Kollisionssystematik*

a) Entstehung des Schutzes

Der Leistungsschutz des *UWG* ist nicht an formelle Erfordernisse geknüpft und entsteht mit der Erlangung des - ungeschriebenen - materiellen Schutzkriteriums der wettbewerblichen Eigenart[127]. Diese liegt vor, wenn entweder die konkrete Ausgestaltung oder bestimmte sonstige Merkmale des Erzeugnisses geeignet sind, die angesprochenen Verkehrskreise auf die betriebliche Herkunft des Produkts oder seine Besonderheiten hinzuweisen[128]. Diese besondere Eigenart kann auf vielfältige Weise erreicht werden, sei es durch ästhetische, technische oder sonstige Merkmale, die im Verkehr die Vorstellung wecken, das Erzeugnis könne wohl nur von einer spezifischen Quelle herrühren[129]. Hintergrund dieses Erfordernisses ist der Gedanke, den Schutz von Leistungsergebnissen über das Wettbewerbsrecht auf solche Erzeugnisse zu beschränken, welchen eine gewisse Gestaltungshöhe innewohnt, die sich von Allerweltserzeugnissen abheben und sich somit letztlich als (besonders) schutzwürdig ausweisen[130].

b) Ausgestaltung des Schutzes[131]

Im Gegensatz zu den Sonderschutzrechten des gewerblichen Rechtsschutzes vermittelt der wettbewerbsrechtliche Leistungsschutz kein absolut wirkendes Schutzrecht am Leistungsergebnis selbst[132]. Der Unternehmer wird nicht vor einer Nachahmung des Erzeugnisses über-

---

Urt.v.21.02.2002, GRUR 2002, S.629f, 633,-Blendsegel; BGH, Urt.v.12.12.2002, GRUR 2003, S.359f, 361,-Pflegebett; BGH, Urt.v.28.10.2004, GRUR 2005, S.166f, 169,-Puppenausstattung, BGH, Urt.v.02.04.2009, WRP 2009, S.1374f, 1375,-Knoblauchwürste.

127 *Götting*, in Fezer, *§ 4-9 UWG*, Rn.34; *Sosnitza*, in FS für Klippel, S.275f, 286; BGH, Urt.v.19.10.2000, GRUR 2001, S.443f, 444,-Viennetta.

128 BGH, Urt.v.28.10.2004, GRUR 2005, S.166f, 167,-Puppenausstattungen; BGH, Urt.v.15.09.2005; GRUR 2006, S.79f, 81,-Jeans I; BGH, Urt.v. 21.09.2006, GRUR 2007, S.339f, 342,-Stufenleitern; BGH, Urt.v.11.01.2007, GRUR 2007, S.795f, 797,-Handtaschen; BGH, Urt.v.26.06.2008, GRUR 2008, S.1115f, 1117,-ICON; BGH, Urt.v.02.04.2009, WRP 2009, S.1372f, 1374,-Ausbeinmesser.

129 *Köhler*/Bornkamm, *§ 4 UWG*, Rn.9.24;

130 *Köhler*/Bornkamm, *§ 4 UWG*, Rn.9.24.

131 Da es sich bei *§ 4 Nr.9 UWG* um eine Marktverhaltensregel handelt, welche kein subjektives Schutzrecht vermittelt, wird von der bisherigen Terminologie abgewichen. *Köhler*/Bornkamm, *§ 4 UWG*, Rn.9.4.

132 *Sambuc*, in Harte/Henning/Glöckner, *§ 4 UWG*, Rn.11f; Piper/*Ohly*/Sosnitza, *§ 4.9 UWG*, Rn.9/3.

haupt geschützt[133]. Das Leistungsschutzrecht zählt somit nicht zu den absoluten Rechten[134]. Das Recht des Unternehmers beschränkt sich allein darauf, die unlautere Nachahmungshandlung zu verbieten[135]. Es geht somit nicht um die Tatsache der Nachahmung selbst, sondern allein um die Art und Weise wie diese ausgestaltet ist[136]. Liegen diese Voraussetzungen demgegenüber nicht vor und handelt es sich um eine unabhängige Zweitentwicklung, kommt eine unlautere Nachahmung nicht in Betracht.

### *3. Keine Normierung eines Vorbenutzungsrechts*

Dem ergänzenden wettbewerbsrechtlichen Leistungsschutz ist der Gedanke an ein Vorbenutzungsrecht fremd. Zur Begründung lassen sich diverse strukturelle Gesichtspunkte des Lauterkeitsrechts anführen. Zum einen wird das Lauterkeitsrecht von dem Gedanken getragen, dass die Übernahme fremder Leistungen grundsätzlich zulässig ist, sofern sie sich nicht aus besonderen Gründen als unlauter erweist[137]. Dahinter steht der Gesichtspunkt, dass Fortschritt und Entwicklung nur durch das Aufbauen auf der Leistung Dritter erreicht werden kann[138]. Die Leistungsübernahme ist somit nicht per se unzulässig, sondern nur dann, wenn sich die Art und Weise derselben aufgrund des Hinzutretens spezifischer Unlauterkeitskriterien als Behinderung des Wettbewerbers erweist. Entscheidend ist jedoch ein anderer Gesichtspunkt. *§ 4 Nr.9 UWG* gewährt keinen als absolutes Recht ausgestalteten Schutz gegen Nachbildung des Leistungsergebnisses. D.h. allein die Verwendung einer identischen Gestaltung führt nicht zur Verwirklichung des Verletzungstatbestands, sondern ausschließlich die unlautere Nachbildung des Erzeugnisses. Im Lauterkeitsrecht stellt sich somit nicht die Frage nach einem Vorbenutzungsrecht oder nach einem Erfordernis dafür, da dieses keine absolute Rechtsposition vermittelt. Geraten zwei eigenartige Produktgestaltungen miteinander in Konflikt, ohne dass die eine auf der Leistungsübernahme der anderen beruht, so stellt die Fortsetzung der Verwendung, unabhängig davon, welcher von beiden Unternehmern die Erfordernisse des Leistungsschutzes zuerst erfüllt hat, keinesfalls eine Verletzung nach *§ 4 Nr. 9 UWG* dar.

---

133 *Oechsler*, in Staudinger, *§ 826 BGB*, Rn.388; *Hönn*, in Soergel, *§ 826 BGB*, Rn.194.

134 Piper/*Ohly*/Sosnitza, *§ 4.9 UWG*, Rn.9/3.

135 *Sambuc*, in Harte/Henning/Glöckner, *§ 4 UWG*, Rn.6; *Götting*, in Fezer, *§ 4-9 UWG*, Rn.2

136 Piper/*Ohly*/Sosnitza, *§ 4.9 UWG*, Rn.9/3.

137 *Ekey*/Klippel/Bender, *§ 4 MarkenG*, Rn.29; BGH, Urt.v.11.01.2007, GRUR 2007, S.795f, 799,- Handtaschen.

Diese beschriebene Eigenart ließe sich allerdings auch dahingehend umformulieren, dass es beim ergänzenden Leistungsschutz einer Positivierung eines Vorbenutzungsrechts nicht bedarf, da diesem ein Recht zur Weiterbenutzung kraft Vorbenutzung aufgrund des Nachahmungserfordernisses immanent ist.

## III. Das Markengesetz

### *1. Gegenstand des Markengesetzes*

Das Markengesetz bezweckt den Schutz unternehmerischer Leistung durch die Einräumung spezifischer, absolut geschützter Kennzeichenrechte[139]. Einleitend soll stellvertretend für das Kennzeichenrecht auf die anschauliche Beschreibung wertbildender Eigenschaften der Unternehmensbezeichnung hingewiesen werden, wie sie sich bei *Ehrenberg* bereits gegen Ende des 19. Jahrhunderts findet. Dort heißt es: *„Der Werth wohnt aber der Firma nicht als solcher bei, sondern beruht lediglich auf dem durch gewisse Umstände hervorgerufenen günstigen Urteile der Menschen, er beruht auf dem Renommé, wie man zu sagen pflegt, und darin gleicht er völlig dem wirtschaftlichen Werthe des Namens eines angesehenen Schriftstellers oder Malers oder einer Fabrikmarke, und er gleicht ihr auch darin, dass jenes günstige Urtheil nicht immer durch reelle Umstände hervorgerufen wird, sondern auch ein Produkt der Reklame, ja - so wunderlich das klingt – selbst der Mode zu sein vermag[140].“* Dieses Zitat liefert eine plastische Beschreibung der den Kennzeichenschutz bestimmenden Faktoren. Gegenstand des Schutzes ist zwar an sich das Kennzeichen. Jedoch protegiert das MarkenG das Zeichen nicht um seiner selbst willen gegen eine kommerzielle Verwertung, sondern nur aufgrund des besonderen immateriellen Wertes, welches dem Zeichen aufgrund der Wertschätzung der unternehmerischen Leistung durch den Verkehr zukommt[141]. Unter dem Markenge-

---

138 *Ekey*/Klippel/Bender, *§ 4 MarkenG*, Rn.29.

139 *Fezer*, Einl C, Rn 3, 15 m.w.N.; *Kraßer*, § 2, S.18; *Wadle*, S.351.

140 *Ehrenberg*, ZHR 28 (1882), S.25ff, 53; *Klippel*, S.115, m.w.N.. Obgleich sich der Ausspruch allein auf den Firmenschutz nach *Art. 22ff ADHGB* bezog, sind die beschriebenen Eigenschaften auch bei den übrigen Kennzeichen aufzufinden.

141 *Kur*, GRUR 1990, S.1f, 4; *Ulmer*, S.7f; *Götting*, S.48f, 310f. Die geistige Kreation des Kennzeichens gehört zwar nicht zu den schöpferischen Leistungen für die das MarkenG Schutz gewährt, kann aber im Falle einer besonderen (bildlichen) Gestaltung Urheber- bzw. Geschmacksmusterschutz genießen. Die unternehmerischen Leistungen können dabei vielfältiger Natur sein. Sei es die Reklame und das positive

setz reguliert sind gemäß *§ 1 MarkenG*: Marken, geschäftliche Bezeichnungen, sowie geographische Herkunftsangaben. Allen Kennzeichen gemeinsam ist der Zweck und die Eignung, Leistungen unterscheidbar zu machen[142].

*a) Subjektiver Schutzgedanke*

Die Verkörperung der unternehmerischen Leistung in dem Kennzeichen bringt es mit sich, dass dem Zeichen selbst ein erheblicher wirtschaftlicher Wert beizumessen ist[143]. Zur Verteidigung dieses Wertes vermittelt das Markengesetz dem Inhaber subjektive Befugnisse, Dritte von der wirtschaftlichen Verwertung des Zeichens auszuschließen[144]. Im Unterschied zu den anderen Immaterialgüterrechten gilt allerdings eine erhebliche Privilegierung dahingehend, dass das Markengesetz, bei Registermarken nach *§ 4 Abs.1 MarkenG* als auch bei Unternehmenskennzeichen nach *§ 5 Abs.1 MarkenG*, bereits den Beginn der unternehmerischen Tätigkeit absichert[145]. Es gewährt somit unter gewissen Voraussetzungen eine Entwicklungsbegünstigung auf Kosten der Interessen der freien Konkurrenz[146]. Dem Inhaber eines Kennzeichenrechts wird somit eine absolut wirkende Rechtsposition auch dann eingeräumt, wenn noch keine unternehmerische Leistung erbracht wurde[147].

---

Image welches der Verkehr aufgrund werblicher Anpreisungen mit dem Zeichen in Verbindung bringt oder die Vorstellung des Verkehrs über die Warenqualität oder Unternehmensgröße. Vgl. ebenfalls für das Warenzeichengesetz, *Baumbach/Hefermehl*, Einl. *WZG* Rn.4.

142 Die Zeichenrechte selbst lassen sich hinsichtlich der jeweils zu kennzeichnenden Objekte unterscheiden. So kennzeichnen Marken Waren oder Dienstleistungen, mithin also Produkte. Unternehmenskennzeichen weisen auf ein bestimmtes Unternehmen oder den Unternehmensträger hin. Werktitel kennzeichnen bestimmte gedankliche Leistungen und geografische Herkunftsangaben verweisen auf die (örtliche) Herkunft von Waren und Dienstleistungen. *Eisfeld*, in Ekey/Klippel/Bender, *§ 1 MarkenG*, Rn.1f. *Fezer*, MarkenG, Einl B Rn.3; *Teplitzky*, in Großkomm. z. *UWG*, Vor *§ 16 UWG a.F.*, Rn.3. Vgl. auch *Nordemann*, S.329; Ekey/*Klippel*/Bender E 2, Rn.4, welche die Kennzeichen- und die Unterscheidungsfunktion zusammenfassend als Identifikationsfunktion bezeichnen.

143 Ströbele/*Hacker*, *§ 14 MarkenG*, Rn.199.

144 *Götting*, S.351; *Ingerl/Rohnke*, *§ 14 MarkenG*, Rn.7.

145 Vgl. *Goldmann*, § 2 Rn.84f; *Götting*, S.50.

146 *Kraßer*, S.18.

147 Vgl. zu den Voraussetzungen und Grenzen der Privilegierung, *Goldmann*, § 2 Rn.85. Danach ist die Privilegierung nur unter zwei Bedingungen akzeptabel: 1. Bezeichnungen die monopolisiert werden können, sind in großer Zahl vorhanden. 2. die Monopolisierung fördert den Wettbewerb und behindert ihn nicht. Vgl. ferner *Kohler*, S.87; *Ulmer*, S.65, 105; Ströbele/*Hacker*, Einleitung Rn.33.

*b) Objektiver Schutzgedanke*

Erklärt wird diese Privilegierung des Kennzeichenschutzes heute im Allgemeinen damit, dass Kennzeichen neben den subjektivrechtlichen Schutzaspekten des Kennzeicheninhabers auch eine objektive Schutzkomponente aufweisen[148]. Andernfalls wäre die Einräumung eines Rechtsmonopols - ohne Anknüpfung an eine besondere geistige Leistung - nicht mit der allgemeinen Wettbewerbsfreiheit zu vereinen[149]. Die objektive Komponente des Kennzeichenschutzes besteht darin, dass Marktteilnehmer innerhalb eines freien Wettbewerbs im Interesse der Allgemeinheit unterscheidbar sein müssen[150]. D.h. dem Verkehr muss es möglich sein, Leistungen, welche ihm am Markt dargeboten werden, von Leistungen anderer Unternehmer zu unterscheiden[151]. Nur dadurch wird er in die Lage versetzt, Wettbewerber anhand ihrer Leistung zu beurteilen und attraktive von unattraktiven Angeboten zu trennen[152].

---

148 *Goldmann*, § 2 Rn.84f; *Nordemann*, S.329.

149 Ströbele/*Hacker*, Einl. Rn.34; *Goldmann*, § 2 Rn.85. Unter anderem als Korrektiv der Entwicklungsbegünstigung wurde 1968 der Benutzungszwang eingeführt; *§ 11 Abs.1 Nr.4 WZG*, Vgl. *§§ 25, 26 MarkenG.*

150 *Goldmann*, § 2, Rn.86; Anschaulich auch *Nordemann*, S.329.

151 *Ingerl/Rohnke*, § 8 MarkenG, Rn.108.

152 *Nordemann*, S.329; *Ingerl/Rohnke*, *§ 8 MarkenG*, Rn.108. Dieses Ergebnis lässt sich auch historisch herleiten, da Kennzeichen wie z.B. Firmen vor Inkrafttreten des *ADHGB* sowie insbesondere bei Marken vor dem Inkrafttreten des Markenschutzgesetzes 1874 kein zivilrechtlicher Schutz zugebilligt wurde. Schutz wurde allein auf partikularrechtlicher Grundlage der Straf und Polizeigesetze gewährt, wobei der Schutz des Publikums vor Fälschungen klar im Vordergrund stand. Auch das heutige Kennzeichenrecht unterliegt zu einem nicht unerheblichen Teil nach wie vor dieser öffentlich rechtlichen Prägung was beispielsweise an den nach wie vor vorhandenen Strafvorschriften im MarkenG zu erkennen ist. Vgl. *Klippel*, S.132ff.

*2. Kollisionssystematik*[153]

a) Schutzentstehung

aa) Entstehung von harmonisierten Registermarken, *§ 4 Nr.1 MarkenG*

Nach *§ 4 Nr.1 MarkenG* entsteht der Markenschutz mit Eintragung des Zeichens in das vom Patentamt geführte Register[154]. Der Grund für das Eintragungserfordernis besteht darin, dass Kennzeichen im Unterschied zu den persönlich geistigen Schöpfungen, die Gegenstand des Urheberrechts sind, nicht bereits durch eine individuelle Prägung als einer bestimmten Person gehörig ausgewiesen sind[155]. Erst mit der publizitätswirksamen Offenlegung erhält der Verkehr die Möglichkeit, das Zeichen einer bestimmten Person oder Unternehmung zuzuordnen[156]. Der Schutz der Registermarke basiert zwar gleichfalls wie das *PatG* oder das *Geschmacksmustergesetz* auf dem Erstanmelderprinzip, ist aber anders als diese einstufig konzipiert. D.h. dass der Realakt der Kreation des Zeichens für den Markenschutz unbeachtlich ist. Das Kennzeichenrecht kennt somit keinen Anspruch auf Erteilung des Zeichenrechts, welches an die Schaffung des Zeichens anknüpft. Dieses Fehlen eines dem Erfinderrecht vergleichbaren Rechts basiert auf dem im Vergleich zu Patent- oder Geschmacksmustergesetz verminderten persönlichkeitsrechtlichen Einschlag des Kennzeichenrechts[157]. Vor der Zuerkennung eines Prioritätstags stehen dem „Schöpfer“ des Zeichens demnach keine markenrechtlichen Vindikationsansprüche zur Seite, welche ihn gegen Usurpation durch Dritte schützen[158]. Dem Markengesetz sind, was die Schutzentstehung des Rechts angeht, die zeitlichen Kategorien der Neuheit fremd. Das Bestehen eines älteren verwechslungsfähigen oder identischen Zeichens oder Zeichenrechts steht - vorbehaltlich unlauterer Verhaltensweisen - weder materiell

---

153 Wegen des Bindungsgrundsatzes ist bei Marken wie bei den übrigen Immaterialgüterrechten stets zwischen der Entstehung des Rechts und der Rechtsverletzung zu unterscheiden. Über die Eintragung der Marke, entscheiden allein das DPMA sowie die nachfolgenden Rechtsmittelgerichte im Eintragungsverfahren. Im Verletzungsverfahren sind sowohl die Zivilgerichte als auch das DPMA dem Grunde nach an die Eintragung der Marke gebunden. D.h. der Verletzungs*Richter* darf der Marke nicht jegliche Schutzfähigkeit absprechen. Vgl. BGH, Urt.v.03.11.1999, GRUR 2000, S.888f, 889,-MAG LITE; *Ingerl/Rohnke*, *§ 8 MarkenG*, Rn.21; *Kirschneck*, in *Ströbele*/Hacker, *§ 41 MarkenG*, Rn.5; *Hacker*, Rn.362.

154 *Ingerl/Rohnke*, *§ 4 MarkenG*, Rn.5.

155 *Götting*, S.172.

156 *Götting*, S.172.

157 *Ingerl/Rohnke*, *§ 14 MarkenG*, Rn.11.

158 Bzw. vor dem Prioritätstag ist eine Usurpation aus markenrechtlichen Gesichtspunkten nicht denkbar.

der Gewährung eines Markenrechts entgegen, noch werden solche Zeichen verfahrensrechtlich überhaupt in die Prüfung des Patentamts einbezogen[159]. Markenrechtlich ist es demnach irrelevant, ob sich ein Anmelder ein bereits bestehendes Zeichen oder Zeichenrecht als Marke eintragen lässt. Eine Nichtigkeitsklage des Markenschöpfers wegen fehlender Neuheit ist somit kategorisch ausgeschlossen. Dem Inhaber eines prioritätsälteren Zeichenrechts bleibt es jedoch unbenommen, prioritätsjüngeren Markenanmeldungen nach *§ 9 MarkenG* entgegenzutreten. Da ältere Kennzeichenrechte die Entstehung des Schutzrechts somit nicht verhindern, sondern ihrem Inhaber lediglich Ansprüche auf Beseitigung des jüngeren Zeichens vermitteln, werden diese in *§ 9 MarkenG* als relative Hinderungsgründe bezeichnet. Der Zuerkennung eines Schutzrechts als Registermarke stehen in materieller Hinsicht lediglich die absoluten Schutzhindernisse des *§ 8 MarkenG* entgegen, welche das Patentamt von Amts wegen zu berücksichtigen hat[160]. Dabei handelt es sich mit Ausnahme des *§ 8 Abs.2 Nr.10 MarkenG* grundsätzlich um Hindernisse, welche dem oben aufgezeigten objektiven Schutzgedanken des Schutzes der Öffentlichkeit vor einer unzulässigen Monopolisierung zu wider laufen[161]. So dürfen Bezeichnungen, welche nicht die Eignung aufweisen, unternehmerische Leistungen voneinander zu unterscheiden oder deren sich der Verkehr zur inhaltlichen Beschreibung erbrachter Leistungen bedienen muss, nicht - ohne weiteres - mit einem Ausschlussrecht versehen werden[162].

bb) Nicht harmonisierte Benutzungsmarken *§ 4 Nr. 2 MarkenG*

Benutzungsmarken unterscheiden sich in ihrer Zwecksetzung nicht von den Registermarken[163]. Lediglich die Entstehungsvoraussetzungen sind verschiedenartig ausgestaltet. So entsteht die Benutzungsmarke nicht im Wege hoheitlicher Zuerkennung, sondern durch die Ver-

---

159 Stöckel/*Lüken*, S.55; so auch nach der Gemeinschaftsmarkenverordnung. Im Übrigen ist die Praxis in Europa was die Prüfung auf relative Eintragungshindernisse betrifft uneinheitlich. So prüft beispielsweise Großbritannien nach wie vor auf das Bestehen prioritätsälterer Rechte.

160 *Ingerl/Rohnke*, *§ 8 MarkenG*, Rn.8.

161 Stöckel/*Lüken*, S.55.

162 *Ingerl/Rohnke*, *§ 8 MarkenG*, Rn.8; Stöckel/*Lüken*, S.55; vgl. aber *§ 8 Abs.3 MarkenG*. Hat sich die (nicht unterscheidungsfähige) Bezeichnung in den beteiligten Verkehrskreisen als Herkunftshinweis durchgesetzt, so kann das Zeichen dennoch eingetragen werden, da es nunmehr aufgrund der Bekanntheit seine Funktion als Unterscheidungszeichen erfüllt.

163 *Ekey*/Klippel/Bender, *§ 4 MarkenG*, Rn.23f.

wendung des Zeichens im geschäftlichen Verkehr, unter der Voraussetzung, dass sich das Zeichen Verkehrsgeltung erworben hat[164]. Aufgrund des fehlenden Publizitätsakts der Eintragung kann das Zeichen erst durch eine gewisse Bekanntheit einem bestimmten Betrieb zugeordnet werden und seine Funktion als Herkunfts- und Unterscheidungsmittel erfüllen[165]. Erst wenn es diese Funktion erfüllt, entsteht aus einer lediglich verwendeten Kennzeichnung ein immaterielles, absolut wirkendes Monopolrecht. Der Begriff der Verkehrsgeltung beschreibt die Grenze, ab wann davon auszugehen ist, dass das Zeichen von einem nicht unerheblichen Teil der angesprochenen Verkehrskreise als Herkunftshinweis auf ein bestimmtes Unternehmen verstanden wird[166]. Nicht erforderlich ist es hingegen, dass der Verkehr das Zeichen auch dem namentlich zutreffenden Unternehmen zuordnet[167]. Das Zeichen muss dabei Verkehrsgeltung gerade in der Funktion als Marke erlangt haben[168]. Die bloße Bekanntheit des Produkts selbst wird insoweit nicht als ausreichend erachtet[169]. Auch genügt es nicht, wenn das Zeichen Bekanntheit in einer anderen Funktion als der Herkunfts- und Unterscheidungszeichen erlangt hat, etwa wenn es sich als neue Gattungsbezeichnung etabliert hat[170]. Die Entstehung der Benutzungsmarke setzt indessen nicht voraus, dass das Verkehrsgeltungserfordernis in räumlicher Hinsicht im gesamten Bundesgebiet erfüllt ist[171]. Eine lediglich regionale Verkehrsgeltung reicht aus[172]. *§ 4 Nr.2 MarkenG* erfordert es indessen nicht, dass das Zeichen bei sämtlichen Bevölkerungskreisen Verkehrsgeltung genießt. Abzustellen ist hingegen auf die jeweils beteiligten Verkehrskreise[173]. Die Verkehrsgeltung ist keine absolute Größe. Welcher

---

164 Ströbele/*Hacker*, *§ 4 MarkenG*, Rn.8; *Fezer*, *§ 4 MarkenG*, Rn.103

165 *Ingerl/Rohnke*, *§ 4 MarkenG*, Rn.11.

166 Ströbele/*Hacker*, *§ 4 MarkenG*, Rn.17; *Ingerl/Rohnke*, *§ 4 MarkenG*, Rn.11; *Ekey*/Klippel/Bender, *§ 4 MarkenG*, Rn.40ff; BGH, Urt.v.26.06.2008 ,GRUR 2008, S.917f, 920,-EROS.

167 BGH, Urt.v.26.06.2008, GRUR 2008, S.917f, 920,-EROS.

168 Ströbele/*Hacker*, *§ 4 MarkenG*, Rn.20; *Ekey*/Klippel/Bender, *§ 4 MarkenG*, Rn.40; *Fezer*, *§ 4 MarkenG*, Rn.105.

169 BGH, Urt.v.05.12.2002, GRUR 2003, S.332f, 335,-Abschlussstück.

170 RG, Urt.v.07.10.1932, MuW 1933, S.16f, 18,-Luvos Heilerde; BGH, Urt.v.30.06.1959, GRUR 1960, S.83f, 85,-Nährbier.

171 *Fezer*, *§ 4 MarkenG*, Rn.129.

172 *Ingerl/Rohnke*, *§ 4 MarkenG*, Rn.24.

173 *Ekey*/Klippel/Bender, *§ 4 MarkenG*, Rn.54. Welche Personengruppen zu den relevanten Verkehrskreisen zu zählen sind, richtet sich primär nach den Abnehmern der gekennzeichneten Waren/DL, d.h. Händlern oder Verbrauchern. Je nach Art und Verwendungszweck des Produkts ist der Kreis der relevanten Personengruppen enger oder weiter. Bei Spezialprodukten, Luxuswaren oder allgemein hochpreisigen Erzeugnissen ist der Kreis der Abnehmer enger als bei Gütern des täglichen Gebrauchs, bei denen im Regelfall sämtliche Verbraucher zu den relevanten Verkehrskreisen zu zählen sind.

Bekanntheitsgrad zur Erreichung des Kriteriums erforderlich ist, richtet sich danach, ob das Zeichen selbst aufgrund von originärer Unterscheidungskraft als Marke eintragungsfähig wäre oder ob dieser ein absolutes Eintragungshindernis nach *§ 8 Abs.2 Nr.1 oder 2 MarkenG* entgegenstünde. In letzterem Fall entsteht der Schutz der Benutzungsmarke, wie bei *§ 8 Abs.3 MarkenG,* erst mit einer qualifizierten Verkehrsgeltung, welche der Verkehrsdurchsetzung entspricht[174]. Andernfalls reicht einfache Verkehrsgeltung aus. Die h.M. lässt hierfür einen Zuordnungsgrad von 20-25 Prozent der beteiligten Verkehrskreise ausreichen[175]. D.h. erst ab dem Zeitpunkt, ab dem quasi jeder Vierte der relevanten Personengruppe in dem Zeichen einen Hinweis auf ein bestimmtes Unternehmen sieht, entsteht der Schutz als Benutzungsmarke. Vorher genießt die Kennzeichnung keinerlei markenrechtlichen Schutz.

b) Ausgestaltung des Schutzrechts / Markenverletzung

aa) Das Kennzeichen als absolutes subjektives Ausschlussrecht

Die unter dem Markengesetz regulierten Kennzeichenrechte gewähren ihrem Inhaber das Recht, jedermann die Verwendung eines Kennzeichens im geschäftlichen Verkehr zu verbieten, sofern ein Eingriff in den Gehalt des Schutzrechts vorliegt, vgl. *§ 14 MarkenG*[176]. Die Marke vermittelt somit ein absolut wirkendes, subjektives Ausschlussrecht[177]. Die Verwirklichung subjektiver Tatbestandsmerkmale ist indessen nicht erforderlich. So führt allein die markenmäßige Benutzung der Marke zur Rechtsverletzung. Weder kommt es auf die Kenntnis des Verletzers vom Bestehen des Zeichenrechts noch auf die Absicht einer Nachahmung an. Der Schutzumfang des nicht zur Bekanntheit gesteigerten Kennzeichens wird im Markenrecht mit dem Begriff der Verwechslungsgefahr beschrieben[178]. Die Verwechslungsgefahr bestimmt, welchen Abstand das ältere Zeichen von konkurrierenden jüngeren Zeichen einfordern kann[179]. Bei diesem unbestimmten Rechtsbegriff handelt es sich allein um eine Rechts-

---

174 Ströbele/*Hacker*, *§ 4 MarkenG*, Rn.37.

175 Ströbele/*Hacker*, *§ 4 MarkenG,* Rn.39.

176 *Ingerl/Rohnke*, Vor *§§ 14-19 d MarkenG*, Rn.2.

177 *Fezer*, *§ 14 MarkenG*, Rn.10; Ströbele/*Hacker*, *§ 14 MarkenG*, Rn.8.

178 *Jansen*, in Ekey/Klippel/Bender, *§ 9 MarkenG*, Rn.27.

179 Ströbele/*Hacker*, *§ 9 MarkenG*, Rn.10. Dieser einzuhaltende Abstand wiederum, wird nach der Wechselwirkungslehre von drei Faktoren bestimmt, welche ihrerseits in einem Abhängigkeitsverhältnis ste-

und keine Tatsachenfrage[180]. Grundsätzlich kommt es dabei auch nicht darauf an, ob der Verkehr die Zeichen tatsächlich miteinander verwechselt[181]. Ob zwischen zwei Kennzeichen Verwechslungsgefahr besteht, ist von einer Mehrzahl von Faktoren abhängig, wie der Kennzeichnungskraft des älteren Zeichens, der Zeichenähnlichkeit und der Waren/DL Ähnlichkeit, welche sämtlich in einer Beziehung der Wechselwirkung zueinander stehen[182]. Innerhalb des von der Verwechslungsgefahr determinierten Schutzradius des Kennzeichenrechts, kann jede Verwendungsweise kenntnisunabhängig verboten werden[183].

bb) Dynamischer Schutzumfang des Kennzeichens

Im Gegensatz zu den technischen Schutzrechten, deren Schutzinhalt am Prioritätstag abschließend definiert wird, unterliegt der Umfang des Kennzeichenschutzes einer stetigen Fluktuation. Das Markengesetz trägt diesem Umstand mitunter dadurch Rechnung, dass es für jedes Kennzeichenrecht prinzipiell zwei Verletzungstatbestände normiert. Einen für das Kennzeichen mit durchschnittlichem Schutz, dessen Schutzbereich sowohl die identische Verwendung, als auch den Ähnlichkeitsbereich abdeckt Vgl. *§ 14 Abs.2 Nr.1, Nr.2 MarkenG*. Daneben der erweiterte Schutz des bekannten Kennzeichens gegen Verhaltensweisen (auch) außerhalb des Ähnlichkeitsbereichs, vgl. *§ 14 Abs.2 Nr.3 MarkenG*[184]. Auf der anderen Seite kann sich der Schutzumfang (auch) eines einstmals bekannten Kennzeichens wieder reduzieren wenn die kennzeichenmäßige Benutzung des Zeichens vermindert wird[185]. Besonders in Augenschein tritt dieses Phänomen bei der Benutzungsmarke nach *§ 4 Nr.2 MarkenG*, welche für die Konservierung des Markenschutzes stets die Aufrechterhaltung des Verkehrsgeltungs-

---

hen. Nach dem Grad der Zeichenähnlichkeit, der Ähnlichkeit der gekennzeichneten Waren und Dienstleistungen sowie zuletzt der Kennzeichnungskraft des prioritätsälteren Zeichenrechts.

180 BGH, Urt.v.13.01.2000, GRUR 2000, S.506f, 509,-Tisserand; *Glöckner*, in Geistiges Eigentum und Gemeinfreiheit, S.147.

181 *Ingerl/Rohnke*, *§ 14 MarkenG*, Rn.399.

182 Ströbele/*Hacker*, *§ 9 MarkenG*, Rn.24; *Ekey*/Klippel/Bender, *§ 14 MarkenG*, Rn.162; *Ingerl/Rohnke*, *§ 14 MarkenG*, Rn.370.

183 Der Gesichtspunkt, ob das Recht aus der Marke, wie die technischen Schutzrechte, zudem mit Sperrwirkung versehen ist, soll zunächst vernachlässigt werden.

184 *Jansen*, in Ekey/Klippel/Bender, *§ 9 MarkenG*, Rn.5.

185 Der Eintritt der Löschungsreife wegen Verfalls dient demgegenüber der Freihaltung der Markenrolle und der Vermeidung missbräuchlicher Verhaltensweisen. Vgl. *§§ 49 Abs.1, 26, 25 MarkenG*.

erfordernisses voraussetzt[186]. Sinkt die Bekanntheit des nicht formal geschützten Zeichens in Folge einer Aussetzung oder Reduzierung der Benutzung des Zeichens unter die Schwelle der Verkehrsgeltung, so erlischt gleichfalls der Schutz als Markenzeichen und damit als Schutzrecht[187].

### *3. Keine Normierung eines Vorbenutzungsrechts*

Das Markengesetz enthält, wie bereits zu Anfang erwähnt, keine Normierung eines Vorbenutzungsrechts. Es erkennt lediglich auf ein - allerdings zeitlich eng begrenztes - Weiterbenutzungsrecht zugunsten gutgläubiger Dritter in der verfahrensrechtlichen Sonderkonstellation des *§ 91 Abs.8 MarkenG*: *„Wird dem Inhaber einer Marke Wiedereinsetzung gewährt, so kann er Dritten gegenüber, die in dem Zeitraum zwischen dem Eintritt des Rechtsverlusts an der Eintragung der Marke und der Wiedereinsetzung unter einem mit der Marke identischen oder ihr ähnlichen Zeichen gutgläubig Waren in den Verkehr gebracht oder Dienstleistungen erbracht haben, hinsichtlich dieser Handlungen keine Rechte geltend machen."* Die Regelung beinhaltet jedoch kein Recht zur Weiterbenutzung im eigentlichen Sinne, sondern gewährt lediglich eine zeitweilige Freistellung von markenrechtlichen Ansprüchen für den Zeitraum zwischen der Löschung der Marke und der Wiedererlangung des Markenschutzes kraft Wiedereinsetzung in den vorherigen Stand.

## C. Bestandsaufnahme der Kollisionssystematik im Immaterialgüterrecht

Die immaterialgüterrechtlichen Sonderschutzgesetze weisen im Hinblick auf die Existenz von Vorbenutzungsrechten keine Einheitlichkeit auf. Während bei den technischen Schutzrechten und dem Geschmacksmusterrecht mit Ausnahme des nicht eingetragenen Gemeinschaftsgeschmacksmusters eine Regulierung von Vorbenutzungsrechten zu verzeichnen ist, fehlt eine solche neben dem Markenrecht auch im Urheberrecht sowie im wettbewerbsrechtlichen Leistungsschutz. Neben einem divergierenden Umgang mit dem Vorbenutzungsrecht lassen sich im Immaterialgüterrecht darüber hinaus im Wesentlichen drei verschiedene Kollisionssysteme

186 *Ekey*/Klippel/Bender, *§ 4 MarkenG*, Rn.91.

feststellen. Erstens das System absolut geschützter Rechte mit objektiver Sperrwirkung, die dem Erstanmelderprinzip folgen. Dazu gehören sämtliche Einzelgesetze des gewerblichen Rechtsschutzes, wie das *PatG*, das *Gebrauchsmustergesetz*, das *Geschmacksmustergesetz*, die *Gemeinschaftsgeschmacksmusterverordnung* im Hinblick auf das eingetragene Geschmacksmuster und das *Markengesetz* hinsichtlich Registermarken[188]. Ein anderes System ist zweitens das des Schutzes vor Nachbildung, welches dem Schöpferprinzip folgt[189]. Diese dem *Urhebergesetz* und dem nicht eingetragenen Gemeinschaftsgeschmacksmuster immanente Systematik stellt dem Sonderrechtsinhaber gleichwohl ein absolut geschütztes Ausschlussrecht zur Seite. Dieses ist allerdings nicht mit einer objektiven Sperrwirkung versehen, sondern erfordert dem Grunde nach ein zusätzliches subjektives Element der Nachahmung[190]. Schließlich gibt es das System der Auferlegung von Verhaltenspflichten, welches dem ergänzenden wettbewerbsrechtlichen Leistungsschutz zu Grunde liegt. Letzteres ist nicht als absolutes Recht ausgestaltet, sondern sanktioniert lediglich spezifische, unlautere Verhaltensweisen und erfordert zusätzlich die Nachahmung des geschützten Erzeugnisses[191]. Darüber hinaus lässt sich die Feststellung treffen, dass Vorbenutzungsrechte ausschließlich in solchen Sonderschutzgesetzen eine Regulierung erfahren haben, welche dem Erstanmelderprinzip folgen und deren Schutzrecht mit Sperrwirkung versehen ist. Auch besteht lediglich innerhalb eines solchen Kollisionssystems ein Bedürfnis zum Schutz des Vorbenutzers, da allein der objektive Eingriff in den Schutzgehalt des Sonderschutzrechts zur Rechtsverletzung führt.

---

187 *Ekey*/Klippel/Bender, *§ 4 MarkenG*, Rn.91; vgl. auch RG, Urt.v.04.10.1939, RGZ 162, S.347f,-grüngoldene Flasche.

188 Teilweise bei Marken deshalb, da es auch Benutzungsmarken und geschäftliche Bezeichnungen kennt, die nicht dem Erstanmelderprinzip folgen.

189 S.O. Kap.1 A. VI. 2. a); B. I. 2.

190 Ob der Fall der Doppelschöpfung häufig auftritt oder nicht ist entgegen *Sosnitza*, in FS für Klippel, S.275f, 285, irrelevant, da es allein darauf ankommt, ob sich die Gesetzessystematik am Gedanken der Nachahmung oder der Sperrwirkung orientiert.

191 S.O. Kap.1 B. II. 2. b).

## Kapitel 2 Charakterisierung des immaterialgüterrechtlichen Vorbenutzungsrechts / Tatbestandsvoraussetzungen und Rechtsnatur

Im ersten Kapitel wurde der Begriffsinhalt des Vorbenutzungsrechts im Immaterialgüterrecht umrissen und der Zusammenhang zwischen dem Vorhandensein normierter Vorbenutzungsrechte und der spezifischen Kollisionssystematik erörtert. Nachfolgend sollen die Eigenschaften und Tatbestandsvoraussetzungen des Vorbenutzungsrechts anhand des Patentgesetzes präzisiert und damit letztlich die Rechtsnatur des Vorbenutzungsrechts charakterisiert werden.

### A. Befugnisse / Inhalt des Vorbenutzungsrechts

#### I. Vorbenutzungsrecht als subjektives Recht zur Weiterbenutzung

Das Vorbenutzungsrecht vermittelt seinem Inhaber die subjektivrechtliche Befugnis gegenüber dem Patentinhaber, die vorbenutzte Erfindung auch nach der Entstehung des Patents weiterzubenutzen[192]. Dem Patentinhaber steht somit trotz seines absoluten Rechts weder ein alleiniges positives Nutzungsrecht an der Erfindung zu, noch kann er sich gegenüber dem Vorbenutzungsrechtsinhaber auf negative Ausschlussbefugnisse berufen[193]. Ein eigenes Ausschlussrecht erlangt der Vorbenutzer hingegen nicht[194]. Der Vorbenutzer wird somit nicht in die Lage versetzt, Dritten den Gebrauch des Rechtsguts zu verbieten. Das Vorbenutzungsrecht bietet Schutz vor Beeinträchtigung gegen jeden Dritten dessen Schutzrecht mit dem Inhalt des Vorbenutzungsrechts kollidiert[195]. Das Vorbenutzungsrecht vermittelt somit - anders als eine Einrede - keine lediglich relativ ausgestaltete Rechtsbeziehung zu einem bestimmten Schutzrechtsinhaber. So ist es dem Vorbenutzer innerhalb des vom Vorbenutzungsrecht gewährten Schutzradius auch dann gestattet das Sonderrechtsgut weiterzubenutzen, wenn die vorbenutzte Erfindung Gegenstand mehrerer Schutzrechte ist. Vorstellbar ist die Kollision des

---

192 RG, Urt.v.25.02.1911, RGZ 75, S.317f, 319; *Bruchhausen*, GRUR Int.1964, S.405ff, 411. Der Vorbenutzer ist gegenüber dem Patentinhaber berechtigt, im Klageweg die Anerkennung des Vorbenutzungsrechts feststellen zu lassen. Im Falle der Beeinträchtigung der Befugnisse aus dem Vorbenutzungsrecht durch den Patentinhaber ist der Vorbenutzer berechtigt Unterlassung und Beseitigung zu verlangen. *Nirk*, GRUR 2001, S.984f, 986.

193 *Neuhaus*, in Klauer-Möhring, *§ 7 PatG a.F.*, Rn.1.

194 *Nirk*, GRUR 2001, S.984f, 986; *Neuhaus*, in Klauer-Möhring, *§ 7 PatG a.F.*, Rn.1; *König*, WRP 1968, S.177f.

Patents mit dem Vorbenutzungsrecht als mehrere sich teilweise überschneidende Kreise. Innerhalb des Befugniskreises des Vorbenutzers ist der Patentinhaber nicht befugt, diesem gegenüber Ausschlussrechte geltend zu machen. D.h. bestünden beispielsweise an einer vorbenutzten Erfindung, welche unterschiedliche technische Lehren verwirklicht, zwei Patente verschiedener Inhaber, so könnte keiner von beiden dem Vorbenutzer die fortgesetzte Verwendung untersagen. Insofern wird die Rechtsposition des Vorbenutzers, da sie zwar gegen jedes kollidierende Schutzrecht wirkt, aber keine Ausschlussbefugnisse vermittelt, auch als unvollkommen absolutes Recht oder als beschränkt absolutes Immaterialgüterrecht betitelt[196]. Überschreitet der Vorbenutzer hingegen die Befugnisse, welche ihm das Vorbenutzungsrecht vermittelt, so kann der Patentinhaber insoweit die Benutzung untersagen.

## II. Recht zur Weiterbenutzung auch für Dritte / Schutz der Abnehmer

Eine weitere Eigenschaft des Vorbenutzungsrechts besteht darin, dass es nicht nur Schutz im Hinblick auf den Vorbenutzer selbst, sondern auch für dessen Abnehmer entfaltet[197]. Nach *§ 9 Nr.1 PatG ist der Inhaber des Patents mitunter berechtigt ein Erzeugnis welches Gegenstand des Patents ist herzustellen, anzubieten, in Verkehr zu bringen oder zu gebrauchen oder zu den genannten Zwecken entweder einzuführen oder zu besitzen.* D.h. würde die Wirkung auf den Inhaber des Vorbenutzungsrechts begrenzt, so wäre zwar dieser berechtigt die beschriebenen Handlungen auszuführen, seine Abnehmer jedoch würden durch die Nutzung oder den Weitervertrieb des Erzeugnisses zu Patentverletzern. Das Vorbenutzungsrecht wäre folglich wirtschaftlich sinnlos, da der Inhaber des Vorbenutzungsrechts von seinen Kunden auf Schadensersatz in Regress genommen würde[198]. Zur Vermeidung dieses Ergebnisses besteht Einigkeit dahingehend, dass Abnehmer von Erzeugnissen des Vorbenutzungsrechtsinha-

---

195 *Nirk*, GRUR 2001, S.984f, 986.

196 *Nirk*, GRUR 2001, S.984f, 986; *Bruchhausen*, GRUR Int. 1964, S.405ff, 411; *Tetzner*, *§ 7 PatG a.F.* Rn.4; *Petzold*, GRUR 1937, S.581ff, 592.

197 *Seligsohn*, *§ 5 PatG a.F.*, S.184; *Weiss*, in Lindenmaier, *§ 7 PatG a.F.* Rn.19; *Neumar*, in Reimer, *§ 7 PatG a.F.*, Rn.42; RG, Urt.v. 07.06.1940, GRUR 1940, S.434f, 435,-Massekerne.

198 *Seligsohn*, *§ 5 PatG a.F.*, S.184; *Bruchhausen*, GRUR Int. 1964, S.405ff, 411.

bers den Ausschlussbefugnissen des Sonderschutzrechtsinhabers in gleichem Maße entzogen sein müssen wie der Inhaber des Vorbenutzungsrechts selbst[199].

## B. Entstehung des Vorbenutzungsrechts[200]

### I. Tatbestandsvoraussetzungen

Die Entstehung des Vorbenutzungsrechts erfordert in materieller Hinsicht die Erfüllung zweier Voraussetzungen: Den Erfindungsbesitz auf der einen Seite und auf der anderen Seite die Aufnahme oder die Vorbereitung von Benutzungshandlungen an der Erfindung[201].

#### *1. Erfindungsbesitz des Vorbenutzers zum Zeitpunkt des Prioritätstags des Patents*

Der Begriff des Erfindungsbesitzes wird im Allgemeinen als tatsächlicher Zustand definiert, der den Vorbenutzer in die Lage versetzt, die technische Lehre der Erfindung seiner Natur entsprechend zu gebrauchen[202]. Er erfordert somit zum einen, dass dem Vorbenutzer der Zusammenhang zwischen Handeln und Wirkung, d.h. dem Einsatz der technischen Lehre der Erfindung zur Lösung des technischen Problems, bekannt ist[203]. Zum anderen muss er die technische Lehre der Erfindung verstehen und in der Lage sein zu entscheiden, welche Maß-

199 RG, Urt.v.07.06.1940, GRUR 1940, S.434f, 435,-Massekerne; *Rogge*, in Benkard, *§ 12 PatG*, Rn.4; *Keukenschrijver*, in Busse *§ 12 PatG*, Rn.47; *Bruchhausen*, GRUR Int. 1964, S.405ff, 411.

200 *Nirk*, GRUR 2001, S.984f.

201 *Neumar*, in Reimer, *§ 7 PatG a.F.*, Rn.2; *Weiss*, in Lindenmeier, *§ 7 PatG a.F.*, Rn.2; BGH, Urt.v.30.04.1964, GRUR 1964, S.496f, 497,-Formsand II.

202 RG, Urt.v.15.12.1928, GRUR 1929, S.220f, 221,-farbige Papierbahn I.

203 BGH Urt.v.10.09.2009, GRUR 2010, S.47f, 48,-Füllstoff; BGH, Urt.v.30.06.1964, GRUR 1964, S.673f, 674,-Kasten für Fußabtrittsroste; BGH, Urt.v.30.06.1959, GRUR 1964, S.491f, 494,-Chloramphenicol; RG, Urt.v.17.01.1938, GRUR 1939, S. 300f, 301,-Verbindehaken für Riemen und Transportbänder; *Neumar*, in Reimer, *§ 7 PatG a.F.*, Rn.3; *Eichmann*, GRUR Int. 1967, S.378ff, 383; *Petzold*, GRUR 1937, S.581f, 584.

nahmen zu ergreifen sind, um den mit der Erfindung bezweckten Erfolg zu erzielen[204]. Bloße Zufallstreffer werden demgegenüber nicht als ausreichend erachtet[205].

### *2. Kein Erfordernis der Identität des Erfinders mit dem Vorbenutzer*[206]

Wie bereits oben bei der historischen Entwicklung des patentrechtlichen Vorbenutzungsrechts dargelegt wurde, ist die Erfindereigenschaft des Vorbenutzers nach nunmehr gewandelter Auffassung keine Voraussetzung für die Entstehung des Vorbenutzungsrechts[207]. Anders als die frühen Entscheidungen des Reichsgerichts, welche den Schutz des Vorbenutzers ausnahmslos davon abhängig machten, ob der Vorbenutzer auch Erfinder war, gelangte man schon bald zu der Erkenntnis, dass eine redliche Ableitung des Erfindungsbesitzes von einem Dritten, der nicht Inhaber des Patents ist, ausreichen sollte[208]. Vorbenutzer und Erfinder können somit verschiedene Personen sein[209]. Ausreichend ist, dass der Vorbenutzer den Erfindungsbesitz vom Erfinder selbst oder von einem Dritten ableitet[210]. Daraus folgt zugleich, dass die Entstehung des Vorbenutzungsrechts weder die Erbringung einer eigenen erfinderischen Leistung noch überhaupt eine Mitwirkungshandlung des Vorbenutzers erfordert[211].

---

204 *Neumar*, in Reimer, *§ 7 PatG a.F.*, Rn.3; *Neuhaus*, in Klauer-Möhring, *§ 7 PatG a.F.*, Rn.7.

205 RG, Urt.v.11.07.1936, GRUR 1937, S.45f, 47,-Plastische Schutzbinde; *Klauer-Möhring*, *§ 7 PatG a.F.*, Rn.7.

206 *Seligsohn*, *§ 5 PatG a.F.*, S.175.

207 S.O. Kap.1 A. I. 3. b); *Seligsohn*, *§ 5 PatG a.F.*, S.175; *Neuhaus*, in Klauer-Möhring, *§ 7 PatG a.F.*, Rn.2; *Mes*, *§ 12 PatG*, Rn.5; *Eichmann*, GRUR 1993, S.73ff, 80; *von Falck*, GRUR 1971, S.541f, 545; RG, Urt.v.24.01.1900, RGZ 45, S.116f, 118,-Flaschenkapselmaschine; RG, Urt.v.06.07.1921, RGZ 114, S.246f, 249-Eversharp. Anders noch die frühen Entscheidungen des Reichsgerichts: RG, Urt.v.11.06.1890, RGZ 26, S.64f, 65,-Vacuumtrockenapparat, RG, Urt.v.11.04.1896, RGZ 37, S.41f, 44,-Kristallzucker-Zentrifugierverfahren.

208 RG, Urt.v.24.01.1900, RGZ 45, S.116f, 118,-Flaschenkapselmaschine; *Neuhaus*, in Klauer-Möhring, *§ 7 PatG a.F.*, Rn.2; *Ohl*, GRUR Int. 1968, S.33ff, 34.

209 *Eichmann*, GRUR 1993, S.73ff, 80.

210 BGH, Urt.v.10.09.2009, GRUR 2010, S.47f, 49,-Füllstoff; BGH, Urt.v.30.06.1964, GRUR 1964, S.673f, 675f,-Kasten für Fußabtrittsroste.

211 RG, Urt.v.06.07.1921, RGZ 114, S.246f, 249,-Eversharp; RG, Urt.v.13.07.1943, GRUR 1943, S.286f, 286,-Verbinderhaken; *Eichmann*, GRUR 1993, S.73ff, 80; *Neuhaus*, in Klauer-Möhring, *§ 7 PatG a.F.*, Rn.2; *Mes*, *§ 12 PatG*, Rn.5; *Neumar*, in Reimer, *§ 7 PatG a.F.*, Rn.1; *Seligsohn*, *§ 5 PatG a.F.*, S.175. Missverständlich allerdings *Nirk*, GRUR 2001, S.984f, 986 der auf den Zusammenhang des Vorbenutzungsrechts zum Erfinderrecht nach *§ 6 PatG* abstellt; kritisch: *Ohl*, GRUR Int.1968, S.33ff, 34f.

*3. Die Redlichkeit der Erlangung des Erfindungsbesitzes*

Nach einhelliger Auffassung räumt das Vorbenutzungsrecht nur demjenigen eine positive Weiterbenutzungsbefugnis ein, der den Erfindungsbesitz in redlicher Weise erworben hat[212]. Als redlich erworben ist der Erfindungsbesitz dann anzusehen, wenn der Vorbenutzer sich subjektiv für befugt halten durfte, die erfinderische Lehre für eigene Zwecke einzusetzen[213]. Der Vorbenutzer ist im Regelfall dann redlich, wenn er die Erfindung nicht in unlauterer Absicht vom späteren Patentinhaber entnommen hat[214]. Die unlautere Entnahme der Kenntnisse an der Erfindung von einem Dritten soll der Redlichkeit des Vorbenutzers hingegen nicht zwingend entgegenstehen[215].

*4. Aufnahme der Benutzung, Veranstaltungen zur Benutzungsaufnahme*

Was das zweite Tatbestandsmerkmal der bereits erfolgten Benutzung der Erfindung bzw. das Treffen von Veranstaltungen zur Benutzung betrifft, so ist anerkannt, dass sowohl das Herstellen als auch das Inverkehrbringen, Feilhalten oder der tatsächliche Gebrauch als Benutzungshandlung iSd. Vorschrift zu bewerten ist[216]. Billigkeitserwägungen sind demgegenüber, auch wenn sie als eines der Zentralmotive des Vorbenutzungsrechts genannt werden, kein selbständiges Tatbestandsmerkmal[217]. D.h. Billigkeitserwägungen allein stehen weder der Entstehung des Vorbenutzungsrechts entgegen, noch führen sie zum Verlust des Vorbenutzungsrechts[218].

---

212 BGH, Urt.v. 30.06.1964, GRUR 1964, S.673f, 675,-Kasten für Fußabtrittsroste; BGH, Urt.v.30.06.1959, GRUR 1964, S. 491f, 494,-Chloramphenicol; *Eichmann*, GRUR Int. 1967, S.378ff, 383.

213 BGH, Urt.v.10.09.2009, GRUR 2010, S.47f, 49,-Füllstoff.

214 RG, Urt.v.06.09.1941, GRUR 1942, S.34f, 37,-Strauchfalzmaschine; *Bruchhausen*, GRUR Int. 1964, S.405ff, 414; *Eichmann*, GRUR Int. 1967, S.378ff, 383.

215 *Petzold*, GRUR 1937, S.581f, 584.

216 Vgl. zu den einzelnen Benutzungshandlungen: *Neuhaus*, in Klauer-Möhring, *§ 7 PatG a.F.*, Rn.12f; *Weiss*, in Lindenmaier, *§ 7 PatG a.F.*, Rn.6f; *Neumar*, in Reimer, *§ 7 PatG a.F.*, Rn.9f; *Eichmann*, GRUR 1993, S.73f, 75.

217 RG, Urt.v.06.09.1941, GRUR 1942, S.34f, 37-Stauchfalzmaschine; *Eichmann*, GRUR 1993, S.73f, 74; *Moser v. Filseck*, GRUR 1964, S.676.

218 BGH, Urt.v.07.01.1965, GRUR 1965, S.411f, 413,-Lacktränkeinrichtung; *Weiss*, in Lindenmaier, *§ 7 PatG a.F.*, Rn.4.

## II. Entstehung des Vorbenutzungsrechts als aufschiebend bedingtes Recht

Sind die materiellen Voraussetzungen erfüllt, so ist streitig, ob das Vorbenutzungsrecht unmittelbar oder erst unter der aufschiebenden Bedingung der Erteilung des Sonderschutzrechts an einen Dritten entsteht [219]. Obgleich die Frage nicht von besonderer praktischer Relevanz ist, trägt sie doch nicht unerheblich zur Bestimmung des Vorbenutzungsrechts bei. Bei der Abwägung gilt es, verschiedene Eigenschaften zu berücksichtigen. So gibt es vor der Patenterteilung kein mit Ausschlusswirkung versehenes Verbotsrecht, gegenüber welchem eine gesetzliche Fortbenutzungsbefugnis mit Hilfe des Vorbenutzungsrechts möglich wäre. Eine derartige Beschränkung wäre auch nicht erforderlich, da die Verwendung in Ermangelung eines absolut geschützten Rechts ohnehin frei ist. D.h. ein unmittelbar entstehendes Vorbenutzungsrecht würde ein ohnehin erlaubtes Verhalten überflüssigerweise zusätzlich legitimieren. Die überwiegende Meinung ist demnach zutreffender Weise der Auffassung, dass das Vorbenutzungsrecht erst mit der Verleihung des Schutzrechts entsteht[220]. Vor der Erlangung des Schutzrechts besteht ein Schwebezustand, welchen der Vorbenutzer lediglich dahingehend beeinflussen kann, als er die Verwendung des Sonderschutzguts vor Erteilung des Patents einstellt, womit auch das Vorbenutzungsrecht nicht zur Entstehung gelangt. Von einigen Autoren wird dieser Schwebezustand m.E. unzutreffend, als Vorbenutzungsanwartschaft oder Vorbenutzungsanwartschaftsrecht bezeichnet[221]. Erst mit der Patenterteilung entsteht auch das Vorbenutzungsrecht. Während jeder andere von der Ausschlusswirkung des Sonderschutzrechts erfasst wird, darf der Vorbenutzer den Gebrauch fortsetzen[222].

---

219 *Nirk*, GRUR 2001, S.984f, 986.

220 *Mes*, *§ 12 PatG*, Rn.12; *Nirk*, GRUR 2001, S.984f, 986.

221 *Nirk*, GRUR 2001, S.984f, 986. Terminologisch erscheint es jedoch verfehlt, im Zeitraum vor der Schutzrechtserteilung von einer Anwartschaft auf ein Vorbenutzungsrecht zu sprechen. Denn Voraussetzung für eine Anwartschaft ist es gerade, dass die Entstehung des Vollrechts bereits insoweit gefestigt ist, dass die Entstehung desselben nicht mehr von einer anderen Person als dem Inhaber der Anwartschaft verhindert werden kann. Hier stellt sich die Situation in der Weise dar, dass die Entstehung des Vorbenutzungsrechts gerade davon abhängt, ob überhaupt ein Sonderschutzrecht für einen Dritten zur Entstehung gelangt.

222 *Nirk*, GRUR 2001, S.984f, 986.

## C. Vorbenutzungsrecht als Vermögensrecht

### I. Akzessorische Übertragbarkeit des Vorbenutzungsrechts

Das Vorbenutzungsrecht kann gemäß *§ 12 Abs. 1 S.3 PatG* nur gemeinsam mit dem (produzierenden) Betrieb übertragen werden[223]. Es besteht somit ein Akzessorietätsverhältnis zwischen dem Vorbenutzungsrecht und dem Geschäftsbetrieb[224]. Zulässig ist die Übertragung des Vorbenutzungsrechts mitsamt dem zugehörigen Betrieb oder Betriebsteil als technisch bedingte, organisatorische Einheit[225]. Eine Mitveräußerung des gesamten Unternehmens als Rechtsträger, z.B. GmbH oder Aktiengesellschaft ist demgegenüber nicht erforderlich[226].

### II. Lizenzen am Vorbenutzungsrecht

Eine Regelung über die Einräumung von Lizenzen am Vorbenutzungsrecht enthält das Patentgesetz nicht. Gleichwohl sind sowohl dem Schutzzweck als auch dem akzessorischen Charakter des Vorbenutzungsrechts verbindliche Vorgaben für die Einräumung von Lizenzen zu entnehmen. So muss die Einräumung von Lizenzen am Vorbenutzungsrecht in jedem Fall ausgeschlossen sein, sofern es zu einer Vervielfältigung der Nutzungsberechtigten und letztlich zu einer Ausdehnung des wirtschaftlichen Besitzstandes zu Lasten des Sonderrechtsinhabers führt[227]. Wäre diese Form der Lizenzierung hingegen zulässig, so würde der Sonderrechtsschutz letztlich konterkariert, da der Vorbenutzungsrechtsinhaber, ohne Inhaber eines absoluten Schutzrechts zu sein, in der Lage wäre, seine wirtschaftliche Betätigung über Lizenzen beliebig auszudehnen[228]. Seine Stellung wäre durch die Erteilung des Sonderschutzrechts sogar noch gestärkt. Während er vor der Erteilung stets fürchten musste, von Konkur-

223 *Neumar*, in Reimer, *§ 7 PatG a.F.*, Rn.43.

224 *Eichmann*, GRUR Int. 1967, S.378ff, 389.

225 *Neumar*, in Reimer, *§ 7 PatG a.F.*, Rn.43.

226 *Neumar*, in Reimer, *§ 7 PatG a.F.*, Rn.43.

227 *Weiss*, in Lindenmaier, *§ 7 PatG a.F.*, Rn.19; *Neumar*, in Reimer, *§ 7 PatG a.F.*, Rn.42; *Bruchhausen*, GRUR Int.1964, S.405ff, 413.

228 *Kurlbaum*, S.52; *Bruchhausen*, GRUR Int.1964, S.405ff, 413.

renten vom Markt verdrängt zu werden, genösse der Vorbenutzer nun den mittelbaren Schutz der Ausschlussbefugnisse des Sonderrechtsinhabers[229].

III. Vorbenutzungsrecht in der Insolvenz

Das Vorbenutzungsrecht, fällt als Recht mit wirtschaftlichem Wert nach *§35 InsO* mit dem Betrieb oder Betriebsteil in die Insolvenzmasse des Insolvenzschuldners[230]. Auch die Einbeziehung der akzessorischen Bindung des Vorbenutzungsrechts an den Betrieb führt letztlich nicht zu einer anderweitigen Bewertung[231]. Nach *§ 36 Abs.1 InsO* sind regelmäßig solche Vermögensgegenstände von der Insolvenzmasse ausgenommen, welche nicht selbstständig der Zwangsvollstreckung unterliegen. Dieser Grundsatz folgt aus dem Charakter des Insolvenzverfahrens als Vollstreckungsverfahren[232]. Besteht für eine Forderung oder ein Recht eine Zweckbindung, so fällt das Vermögensrecht nur dann in die Insolvenzmasse, wenn die Zweckbestimmung im Rahmen der Insolvenz erfüllbar ist[233]. Das Vorbenutzungsrecht, welches aufgrund seiner Akzessorietät nicht selbständig übertragen werden kann, ist folglich nur unter der Prämisse der Insolvenzmasse zugehörig, dass der Zweck der akzessorischen Bindung auch in der Insolvenz verwirklicht wird[234]. Eine Pfändung allein des Vorbenutzungsrechts nach *§§ 857 Abs.3, 851 ZPO* ist demnach ausgeschlossen, da die Ratio der Akzessorietät darin besteht, eine Ausweitung des Nutzungsumfangs durch eine separate Verwertung des Vorbenutzungsrechts zu verhindern[235]. Die Gefahr einer ungewollten Ausdehnung des Vorbenutzungsrechts zu Lasten des Schutzrechts besteht jedoch dann nicht, wenn das Vorbenutzungsrecht zusammen mit dem Betrieb in die Insolvenzmasse fällt und der einheitlichen Verwaltungsbefugnis eines Insolvenzverwalters unterstellt wird[236]. In diesem Fall ist das Vorbe-

229 Vgl. *Kurlbaum*, S.52. Ob die Einräumung von Lizenzen, welche wirtschaftlich betrachtet nicht zu einer Ausdehnung der Nutzungsberechtigten führt, wie z.B. bei der Lizenzierung von der Konzernmutter an Konzerntöchter, ist hingegen noch nicht abschließend geklärt.

230 BGH, Urt.v.10.09.2009, GRUR 2010, S.47f, 48,-Füllstoff.

231 BGH, Urt.v.10.09.2009, GRUR 2010, S.47f, 48,-Füllstoff.

232 *Eickmann*, in Kreft, *§ 36 InsO*, Rn.1.

233 *Eickmann*, in Kreft, *§ 36 InsO*, Rn.6.

234 *Eickmann*, in Kreft, *§ 36 InsO*, Rn.6.

235 BGH, Urt.v.10.09.2009, GRUR 2010, S.47f, 49,-Füllstoff.

236 BGH, Urt.v.10.09.2009, GRUR 2010, S.47f, 49,-Füllstoff.

nutzungsrecht, wie der BGH jüngst herausgestellt hat, Gegenstand der Insolvenzmasse[237]. Eine abweichende Handhabung wäre indessen nicht vom Normzweck der *§§ 35, 36 InsO* gedeckt, da das Vorbenutzungsrecht, fiele es nicht in die Insolvenzmasse, ohne Zugriffsmöglichkeiten der Gläubiger erlöschen würde, ohne dass der Insolvenzschuldner daraus Vorteile für sich herleiten könnte[238].

## D. Das Erlöschen des Vorbenutzungsrechts

Das Vorbenutzungsrecht erlischt auf zweierlei Arten. Aufgrund der teleologischen Verknüpfung mit dem ausschließlichen Schutzrecht endet das Vorbenutzungsrecht immer auch dann, wenn das Schutzrecht erlischt, im Regelfall also mit dem Ablauf der Schutzdauer. Der zweite Fall des Erlöschens des Vorbenutzungsrechts ist im Regelfall dann gegeben, wenn der Betrieb etwa in Folge der Liquidation endgültig aufgegeben und nicht mehr fortgeführt wird.

## E. Schutzzweck des Vorbenutzungsrechts

Respektive des Untersuchungsgegenstands ist der Schutzzweck des Vorbenutzungsrechts von maßgeblicher Bedeutung. Finden sich die Kriterien des Schutzgegenstands nicht zugleich auch im Sachverhalt verwirklicht, der nicht Gegenstand der gesetzlichen Normierung ist, so kann eine entsprechende Anwendung eines Rechtsgedankens nicht erfolgreich sein. Wie bereits oben angerissen, finden sich weitgehend heterogene Formulierungen zum Schutzzweck des Vorbenutzungsrechts[239]. Diesbezüglich lassen sich zunächst zwei Aspekte voneinander unterscheiden. Zum einen finden sich Formulierungen, wonach Vorbenutzungsrechte dem Schutz eingesetzter Aufwendungen bzw. getätigter Investitionen dienlich sind[240]. In anderen Texten finden sich Erwägungen, wonach Vorbenutzungsrechte den Schutz redlich erlangter Besitzstände im Inland bezwecken[241]. Beide Gesichtspunkte lassen sich hinsichtlich einer

---

237 BGH, Urt.v.10.09.2009, GRUR 2010, S.47f, 49,-Füllstoff.

238 BGH, Urt.v.10.09.2009, GRUR 2010, S.47f, 50,-Füllstoff.

239 S.O. Kap.1 A. I. 3.

240 *Keukenschrijver*, in Busse, *§ 12 PatG*, Rn.3; *Neumar*, in Reimer, *§ 7 PatG a.F.*, Rn.1.

241 *Rogge*, in Benkard, *§ 12 PatG*, Rn.2; *Lampert*, GRUR 1967, S.221f, 222.

divergierenden zeitlichen Wirkrichtung voneinander abgrenzen[242]. Während Aufwendungen bereits in der Vergangenheit eingesetzte Vermögenswerte darstellen, zeitigt der erlangte Besitzstand als fortwirkende Erwerbsquelle eine prinzipiell zukünftige Ausrichtung[243].

## I. Vorbenutzungsrechte als Mittel des Investitions- / Aufwendungsschutzes

Ob der Schutzzweck des Vorbenutzungsrechts Aufwendungen mit Bezug zur Entstehung der Erfindung (Forschung und Entwicklung) absichert oder vornehmlich den Schutz solcher Investitionen bezweckt, die erst im Rahmen der Vorbenutzungshandlung zum Einsatz kamen (Produktionsanlagen, Vertrieb), ist umstritten[244]. In Ermangelung einer argumentativen Auseinandersetzung der widerstreitenden Auffassungen ist der Schutzzweck anhand der konventionellen Auslegungsmethodik festzustellen. Für eine Einbeziehung der im Zusammenhang mit der Vorbenutzung verwendeten Aufwendungen lässt sich zunächst der Wortlaut des *§ 12 PatG* anführen. Nach *§ 12 Abs.1 S.1 PatG* tritt die Wirkung des Patents gegen den nicht ein, der zur Zeit der Anmeldung bereits im Inland die Erfindung in Benutzung genommen oder die erforderlichen Veranstaltungen hierzu getroffen hatte. Da die Entstehung des Vorbenutzungsrechts nach dem Wortlaut explizit von der Benutzung bzw. dem Treffen von Vorbereitungshandlungen abhängig gemacht wird, wäre eine Ausgrenzung dieser Handlungsformen aus dem Schutzzweck nicht vom Wortlaut gedeckt. In derselben Richtung lässt sich ein weiteres Argument für die Einbeziehung der im Rahmen der Vorbenutzung entstandenen Aufwendungen aus der inneren Systematik des *§ 12 PatG* herleiten. Ist die Benutzungsaufnahme Voraussetzung der Entstehung des Vorbenutzungsrechts, eine erfinderische Tätigkeit des Vorbenutzers jedoch nicht, so muss das Vorbenutzungsrecht zumindest auch dem Schutz dieser Aufwendungen dienen. Dieser Befund wird letztlich durch die historische Entwicklung gefestigt, da sich der Zweck des Vorbenutzungsrechts, wie bereits dargelegt, kontinuierlich von

---

242 A.A. *Lampert*, GRUR 1967, S.221f, 222.

243 BGH, Urt.v.19.12.2000, GRUR 2001, S.323f, 325,-Temperaturwächter.

244 Für den Schutz der im Rahmen der Vorbenutzung eingesetzten Aufwendungen plädieren BGH, Urt.v. 10.09.2009, GRUR 2010, S.47f, 48,-Füllstoff; BGH, Urt.v.13.03.2003, GRUR 2003, S.507f, 509,-Enapril; BGH, Urt.v.21.05.1963, BGHZ 39, S.389f, 391, 397,-Taxilan; BGH, Urt.v.28.05.1968, GRUR 1969, S.35f 36,-Europareise; *Neumar*, in Reimer, *§ 7 PatG a.F.*, Rn.1; für den Schutz von Aufwendungen im Zusammenhang mit der Erfindung plädiert: *Lampert*, GRUR 1967, S.221f, 222.

einem Recht zum Schutz des Doppelerfinders hin zum Investitionsschutz entwickelte[245]. Daraus ist zu folgern, dass der primäre Schutzzweck des Vorbenutzungsrechts gerade nicht im Erhalt der Forschungs- und Entwicklungskosten zu sehen ist, sondern dem Schutz der im Rahmen der Vorbenutzung eingesetzten Aufwendungen dient.

## II. Erhalt des – werthaltigen – Besitzstandes als Quelle künftiger wirtschaftlicher Betätigung

Konsens besteht ferner dahingehend, dass der Zweck des Vorbenutzungsrechts im Erhalt des zum Prioritätstag erlangten Besitzstandes zu sehen ist[246]. So wird mitunter davon gesprochen, dass ein bereits zum Zeitpunkt der Patentanmeldung bestehender gewerblicher Besitzstand, eine Einschränkung des Patents gegenüber dem Vorbenutzer rechtfertige[247]. Dieser, durch Vorbenutzung geschaffene und als Basis künftiger wirtschaftlicher Betätigung fortwirkende Wert bildet somit eine der Grundlagen des Vorbenutzungsrechts[248]. Qualitative Anforderungen an den zu schützenden Besitzstand bestehen grundsätzlich nicht[249]. Die Werthaltigkeit des vorbenutzten Sonderrechtsguts ist, wie bereits dargelegt, kein Kriterium für die Erlangung des Vorbenutzungsrechts[250].

---

245 S.O. Kap.1. A. I. 3. b). Der Gesetzgeber des PatG hat in bewusster Abkehr von den Regelungen anderer europäischer Länder willentlich davon abgesehen, das Vorbenutzungsrecht an die Entstehung der Erfindung zu knüpfen. Vielmehr wurde überhaupt auf die Erfindereigenschaft und somit auf die Erbringung einer eigenen geistigen Leistung des Vorbenutzers verzichtet. Vgl. *Eichmann*, GRUR Int.1967, S.378ff, 381.

246 BGH, Urt.v.10.09.2009, GRUR 2010, S.47f, 48,-Füllstoff; BGH, Urt.v.13.11.2001, GRUR 2002, S.231f, 233,-Biegevorrichtung; BGH, Urt.v.17.03.1964, GRUR 1964, S.491f, 493,-Chloramphenicol; BGH, Urt.v.30.06.1964, GRUR 1964, S.673f, 674,-Kasten für Fußabtrittsroste; RG, Urt.v.06.07.1921, RGZ 114, S.246, 249,-Eversharp; *Eichmann*, GRUR 1993, S.73f. 74; *Nirk*, GRUR 2001, S.984f, 985.

247 *Bruchhausen*, GRUR Int.1964, S.405ff, 407.

248 RG, Urt.v.25.02.1911, RGZ 75, S.317f, 318; BGH, Urt.v.19.12.2000, GRUR 2001, S.323f, 325,-Temperaturwächter.

249 *Schack*, GRUR 1929, S.621f, 640.

250 *Schack*, GRUR 1929, S.621f, 640.

## E. Schranken des Vorbenutzungsrechts

Der Schutzzweck des Vorbenutzungsrechts, der grob umrissen im Erhalt eingesetzter Investitionen sowie des erlangten Besitzstandes zu sehen ist, dient jedoch zugleich als Grundlage und Grenze des Vorbenutzungsrechts[251]. So versetzt es seinen Inhaber lediglich in die Lage, die Benutzung des Sonderrechtsguts im Umfang der bisherigen Verwertung aufrechtzuerhalten[252]. Wirtschaftlich betrachtet soll der Nutzungsumfang prinzipiell auf dem gleichen Niveau verharren[253]. Denn um auf der anderen Seite den effektiven Schutz des Sonderschutzrechts zu gewährleisten, muss einer Ausweitung der Betätigung des Vorbenutzers enge Grenzen gesetzt werden[254]. Das Postulat der Konservierung des „status quo" wird in den Normierungen des Vorbenutzungsrechts mitunter dadurch abgebildet, dass der Vorbenutzer die Erfindung nur für die Bedürfnisse des eigenen Betriebs ausnutzen darf, auch wenn das in fremden Werkstätten geschieht[255]. Vermieden werden soll die Situation, dass das Vorbenutzungsrecht eines Einzelkaufmanns durch Übertragung oder Lizenzierung des Rechts an einen Großkonzern zu einer Vervielfältigung des Nutzungsumfangs führt[256].

## F. Rechtsnatur des Vorbenutzungsrechts[257]

Die Rechtsnatur des Vorbenutzungsrechts ist strittig. Den Vorgaben des Wortlauts, der Systematik sowie der historischen Entwicklung der Normierungen des Vorbenutzungsrechts las-

---

251 *Eichmann*, GRUR 1993, S.73f.

252 *Busche*, GRUR 1999, S.645f, 646; *Nirk*, GRUR 2001, S.984f, 985.

253 Der Frage, ob Beschränkungen des Vorbenutzungsrechtsinhabers in qualitativer oder quantitativer Hinsicht innerhalb der betrieblichen Tätigkeit des Vorbenutzers bestehen, ist strittig und soll hier nicht weiter verfolgt werden. Vgl. *Eichmann*, GRUR 1993, S.73f, 78.

254 BGH, Urt.v. 07.10.1965, GRUR 1966, S.370f, 373,-Dauerwellen II; *Reimer*, GRUR 1966, S.375. Als zulässig werden allerdings kleinere Vervollkommnungen oder Handlungen erachtet, die außerhalb des Schutzbereichs des Sonderschutzrechts liegen. Vgl. *Rogge*, in Benkard, *§ 12 PatG*, Rn.22.

255 BGH, Urt.v.10.09.2009, GRUR 2010, S.47f, 48,- Füllstoff; *Busche*, GRUR 1999, S.645f, 646

256 *Neumar*, in Reimer, *§ 7 PatG a.F.*, Rn.42. Deshalb wird die Übertragung des Vollrechts zwingend an die Veräußerung des Betriebes geknüpft, Vgl. *§ 12 S.3 PatG.*

257 Nach *Kühnen*, in Schulte, *§ 12 PatG*, Rn.3, ist ein Vorbenutzungsrecht am Patent ein sonstiges Recht iSd *§ 823 I BGB.*

sen sich keine verbindlichen Vorgaben in Bezug auf die Kategorisierung entnehmen[258]. Zur Erklärung der Natur des Vorbenutzungsrechts sind grundsätzlich fünf Ansätze denkbar.

## I. Auffassungen zur Rechtsnatur des Vorbenutzungsrechts

### *1. Vorbenutzungsrecht als Unrechtsausschlussgrund*[259]

Eine Auffassung begreift das Vorbenutzungsrecht als eigenständiges Recht, welches dem absolut wirkenden Sonderschutzrecht quasi als Gegenrecht entgegengehalten werden kann[260]. Das Vorbenutzungsrecht legitimiert somit den Eingriff in die Schutzrechtsposition, indem es die Widerrechtlichkeit ausschließt[261].

### *2. Vorbenutzungsrecht als Belastung des Schutzrechts*[262]

Nach dieser Sichtweise vermittelt das Vorbenutzungsrecht seinem Inhaber eine vom Schutzrecht abgeleitete Weiterbenutzungsbefugnis, die kraft Gesetzes, als dinglich wirkende Belastung des Sonderschutzrechts ausgestaltet ist[263]. Nach diesem Lösungsansatz werden durch das

---

258 Die Textfassungen der normierten Vorbenutzungsrechte sind aufgrund ihrer Mehrdeutigkeit nicht geeignet den Charakter der Beschränkung des Sonderschutzrechts abschließend zu definieren. Die Stellung der Vorbenutzungsrechte entweder im Zusammenhang mit der Wirkung des Sonderrechts wie bei *§ 12 PatG* und *Art 22 GemeinschaftsgeschmacksmusterVO* oder im Abschnitt Schutzwirkungen und Schutzbeschränkungen wie bei *§ 41 GeschmacksMG* lassen aufgrund ihrer Heterogenität gleichfalls keine definitive Zuordnung der Rechtsnatur zu. Zuletzt lassen sich auch den Gesetzesbegründungen keine Hinweise über die Charakterisierung der Vorbenutzungsrechte entnehmen, die wie dargelegt, lediglich Anhaltspunkte über Ursache und Zweck der Positivierung von Vorbenutzungsrechten enthalten, jedoch nichts über die Rechtsnatur derselben aussagen. Vgl. Kommission Abl. C.29. v. 03.01.1994.

259 BGH, Urt.v.07.01.1965, GRUR 1965, S.411f, 412,-Lacktränkeinrichtung; *Mes*, *§ 12 PatG*, Rn.2; *Rogge*, in Benkard, *§ 12 PatG*, Rn.4.

260 *Rogge*, in Benkard, *§ 12 PatG*, Rn.4; *Kühnen*, in Schulte, *§ 12 PatG*, Rn.7.

261 RG, Urt.v.09.12.1941, GRUR 1942, S.207f, 208; BGH, Urt.v.07.01.1965, GRUR 1965, S.411f, 413,-Lacktränkeinrichtung; *Weiss*, in Lindenmeier, *§ 7 PatG a.F.*, Rn.1.

262 *Kohler*, S.470, welcher die Auffassung vertritt, bei dem Vorbenutzungsrecht handele es sich um eine gesetzliche Lizenz.

263 Unter dem Begriff Belastung wird im Allgemeinen die Begründung eines dinglich wirkenden Rechts an einer Sache oder an einem Recht kraft rechtsgeschäftlicher Vereinbarung oder von Gesetzes wegen verstanden. Das deutsche Sachenrecht kennt Belastungen prinzipiell in zwei Ausprägungen, nämlich ein-

Vorbenutzungsrecht, wie bei einer dinglichen Lizenz, spezifische Nutzungsbefugnisse des Rechts aus dem Patent abgespalten und auf den Vorbenutzer übertragen[264]. Der Vorbenutzer wird somit quasi durch abgeleitete Nutzungsbefugnisse des Sonderschutzrechts zur Fortbenutzung legitimiert.

### *3. Vorbenutzungsrecht als Beschränkung des Schutzrechts*[265]

Die wohl herrschende Auffassung ist der Ansicht, das Sonderschutzrecht entstehe wegen eines vorbestehenden Vorbenutzungsrechts gegenüber dem Vorbenutzer lediglich eingeschränkt[266]. D.h. innerhalb der Reichweite des Vorbenutzungsrechts gelangt das Sonderschutzrecht selbst nicht zur Entstehung[267].

### *4. Vorbenutzungsrecht als Inhaltsbestimmung des Schutzrechts*[268]

Nach diesem an *§ 906 BGB* angelehnten Ansatz steht das Vorbenutzungsrecht nicht der Entstehung des Schutzrechts entgegen, sondern führt als gesetzliche Inhaltsbestimmung lediglich zu einer dinglichen Beschränkung seiner Ausübungsbefugnis[269]. Von der Belastung unterscheidet sich die Inhaltsbestimmung darin, dass dem Inhaber des Vorbenutzungsrechts keine

---

mal in der Form von Nutzungs- und einmal in der Gestalt von Sicherungsrechten. Zum Begriff der Belastung vgl. *Bassenge*, in Palandt, *§ 936 BGB*, Rn.1.

264 Vgl. Bauer/*Stürmer*, S.771f. Zur dinglichen Wirkung der ausschließlichen Lizenz bereits RG, Urt.v.16.01.1904, RGZ 57,S.38f, 40; *Bartenbach*, Rn.93; *Rehbinder*, Rn.558f.

265 Die Rechtsprechung lehnt die Konzeption einer Belastung am Schutzrecht einhellig ab. Vielmehr könne der Patentschutz von vornherein insoweit nicht entstehen, als der geschützte Besitzstand des Vorbenutzungsrechts reicht. RG, Urt.v.03.02.1912, RGZ 78, S.363f, 366; RG, Urt.v.04.01.1937, RGZ 153, S.321f, 325,-elektrische Gaslampe; BGH, Urt.v.07.01.1965, GRUR 1965, S.411f, 413,-Lacktränkeinrichtung; *Neumar*, in Reimer, *§ 7 PatG a.F.*, Rn.17; *Tetzner*, *§ 7 PatG a.F.*,Rn.31; *Busse*, *§ 7 PatG a.F.*,Rn.1ff; *Nirk*, GRUR 2001, S.984f, 986.

266 RG, Urt.v.03.02.1912, RGZ 78, S.363f, 366; RG, Urt.v.04.01.1937, RGZ 153, S.321f, 325,-elektrische Gaslampe; BGH, Urt.v.07.01.1965, GRUR 1965, S.411f, 413,-Lacktränkeinrichtung; *Neumar*, in Reimer, *§ 7 PatG a.F.*, Rn.17; *Tetzner*, *§ 7 PatG a.F.*,Rn.31; *Busse*, *§ 7 PatG a.F.*, Rn.1ff; *Nirk*, GRUR 2001, S.984f, 986; *Kühnen*, in Schulte, *§ 12 PatG*, Rn.6.

267 BGH, Urt.v.07.01.1965, GRUR 1965, S.411f, 413,-Lacktränkeinrichtung.

268 BGH, Urt.v.17.03.1964, GRUR 1964, S.491f, 494,-Chloramphenicol.

269 *Gülland*, MuW 1913/14 S.533f, 534; BGH, Urt.v.30.06.1959, GRUR 1964, S.491f, 494,-Chloramphenicol.

eigene rechtliche Befugnis zusteht, sondern lediglich die Befugnisse aus dem Schutzrecht eine Einschränkung erfahren. Diese Inhaltsbestimmung oktroyiert dem Schutzrechtsinhaber eine dingliche wirkende Duldungspflicht, welche ihm die Geltendmachung von Ausschlussbefugnissen hinsichtlich vom Vorbenutzungsrecht abgedeckter Verhaltensweisen verbietet.

### *5. Vorbenutzungsrecht als Recht sui generis*[270]

Zuletzt wird die Meinung vertreten das Vorbenutzungsrecht entziehe sich aufgrund seiner spezifischen Charaktereigenschaften einer eindeutigen Kategorisierung[271].

## II. Würdigung

Weder die Rechtsprechung noch die Literatur setzen sich argumentativ mit den verschiedenen Deutungsvarianten zur Rechtsnatur des Vorbenutzungsrechts auseinander. Daher ist eine Streitdarstellung im Sinne eines klassischen Meinungsstreites unter Abwägung und Gewichtung von Meinungen nicht zielführend. Aufgrund dessen wird die Bewertung der einzelnen Erklärungsversuche unter Zuhilfenahme eines induktiven Ansatzes vollzogen, wodurch vom Vorhandensein spezifischer Eigenschaften des Vorbenutzungsrechts auf dessen Rechtsnatur geschlossen wird. Nachfolgend werden jeweils diejenigen Charakteristika angeführt, bei denen ein Erklärungsversuch misslingt. Um Wiederholungen zu vermeiden werden die oben dargestellten Meinungen in zwei Gruppen unterteilt. So wird die Auffassung, welche das Vorbenutzungsrecht als Unrechtsausschlussgrund ansieht und die Sichtweise, welche von einer Belastung des Patents ausgeht, entsprechend einer groben Kategorisierung als Gegenrechtslösungen bezeichnet. Hingegen werden die anderen Auffassungen von der eingeschränkten Entstehung des Schutzrechts sowie der Inhaltsbestimmung unter dem Begriff der Schrankenlösungen zusammengefasst.

270 *Neuhaus*, in Klauer/Möhring, *§ 7 PatG a.F.*, Rn.3; *Petzold*, GRUR 1937, S.581ff, 592. Eingehende Darstellung bei *Nirk*, GRUR 2001, S.984, 986.

271 *Neuhaus*, in Klauer/Möhring, *§ 7 PatG a.F*, Rn.3.

*1. Ablehnung der Gegenrechtslösungen*

Gegen die Gegenrechtslösungen als Erklärungsversuch der Rechtsnatur des Vorbenutzungsrechts lässt sich anführen, dass sie nicht zu erklären vermögen, aus welchem Grund der Abnehmer des Vorbenutzungsrechtsinhabers von den Schutzwirkungen des Vorbenutzungsrechts profitiert. Da beide Ansätze die Weiterbenutzungsrechtsbefugnis des Vorbenutzungsrechtsinhabers über eine eigene Rechtsposition des Vorbenutzers konstruieren, bedarf die Einbeziehung der Abnehmer in den Schutzbereich des Vorbenutzungsrechts einer besonderen Begründung. Von Seiten der Literatur werden zur Lösung dieses Problems unterschiedliche Begründungsmodelle vorgehalten. Teilweise wird versucht die Schutzwirkung des Vorbenutzungsrechts gegenüber den Abnehmern über eine Anwendung des Erschöpfungsgrundsatzes zu erklären[272]. Nach der Erschöpfungslehre, erlöschen die Verbotsrechte des Schutzrechtsinhabers, im Hinblick auf diejenigen Einzelstücke, die vom Inhaber des Sonderschutzrechts oder mit dessen Zustimmung in den Verkehr gebracht worden sind[273]. Dahinter steht der Gedanke, dass dem Sonderschutzrechtsinhaber mit dem Ausschlussrecht kein Mittel an die Hand gegeben werden soll, den kompletten Vertriebsweg bis hin zum Endkunden zu kontrollieren[274]. Bei der Frage, in welcher Art und Weise die Abnehmer des Vorbenutzungsrechtsinhabers vom Schutz des Vorbenutzungsrechts profitieren können, geht es allerdings nicht darum, eine Ausschlusswirkung zu beseitigen, sondern darum, wie die Schutzwirkung des Rechts auf die Abnehmer zu erstrecken ist. Plastisch gesprochen handelt es sich somit um das Spiegelbild der Erschöpfung. Auch die entsprechende Anwendung des Erschöpfungsgrundsatzes auf das Ausschlussrecht des Sonderrechtsinhabers verspricht keinen Erfolg. Wie dargelegt setzt die Anwendung des Erschöpfungsgrundsatzes voraus, dass das Erzeugnis, welches Gegenstand des Sonderschutzrechts ist, mit Zustimmung des Schutzrechtsinhabers in den Verkehr gelangt ist. Anders als bei der Lizenz, bei der die Herleitung der Befugnisse des Lizenznehmers auf rechtsgeschäftlicher Basis erfolgt, ist dies beim Inhaber des Vorbenutzungsrechts, welches unabhängig vom Willen des Schutzrechtsinhabers kraft Gesetzes entsteht, nicht der Fall. Gleichwohl könnte der Erschöpfungsgrundsatz (mittelbar) zur Anwendung kommen, da der Vorbenutzungsrechtsinhaber gegenüber dem Schutzrechtsinhaber über die rechtliche Legitimation verfügt, im Rahmen seines Vorbenutzungsrechts Erzeugnisse in den Verkehr zu brin-

---

272 *Rogge*, in Benkard, *§ 12 PatG*, Rn.4; *Keukenschrijver*, in Busse *§ 12 PatG*, Rn.47; *Weiss*, in Lindenmeier, *§ 7 PatG a.F.*, Rn.20.

273 Ströbele/*Hacker*, *§ 24 MarkenG*, Rn.1.

274 Ströbele/*Hacker*, *§ 24 MarkenG*, Rn.1.

gen. Das Erzeugnis wäre somit zwar gleichwohl nicht mit dem Willen des Schutzrechtsinhabers in den Verkehr gelangt, jedoch mit dem Willen des Vorbenutzungsrechtsinhabers, welcher über die Befugnisse des Vorbenutzungsrechts wiederum gegenüber dem Schutzrechtsinhaber legitimiert ist. Ob der Rechtsgedanke der Erschöpfung auch für diesen Fall greift, bedarf einer Heranziehung des oben aufgezeigten Zwecks des Erschöpfungsgrundsatzes. Dieser besteht darin, zu verhindern, dass der Schutzrechtsinhaber in der Lage ist, über das erste Inverkehrbringen hinaus, für welche er regelmäßig seine Vergütung erhält, den kompletten Vertriebsweg zu kontrollieren, um somit auf jeder Stufe des Vertriebs Vergütungen zu erhalten[275]. Beim Vorbenutzungsrecht ist die Interessenlage anders ausgestaltet. Der Schutzrechtsinhaber ist hier entgegen der Erschöpfungskonstellation nicht zu Verbietungen des Erstvertriebs und somit erst recht nicht zur Kontrolle der weiteren Vertriebsstufen befugt. Damit zeigt sich, dass sich eine Übertragung des Rechtsgedankens der Erschöpfung aufgrund der unterschiedlichen Interessenlagen verbietet. Zuletzt lässt sich die Einbeziehung der Abnehmer in den Schutzbereich des Vorbenutzungsrechts auch nicht über den Vertrag mit Schutzwirkung zu Gunsten Dritter herleiten. Trotz einer im Detail uneinheitlichen Handhabung dieses Instituts durch die Rechtsprechung besteht im Wesentlichen Einigkeit hinsichtlich dreier Kriterien[276]. Der Dritte muss sich in Leistungsnähe befinden, d.h. den aus der Leistung herrührenden Gefahren in etwa in gleicher Weise ausgesetzt sein wie der Gläubiger selbst[277]. Der Gläubiger muss ein Interesse am Schutz des Dritten haben[278]. Das letzte Kriterium besteht in dem schillernden Erfordernis, dass der Gläubiger, aufgrund einer bestehenden Schutz- oder Fürsorgeverpflichtung für das Wohl und Wehe des Dritten mitverantwortlich sein müsse[279]. Während die Erfüllung der ersten beiden Voraussetzungen noch konstruiert werden könnte, da der Abnehmer in ähnlicher Weise wie der Vorbenutzer selbst den Ansprüchen des Schutzrechtsinhabers ausgesetzt ist, und der Vorbenutzer zur Vermeidung von Regressansprüchen ein Interesse daran hat, dass seine Abnehmer nicht belangt werden, ist jedenfalls das letzte Kriterium nicht gegeben. Eine Schutz- und Fürsorgepflicht ist von der Qualität und der Zielrichtung der Verpflichtung her nicht mit den Gewährleistungspflichten aus den Erwerbsgeschäften zwischen Vorbenutzer und Abnehmer zu vergleichen. Aus dieser Darstellung wird ersichtlich, dass weder der Ansatz, welcher das Vorbenutzungsrecht als Unrechtsausschluss-

275 *Ingerl/Rohnke*, *§ 24 MarkenG*, Rn.7.

276 *Medicus*, Rn.844.

277 *Medicus*, Rn.844.

278 *Medicus*, Rn.845.

recht betrachtet, noch die Ansicht, welche das Vorbenutzungsrecht als Belastung des Sonderschutzrechts ansieht, überzeugen. Denn beide Ansätze können die Einschränkung des Ausschlussrechts gegenüber den Abnehmern des Vorbenutzungsrechtsinhabers nicht erklären.

### 2. *Ablehnung der Schrankenlösungen*

Die Schrankenlösungen ermöglichen demgegenüber eine dogmatisch konsistente Begründung für den Schutz der Abnehmer des Vorbenutzungsrechtsinhabers. Ist bereits das Ausschlussrecht selbst um die vom Vorbenutzungsrecht abgedeckten Verhaltensweisen vermindert, so kann die Nutzung des Sonderrechtsguts auch dann nicht verboten werden, wenn diese durch einen Dritten erfolgt. Denn der vom Vorbenutzungsrecht abgedeckte Bereich war jedenfalls zu keinem Zeitpunkt Gegenstand der Ausschlussbefugnisse des Sonderschutzrechts. Zur Begründung der Rechtsnatur des Vorbenutzungsrechts erweisen sich jedoch beide Lösungsansätze gleichwohl als ungeeignet. Beide Ansichten überzeugen dann nicht, wenn es darum geht, die Ausschlussbefugnisse des Sonderschutzrechtsinhabers gegen Dritte zu erklären. So vermag die Auffassung der h.M., wonach das Vorbenutzungsrecht zu einer lediglich eingeschränkten Entstehung des Sonderschutzrechts führt, nicht zu begründen, aus welchem Grund der Inhaber des Sonderschutzrechts gleichwohl befugt sein soll, sonderrechtliche Ausschlussbefugnis gegen Dritte geltend zu machen. Denn gelangt ein Sonderrecht mit absolut geschütztem Inhalt nur teilweise bzw. eingeschränkt zur Entstehung, so erscheint ein Eingriff in den nicht geschützten Teil insgesamt nicht möglich. Immaterialgüterrechtliche Ausschlussrechte enthalten Begrenzungen des Schutzbereichs jedoch lediglich in inhaltlicher, räumlicher oder zeitlicher Hinsicht.[280] Eine lediglich relativ verminderte Entstehung eines gegen Jedermann wirkenden absoluten Sonderrechts ist somit bereits begrifflich ausgeschlossen. Anders formuliert: Das Sonderrecht entsteht oder es entsteht nicht. Allerdings vermag es nicht gegenüber einem Personenkreis zu entstehen und gegenüber einem anderen nicht. Die Auffassung kann auch dann nicht überzeugen, wenn Verhaltensweisen des Vorbenutzers, etwa durch Geschäftsaufgabe, das Vorbenutzungsrecht zum Erliegen bringen. Denn würde das Vorbenutzungsrecht bereits die Entstehung des Sonderrechts beeinträchtigen, bliebe die Beschränkung des Sonderrechts aufrechterhalten, ohne dass eine Anwachsung der Rechtsposition erfolgen

---

279 BGH, Urt.v.26.11.1968, BGHZ 51, S.91f, 96.

280 Vgl. etwa für die Markenlizenz *Ingerl/Rohnke*, *§ 30 MarkenG*, Rn.32ff.

könnte. Auch die Auffassung, welche das Vorbenutzungsrecht als dingliche Inhaltsbestimmung begreift, erweist sich in diesem Punkt nicht als überzeugend. Im Unterschied zur Auffassung der h.M. steht das Vorbenutzungsrecht zwar nicht der Entstehung des Schutzrechts selbst entgegen, sondern führt lediglich zu einer dinglich wirkenden Beschränkung der Ausschlussbefugnisse des Sonderschutzrechtsinhabers. Letztlich ändert dieser Umstand jedoch nichts daran, dass die Ausschlussbefugnis im Hinblick auf die vom Vorbenutzungsrecht abgedeckten Verhaltensweisen aufgrund der dinglichen und nicht personell gebundenen Beschränkung nicht zum Gegenstand der Ausschlussbefugnis zählen. Darüber hinaus widersprechen beide Sichtweisen dem Wortlaut des *§ 12 S.3 PatG.* Würde das Vorbenutzungsrecht ausschließlich den Inhalt der Ausübungsbefugnis des Sonderschutzrechts oder dessen Ausübungsbefugnis determinieren, wie es z.B. bei der Erschöpfung oder der Verjährung der Fall ist, so wäre nicht erklärbar aus welchem Grund der Gesetzgeber die Übertragbarkeit des Vorbenutzungsrechts gemeinsam mit dem Betrieb anordnet, vgl. *§ 12 S.3 PatG.* Denn würde das Vorbenutzungsrecht ausschließlich den Inhalt des Sondernutzungsrechts determinieren, so gäbe es keine übertragbare Rechtsposition des Vorbenutzungsrechtsinhabers, sondern eben nur ein beschränktes Schutzrecht des Patentinhabers[281]. Ein derartiges Verständnis wäre jedoch weder vom Wortlaut gedeckt, noch entspräche es der Intention des Gesetzgebers einer schützenswerten Vermögensposition Geltung zu verschaffen.

### III. Fazit

Auch wenn es auf den ersten Blick unbefriedigend erscheint, kann das Vorbenutzungsrecht letztlich nur als Recht „sui generis“ aufgefasst werden[282]. Es vereint Eigenschaften, wie sie für die Belastung eines Rechts typisch sind, mit solchen, die bereits die Ausschlussbefugnisse des Schutzrechts im Sinne einer Inhaltsbeschränkung einschränken.

281 *Neuhaus*, in Klauer-Möhring, *§ 7 PatG a.F.*, Rn.3. So kann die Verjährung eines Anspruchs selbständig nicht als Recht übertragen werden. Sie ist lediglich eine Einrede, welche dem Anspruch entgegengehalten werden kann. Ein Auseinanderfallen von Anspruch und Einrede ist nicht denkbar. Wird hingegen der Anspruch an einen Dritten abgetreten, kann sich der Schuldner auch diesem gegenüber auf die Verjährung berufen. Vgl. z.B. *§ 404 BGB.*

282 *Neuhaus*, in Klauer-Möhring, *§ 7 PatG a.F.*, Rn.3; *Petzold*, GRUR 1937, S.581f, S.592.

## G. Rechtstheoretische Herleitung des Vorbenutzungsrechts

Von besonderem Interesse für die entsprechende Anwendung eines Rechtssatzes sind die Erwägungen, auf denen derselbige basiert. Handelt es sich dabei um die Positivierung allgemeingültiger Grundsätze oder Prinzipien, so muss deren Anwendung im Zweifel auch auf nichtnormierte Sachverhalte zulässig sein. Liegen der Regelung demgegenüber allein Überlegungen zu Grunde, welche den Gesetzgeber aufgrund spezifischer Eigenheiten der Materie zur Normierung bewogen haben, so kann eine Übertragung dieses Rechtssatzes nur unter der Bedingung anzuerkennen sein, dass die Wertungen in gleichem Maße auf den nichtregulierten Sachverhalt zutreffen.

### I. Vorbenutzungsrecht aus Billigkeitsgründen

Heute besteht überwiegend Konsens, dass das Vorbenutzungsrecht seinen Ursprung im Gedanken der Billigkeit findet[283]. Während ältere Auffassungen der Verwendung des konturlosen Begriffs der Billigkeit noch ablehnend gegenüberstanden, hat sich der Gebrauch dieses unbestimmten Rechtsbegriffs heute weitgehend durchgesetzt, ohne zwischenzeitlich an Gestalt gewonnen zu haben[284]. Ob sich die Billigkeit tatsächlich als Triebfeder des Vorbenutzungsrechts erweist, bedarf somit zunächst einer gewissen Konturierung. Eine Normierung des Billigkeitsbegriffs findet sich in *§ 829 BGB*. Nach dieser Regelung ist ein Schädiger auch dann zum Ersatz des entstandenen Schadens verpflichtet, wenn er zwar nicht schuldhaft handelt, seine Einstandspflicht jedoch gleichwohl der Billigkeit entspricht. Kennzeichnend für die Billigkeitshaftung ist die Würdigung der Gesamtumstände des Einzelfalls[285]. Ist es dem Schädiger, etwa wegen seiner finanziellen Verhältnisse und einem fehlenden Mitverschulden des Geschädigten, wesentlich eher zuzumuten die finanziellen Folgen des Schadens zu tragen als dem Geschädigten, so haftet der Schädiger kraft Billigkeit[286]. Diese kursorische Darstellung der Funktionsweise der Billigkeitsbetrachtung reicht für die Beurteilung der Herleitbarkeit des

---

283 Vgl. etwa BGH, Urt.v.10.09.2009, GRUR 2010, S.47f, 48,-Füllstoff; *Bruchhausen*, GRUR Int. 1964, S.405f, 407.

284 So heißt es treffend bei *Seligsohn*, *§ 5 PatG a.F.*, S.175: *„Es ist aber m.E. nicht angängig, ein in bestimmten Voraussetzungen und Wirkungen umrissenes Rechtsinstitut auf das unbestimmte Gefühl der Billigkeit abzustellen.“* Gleichfalls kritisch: *Ohl*, GRUR Int. 1968, S.33ff, 40.

285 *Oechsler*, in Staudinger, *§ 829 BGB*, Rn.43.

Vorbenutzungsrechts aus den Grundsätzen der Billigkeit aus. Zum einen charakterisiert eine an Billigkeitsgesichtspunkten ausgerichtete Entscheidungsfindung die Würdigung der Gesamtumstände im Einzelfall. Die einzelfallbezogene Betrachtungsweise ist jedoch zur Begründung einer an abstrakten Tatbestandsmerkmalen orientierten generellen Weiterbenutzungsbefugnis wie dem Vorbenutzungsrecht undienlich. Das Vorbenutzungsrecht ist ein unvollkommen absolutes Recht, mit Ecken und Kanten und insoweit einer Interessenabwägung im Einzelfall gerade nicht zugänglich[287]. Zum anderen ist eine Herleitung aus dem Billigkeitsgrundsatz bereits aus formallogischen Gründen unzutreffend. Denn ein Sachverhalt wird unter Billigkeitsgesichtspunkten vom Ergebnis her danach beurteilt, ob dasselbe unter Würdigung der Einzelfallgesichtspunkte als gerecht empfunden wird[288]. Transformiert man diesen Gesichtspunkt auf das Vorbenutzungsrecht, so könnte man sagen: Es wird als gerecht empfunden, dass derjenige, der im Inland redlich Investitionen auf die Verwendung einer – im jeweiligen Sonderschutzgesetz beschriebenen – geistigen Leistung erbracht hat, diese Verwendung auch nach Entstehung eines Schutzrechts bei einem Dritten benutzen darf. Formallogisch handelt es sich dabei jedoch um einen Zirkelschluss, da das Ergebnis der Billigkeit der Weiterbenutzung keine Aussage darüber trifft, weshalb die Einräumung einer Weiterbenutzungsbefugnis als gerecht empfunden wird. Anders formuliert: Das Vorbenutzungsrecht findet seinen Ursprung im Billigkeitsgrundsatz, da die Weiterbenutzungsbefugnis der Billigkeit entspricht. Das Vorbenutzungsrecht ist folglich nicht mit dem Billigkeitsgrundsatz zu begründen.

### II. Vorbenutzungsrecht als Surrogat des Erfinderrechts

Teilweise wurde vertreten, Vorbenutzungsrechte seien Surrogate des Erfinderrechts[289]. Wie bereits dargelegt, entsteht im Zeitpunkt der Erfindung nach *§ 6 PatG* in der Person des Erfinders ein Recht auf Erteilung des Patents, welches mit der Verleihung des Rechts an einen

---

286 *Spickhoff*, in Soergel, *§ 829 BGB*, Rn.1.

287 S.O. Kap.2 A. I.

288 *Spickhoff*, in Soergel, *§ 829 BGB*, Rn.1.

289 Ähnlich *Nirk*, GRUR 2001, S.985f, 986, welcher das Vorbenutzungsrecht gleichfalls allein auf das Erfinderrecht bezieht. Dort heißt es: *„Beim Vorbenutzungsrecht handelt es sich um ein Immaterialgüterrecht das mit dem Schöpfungsakt als allgemeines Erfindungsrecht entsteht.“*

Dritten erlischt[290]. Da das Vorbenutzungsrecht eo ipso im Moment des Erlöschens des Erfinderrechts zur Entstehung gelangt, scheint insofern ein Zusammenhang zwischen Vorbenutzungsrecht und Erfinderrecht naheliegend. Dieser Eindruck wird darüber hinaus durch den Umstand verstärkt, dass sich diese zweistufige Entstehung des Schutzrechts in sämtlichen Gesetzen des Immaterialgüterrechts wiederfindet, welche ihrerseits die Normierung eines Vorbenutzungsrechts aufweisen, vgl. *§ 13 Abs.3 GebrMG, iVm § 6 PatG, § 7 Abs1 S.1 GeschmacksmusterG.* Kennzeichnend für Meinungen, die das Vorbenutzungsrecht vom Erfinderrecht herleiten ist, dass das prägende Merkmal der Weiterbenutzungsbefugnis des Vorbenutzers in der Erbringung einer eigenen geistigen Leistung gesehen wird und nicht etwa im Investitionsschutz. Eine eigene erfinderische Leistung impliziere quasi als Annexbefugnis die Erlaubnis, die erbrachte Leistung auch für eigene Zwecke zu gebrauchen[291]. Teilweise wird insoweit von einem natürlichen Zusammenhang zwischen der Erbringung einer eigenständigen schöpferischen Leistung und der damit verbundenen Benutzungsbefugnis gesprochen[292]. Diese Überlegungen erweisen sich jedoch im Ergebnis als nicht zutreffend. Das Vorbenutzungsrecht knüpft weder an die erfinderische Leistung an, noch setzt es die Identität zwischen dem Erfinder und dem Vorbenutzer voraus[293]. Der Entstehungstatbestand des Vorbenutzungsrechts erfordert hingegen die Erfüllung anderweitiger Kriterien, nämlich die Ausübung des Erfindungsbesitzes bzw. das Treffen von Veranstaltungen zur Ausübung desselben. Die Auffassungen basieren folglich auf einem unrichtigen Verständnis des Vorbenutzungsrechts. Die Erfindung allein legitimiert den Erfinder nicht zur Weiterbenutzung gegenüber einem Dritten, der die Erfindung gutgläubig zuerst angemeldet hat. Die Patentvindikation nach *§ 8 PatG* schützt den Erfinder lediglich vor der bösgläubigen Entnahme der Erfindung. Als Ausfluss des Erstanmelderprinzips erkennt das *PatG* somit nicht auf eine Benutzungsbefugnis des Erfinders, sondern allein auf eine solche des Schutzrechtsinhabers. In dieser gesetzgeberischen Entscheidung, zwar den Vorbenutzer, der wie bereits dargelegt, kein Erfinder sein muss, vor einer Inanspruchnahme des Patentinhabers zu schützen, den Doppelerfinder aber nicht, tritt

290 Vgl. *§ 8 S.2 PatG.*

291 *Schramm*, GRUR 1965, S.415f, 416.

292 *Schramm*, GRUR 1965, S.415f, 416. Der gleichfalls erwähnte rechtspolitische Zweck des Vorbenutzungsrechts, den Anreiz zur Anmeldung undurchdachter und unausgereifter „*Erfindungen*" abzumildern, sollte sich mit der Entwicklung des Vorbenutzungsrechts vom Schutz des Doppelerfinders hin zum Investitionsschutz gleichfalls erledigt haben. RG, Urt.v.25.02.1911, RGZ 75, S.317f, 318; *Rogge*, in Benkard *§ 12 PatG*, Rn.2; *Busse*, *§ 12 PatG*, Rn.3; *Lampert*, GRUR 1967, S.221f, 222.

293 S.O. Kap.1 A. I. 3. b); Kap.2. B. I. 2.; vgl. ferner *Seligsohn*, *§ 5 PatG* a.F., S.175.

erneut die Fokussierung auf den Investitionsschutz zu Tage. Da insofern gerade kein zwingender Zusammenhang zwischen der erfinderischen Tätigkeit und der Vorbenutzung der Erfindung besteht, ist das Vorbenutzungsrecht auch weder Ausfluss noch Surrogat des Erfinderrechts[294].

### III. Der Patentinhaber als Lehrer der Nation

Teilweise wurde versucht, die Einschränkungen des vom Patent vermittelten Ausschlussrechts damit zu erklären, dass der Vorbenutzer, dem die erfinderische Lehre zum Zeitpunkt der Patentanmeldung bereits bekannt war, durch die Veröffentlichung der technischen Lehre keinen zusätzlichen Nutzen ziehen kann[295]. Diese Sichtweise argumentierte vordergründig mit dem Belohnungsgedankens des Patentrechts, welches als Prämisse für die Einräumung eines Monopolrechts, die Bereicherung der Allgemeinheit vorsieht. Nach dieser Auffassung trete der Erfinder quasi als Lehrer der Nation in Erscheinung und unterrichte die Allgemeinheit[296]. Von demjenigen hingegen, der durch die Veröffentlichung der patentierten Erfindung aufgrund des bereits vorhandenen Wissens keine Leistung erhalte, könne somit auch nicht verlangt werden, dass er die Verwendung dieser Erkenntnisse für die Dauer der Patentgeltung unterlässt[297]. Bei dieser Meinung handelt es sich zwar um einen interessanten Ansatz, der jedoch letztlich an den Wertungen des Patentgesetzes vorbeigeht. Dieses gewährt ein absolut wirkendes Schutzrecht zwar mitunter aufgrund der Bereicherung des Stands der Technik und damit auch der Allgemeinheit. Jedoch wird die Gewährung eines absoluten Schutzrechts eben gerade nicht davon abhängig gemacht, ob tatsächlich ein jedes Individuum von der Erfindung profitiert oder nicht. Die lediglich eingeschränkte Entstehung eines absoluten Schutzrechts selbst ist, wie oben dargelegt, ohnehin ausgeschlossen, da relativ wirkende Entstehungshindernisse mit der Rechtnatur des absoluten Rechts nicht vereinbar sind.

---

294 *Seligsohn*, *§ 5 PatG* a.F., S.175.

295 *Damme*, GRUR 1904, S.107f, 109. „*Wonach der Erfinder der Lehrer der Nation ist*“; ähnlich *Ohl*, GRUR Int. 1968, S.33ff, 41. In dieser Richtung allerdings ebenfalls die französische Rechtsprechung, wonach das Patent gegenüber demjenigen, der den erfinderischen Gedanken bereits vor dem Prioritätstag entwickelte, keine Wirkung entfaltet, da diesem keine zusätzliche Kenntnis vermittelt würde. Vgl. *Eichmann*, GRUR 1993, S.73f m.w.N.

296 *Damme*, GRUR 1904, S.107f, 107.

297 *Ohl*, GRUR Int. 1968, S.33ff, 41.

IV. Herleitung des Vorbenutzungsrechts aus dem bürgerlichrechtlichen Besitzschutz

In älteren Auffassungen wurde teilweise die Meinung vertreten, die Konstellation der Vorbenutzung von Immaterialgüterrechten sei nach den Grundsätzen des bürgerlichrechtlichen Besitzschutzes zu lösen[298]. Besitz in diesem Sinne wurde in Anlehnung an das Verständnis des Erfindungsbesitzes des Vorbenutzungsrechts *§ 7 PatG a.F.* dann angenommen, wenn dem Besitzer die rein tatsächliche Möglichkeit zukam, die geistige Leistung, ihrer Natur entsprechend zu gebrauchen[299]. Diese rein tatsächliche Beziehung des Verwenders zum Sonderschutzgut entspreche dem tatsächlichen Gewaltverhältnis zwischen Person und Sache, so dass über die Regelungen des sachenrechtlichen Besitzes eine sachgerechte Lösung der Vorbenutzungskonstellationen erzielt werden könne[300]. Die bürgerlichrechtlichen Regelungen über den gemeinschaftlichen Mitbesitz gem. *§ 866 BGB* enthalten eine Rechtsfolgenanordnung, welche derjenigen des Vorbenutzungsrechts entspricht. Haben danach zwei Parteien gemeinschaftlichen Mitbesitz, so findet nach *§ 866 BGB* im Verhältnis zueinander ein Besitzschutz nicht statt, mit der Folge, dass keine gegenseitigen Ansprüche hergeleitet werden können. Abgesehen von dem Gesichtspunkt, dass es wegen diametraler Interessen des Vorbenutzers und des Schutzrechtsinhabers gerade an einem auf gemeinsamen Besitz gerichteten Willen fehlt, wurde das Konzept einer Übertragung sachenrechtlicher Wertungen auf das Immaterialgüterrecht insgesamt völlig zu recht abgelehnt. Eine Analogie zu den sachenrechtlichen Regelungen des Besitzschutzes vernachlässigt den maßgeblichen Unterschied zwischen Sachen und Gedankeninhalten[301]. Gerade die Möglichkeit, geistige Leistungen ohne Einbuße an Substanz und Qualität zu beliebigen Zeitpunkten und Orten zu nutzen und diese beliebig zu vervielfältigen und zugänglich zu machen, begründet die besondere Schutzbedürftigkeit des *„geistigen Eigentums“*, weshalb eine Herleitung des Vorbenutzungsrechts aus dem Sachenrecht zwingend ausscheidet[302].

---

298 *Schramm*, S.53f, 60, 70f; *Petzold*, GRUR 1937, S.581f, 584.

299 *Schramm*, S.54.

300 *Schramm*, S.53f, 55, 57, 93.

301 *Petzold*, GRUR 1937, S.581f, 584.

302 Pierson/*Ahrens*/Fischer, S.2.

V. Vorbenutzungsrechte als Ausdruck des Prinzips von Treu und Glauben nach *§ 242 BGB*

Bei den Erwägungen über das Vorbenutzungsrecht findet man den Ursprung gelegentlich auch mit folgender Formulierung umschrieben: „*Hinter dem Vorbenutzungsrecht steht der Gedanke von Treu und Glauben, wonach derjenige der einen werthaltigen Besitzstand erworben hat, vor der unbilligen Zerstörung durch ein mit Sperrwirkung versehenes Sonderrecht bewahrt werden soll*[303]*.*" Ein weiterer Erklärungsversuch könnte folglich darin zu sehen sein, Vorbenutzungsrechte als Ausprägung des Treu und Glaubensgrundsatzes zu begreifen[304]. Bei *§ 242 BGB* handelt es sich um den Prototyp einer Generalklausel[305]. Dieser Regelungstypus dient mitunter als Einfallstor von Wertvorstellungen außerhalb des einfachen Gesetzes wie beispielsweise der objektiven Wertordnung, wie sie Ausdruck in den Grundrechten und den Europäischen Grundfreiheiten gefunden hat[306]. Zur Verwirklichung dieser Wertvorstellungen und um das Recht kontinuierlich an gewandelte Lebenssachverhalte und Ansichten anzupassen, wird *§ 242 BGB* von der h.M. mitunter eine Schranken- und Korrekturfunktion beigemessen[307]. In dieser Funktion ermöglicht *§ 242 BGB* auch die Einschränkung subjektivrechtlicher Ausschlussbefugnisse, wenn das Vorliegen atypischer Interessenlagen insoweit eine Korrektur erfordert[308]. Die Konturierung des Regelungsgehalts der Generalklausel des *§ 242 BGB* erfolgt hingegen durch die Rechtsprechung in Umsetzung allgemeiner Wertvorstellungen[309]. Hat die Ansicht der Rechtsprechung zu einem bestimmten Themenkreis Anerkennung gefunden, so ist dieses Richterrecht Teil der Rechtsordnung und leistet Orientierungshilfe für zukünftige, ähnlich gelagerte Fälle[310]. Die Wertvorstellungen determinieren somit den Inhalt *§ 242 BGB* und nicht umgekehrt der Treu und Glaubens Grundsatz die Wertvorstellung. D.h.

303 LG München, Urt.v.23.02.1951, GRUR 1952, S.250,-Kamillol.

304 Das Prinzip von Treu und Glauben ist Ausdruck des Gedankens, dass jeglichem Recht sozialethische Schranken immanent sind. *Grüneberg*, in Palandt, *§ 242 BGB*, Rn.1.

305 *Roth*, in MüKo, *§ 242 BGB*, Rn.3.

306 *Roth*, in MüKo, *§ 242 BGB*, Rn.3, 20; *Grüneberg*, in Palandt, *§ 242 BGB*, Rn.3; *Wendt*, in Sachs, *Art. 14 GG*, Rn.15; BVerfG, Urt.v.15.01.1958, BVerfGE 7, S.198ff, 205,-Lüth. Seit dieser Entscheidung aus dem Jahr 1958 misst das BVerfG den Grundrechten objektive Wertentscheidungen bei und sieht in der Gesamtheit der Grundrechte eine objektive Wertordnung verkörpert. Daraus wurden „neue" Wirkungen der Grundrechte entwickelt, die über die klassischen Funktionen hinausgehen und insbesondere Auswirkungen auf die Auslegung des einfachen Rechts wie auch insbesondere auf das Privatrecht haben.

307 *Grüneberg*, in Palandt, *§ 242 BGB*, Rn.12f; *Looschelders/Olzen*, in Staudinger, *§ 242 BGB*, Rn.177.

308 *Looschelders/Olzen*, in Staudinger, *§ 242 BGB*, Rn.204.

309 *Roth*, in MüKo, *§ 242 BGB*, Rn.47.

310 *Roth*, in MüKo, *§ 242 BGB*, Rn.47.

*§ 242 BGB* ist lediglich geeignet die bestehende Wertordnung umzusetzen und nicht geeignet, die Vorstellung der Allgemeinheit davon, was als interessengerechte Lösung im Konflikt zwischen vorbenutztem Sonderrechtsgut und Schutzrecht anzusehen ist, zu bestimmen. Demgegenüber ist *§ 242 BGB* wegen des Fehlens originärer Bewertungsmaßstäbe effektiv ungeeignet ein solches Institut zu begründen. Eine Herleitung des Vorbenutzungsrechts aus dem allgemeinen Grundsatz von Treu und Glauben scheidet somit aus.

### VI. Vorbenutzungsrechte als Ausprägung der allgemeinen Verwirkungslehre[311]

Eine Auffassung stellt für die Herleitung des Vorbenutzungsrechts auf die enge Verwandtschaft zur Verwirkungslehre ab, welche wie das Vorbenutzungsrecht die Aufrechterhaltung bestimmter wirtschaftlicher Besitzstände bezwecke[312]. Der Schutzzweck sowie die den Instituten zu Grunde liegenden wirtschaftlichen Erwägungen, seien daher identisch[313]. Dogmatisch ist der allgemeine Verwirkungsgrundsatz nach h.M. als Unterfall der unzulässigen Rechtsausübung in der Form des venire contra factum proprium anzusehen und wird im Allgemeinen an *§ 242 BGB* festgemacht[314]. Nach dem Institut der Verwirkung wird dem Inhaber eines Rechts dessen Ausübung versagt, da er vom Gebrauch desselben für einen längeren Zeitraum abgesehen hat und durch dieses Verhalten beim Anspruchsgegner ein schutzwürdiges Vertrauen darauf entstanden ist, dass er auch in Zukunft mit einer Inanspruchnahme nicht mehr rechnen müsse[315]. Respektive des Schutzzwecks lassen sich unzweifelhaft erhebliche Ähnlichkeiten zwischen dem Vorbenutzungsrecht und dem allgemeinen Verwirkungseinwand feststellen. Beide Institute verfolgen das Ziel, denjenigen, der bestimmte Rechtsgüter in gutem Glauben über einen längeren Zeitraum gebraucht und dadurch einen werthaltigen Besitzstand erlangt hat, zu schützen. Unterschiede zwischen beiden Instituten bestehen allerdings im Hinblick auf die Ursachen, um derentwillen der Besitzstand zu schützen ist[316]. Im Gegensatz zum Vorbenutzungsrecht basiert die allgemeine Verwirkungslehre auf der Widersprüchlich-

---

311 *Eichmann*, GRUR 1993, S.73f, 78f.

312 *Eichmann*, GRUR 1993, S.73f, 78f.

313 *Eichmann*, GRUR 1993, S.73f, 78f.

314 *Ingerl/Rohnke*, *§ 21 MarkenG*, Rn.23; *Teplitzky*, Kap.17 Rn.2; *Neu*, S.40f, 41.

315 *Roth*, in MüKo, *§ 242 BGB*, Rn.464; *Neu*, S.163.

316 *Teplitzky*, Kap.17, Rn.18.

keit des Verhaltens des Rechtsinhabers und erfordert somit sein Zutun[317]. Im Falle des Gebrauchs eines absolut geschützten Rechts führt diese Duldung des Rechtsinhabers in Kombination mit den weiteren Merkmalen der Verwirkungslehre dazu, dass sein Interesse an der ausschließlichen Verwendung des Sonderrechtsguts gegenüber demjenigen, dessen Verhalten er geduldet hat, nicht überwiegt. Das Vorbenutzungsrecht hingegen beschränkt das Schutzrecht nicht erst nach einer längeren Duldungsphase, sondern bereits im Entstehungsmoment. Es wird von dem Gedanken getragen, dass derjenige, der ein Sonderrechtsgut benutzt hat, bevor es im Wege der Monopolisierung desselben der freien Benutzung durch die Allgemeinheit entzogen wurde, dieses auch weiterbenutzen darf. D.h. dem Schutzrechtsinhaber wird durch das Vorbenutzungsrecht eine Grenze gezogen, da sein Interesse an der ausschließlichen Verwendung des Sonderrechtsguts im Verhältnis zum Vorbenutzer nicht als überwiegend angesehen wird. Das Vorbenutzungsrecht ist somit zwar gleich der Verwirkungslehre ebenfalls Folge einer Bewertung der Individualinteressen des Rechtsinhabers mit denen des Anspruchsschuldners. Jedoch basiert die Weiterbenutzungsbefugnis der Verwirkungslehre vornehmlich auf dem Beitrag des Rechtsinhabers und die des Vorbenutzungsrechts allein auf der Leistung des Vorbenutzers. Das Vorbenutzungsrecht ist trotz erheblicher Ähnlichkeit nicht aus dem Institut der allgemeinen Verwirkungslehre herleitbar.

## VII. Vorbenutzungsrechte als Folge einer gesetzgeberischen Interessenabwägung

Auch wenn sich den Gesetzesbegründungen der regulierten Vorbenutzungsrechte keine definitiven Erwägungen über die Beweggründe entnehmen lassen, so basieren Vorbenutzungsrechte bei richtiger Betrachtung auf einer Abwägungsentscheidung des Gesetzgebers. So setzte der Gesetzgeber den Verbotsbefugnissen des Schutzrechtsinhabers durch die Regulierung eigenständiger Rechtspositionen Grenzen, da er die Vorbenutzug eines Sonderrechtsguts als

317 BGH, Urt.v.31.07.2008, GRUR 2008, S.1104f, 1107,-Haus&Grund II; BGH, Urt.v.21.07.2005, GRUR 2006, S.56f, 60,-Boss-Club; BGH, Urt.v.06.05.2004, GRUR 2004, S.783f, 785,-NEURO-VIBROFLEX; BGH, Urt.v.15.02.2001, GRUR 2001, S.1161f, 1163,-CompuNet; BGH, Urt.v.19.02.1998, GRUR 1998, S.1034f, 1037,-Makalu; BGH, Urt.v.24.06.1993, GRUR 1993, S.913f, 914,-KOWOG; BGH, Urt.v.07.06.1990, GRUR 1990, S.1042f, 1046,-Datacolor; BGH Urt.v. 02.02.1989, GRUR 1989, S.449f, 452,-Maritim.

schützenswert erachtete[318]. Zieht man beispielsweise den Wortlaut der Gesetzesbegründungen des Patentgesetzes heran, so lässt sich der Terminus der *„Billigkeit"* in diesem Sinne auch als „Interessengerechtigkeit" verstehen[319]. Auch die Formulierung in der Gesetzesbegründung des Geschmacksmustergesetzes *„....Ausgleich....der Interessen...."* spricht für eine derartige Sichtweise[320]. Darüber hinaus lässt sich die systematische Stellung der Vorbenutzungsrechte bei den Schrankenregelungen als Beleg dieser Bewertung heranziehen. Schrankenregelungen sind stets die Folge eines Abwägungsprozesses zwischen den Individualinteressen des Schutzrechtsinhabers an der ausschließlichen Nutzung sowie den Interessen der Wettbewerber und des Verkehrs an einer weitgehend freien Benutzung des Sonderrechtsguts[321]. In der Konstellation der Vorbenutzung eines Sonderrechtsguts hielt es der Gesetzgeber respektive der individuellen Interessen des Vorbenutzers für gerechtfertigt, die subjektivrechtlichen Verbotsbefugnisse des Sonderrechtsinhabers zu beschneiden, da dessen Interessen an der ausschließlichen Verwendung des Sonderrechtsguts insofern nicht als überwiegend anerkannt wurden[322]. Diese gesetzgeberische Entscheidung, mag im Ergebnis plausibel und möglicherweise auch sachgerecht sein, sie basiert jedoch nicht auf zwingenden Erwägungen. Insbesondere können der Verfassung insoweit keine verbindlichen Vorgaben entnommen werden, die den Gesetzgeber verpflichtet hätten die Interessen des Vorbenutzers zu berücksichtigen. Nach *Art.14 Abs.1 S.2 GG* werden Inhalt und Schranken des Eigentums durch die Gesetze bestimmt. Ohne in die Details des verfassungsrechtlichen Eigentumsbegriffs einzutreten, sind im Regelfall nur solche Positionen vom Schutz des Eigentumsgrundrechts erfasst, welche bereits die Anerkennung durch einfache Gesetze gefunden haben[323]. Konstellationen in denen es an der Positivierung einer Rechtsposition durch das einfache Gesetz fehlt, nehmen hingegen nur ausnahmsweise am Grundrechtsschutz teil[324]. Solche, als zukünftige Erwerbschancen titulierte Zustände werden von *Art. 14 GG* im Regelfall nur dann geschützt, wenn auf die Verwirkli-

---

318 Ähnlich *Ohl*, GRUR Int.1968, S.33f; *Spier*, GRUR 1933, S.371f, 373; Vgl. zu den verfassungsrechtlichen Gesichtspunkten des Schutzes des Vorbenutzers Kap.5. A. III. 4.

319 In diesem Sinne auch *Spickhoff*, in Soergel, *§ 829 BGB*, Rn.1.

320 S.O. Fn.86.

321 Exemplarisch: von *Hellfeld*, in Ekey/Klippel/Bender, *§ 23 MarkenG*, Rn.20.

322 *Seligsohn*, *§ 5 PatG a.F.*, S.175.

323 *Jarass*//Pieroth, *Art. 14 GG*, Rn.8.

324 *Jarass*//Pieroth, *Art. 14 GG*, Rn.22.

chung derselben ein gesicherter Anspruch vergleichbar einer Anwartschaft besteht[325]. D.h. ist der Schutz des Vorbenutzers nicht bereits im Rahmen eines einfachen Gesetzes berücksichtigt, so nimmt er auch nicht am verfassungsrechtlichen Eigentumsschutz teil. Deshalb wäre der Gesetzgeber nur dann von Verfassungswegen zur Berücksichtigung der Vorbenutzerinteressen verpflichtet, wenn die Kollisionssystematik des Sonderschutzgesetzes ohne das Bestehen des Vorbenutzungsrechts gegen den Verhältnismäßigkeitsgrundsatz verstoßen würde[326]. Ein Verstoß gegen den Grundsatz der Verhältnismäßigkeit scheint jedoch auch dann fernliegend, wenn der Gesetzgeber, den Interessen des Vorbenutzers keine Beachtung schenken würde. Zum einen wird dem Gesetzgeber bei der Ausgestaltung der Kollisionssystematik ein weiter Beurteilungsspielraum beigemessen[327]. Zum anderen darf nicht außer Acht gelassen werden, dass sich die Regulierung einer Weiterbenutzungsbefugnis des Vorbenutzers negativ auf die Rechtsposition des Schutzrechtsinhabers auswirkt und somit den Zweck der Monopolrechtsverleihung, Anreize für Innovationen zu schaffen, relativiert. Die Entscheidung, welchem von mehreren kollidierenden Interessen der Vorrang gegenüber einem anderen Interesse einzuräumen ist, um den Zweck des Sonderschutzgesetzes bestmöglich zu verwirklichen, ist aber eine solche des Gesetzgebers und entzieht sich dem Grunde nach einer Bewertung anhand von Kriterien der Verhältnismäßigkeit. Der Gesetzgeber war somit nicht von Verfassungswegen verpflichtet, die Vorbenutzung eines Sonderrechtsguts zur Rechtsposition zu erheben und dadurch die Position des Schutzrechtsinhabers zu beschneiden. Das Vorbenutzungsrecht basiert folglich auf einer originären Abwägungsentscheidung des Gesetzgebers und weder auf einem Diktat der Verfassung noch auf allgemeinen Prinzipien wie dem Treu und Glaubens Grundsatz.

## H. Zusammenfassung

Die obige Darstellung hat die verschiedenen Facetten des Vorbenutzungsrechts zum Ausdruck gebracht. Respektive des Untersuchungsgegenstands einer Übertragung des Gedankens von der Weiterbenutzung kraft Vorbenutzung auf das Kennzeichenrecht sollen einige Er-

---

325 BVerfG, Beschl.v.31.10.1984, BVerfGE, 68, 193ff, 222, BVerfG, Beschl.v.14.01.1987, BVerfGE 74, S.129ff, 148, BVerfG, Beschl.v.18.05.1988, BVerfGE 78, S.205f, 211; *Jarass*//Pieroth, *Art. 14 GG*, Rn.22.

326 *Jarass*//Pieroth, *Art. 14 GG*, Rn.38.

kenntnisse und deren Bedeutung nochmals hervorgehoben werden. Die Entstehung des Vorbenutzungsrechts besteht aus zwei Bestandteilen: Dem Erfindungsbesitz und der Benutzungsaufnahme bzw. dem Vorbereiten der Benutzungsaufnahme. Entscheidend ist, dass die Entstehung des Vorbenutzungsrechts weder die Identität des Vorbenutzers mit dem Erfinder voraussetzt, noch dass der Vorbenutzer überhaupt erfinderisch tätig geworden ist. Aus dieser maßgeblichen Erkenntnis ergibt sich eine Mehrzahl weiterer Konsequenzen. So dient das Vorbenutzungsrecht weder dem Schutz der geistigen Leistung, noch schützt es primär Aufwendungen im Zusammenhang mit der Entstehung der Erfindung. Vielmehr besteht der Schutzzweck zum einen darin, Aufwendungen im Zusammenhang mit der Vorbenutzungshandlung zu schützen, zum anderen aber auch dazu, den im Wege der Vorbenutzung erlangten Besitzstand als künftige Erwerbsquelle zu erhalten. Die Betrachtung der Rechtsnatur des Vorbenutzungsrechts hat ergeben, dass von der Vielzahl der Deutungsmöglichkeiten allein die Annahme eines Immaterialgüterrechts eigener Art die spezifischen Eigenschaften des Vorbenutzungsrechts zu umschreiben vermag. Es vereint Charakteristika, wie sie für die Belastung eines Rechts typisch sind mit solchen, die einer Schrankenregelung entsprechen. Zuletzt hat die Analyse der Quelle des Vorbenutzungsrechts ergeben, dass eine Herleitung des Vorbenutzungsrechts aus allgemeinen Erwägungen wie der Billigkeit, Treu und Glauben nicht zielführend ist. Das Vorbenutzungsrecht basiert allein auf einer gesetzgeberischen Bewertung der individuellen Interessen des Schutzrechtsinhabers mit denjenigen des Vorbenutzers. Für die Frage nach der Anwendbarkeit des Vorbenutzungsgedanken im Kennzeichenrecht wird es somit maßgeblich auch darauf ankommen, ob sich die Interessenbewertung auch dort als sachgerecht erweist.

---

327 *Jarass*/Pieroth, *Art. 14 GG*, Rn.38.

## Abschnitt 2 Vorbenutzungsrechte im Markenrecht

### Kapitel 3 Historische Betrachtung des Vorbenutzungsrechts im Markenrecht Eine Begriffsgeschichte

Um die Konformität eines Vorbenutzungsrechts mit dem Markenrecht zu beurteilen, ist es unerlässlich, die historische Entwicklung in die Darstellung einzubinden. Dabei ist neben der Betrachtung des historischen Diskurses der Einführung eines Vorbenutzungsrechts besonderer Augenmerk auf die Genese des sachlichen Kennzeichenschutzes in Form von Ausstattung und Benutzungsmarke zu legen. Ob ein gesondertes Schutzbedürfnis des Vorbenutzers besteht und ob sich der Gedanke an die Einräumung einer Weiterbenutzungsbefugnis kraft Vorbenutzung überhaupt in das Markenrecht integrieren lässt, korreliert mit der Kollisionssystematik des Markengesetzes und insbesondere der Handhabung des durch Benutzung entstandenen sachlichen Markenrechts. Als Vorbemerkung zum Verständnis der nachfolgenden Ausführungen ist anzumerken, dass der Begriffskomplex der Vorbenutzung bzw. des Vorbenutzungsrechts ursprünglich einen deutlich weiteren Inhalt hatte, als dies heute der Fall ist. Vor diesem Hintergrund eines ursprünglich sehr weiten Verwendungsspektrums des Vorbenutzungsbegriffs wird zugleich offenkundig, dass das Verständnis der von Seiten der Literatur und Rechtsprechung vorgebrachten Argumente nur unter Einbeziehung der jeweils geltenden Rechtslage und dem konkreten Kontext verständlich ist. Um insbesondere die Aussagekraft der Meinungen für die Frage nach der Akzeptanz von Vorbenutzungsrechten nach heutiger Rechtslage zu taxieren, ist es notwendig Auffassungen und Entscheidungen in einer gewissen Ausführlichkeit darzustellen und sich nicht allein auf die Kernsaussagen und Leitsätze zu beschränken.

#### A. Kodifizierung des Warenzeichenschutzes im Markenschutzgesetz von 1874

Das Markenschutzgesetz begründet die erste umfassende Kodifizierung eines Warenzeichenschutzes in Deutschland[328]. In bewusster Abkehr von der objektivrechtlichen Ausrichtung des Warenzeichenschutzes durch straf- und polizeirechtlich geprägte Einzelgesetze beinhaltet das

328 *Wadle*, S.372.

Markenschutzgesetz ein neuartiges, primär privatrechtlich ausgerichtetes Schutzkonzept[329]. Im Fokus des Warenzeichenschutzes sollten nunmehr vordringlich die Individualinteressen des Warenzeicheninhabers stehen und nicht mehr allein die Interessen der Öffentlichkeit vor Täuschung oder Fälschung geschützt zu werden[330]. Zum Ausdruck gebracht wurde diese neuartige Sichtweise u.a. dadurch, dass der Verletzungstatbestand des *§ 13 Abs.1 MSchG,* trotz seines Charakters als Strafvorschrift, nicht als Offizialdelikt ausgestaltet-, sondern erstmalig mit der Prämisse eines eigenen Strafantrags des Zeicheninhabers belegt wurde[331]. Aus Sicht der Wirtschaft sowie der rechtswissenschaftlichen Literatur wurde das Markenschutzgesetz nahezu einheitlich als unzureichend oder gar verfehlt eingeschätzt[332]. Kritik entzündete sich insbesondere an der positivistischen Auffassung des Gesetzgebers. Nach diesem Verständnis konnten Rechte an Warenzeichen ausschließlich im Wege staatlicher Verleihung auf der Grundlage des Markenschutzgesetzes entstehen[333]. D.h. anders ausgedrückt, der Staat schützt nicht eine bereits entstandene Rechtsposition durch die Gewährung von Verbietungsrechten, sondern die Position selbst wird erst durch den Akt des Staates begründet[334]. Konsequenterweise ist dem Markenschutzgesetz kein Schutz eines sachlichen, d.h. im Wege der Benutzung

329 *Wadle*, S.385, 399.

330 *Klippel*, S.134f, 135 unter Bezug auf RT, Sten.Ber,2,2, 1874/75 v.11. November 1874, S.103f. Dort heißt es weiter: *„Das Publikum hat gar kein eigenes Recht in Betreff der Marken, das unabhängig wäre vom subjektiven Willen des Inhabers der Marke“* RT, Sten.Ber. aaO., S. 133f, 134.

331 Allerdings wurde gerade dieses Novum äußerst kontrovers diskutiert. So sei es in hohem Maße widersprüchlich, wenn das Gesetz zwar dem Schutz des Publikums diene, auf der anderen Seite eine Verfolgung des Zeichenverletzers aber dann nicht stattfindet, wenn der geschädigte Fabrikant diese nicht durch seinen Antrag veranlasst. Vgl. RT, Sten.Ber,2,2, 1874/75 v.11. November 1874, S.103f,106.

332 *Wadle*, S.396, *Kohler*, S.44f. Einer der wesentlichen Kritikpunkte bestand ferner im Zusammenhang mit der Markenanmeldung. Zum einen bestand das Erfordernis im Handelsregister eingetragen zu sein und somit mittelbar die Notwendigkeit der Kaufmannseigenschaft. Zum anderen wurde die Prüfung der Eintragungsvoraussetzungen (Vorprüfung), sowie die Eintragung selbst den dezentralen Registergerichten zugewiesen, so dass eine einheitliche Handhabung des Gesetzes durch die zahlreichen Lokalbehörden nicht zu gewährleisten war. Vgl. *Wadle*, S.416. Problematisch war dies insbesondere auch deshalb, da eine mit *§ 23 MarkenG* vergleichbare Regelung fehlte. D.h. konnte irgendwie die Eintragung eines Freizeichens *§ 10 Abs.1 MschG* (Gattungsbezeichnung) als Marke erreicht werden, so konnte dieser Umstand auf Verletzungsseite nicht mehr berücksichtigt werden.Vgl. *Wadle*, S.416. Weitere Kritikpunkte waren u.a. das Erfordernis wissentlichen Missbrauchs im Rahmen des Schadensersatzanspruchs des *§ 14 MSchG* und die der unzureichenden Regelungen absoluter Eintragungshindernisse in *§ 3 MSchG.*

333 *Wassermann*, GRUR 1929, S.413f, 413.

334 *Wadle*, S.390; *Wassermann*, GRUR 1929, S.413f, 413.

entstandenes Recht an Warenzeichen zu entnehmen[335]. In Ermangelung eines Gesetzes gegen unlauteren Wettbewerb und einer äußerst restriktiven Rechtsprechung hatte dies zur Folge, dass jedermann selbst dann zur Nachahmung eines lediglich benutzten Kennzeichens berechtigt war, wenn sich das Zeichen im Verkehr bereits als Herkunftshinweis durchgesetzt hatte.

## B. Das Gesetz zum Schutz der Waarenbezeichnungen 1894

Die anhaltende Kritik aus Wirtschaft und Rechtswissenschaft führte zum Gesetz zum Schutz von Waarenbezeichnungen vom 12.Mai 1894, welches am 1. Oktober 1894 in Kraft trat. Dieses Gesetz beseitigte eine Vielzahl der Unzulänglichkeiten des Markenschutzgesetzes[336]. Ferner berücksichtigt das Gesetz bereits in Ansätzen die aufkeimenden Auffassungen der Rechtswissenschaft, die das Markenrecht schon damals als Teilaspekt des Rechts gegen den unlauteren Wettbewerb betrachtete[337].

## C. Die Einführung des wettbewerbsrechtlich geprägten sachlichen Ausstattungsschutzes nach *§ 15 WBG*

Unter anderem begründete das Waarenbezeichnungsgesetz mit *§ 15 WBG* erstmalig einen allerdings ausschließlich wettbewerbsrechtlich geprägten Ausstattungsschutz, d.h. die Gewäh-

---

335 Verschärft wurde diese Problematik durch die zunächst äußerst restriktive Rechtsprechung des Reichsgerichts, welches - ebenfalls positivrechtlich geprägt - die Regelungen des Markenschutzgesetzes als abschließend ansah, mit der Folge dass ein deliktsrechtlicher Schutz „sachlicher Warenzeichen" ebenfalls versagt blieb. Vgl. RG, Urt.v.30.11.1886, RGZ 3, S.67f,-Apollinarisbrunnen; nur soweit das MSchG selbst Ausnahmen zuließ, d.h. bei der Anerkennung *„im Verkehr allgemein als Kennzeichen der Waren eines bestimmten Gewerbetreibenden geltender Marken"*, sollte auch das sachliche Kennzeichen Schutz beanspruchen können.

336 Exemplarisch: Zentralisierung der Anmeldung beim Reichspatentamt, Aufhebung der Anbindung an das Handelsregister und die Kaufmannseigenschaft, Zulassung der Anmeldung von Wortmarken gem. *§ 4 I WBG*, Einführung der Verwechslungsgefahr gem. *§ 20 WBG*, Erweiterung des Kataloges absoluter Schutzversagungsgründe, Ausbau des Vorprüfungsverfahrens auch auf relative Schutzhindernisse. Vgl. *Wadle*, S.398.

337 Vgl. *Finger*, Vorbemerkung II zu *§§ 15, 16 WBG*, S.404.

rung eines durch Benutzung entstandenen sachlichen Markenrechts[338]. Eingang in das *WBG* fand die Norm allerdings vornehmlich deshalb, da es in Deutschland zu diesem Zeitpunkt noch kein Gesetz gegen den unlauteren Wettbewerb gab, welches erst 1896 zur Entstehung gelangen sollte[339]. Eine Normierung eines sachlichen Ausstattungsschutzes zeigte sich als absolut unerlässlich, da keine gesetzliche Handhabe gegeben war, dem Missbrauch nicht eingetragener Bezeichnungen zur Steigerung des eigenen Warenabsatzes Einhalt zu gebieten[340]. Voraussetzung für die Verwirklichung des Verletzungstatbestands war entsprechend der wettbewerbsrechtlichen Ausrichtung der Vorschrift die: *„Nachahmung einer Ausstattung in der Absicht der Verkehrstäuschung*[341]*.“* Der Ausstattungsbegriff wurde sehr weit verstanden und umfasste auch Gestaltungsformen, die typischerweise nicht als Herkunftshinweis die-

---

338 *Wadle*, S.398; *§ 15 WBG*: *„Wer zum Zweck der Täuschung in Handel und Verkehr Waaren oder deren Verpackung oder Umhüllung oder Ankündigungen, Preislisten, Geschäftsbriefe, Empfehlungen, Rechnungen oder dergleichen mit einer Ausstattung, welche innerhalb betheiligter Verkehrskreise als Kennzeichen gleichartiger Waaren eines Anderen gilt, ohne dessen Genehmigung versieht, oder wer zu dem gleichen Zweck derartig gekennzeichnete Waaren in Verkehr bringt oder feilhält, ist dem Verletzten zur Entschädigung verpflichtet und wird mit Geldstrafe von einhundert bis dreitausend Mark oder Gefängnis bis zu drei Monaten bestraft. Die Strafverfolgung tritt nur auf Antrag ein....*“ Das Erfordernis des Antrages wurde durch Gesetz vom 21.3. 1925 mit Wirkung zum 12.6.1925 zugunsten der Privatklage beseitigt. Vgl. *Pinzger/Heinemann*, *§ 15 WBG*, S.303.

339 Das *WBG* verfolgte somit über den reinen Markenschutz hinaus ebenfalls den Zweck, Missbräuchen im Verkehr entgegenzuwirken. *Finger*, (1926), *§ 15 WBG*, S.404. Diese Entstehungsgeschichte des *§ 15 WBG* ist einer der Gründe, weshalb *§ 15 WBG* von der Rechtsprechung mit Inkrafttreten des UWG 1896 sowie der Positivierung des *§ 826 BGB* als überholt angesehen wurde. Vgl. RG, Urt.v.02.03.1928 MuW 1927/28, S.335f,-Kathreiner Malzkaffee, RG, Urt.v.27.09.1927, MuW 1927/28, S.93f,-Waldbauer Milch.

340 *Wadle*, S.353; Gesetzesentwurf zum Schutz von Waarenbezeichnungen, Begründung zu *§ 14 WBG*, Aktenstück Nr.70, S.510. Die strafrechtlichen Normierungen der *§§ 263, 264 StGB* versagten regelmäßig, da mit der missbräuchlichen Nachahmung regelmäßig noch kein Betrug vorlag. Vgl. *Finger*, (1906), *§ 15 WBG*, S.347.

341 RG, Urt.v.26.04.1912, RGZ 79, S.292f, 295,-Danziger Goldwasser. Das *WBG* selbst enthält keine Definition des Ausstattungsbegriffs. Die Ausbildung des Ausstattungsschutzes wurde somit in die Hände von Rechtsprechung und Literatur gelegt. Jedoch stellte der Gesetzgeber durch die gesonderte Normierung in *§ 15 WBG* ohne die Aufnahme eines Verweises auf die absoluten Ausschlussgründe des *§ 4 WBG* insoweit zumindest klar, dass Ausstattung und Warenzeichen voneinander zu unterscheiden und differenzierende Anforderungen an Entstehung und Fortbestand des Schutzes zu stellen sind. Anders als Warenzeichen, welche ihrer Natur nach dazu bestimmt sind, Waren von solchen anderer Unternehmen zu unterscheiden und auf die betriebliche Herkunft hinzuweisen, kam dem Ausstattungsschutz eine derartige finale Zweckbestimmung nicht zu. Vgl. RG, Urt. v.20.11.1897, RGZ 40, S.65f,-Shannon-Registrator, RG Urt.v.24.03.1903, RGZ 54, S.173f,-Seidenfaden, RG, Urt.v. 19.11.1920, RGZ 100,

nen[342]. So konnte sogar die Ware selbst als Ausstattung geschützt sein, sofern diese eine besondere Eigenart vorweisen konnte und die Gestaltung nicht auf technischen Erfordernissen oder Eigenschaften des Produkts basierte[343]. War die Ausstattung zugleich als Warenzeichen eingetragen, so bestanden Ansprüche nach *§ 15 WBG* sowie den *§§ 12* und *14 WBG* nebeneinander[344]. Ein weiterer markanter Unterschied bestand in der Wertigkeit der Zeichenrechte. Nach der Intention des Gesetzgebers sollte der Ausstattungsschutz gegenüber dem eingetragenen Warenzeichen der Schwächere sein und insbesondere auch bei einem Konflikt mit einem Warenzeichen unterliegen[345]. Diese Inkongruenz basierte unter anderem auf der Vorstellung des Gesetzgebers, dass es sich bei dem Ausstattungsschutz lediglich um einen tatsächlichen Besitzstand handelt, welcher aus Gründen des lauteren Geschäftsverkehrs, (allein) vor Missbrauch und Täuschung zu bewahren sei[346]. Dieser Schutzzweck wurde im Interesse der Allgemeinheit durch Strafe sowie im Interesse des Individuums durch die Leistung einer Entschädigungszahlung abgesichert[347]. Der Gesetzgeber des *WBG* hatte demgegenüber mit der Einführung des *§ 15 WBG* keinesfalls die Absicht eine eigenständige Rechtsposition zu kreieren, welche dem deliktischen Schutz zugänglich sein sollte[348]. In Ermangelung einer eigenen Rechtsposition konnte somit in der Registrierung oder Benutzung der Ausstattung auch kein

---

S.250f,-Gasmesser; wonach stets erforderlich ist, dass die Ausstattung als Zutat zu den notwendigen Bestandteilen hinzutritt. Vgl. *Finger*, (1926), *§ 15 WBG*, S.406; *Pinzger/Heinemann*, *§ 15 WBG*, S.294.

342 Übersicht der zulässigen Ausstattungsformen bei *Finger*, (1926), *§ 15 WBG*, S.406f, 407, 408; *Hagens*, *§ 15 WBG*, S.248. Als Ausstattung galt vielmehr alles, was zur Verzierung, Aufmachung, Etikettierung etc. der Ware dient. Gleichwohl musste diese äußere Gestaltung aufgrund ihrer charakteristischen Eigenart, prinzipiell zur Unterscheidung von Waren geeignet sein und darüber hinaus in den maßgeblichen Verkehrskreisen als anerkannte äußere Erscheinung eines bestimmten Geschäftsbetriebes angesehen werden. Ausstattung konnte aber auch die Ware selbst sein, sofern diese eine besondere Eigenart vorweisen konnte und die Gestaltung nicht auf technischen Erfordernissen oder Eigenschaften des Produkts basierte.

343 *Finger*, (1926), *§ 15 WBG*, S.407.

344 *Finger*, (1926) *§ 15 WBG*, S.410.

345 Gesetzesentwurf zum Schutz von Waarenbezeichnungen, Begründung zu *§ 14 WBG*, Aktenstück Nr.70, S.510; *Hagens*, *§ 15 WBG*, S.256; *Richter*, MuW 1932, S.1f, 4.

346 Gesetzesentwurf zum Schutz von Waarenbezeichnungen, Begründung zu *§ 14 WBG*, Aktenstück Nr.70, S.510; *Finger*, (1926), *§ 15 WBG*, S.404.

347 *Finger*, (1926), *§ 15 WBG*, S.413.

348 Gesetzesentwurf zum Schutz von Waarenbezeichnungen, Begründung zu *§ 14 WBG*, Aktenstück Nr.70, S.510; RG, Urt.v.30.11.1900, RGZ 47, S.100f,-Likör. Gleichwohl wird auch die Benutzungsmarke teilweise als Ausprägung eines tatsächlichen wettbewerblichen Besitzstandes aufgefasst. Vgl. *Hacker*, NJW 2003, Sonderheft-100 Jahre Markenverband, S.11f, 17.

Eingriff in den Gehalt eines fremden Schutzrechts gegeben sein[349]. Daneben spielten Aspekte des Freihaltebedürfnisses für die konkrete Art der Ausgestaltung des Ausstattungsschutzes eine Rolle[350]. So wurde angeführt, dass der Warenzeichenschutz allein der Unterscheidung von Waren diene und die Wahl des Zeichens allein der Willkür des Verkäufers unterliege, so dass es uneingeschränkt als dessen Eigentum zu betrachten sei[351]. Bei der Ausstattung verhalte es sich demgegenüber gänzlich anders. Diese habe den primären Zweck, die Ware zu verzieren oder vor Beschädigung zu schützen[352]. Zudem sei die Aufmachung der Ware mehr oder weniger von der Ware selbst vorgegeben[353]. Daraus seien zwei Schlussfolgerungen zu ziehen. Zum einen könne die Aufmachung, da sie bereits vorgegeben bzw. an die Ware angelehnt ist und somit nicht allein auf dem Willen des Verkäufers basiert, nicht uneingeschränkt als dessen Eigentum bewertet werden[354]. Zum anderen muss es auch den anderen Verkäufern offen stehen, Aufmachungen zu wählen, die aufgrund der Beschaffenheit der Waren erforderlich sind, auch wenn sie denen der anderen Verkäufer ähneln[355]. Ausgehend von diesem Verständnis des Gesetzgebers ist es nach der Einführung eines lediglich untergeordneten, wettbewerblichen Schutzes der Ausstattung konsequent, dass der Ausstattungsschutz weder eine Aufnahme in die relativen Eintragungshindernisse fand noch einen Widerspruchsgrund nach *§ 5 WBG* darstellte[356].

---

349 *Finger*, (1926), S.413.

350 *Finger*, (1926), S.407. Daneben zeigt sich nach wie vor die Reserviertheit des Gesetzgebers in Bezug auf die Einräumung von Ausschluss- bzw. Monopolrechten, da diese wie Privilegien die gesetzlichen Freiheiten der anderen Marktteilnehmer beschneiden. Vgl. *Wadle*, S.391.

351 *Finger*, (1926) S.407.

352 *Finger*, (1926), S.407.

353 *Finger*, (1926), S.407.

354 *Finger*, (1926), S.407.

355 *Finger*, (1926), S.407.

356 *Göller*, S.38. Die Löschung des eingetragenen Warenzeichens konnte folglich – nach Inkrafttreten des UnlWG – nur unter den besonderen Voraussetzungen der *§ 1 UnlWG* oder *§ 826 BGB* erreicht werden.

### D. Vorbenutzungsrechte nach *Art. 28 Abs.2* des Deutsch-französischen Handelsabkommens[357]

Das deutsche Kennzeichenrecht enthielt bereits vor dem Inkrafttreten des Markenschutzgesetzes eine eigenständige Vorbenutzungsrechtsregelung. Bei dieser Bestimmung handelt es sich um *Art 28 Abs.2* des deutsch-französischen Handelsvertrages von 1862: Vertrag zwischen den Staaten des deutschen Zoll und Handelsvereins und Frankreich vom 2.August 1862, welcher wieder in Kraft getreten zum 10. Mai 1871, durch *Art. 11* der Zusatzkonvention vom 12.Oktober 1871 zum Frankfurter Friedensvertrag vom 10. Mai 1871: *„Wegen des Gebrauchs der Fabrikzeichen des einen Landes in dem anderen soll eine Verfolgung nicht stattfinden, wenn die erste Anwendung dieser Fabrikzeichen im dem Lande, aus welchem die Ausfuhr der Erzeugnisse erfolgt, in eine frühere Zeit fällt als die durch Niederlegung oder auf andere Weise bewirkte Aneignung dieser Zeichen in dem Lande der Einfuhr."* Die Vorschrift schützt den Importeur verwechslungsfähig gekennzeichneter Waren vor einer Inanspruchnahme durch den inländischen Zeicheninhaber, sofern der Zeitpunkt der Benutzungsaufnahme im Ausland vor dem Zeitpunkt der Erlangung des Zeichenschutzes im Inland liegt. Der inländische Zeichenrechtsinhaber wird somit in seinen Ausschlussbefugnissen beschränkt, ohne dass es für die Weiterbenutzungsbefugnis auf die Einhaltung weiterer Kriterien wie einer besonderen Bekanntheit ankäme. Bei dieser Regelung, welche ausschließlich in Fällen mit transnationalem Bezug in Anwendung gebracht wurde, handelt es sich um ein klassisches Vorbenutzungsrecht im Sinne der Schrankenregelungen der technischen Schutzrechte. Die Möglichkeit der Einführung eines originär zeichenrechtlichen Vorbenutzungsrechts nach Vorbild des Deutsch-Französischen Handelsabkommens war dem Gesetzgeber des Warenbezeichnungsgesetzes folglich bereits bekannt.

357 RGBl. 1920, S.946; vgl. ferner RG, Urt.v.20.11.1906, RGZ, 64, S.304f,-Les fils de C.-B; RG Urt.v.22.11.1907, RGZ 67, S.133f,-Driva; RG, Urt.v.30.4.1931, RGZ 132, S.374f, 382,-Manon.

## E. Vorbenutzungsrechte im Markenschutzgesetz von 1874 und dem Gesetz zum Schutze der Warenbezeichnungen von 1894[358]

Bei der Beratung zum Markenschutzgesetz spielte die Thematik der Vorbenutzung noch keine Rolle. Demgegenüber fand der Gedanke an die Einführung eines Vorbenutzungsrechts anlässlich des Gesetzesentwurfs zum Warenbezeichnungsgesetz 1893 erstmalig Eingang in die parlamentarische Diskussion[359]. Verlautbarungen nach der generellen Berücksichtigung vorbenutzter Warenzeichen lassen sich - mit divergierender Zielrichtung - sowohl der Begründung zu *§ 8* des Gesetzesentwurfs als auch den Protokollen der Reichstagskommission entnehmen[360]. Einen eigenständigen Ansatz zur Einfügung eines kennzeichenrechtlichen Vorbenutzungsrechts nach Vorbild des *§ 5 PatG* a.F. verfolgte die Kommission durch die Stellung eines Antrag auf Einführung eines *§ 11 a WBG-E*[361]: *„Hat sich ein Dritter bereits vor der Eintragung im gutgläubigen Besitz des Zeichens befunden, so steht dem Eingetragenen gegen*

358 Markenschutzgesetz vom 30.November 1874 RGBl. 1874, S.143ff; Gesetz zum Schutz der Warenbezeichnung vom 12.Mai 1894, RGBl. 441ff.

359 *Göller*, S.14.

360 *Göller*, S.14; vgl. Bericht der 12. Reichstagskommission, 1893/94, Aktenstück Nr.298, S.1424. Allerdings muss angemerkt werden, dass es sich bei dem Antrag zu *§ 8 WBG* nicht um ein Vorbenutzungsrecht iSd. *§ 5 PatG* handelte. Vielmehr bezog sich der darin enthaltene Antrag auf die Einführung eines selbständigen Löschungsgrundes durch Hinzufügung einer Nr.4, welche lautete: *„wenn das Zeichen bis zum Erlass des gegenwärtigen Gesetzes (1894) in den betheiligten Verkehrskreisen als Kennzeichen der Waaren eines bestimmten Geschäftsbetriebes gegolten hat*". RT, Gesetzesentwurf zum Schutz von Waarenbezeichnungen Aktenstück Nr.70, S.510. Zum anderen muss die Diskussion allein vor dem Hintergrund der zum Markenschutzgesetz geänderten Rechtslage betrachtet werden, wonach Wortzeichen, die nicht aus Name oder Firma bestanden nach *§ 3 MSchG* von der Eintragung ausgeschlossen waren. Der Gesetzgeber des Warenbezeichnungsgesetzes sah sich nun vor das (Sonder) Problem gestellt, wie mit Bezeichnungen umzugehen sein sollte, die im Verkehr bereits mehrere Jahre benutzt wurden, aber nach bisheriger Rechtslage nicht eintragungsfähig waren, da das Markenschutzgesetz neben Namen und Firmenbezeichnungen allein Bildzeichen schützte. Allein in diesen Fällen wurde erwogen, dem Inhaber eines im Wege der Benutzung anerkannten Besitzstandes – eines bis dato nicht eintragungsfähigen Kennzeichens – in der Weise ein Vorrecht einzuräumen, dass er ermächtigt werden sollte, das für einen Dritten eingetragene Warenzeichen im Prozessweg löschen zu lassen. Vgl. RT, Gesetzesentwurf zum Schutz von Waarenbezeichnungen, Aktenstück Nr.70, S.510. In diesem Zusammenhang wurde zudem das gesamte Konzept der Anknüpfung der Priorität an die Anmeldung zur Disposition gestellt. Durch Vergleich der internationalen Rechtslage wurde der Vorschlag eingebracht, die Priorität nicht an die Anmeldung, sondern nach dem Vorbild des Auslands an die Benutzungsaufnahme zu knüpfen. Auch diese Auffassung wurde mit Gründen der Rechtssicherheit zurückgewiesen, da der Nachweis der Benutzungsaufnahme und somit der Priorität für den Rechtsinhaber häufig schwierig zu führen sei.

361 Vgl. Bericht der 12. Reichstagskommission, 1893/94, Aktenstück Nr.298, S.1425.

*diesen ein Ausschließungsrecht nicht zu*[362]*.“* Das Vorhaben wurde jedoch letztlich ausdrücklich verworfen. Zum einen wurde unter Bezugnahme auf prozessuale Probleme hinsichtlich der unklaren Beweislastverteilung darauf hingewiesen, dass *„jeder böswillige Benutzer eines Zeichens behaupten werde, er habe gutgläubig und auch schon früher dieses Zeichen benutzt*[363]*.“* Zum anderen wurde angeführt, dass das Formalsystem des Warenzeichenschutzes, wonach lediglich eingetragene Warenzeichen Schutz genießen, nicht unterlaufen werden dürfe[364]. So heißt es in der Begründung: *„Von dem Schutze, den dieses Gesetz gewähren will, ist der Eintragungszwang nicht zu trennen. Wer ein ihm werthvolles Zeichen nicht eintragen lässt, hat die Folgen der Unterlassung sich selbst zuzuschreiben und man könne es dann nicht mehr eine Unbilligkeit nennen, wenn ihm für den Fall der Eintragung des Zeichens für einen Anderen der weitere Gebrauch des Zeichens untersagt werde*[365]*.“* Belegt wurde diese positivistische Haltung mit Erwägungen der Rechtssicherheit, wonach allein das Formalsystem geeignet sei, dem Rechtsinhaber in materieller und prozessualer Hinsicht Sicherheit zu gewährleisten[366]. Dem Vorbenutzungsrecht blieb eine gesetzliche Anerkennung im Warenbezeichnungsgesetz somit letztlich verwehrt. Allerdings zeigte sich bald, dass auch durch die Reformen des Warenbezeichnungsgesetzes insoweit keine abschließende Klärung der Problematik herbeigeführt wurde. Kritisiert wurde unter anderem, dass die Anmeldung sämtlicher Produktbezeichnungen etwa im Tabak- oder Arzneimittelbereich fast unmöglich sei[367]. Ferner sei der Erwerb eines absoluten Schutzrechts häufig gar nicht beabsichtigt[368]. Der Verwender einer Bezeichnung würde somit zur Anmeldung gezwungen, auch wenn er Dritte gar nicht von der Verwendung auszuschließen intendiere, sondern lediglich die Benutzung des Zei-

---

362 Vgl. Bericht der 12. Reichstagskommission, 1893/94, Aktenstück Nr.298, S.1425, Eingang in die Diskussion fand zudem eine Petition für die Einführung eines Vorbenutzungsrechts für *„Zeichen, welche seit mindestens zwei Jahren in unbestrittenem Besitz eines Dritten waren.“*

363 Bericht der 12. Reichstagskommission, 1893/94, Aktenstück Nr.298, S.1425.

364 *Göller*, S.14; RT, Gesetzesentwurf zum Schutz von Waarenbezeichnungen, Aktenstück Nr.70, S.510.

365 Vgl. Bericht der 12. Reichstagskommission, 1893/94, Aktenstück Nr.298, S.1425.

366 Bericht der 12. Reichstagskommission, 1893/94, Aktenstück Nr.298, S.1425, *„Es müsse aus einer solchen Bestimmung eine dauernde Rechtsunsicherheit entstehen.“*; RT, Gesetzesentwurf zum Schutz von Waarenbezeichnungen, Aktenstück Nr.70, darüber hinaus wurde auch der Analogieschluss zu *§ 5 PatG* zurückgewiesen, da die Situationen zwischen dem Schutz des Erfinders, der üblicherweise bereits langjährige Mühen und erhebliche Kosten auf sich genommen habe und dem des Kennzeichennutzers bei dem dies nicht so sei, nicht vergleichbar wären. Zuletzt wurde der Gedanke an ein allgemeines Vorbenutzungsrecht mit der Erwägung verworfen, dass dem Gebrauchsmusterrecht ein solcher Schutz des Vorbenutzers ebenfalls fremd sei.

367 *Göller*, S.16.

chens anstrebe[369]. Die Unzulänglichkeiten der gesetzlichen Normierungen zeigten sich infolge des Festhaltens der Rechtsprechung am Formalschutz insbesondere in drei Konstellationen: Vornehmlich wurde die Situation diskutiert, in der ein Anmelder das Patentamt – vergeblich – um Eintragung eines Zeichens ersuchte, das Patentamt jedoch seine Auffassung über die Eintragungsfähigkeit dieses Zeichens später änderte und nicht dem (Erst)Anmelder, sondern einem Dritten die Eintragung des Zeichens gewährte[370]. Des Weiteren wurde der Fall angeführt, in dem Mitarbeiter eines ausländischen Unternehmens, das nach Deutschland Waren exportiert, die Warenbezeichnung als Marke anmelden, um damit den Inhaber des Unternehmens von der Nutzung auszuschließen. Zuletzt ist die Konstellation zu erwähnen, in der ein Zeichen bereits in erheblichem Umfang Verwendung fand, bevor ein Dritter ein Markenrecht daran erwarb.

## F. Rechtsprechung des Reichsgerichts zum Schutz des sachlichen Zeichenrechts nach dem Markenschutzgesetz von 1874 und dem Warenbezeichnungsgesetz von 1894

### I. Ablehnung des Schutzes sachlicher Kennzeichen wegen der Spezialität des Markengesetzes sowie der Geltung des strengen Formalprinzips

Die frühe Rechtsprechung des Reichsgerichts zum sachlichen Kennzeichenschutz wurde vornehmlich durch zwei Gesichtspunkte geprägt. Aufgrund der positivistischen Haltung der Rechtsprechung – welcher der Gedanke daran, dass das Markenrecht einen Bestandteil des Lauterkeitsrechts darstellen könnte, noch gänzlich fremd war – wurden die Normierungen des Markenschutzes als abschließend betrachtet[371]. Ein Rückgriff auf Regelungen und Wertungen jenseits des Markenschutzgesetzes war wegen des spezialgesetzlichen Charakters absolut unzulässig[372]. So heißt es beispielsweise im Urteil des Reichsgerichts vom 30. November 1874,-

368 *Göller*, S.16.

369 *Göller*, S.16.

370 *Göller*, S.16. In diesem Zusammenhang wurde darauf hingewiesen, dass dem Anmelder kein Vorwurf gemacht werden könne, wenn er gegen die Entscheidung des Patentamts keine Rechtsmittel einlegt, da er die Kosten eines auch aus seiner Sicht möglicherweise erfolglosen Rechtsstreits zu Recht scheuen dürfe.

371 RG, Urt.v.30.11.1874, RGZ 3, S.67f,-Apollinarisbrunnen; RG, Urt.v.14.02.1882, RGZ 6, S.75f, 76,-Louisianatabak.

372 RG, Urt.v.30.11.1880, RGZ 3, S.67f, 69,-Apollinarisbrunnen.

„Apollinarisbrunnen": *„Das Markenschutzgesetz hat sich, wie schon die Einleitung zu den Motiven des Entwurfs deutlich ergibt zur Aufgabe gestellt, den Schutz der Warenbezeichnung....auch civilrechtlich für das Deutsche Reich einheitlich und erschöpfend zu regeln; damit wäre es aber unvereinbar, eine Handlung, welche nach dem Markenschutzgesetz erlaubt ist, im Geltungsgebiete des Art.1382 Code civil als eine widerrechtliche, welche zum Schadensersatz verpflichten würde, anzusehen[373]."* Zum anderen wurde die frühe Judikatur des Reichsgerichts durch das Festhalten am strengen Formalprinzip gekennzeichnet[374]. Nach diesem Grundsatz erzeugt allein der auf dem positiven Gesetz basierende formale Akt der Eintragung den Schutz eines Rechts[375]. Anschauliche Ausprägungen dieser Überzeugung finden sich beispielsweise in der Entscheidung „Van Houten und Zoon": *„In der Nachahmung eines nichteingetragenen Warenzeichens zum Zwecke erfolgreicher Konkurrenz liegt, wie man auch menschlich über ein solches Verhalten zu denken berechtigt ist, keine Arglist im rechtlichen Sinne[376]."* Die kumulative Anwendung beider Grundsätze brachte es letztlich mit sich, dass dem sachlichen Markenschutz in Ermangelung einer positivrechtlichen Regulierung der Schutz insgesamt versagt blieb.

373 RG, Urt.v.30.11.1880, RGZ 3, S.67f, 69,-Apollinarisbrunnen.

374 RG, Urt.v.13.11.1886, RGZ 18, S.93f, 95,-Van Houten und Zoon.

375 RG, Urt.v.13.11.1886, RGZ 18, S.93f, 95,-Van Houten und Zoon.

376 RG, Urt.v.13.11.1886, RGZ 18, S.93f, 101,-Van Houten und Zoon. Ähnlich formuliert das Reichsgericht in der Entscheidung RG, Urt.v. 21.01.1898, Bl. 1899, S.19f,-Export-Spaten-Bier:„... *auch die Aneignung eines Zeichens, das andere, ohne es eintragen zu lassen, bereits zu geschäftlichen Zwecken gebrauchen, ist rechtlich gestattet. Das Eintragungsprinzip ist eben mit voller Schärfe durchgeführt.... K kann nicht aus § 15 gegen B klagen, denn B ist rechtmäßiger Inhaber des Zeichens und kann sich daher durch dessen Gebrauch einer Gesetzesverletzung nicht schuldig machen*". Diese Rechtsprechung wurde in einer solchen Strenge ausgeübt, dass sogar die Aneignung einer berühmten Ausstattung durch einen Dritten für zulässig erachtet wurde. RG, Urt.v.12.12.1903,-Kodak:„...*Die Rüge der Klägerin, der Eingriff des Beklagten in ihre Rechte könne deshalb ein befugter nicht sein, weil der Beklagte das von der Klägerin zur Berühmtheit gebrachte Wort Kodak sich angeeignet habe und für sich ausnutzt, trifft nach Lage der Gesetzgebung nicht zu, mag es auch vom Gesichtspunkte der Moralität aus verwerflich sein, dass der Beklagte die Früchte fremden Fleißes für sich verwertete.*"

II. Der Schutz des sachlichen Kennzeichens nach *§ 826 BGB* in Aufgabe des strengen Formalprinzips

Die Ansicht des Reichsgerichts zum Schutz sachlicher Kennzeichenrechte änderte sich maßgeblich mit dem Inkrafttreten des Gesetzes gegen den unlauteren Wettbewerb vom 27. Mai 1896, sowie des Bürgerlichen Gesetzbuchs zum 1. Januar 1900.

III. Urteil des Reichsgerichts vom 21.Juni 1907, „Sansibar“ [377]

Das erste Urteil, in dem sich die veränderte Denkweise des Reichsgerichts widerspiegelt, ist die Entscheidung „Sansibar“. Darin erkannte das Reichsgericht erstmalig einen Löschungsanspruch wegen Verstoßes gegen die guten Sitten nach *§ 826 BGB* an, wenn sich ein Dritter die allgemein bekannte Ausstattung eines anderen als Warenzeichen eintragen lässt[378]. Diese Entscheidung brach mit dem ehernen Prinzip der Exklusivität des Markenrechts und erlaubte erstmalig eine ergänzende Heranziehung allgemeiner Grundsätze[379]. Nach Auffassung des Gerichts entfaltet das Warenbezeichnungsgesetz Ausschließlichkeit nur noch für das ihm zugewiesene Gebiet[380]. Demgegenüber sei es gerade nicht die Intention des Gesetzes, die Anwendung allgemeingültiger bürgerlichrechtlicher Grundsätze, welche der Vermeidung illoyaler Handlungsweisen zu bezwecken bestimmt sind, auszuschließen[381]. Seit dieser Zeit hat das Reichsgericht in ständiger Rechtsprechung an dem Grundsatz festgehalten, dass ein Zeichen, welches lediglich in der Absicht angemeldet wurde eine fremde Leistung zu eigenem Vorteil auszubeuten, wegen Unlauterkeit der Löschung unterliegt[382].

---

377 RG.Urt.v.21.06.1907, RGZ 66, S.236f,-Sansibar.

378 RG, Urt. v.21.6.1907, RGZ 66, S.236f,-Sansibar; RG, Urt.v.04.12.1925, MuW 1925, S.155f,-Adria.

379 RG, Urt. v.21.6.1907, RGZ 66, S.236f, 240,-Sansibar.

380 RG, Urt. v.21.6.1907, RGZ 66, S.236f, 240,-Sansibar.

381 RG, Urt. v.21.6.1907, RGZ 66, S.236f, 240,-Sansibar.

382 *Wassermann*, GRUR 1929, S.413f, 414f; *Callmann*, § 1 Rn.36. Eingeleitet mit der Sansibar-Entscheidung hat die Rechtsprechung zum Markenrecht in diesem Zeitraum einen Paradigmenwechsel erfahren. So betrachten die Gerichte den Kennzeichenschutz nicht mehr als abschließend, sondern nur noch als untergeordnete Ausprägung des Wettbewerbsrechts. Diese Entwicklung stoppte auch nicht vor einer, wenn auch einstweiligen, Aufhebung des Formalprinzips. Die Rechtsprechung vertrat nunmehr die Auffassung, dass auch der formale Kennzeichenschutz nur innerhalb der vom höherrangigen Lauterkeitsrecht vorgegebenen Grenzen ausgeübt werden konnte. Diese Sichtweise führte dazu, dass die Gerichte in jedem Einzelfall zu überprüfen hatten, ob die Ausübung formalrechtlicher Befugnisse durch ein

## G. Vorbenutzungsrechte im Entwurf des Warenzeichengesetzes von 1913

1913 kam es zum Entwurf einer umfangreichen Novelle des Warenzeichenrechts, welche nach damaligem Verständnis auch die Thematik des Vorbenutzungsrechts wieder aufgriff[383]. In der Sache sollte der Entwurf zur Einführung eines objektiv wirkenden sachlichen Zeichenrechts führen, welches anders als der Ausstattungsschutz nach *§ 15 WBG* nicht wettbewerbsrechtlich geprägt ist[384]. Diese Reformbestrebungen basierten nicht zuletzt auf der anhaltenden Kritik der rechtswissenschaftlichen Praxis, welche an der Forderung nach der Einführung sachlicher Zeichenrechte als Rechtspositionen festhielt[385]. So wurden die mit dem Nachweis einer bösgläubigen Warenzeichenanmeldung verbundenen tatsächlichen Schwierigkeiten sowie das gänzliche Fehlen rechtlicher Instrumentarien gegenüber gutgläubigen Dritten zunehmend als grundlegendes Problem erachtet[386]. Der Entwurf von 1913 beinhaltete zur Lösung dieser Thematik zwei Normen *§ 5 WBG-E* und *§ 34 WBG-E*[387]. *§ 5 WBG-E: „Wer das eingetragene Warenzeichen zurzeit der Anmeldung bereits derart benutzt hatte, dass es innerhalb beteiligter Verkehrskreise als Kennzeichen seiner Waren gilt (Vorbenutzer), darf es in seinem Geschäftsbetriebe weiterbenutzen. Der eingetragene Inhaber kann von dem Vorbenutzer verlangen, dass er von dieser Befugnis nur in einer Weise Gebrauch macht, welche geeignet ist, die Gefahr einer Verwechslung der Geschäftsbetriebe auszuschließen.... "*[388]. Die Einführung

---

schutzwürdiges Interesse gerechtfertigt ist oder ob es sich um einen Missbrauch der Rechtsposition handelt. Die Anwendung des Wettbewerbsrechts wurde letztlich in gleicher Strenge ausgeübt wie einst das Formalprinzip.

383 Es ist erneut darauf hinzuweisen, dass der Vorbenutzungsbegriff im Jahr 1913 nicht dem heutigen Verständnis entspricht. Gemeint war vielmehr ein objektiv wirkendes sachliches Zeichenrecht, welches anders als der Ausstattungsschutz nicht wettbewerbsrechtlich geprägt ist.

384 Terminologisch jedoch wurde seitens der Literatur als auch des Gesetzgeber von der Einführung eines Vorbenutzungsrechts gesprochen. Vgl. *Göller*, S.15ff; Deutscher Reichsanzeiger vom 11.Juli.1913, Nr.162, 3. und 4. Beilage.

385 Übersicht bei *Göller*, S.15f. Eine weit verbreitete Ansicht war der Auffassung, dass ein irgendwie gearteter Schutz eines sachlichen Markenrechts nur dann angenommen werden könne, wenn es sich in den beteiligten Verkehrskreisen als Zeichen des Inhabers durchgesetzt habe. Vorher könne das Zeichen vom Inhaber jederzeit geändert werden, so dass es kein anerkennenswertes Interesse gebe, ein nicht bekanntes Zeichen weiter zu benutzen. Ähnlich *Pinzger/Heinemann, § 15 WBG*, S.305.

386 *Quade*, MuW, 1913/14, S.476f, 477.

387 *§ 34 WBG-E* 1913: *„Wer ein nichteingetragenes Warenzeichen, welches innerhalb beteiligter Verkehrskreise als Kennzeichen eines anderen angesehen wird, oder eine Ausstattung, für welche das Gleiche gilt, derart benutzt, dass Verwechslungen der Geschäftsbetriebe im Verkehr hervorgerufen werden können, kann von dem Verletzten auf Unterlassung verklagt werden.*"

388 Deutscher Reichsanzeiger vom 11.Juli.1913, Nr.162, 3. und 4. Beilage.

des *§ 5 WGB-E* war nach damaliger Auffassung in der Literatur trotz des Verkehrsgeltungserfordernisses als Pendant zur patentrechtlichen Normierung des Vorbenutzungsrechts zu sehen[389]. Danach sollte, was die Entstehung des Warenzeichenrechts angeht, am Formalprinzip festgehalten, die Ausübungsbefugnis allerdings mit der Schranke des Vorbenutzungsrechts versehen werden[390]. D.h. zunächst, dass auch der Gesetzgeber des Entwurfs von 1913 die Eintragung eines verkehrsbekannt von einem anderen benutzten Zeichens trotz entgegenstehender Rechtsprechung weiterhin prinzipiell als zulässig ansah[391]. Der Gesetzgeber beabsichtigte lediglich in bestimmten Konstellationen unbillige Folgen einer zukünftigen Schutzrechtsregistrierung abzumildern[392]. Vornehmlich sollte wiederum die Situation erfasst werden, in der der Vorbenutzer das Patentamt erfolglos um die Eintragung des Zeichens ersucht hat, welches später durch eine Änderung der Patentamtspraxis zugunsten eines Dritten eingetragen wurde[393]. Denn zumindest in dieser Situation konnte dem Vorbenutzer, der sein Zeichen zur Anmeldung gebracht hatte, nicht der Vorwurf der Nachlässigkeit gemacht werden[394]. Jedoch sollte die Schrankenregelung des *§ 5 WBG-E* nicht jede Form der Vorbenutzung schützen. Denn dem Wesen des Warenzeichens entsprechend begründe eben nicht jede Benutzung ein schutzwürdiges Interesse. Vielmehr sei dem Vorbenutzer nur dann Schutz gegenüber einem eingetragenen Kennzeichen zu gewähren, sofern es sich in den beteiligten Verkehrskreisen als Zeichen des Vorbenutzers durchgesetzt hat und die Weiterbenutzung nicht die Gefahr von Verwechslungen mit dem eingetragenen Zeichen herbeiführt[395]. Der Entwurf zeigt erneut, inwieweit der Gesetzgeber trotz Kenntnis der jüngeren Rechtsprechung von der missbräuchli-

---

389 Exempl. für die Verwendung des Vorbenutzungsbegriffs für die Normierung des *§ 5 WBG-E* 1913 *Marcus*, MuW 1929, S.536f, 540; *Rosenthal*, MuW 1913/14, S.57f; *Quade*, MuW 1913/14, S.476f; *Kloeppel*, MuW 1913/14, S.52f; *Lenn*, MuW 1913/14, S.478f; *Gülland*, MuW 1913/14, S.533f, 534. Allerdings muss hier berücksichtigt werden, dass der Begriff des Vorbenutzungsrechts allgemein im Sinne einer Schranke des Ausschlussrechts angesehen wurde. D.h. unter Vorbenutzung wurde sowohl die Kennzeichennutzung gefasst, die den Grad der Verkehrsgeltung erreicht hatten, als auch solche, die dahinter zurückblieben. Vgl. *Göller*, S.18 und *Hagens*, *§ 15 WBG*, S.256, der insoweit von einem nach dem bisherigen Recht nicht herleitbaren Weiterbenutzungsrecht spricht.

390 *Lenn*, MuW, 1913/14, S.478f, 478; *Kirchberger*, MuW 1913/14, S.259f, 260; *Kloeppel*, MuW 1913/14, S.52f, 55.

391 *Kirchberger*, MuW 1913/14, S.259f, 260; RG.Urt.v.21.06.1907, RGZ 66, S.236f,-Sansibar.

392 *Kirchberger*, MuW 1913/14, S.259f, 260.

393 *Kirchberger*, MuW 1913/14, S.259f, 260.

394 S.O. Kap.3 E.; Bericht der 12. Reichstagskommission, 1893/94, Aktenstück Nr.298, S.1425.

395 *Göller*, S.15f. Unterhalb dieser Schwelle wurde kein anerkennenswertes Interesse des Zeicheninhabers an der Weiterverwendung gesehen, da es ihm jederzeit möglich sei, das Zeichen in geänderter Form zu benutzen

chen Schutzrechtseintragung in den alten Denkstrukturen des Formalprinzips verhaftet blieb. Demgemäß verwundert es kaum, dass *§ 5 WBG-E* seitens Literatur und Wirtschaft ein geteiltes Echo hervorrief[396]. Während einigen Kritikern zufolge bereits diese geringfügige Aufweichung des Formalprinzips Tür und Tor für folgenlose Warenzeichenverletzungen bereitete, sahen andere die Regelungen als weitgehend unzureichend an[397]. Als besonders kritisch tat sich der Markenschutzverband hervor, der wie bereits der Gesetzgeber des Warenbezeichnungsgesetzes auf die Gefahr von Schutzbehauptungen und die damit einhergehende Rechtsunsicherheit verwies[398]. Ferner wurde angeführt, dass die Regelung auch für den Vorbenutzer kaum Vorteile bringe, da eine Gefahr von Verwechslungen bei der Verwendung gleicher Wortzeichen überhaupt nicht zu vermeiden sei und die Vorschrift insoweit leer laufe[399]. Eine weitere Auffassung lehnte die Schutzbedürftigkeit des nichteingetragenen Warenzeichens vor dem Hintergrund ausreichender gesetzlicher Normierungen im BGB sowie im zwischenzeitlich geschaffenen Gesetz gegen den Unlauteren Wettbewerb ab[400]. Im Rahmen der Diskussion wurden auch die Bezüge zum patentrechtlichen Vorbenutzungsrecht erörtert und eine Analogie in Anbetracht unterschiedlicher Interessenlagen abgelehnt[401]. In diesem Zusammenhang wurde unter Verweis auf den stets unvollkommenen Schutz der Erfindung vor Nachahmung darauf hingewiesen, dass es zwar ein nachvollziehbares Anliegen des Erfinders sein könne, die Erfindung geheim zu halten[402]. Bei Marken hingegen sei dies nicht der Fall. Ein schützenswertes Interesse an der Geheimhaltung von Marken sei mithin nicht denkbar[403]. Jedoch gibt es auch einige Stimmen, die den Entwurf befürworten. Dabei werden besonders die Vorteile gegenüber der Begründung aus dem Lauterkeitsrecht ins Feld geführt. Zum einen wurde begrüßt, dass mit der Einführung des *§ 5 WBG-E* die Notwendigkeit entfalle, auch dem redlichen Wettbewerber ein arglistiges Verhalten vorwerfen zu müssen[404]. Hervorgehoben wurden

396 *Göller*, S.18f m.w.N. Zustimmend u.a. *Quade*, MuW 1913/14, S.476f, 477; ablehnend u.a. Denkschrift des Verbandes der Fabrikanten von Markenartikeln, MuW. 1913/14, S.262f; *Kirchberger*, MuW 1913/14, S.259f, *Rosenthal*, MuW. 1913/14, S.57f, 59 *Gülland*, MuW. 1913/14, S.533f, 533.

397 *Göller*, S.19.

398 Denkschrift des Verbandes der Fabrikanten von Markenartikeln, MuW. 1913/14, S.262f, 263.

399 *Kirchberger*, MuW. 1913/14, S.259f, 260; *Gülland*, MuW. 1913/14, S.533f, 538.

400 *Gülland*, MuW. 1913/14, S.533f, 539; *Rosenthal*, MuW. 1913/14, S.57f, 57; Denkschrift des Verbandes der Fabrikanten von Markenartikeln, MuW. 1913/14, S.262f, 263.

401 *Gülland*, MuW. 1913/14, S.533f, 534.

402 *Gülland*, MuW. 1913/14, S.533f, 534.

403 *Gülland*, MuW. 1913/14, S.533f, 534.

404 RG, Urt. v.21.6.1907, RGZ 66, S.236f,-Sansibar.

ferner die Vorzüge gegenüber den mit dem Arglistnachweis verbundenen prozessualen Schwierigkeiten[405]. Denn gelingt dieser Nachweis nicht, so sei der Vorbenutzer, der zwar nicht in der Lage ist, die Löschung des Zeichens herbeizuführen, über *§ 5 WBG-E* wenigstens nicht völlig entrechtet, da ihm zumindest das Recht zur Weiterbenutzung verbleibe[406]. Jedoch wurde der Entwurf infolge des Ausbruchs des ersten Weltkriegs dem Reichstag nicht mehr vorgelegt, so dass eine gesetzliche Normierung letztlich scheiterte[407].

## H. Die Entwicklung der Vorbenutzungsthematik von 1913 bis zum Inkrafttreten des Warenzeichengesetzes von 1936

Der Begriffsinhalt des Vorbenutzungsrechts ist auch im Zeitraum nach dem Scheitern der Markenrechtsreform im Jahr 1913 eher nebulös und nach wie vor äußerst weit. So wird der Vorbenutzungsrechtsbegriff nach wie vor für sämtliche Konstellationen gebraucht, in denen der Verwendung einer Kennzeichnung die Anmeldung eines formalen Warenzeichenrechts folgte. Ob die gebrauchte Kennzeichnung Verkehrsgeltung erlangt hatte oder nicht, ob die aus der Vorbenutzung hergeleitete Rechtsfolge die der Löschung des Warenzeichens oder lediglich die Weiterbenutzungsbefugnis war, alle diese Verhaltensweisen wurden unter den Vorbenutzungsrechtsbegriff subsumiert. Hinsichtlich der Thematik der Vorbenutzungsrechte lassen sich in diesem Zeitraum zwei relevante Entwicklungsstränge aufzeigen: die Anerkennung des sachlichen Zeichenschutzes als Rechtsposition sowie die Einschränkung zeichenrechtlicher Ausschlussbefugnisse über den Prioritätsgrundsatz.

### I. Die Entwicklung des sachlichen Ausstattungsschutzes zum absoluten Recht

Nach dem gescheiterten Reformversuch im Jahr 1913 war es wieder an der Rechtsprechung, Modelle für den nach wie vor als unzureichend erkannten wettbewerbsrechtlichen Ausstattungsschutz zu entwickeln. So begann das Reichsgericht damit, den sachlichen Kennzeichenschutz zunehmend zu objektivieren, so dass bereits der Eingriff in den Schutzbereich der Aus-

405 *Quade*, MuW. 1913/14, S.476f, 477.

406 *Quade*, MuW. 1913/14, S.476f, 477; *Kloeppel*, MuW 1913/14, S.52f, 53.

407 *Klippel*, S.266; *Sosnitza*, in FS für Klippel, S.275f, 281; Ekey/*Klippel*/Bender, E 1,Rn.20.

stattung zur Auslösung bestimmter Rechtsfolgen führte[408]. Auf die Verwirklichung subjektiver Unlauterkeitsmerkmale wurde hingegen zunehmend verzichtet. Diese Rechtsprechung leitete eine Entwicklung ein, welche sowohl die Anerkennung des Ausstattungsschutzes als Rechtsposition als auch die weitgehende Gleichstellung zwischen Ausstattungs- und Warenzeichenrecht herbeiführte[409]. Die Rechtsprechung bewerkstelligte eine Objektivierung des Ausstattungsschutzes auf zweierlei Art.

### *1. Die Entwicklung der „quasi-negatorischen" Unterlassungsklage*

Eines der Institute, welche die Rechtsprechung zur Vermeidung der Unzulänglichkeiten der subjektiven Unlauterkeitserfordernisse entwickelte, war die „quasi-negatorische" Unterlassungsklage. Kennzeichnend für die Handhabung des Instituts war, dass die Rechtsprechung, differenzierend nach dem jeweiligen Anspruchsziel, nicht nur in prozessualer sondern auch in materieller Hinsicht unterschiedliche Anforderungen an das Vorliegen der Verletzungsvoraussetzungen stellte. War das Anspruchsbegehren auf die Unterlassung zukünftiger Verhaltensweisen gerichtet, so sollte bereits die Verwirklichung der objektiven Tatbestandsmerkmale ausreichen, ohne dass es auf die subjektiven Merkmale ankäme[410]. War das Verlangen des Anspruchsstellers demgegenüber auf Ersatz in der Vergangenheit erlittenen Schadens gerichtet, so wurde neben dem objektiven Eingriff in den Schutzbereich zusätzlich auch subjektive Unlauterkeit gefordert. Diese Argumentation des Reichsgerichts ist in mehrerer Hinsicht bemerkenswert. In Anbetracht der Tatsache, dass sich die Rechtswissenschaft bis dato der Anerkennung des sachlichen Ausstattungsschutzes nach *§ 15 WBG* als Rechtsposition verweigerte, ist der Verzicht auf subjektive Tatbestandsmerkmale innerhalb eines Verletzungstatbestands, welcher die Missbilligung allein aus der subjektiven Motivation des Verletzers zieht, nicht nachvollziehbar. Es darf somit unterstellt werden, dass die Rechtsprechung zwar einerseits das Erfordernis zur Anerkennung sachlichen Zeichenschutzes als Rechtsposition erkannte, es jedoch zunächst vermied, diesen Gedanken offen auszusprechen. Die Differenzierung

---

408 RG, Urt.v.02.03.1928 MuW 1927/28, S.335f,-Kathreiner Malzkaffee, RG, Urt.v.27.09.1927, MuW 1927/28, S.93f,-Waldbauer Milch; RG, Urt.v. 15.02.1927, RGZ 116, 151f,-Haushaltsverein Oberschlesien, RG, Urt. v. 30.04.1928, RGZ 120, S.325f,-Sonnengold. Vgl. *Hagens*, MuW 27/28, S.561f, 562f; *Callmann*, § 1, Rn.38.

409 RG, Urt. v. 30.04.1928, RGZ 120, S.325f,-Sonnengold.

der Rechtsprechung nach dem Anspruchsziel hatte neben Unterschieden bei den materiellen Anforderungen jedoch zugleich eine prozessuale Komponente[411]. Denn im Rahmen eines Zeichenkonflikts stellte sich nunmehr die Frage, zu welchem Zeitpunkt die materiellen Voraussetzungen der Kennzeichenverletzung erfüllt sein müssen: Zu demjenigen des ersten Aufeinandertreffens der Zeichen, zum Zeitpunkt der Benutzungsaufnahme des Formalrechtsinhabers, am Tag der Klagerhebung und/oder zum Zeitpunkt der letzten mündlichen Verhandlung[412]. Für den in die Zukunft gerichteten Unterlassungsanspruch entwickelte die Rechtsprechung auch hier den noch heute gültigen Grundsatz, dass für den Unterlassungsanspruch allein auf den Zeitpunkt der letzten mündlichen Verhandlung abzustellen ist[413]. Bei anderen Ansprüchen, wie dem Schadensersatzanspruch, hingegen müssten die Verletzungsvoraussetzungen sowohl zum Zeitpunkt des ersten Aufeinandertreffens als auch in der letzten mündlichen Verhandlung gegeben sein.

*2. Die Verdinglichung sachlichen Zeichenschutzes zur Rechtsposition*

Zum anderen ging die Rechtsprechung dazu über, die Ausstattung nicht mehr lediglich als tatsächlichen wettbewerblichen Zustand, sondern als eigenständiges Rechtsgut zu behandeln, was nahezu zu einer Gleichstellung zwischen Register- und sachlichem Kennzeichenrecht führte[414].

---

410 RG, Urt.v.27.09.1927, MuW 1927/28, S.93f, 94,-Waldbauer Milch; RG, Urt.v. 15.02.1927, RGZ 116, 151f, 153,-Haushaltsverein Oberschlesien.

411 Vgl. zur heutigen Rechtslage BGH Urt.v.24.01.2002, GRUR 2002, S.544f,-Bank 24.

412 Vgl. zu diesem Problem auch die Entscheidungen RG, Urt.v.04.10.1939, RGZ 162, S.347f,-grüngoldene Flasche; BGH Urt.v.24.01.2002, GRUR 2002, S.544f,-Bank 24. Die jüngere Rechtswissenschaft differenziert sowohl nach dem Anspruchsziel als auch danach, ob die Verletzungshandlung noch andauert. Vgl. Ströbele/*Hacker*, *§ 4 MarkenG*, Rn.60f. Für den zukunftsgerichteten Unterlassungsanspruch, stellt die absolut herrschende Meinung – in Ermangelung eines Vorbenutzungsrechts – allein auf den Zeitpunkt der letzten mündlichen Verhandlung ab, sofern die Verletzungslage zu diesem Zeitpunkt noch gegeben ist. Wird die Klage hingegen auf Wiederholungsgefahr für eine in der Vergangenheit liegende Verletzungshandlung gestützt, so müssen die Voraussetzungen bereits zu diesem Zeitpunkt vorgelegen haben. Hat auch der Anspruchsgegner zwischenzeitlich aufgrund eigener Verkehrsgeltung ein Recht an der kollidierenden Bezeichnung erworben, so muss der Anspruchssteller Verkehrsgeltung bereits vor dem Prioritätszeitpunkt des Anspruchsgegners darlegen können.

413 RG, Urt.v.27.09.1927, MuW 1927/28, S.93f, 94,-Waldbauer Milch; RG, Urt.v. 15.02.1927, RGZ 116, 151f, 153,-Haushaltsverein Oberschlesien; a.A. *Pinzger/Heinemann*, *§ 15 WBG*, S.302f, 303.

414 Vgl. *Wassermann*, GRUR 1929, S.413f, 416f; RG, Urt.v.30.04.1929, RGZ 120, S.325f,-Sonnengold.

a) Die Auffassung der Rechtsprechung

aa) Urteil des Reichsgerichts vom 15. Februar 1927, „Pfarrer-Kneipp“[415]

In dieser Entscheidung standen sich zwei Hersteller von Drogerieerzeugnissen gegenüber, welche jeweils für sich die Verwendung von Wort-Bildzeichen, die in verschiedenen Variationen Bildnisse eines Pfarrers zur Kennzeichnung ihrer Produkte verwandten. Die Klägerin berief sich neben dem Schutz ihrer eingetragenen Bildzeichen insbesondere auch auf *§ 1 UnlWG* sowie *§ 826 BGB* mit der Begründung, dass die Beklagte mit der Eintragung ihrer Bildzeichen und dem Vertrieb der Waren mit dem Konterfei eines Pfarrers das Arbeitsergebnis der Klägerin ausnutzen würde, welche ihre Waren bereits lange Zeit zuvor mit dem Abbild eines Pfarrers versehen habe. Diese Benutzung der Kennzeichnung insbesondere in Süddeutschland hätte dazu geführt, dass der Verkehr sämtliche mit dem Antlitz eines Pfarrers versehenen Erzeugnisse als „Pfarrerwaren“ der Klägerin zuordnen würde. Das Reichsgericht wies die Klage ab. Das Gericht prüfte die Auswirkungen der Vorbenutzung der Klägerin unter zwei Gesichtspunkten: Einmal unter dem, wie sich der Umstand auswirkt, dass das klägerische Zeichen zum Zeitpunkt der Anmeldung der Bildzeichen der Beklagten noch keine Verkehrsgeltung beanspruchen konnte. Und zum anderen daraufhin, ob der Eintritt der Verkehrsgeltung nach der Eintragung der Marken durch die Beklagte die Annahme eines Missbrauchs des formalen Zeichenrechts rechtfertigt. Das Gericht, welches beide Fragen allein unter Unlauterkeitskriterien beurteilte, verneinte die Relevanz der Vorbenutzung letztlich überhaupt, da diese nach Auffassung des Gerichts nicht zur Verkehrsgeltung geführt hat:„ .... *Geschah die angebliche Entwicklung (Verkehrsgeltung von Pfarrer Waren vor der Anmeldung durch die Beklagte) aber erst nach diesem Zeitpunkt, so ist sie überhaupt nicht geeignet, einen Verstoß der Beklagten gegen § 1 UnlWG in Bezug auf die Verwendung des geschützten Bildes des Pfarrers Heumann zu begründen. Denn da in diesem Fall die Priorität des Zeichenrechts der Beklagten begründet gewesen wäre, .... so war die behauptete spätere Entwicklung des Verkehrs in Bezug auf die Bezeichnungen der Waren der Klägerin ohne rechtliche Bedeutung für das in nicht zu beanstandender Art von der Beklagten erworbene Zeichenrecht*[416]*.“* Das Gericht führt jedoch ferner aus, dass Anmeldungen von Bildzeichen durch die Beklagte, welche nach dem Eintritt der Verkehrsgeltung erfolgt wären, als unlautere Ausnut-

415 RG, Urt.v.15.02.1927, MuW 1927, S.287f, 290-Pfarrer-Kneipp.

416 RG, Urt.v.15.02.1927, MuW 1927, S.287f, 290-Pfarrer-Kneipp.

zung fremder Arbeitsergebnisse zu bewerten und folglich unzulässig wären[417]. Das Interessante an der Entscheidung ist, dass das Gericht allein mit der vorrangigen Priorität des Formalrechts argumentierte und die subjektive Gesinnung des Zeicheninhabers außer acht ließ. Der Entscheidung lässt sich klar entnehmen, dass das Urteil anders gelautet hätte, wenn die von der Klägerin behauptete Verkehrsgeltung bereits zum Zeitpunkt der Anmeldung durch die Beklagte vorhanden gewesen wäre. Auf der anderen Seite ist bemerkenswert, dass das Gericht den Gesichtspunkt der Verkehrsgeltung in die Prüfung der Frage nach der Unlauterkeit des Verhaltens der Beklagten einbindet. Ob die Beklagte zum Zeitpunkt ihrer Anmeldung positive Kenntnis von der Vorbenutzung durch die Klägerin hatte, war für die Prüfung von *§ 1 UnlWG* sowie *§ 826 BGB* hingegen nicht relevant. Der Entscheidung lässt sich die klare Tendenz entnehmen, dass das Reichsgericht den sachlichen Kennzeichenschutz immer weiter in die Richtung eines absoluten Schutzrechts verschiebt, auch wenn es in dieser Entscheidung vermeidet, Bezug auf den Ausstattungsschutz des *§ 15 WBG* zu nehmen[418].

bb) Urteil des Reichsgerichts vom 30. April 1928, „Sonnengold“[419]

Das wohl meistzitierte und auch diskutierte Urteil des Reichsgerichts zum Themenkomplex der Vorbenutzung in dieser Zeit findet sich in der Entscheidung vom 30.04.1928[420]. Darin stritten zwei Produzenten von Tabakerzeugnissen um Rechte an der Bezeichnung „Sonnengold“. Die Klägerin meldete das Wortzeichen am 04.03.1922 als Warenzeichen an, welches am 03.11.1922 in die Zeichenrolle eingetragen wurde. Im August 1925 erhob die Klägerin Unterlassungsklage wegen der Verwendung der Bezeichnung „Sonnengold“ auf den Tabakwaren der Beklagten. Die Beklagte berief sich auf ihren Ausstattungsschutz, da sie die Bezeichnung „Sonnengold“ unstreitig seit 1891 verwendet und jedenfalls zum Zeitpunkt der Anmeldung des Wortzeichens durch die Klägerin Verkehrsgeltung genoss. Positive Kenntnis vom Bestehen des Ausstattungsschutzes konnte der Klägerin zwar nicht zum Zeitpunkt der Anmeldung, sondern erst später durch Kenntniserlangung innerhalb des Tatsachenverfahrens nachgewiesen werden. Das Gericht entschied zu Gunsten der Beklagten, welche Widerklage

---

417 RG, Urt.v.15.02.1927, MuW 1927, S.287f, 290-Pfarrer-Kneipp.

418 Ähnlich RG, Urt.v.02.03.1928 MuW 1927/28, S.335f,-Kathreiner Malzkaffee.

419 RG, Urt. v. 30.04.1928, RGZ 120, S.325f,-Sonnengold.

420 *Wassermann*, GRUR 1929, S.413f, 416, *Schramm*, S.94.

auf Einwilligung in die Zeichenlöschung aus *§ 1 UnlWG* erhoben hatte[421]:*„Das RG hat bereits in der Sache II 340/26 vom 15.Februar 1927 (Pfarrer-Kneipp), mit Bezug auf eine Warenbezeichnung welche Verkehrsgeltung erlangt hatte, ausgesprochen, dass ein durch die Entwicklung des Verkehrs geschaffener tatsächlicher Zustand Anspruch auf Schutz auch vor dem formalen Zeichenrecht habe und das Löschungsverlangen begründen könne, wenn das Zeichen entweder erst später auf unlautere Weise, nämlich in Kenntnis der Verkehrsgeltung der von dem anderen benutzten Bezeichnung erworben sei oder wenn nach Eintritt dieser Kenntnis das gutgläubig erworbene Zeichen einfach weiter benutzt werde.....Ähnlich wurde in Sachen II 174/26 vom 14.Dezember 1926 (Batschari-Krone), einer Unterlassungsklage stattgegeben, die darauf gestützt war, dass der Beklagte ein früher eingetragenes verwechslungsfähiges Warenzeichen erst in Gebrauch genommen habe, nachdem die nicht eingetragene Warenbezeichnung des Klägers Anerkennung im Verkehr gefunden hatte....... Diese Beurteilung beruht auf dem in der neueren Rechtsprechung immer mehr zur Anerkennung gelangten allgemeinen Gedanken, dass das Warenzeichenrecht nur einen Bestandteil des Wettbewerbsrechts ist und deshalb nicht dazu dienen darf, einen Konkurrenten aus der Stellung zu verdrängen, die er sich im Verkehr geschaffen hat. Zur bewussten Herbeiführung dieses Erfolgs wird aber das Zeichen nicht nur dann verwendet, wenn der Inhaber, der es dem Konkurrenten gegenüber geltend macht, dessen älteren Besitzstand nachweisbar schon bei der Anmeldung gekannt hat, sondern ebenso dann, wenn er erst nachträglich diese Kenntnis erhält[422].“* Mit dieser Entscheidung kann der sich bereits abzeichnende Paradigmenwechsel in der Judikatur des Reichsgerichts als vollendet angesehen werden. Das Reichsgericht spricht hergeleitet aus *§ 1 UnlWG* einen Anspruch auf Löschung eines eingetragenen Warenzeichens aufgrund einer prioritätsälteren Ausstattung zu, ohne dass es auf die Kenntnis des Anmelders vom Bestehen des Ausstattungsschutzes überhaupt angekommen wäre. Das Reichsgericht setzt den Schutz

421 Versagt wurde der Beklagten allerdings der Zuspruch von Schadensersatzansprüchen vom Zeitpunkt der Anmeldung des Warenzeichens an. Das Reichsgericht teilte die Einschätzung des Berufungsgerichts zur Frage der Böswilligkeit der Klägerin lediglich insoweit, als die Klägerin vom Zeitpunkt der Erlangung der Kenntnis im Verfahren vor dem Instanzgericht an bei der Ausübung der Befugnisse aus dem Formalrecht als bösgläubig zu betrachten wäre. Diese erst im Verfahren erlangte Bösgläubigkeit rechtfertige aber keine Rückwirkung auf den Zeitpunkt der Anmeldung, so dass verschuldensabhängige Ansprüche auszuschließen wären. Vgl. RG, Urt.v. 30.04.1928, RGZ 120, S.325f, 331,-Sonnengold.

422 RG, Urt.v.30.04.1928, RGZ 120, S.325f, 328,-Sonnengold.

der wettbewerbsrechtlichen Ausstattung somit dem absolut geschützten eingetragenen Warenzeichen gleich[423].

b) Die Auffassung der Literatur

In Anbetracht der Tragweite sowie der Argumentation des Reichsgerichts verwundert es nicht, dass die Rechtsprechung kontrovers diskutiert wurde. Kritik entzündete sich sowohl am Ausgang der Entscheidungen, der Löschung des prioritätsjüngeren Warenzeichenrechts aufgrund eines prioritätsälteren Ausstattungsrechts, als auch an der Argumentation des Gerichts. Die Objektivierung der Unlauterkeitsmerkmale in den Tatbeständen der *§§ 1 UnlWG, 826 BGB, 15 WBG* wurde trotz sämtlicher – unbestreitbarer – dogmatischer Bedenken teilweise sogar euphorisch begrüßt[424]. So heißt es bei *Wassermann*: *„Diese Entscheidung hat uns Anwälten eine Last von der Seele genommen. Sie hat uns von der qualvollen Aufgabe befreit, in den Prozessen lediglich um der juristischen Konstruktion willen dem Gegner, auch wenn er ein noch so angesehener Mann war, Verstoß gegen die guten Sitten, Verletzung des Anstandsgefühls aller billig und gerecht denkender Leute vorzuwerfen*[425]*."* Gegenstand heftiger Diskussionen war hingegen die Gleichstellung des sachlichen Ausstattungsrechts mit dem eingetragenen Warenzeichen. Insbesondere die aus der Anwendung des Prioritätsprinzips folgende Verpflichtung zur Löschung des prioritätsjüngeren Warenzeichens wurde von beträchtlichen Teilen der Literatur als falsch erachtet. Nach *Richter* trete die Löschungsverpflichtung in direkten Konflikt mit der eindeutigen Terminologie der Gesetzesbegründung zum *WBG*, wonach der Ausstattungsschutz dem des eingetragenen Warenzeichens unterliegen solle[426]. *Kaiser* lehnt eine Konfliktlösung zwischen priortätsälterem Ausstattungsrecht und jüngeren Warenzeichen über den Prioritätsgrundsatz gleichfalls ab[427]. Neben der Heranziehung der Gesetzeshistorie begründet er seine Meinung mit systematischen Erwägungen. So sehe das Warenbezeichnungsgesetz keinerlei Widerspruchsmöglichkeiten gegen prioritätsjüngere Warenzeichen vor, was deutlich gegen eine Anerkennung als Kennzeichenrecht und für

---

423 *Ulmer*, S.84.

424 *Wassermann*, GRUR 1929, S.413f, S.417; *Göller*, S.37; ablehnend *Hagens*, MuW 1927/28, S.561f, 562f, der die Anwendung des *§ 1 UnlWG* bei rein objektiver Unlauterkeit ablehnt, da das Wesensmerkmal dieser Norm gerade auch im subjektiven Verstoß gegen die guten Sitten liege.

425 *Wassermann*, GRUR 1929, S.413f, 417.

426 *Richter*, MuW 1932, S.1f, 5.

den Vorrang des eingetragenen Warenzeichens spreche[428]. In diesem Sinne plädieren einige Autoren offen dafür, den Konflikt zwischen eingetragenem Warenzeichen und prioritätsälterem Ausstattungsrecht nicht über den Prioritätsgrundsatz, sondern über ein Vorbenutzungsrecht zu lösen[429]. Nach *Richter* muss es dem Inhaber des Ausstattungsrechts in entsprechender Anwendung der Grundsätze des patentrechtlichen Vorbenutzungsrechts zum Schutz seines Besitzstandes gestattet sein, seine Ausstattung im bisherigen Rahmen weiterzubenutzen[430]. Auch *Marcus* kritisiert die Löschungsverpflichtung und plädiert zur Konfliktlösung auf der Basis einer entsprechenden Anwendung des *§ 5 WBG-E 1913* darauf, dass beide Parteien ihr Zeichen behalten dürfen[431]. Ähnlich lautet die Kritik von *Kaiser*, der es gleichfalls für bedenklich hält, dass das Reichsgericht die Möglichkeit, dass beide Rechte gleichwertig nebeneinander bestehen könnten, gar nicht in Betracht gezogen hat[432]. Richtigerweise müssten *„beide Rechtsinhaber das Recht des jeweils anderen respektieren und sich mit der Tatsache abfinden, dass auch der andere ein Recht hat[433].“* Eine modifizierte Auffassung wurde hingegen von *Schack* vertreten, welcher unter Berufung auf die Stellungnahme des Verbandes deutscher Patentanwälte dafür eintritt, eine Weiterbenutzungsbefugnis nicht von der Verkehrsgeltung sondern von der Benutzungsdauer abhängig zu machen. *„Wer ein Warenzeichen vor der Anmeldung (durch einen Dritten) ....mindestens zehn Jahre unangefochten benutzt hat, ist auch nach der Eintragung zur Weiterbenutzung befugt*[434].“

c) Fazit

Auch wenn die Objektivierung des sachlichen Zeichenschutzes aus heutiger Sicht keinen Bezug mehr zur Vorbenutzungsrechtsthematik erkennen lässt, so war der Konflikt zwischen vorbenutzten, infolge Verkehrsgeltung zum Ausstattungsrecht gewachsenen Rechtspositionen mit einem prioritätsjüngeren Warenzeichenrecht das zentrale Thema der Vorbenutzungs-

427 *Kaiser*, MuW, 1929, S.565f, 566.

428 *Kaiser*, MuW, 1929, S.565f, 566.

429 *Richter*, MuW 1932, S.1f, 5; *Marcus*, MuW 1929, S.536f, 540; *Schack*, in Markenrechtstagung, GRUR 1929, S.812f, 817.

430 *Richter*, MuW 1932, S.1f, 5.

431 *Marcus*, MuW 1929, S.536f, 540.

432 *Kaiser*, MuW 1929, S.565f, 567.

433 *Kaiser*, MuW 1929, S.565f, 567.

434 *Schack*, in Markenrechtstagung, GRUR 1929, S.812f, 817.

rechtsthematik überhaupt. Mit der „Sonnengoldentscheidung" des Reichsgerichts, die zur Anerkennung eines objektiven sachlichen Zeichenschutzes geführt hatte, wurde die Thematik der Vorbenutzungsrechte überwiegend als erledigt betrachtet[435]. Jedoch lassen insbesondere die Auffassungen der Literatur erahnen, dass der Gedanke an einen koexistenziellen Kennzeichengebrauch kraft Vorbenutzung nicht als grundlegend mit dem Kennzeichenschutz unvereinbar angesehen wurde.

## II. Vorbenutzungsrechte durch Einschränkung des Prioritätsgrundsatzes

### *1. Kollision eines sachlichen Zeichenrechts mit einer vorbenutzten Kennzeichnung*

#### a) Die Auffassung der Rechtsprechung

Parallel zur Entwicklung der Objektivierung des sachlichen Kennzeichenschutzes setzte sich in der Rechtsprechung des Reichsgerichts der Gedanke durch, dass aus einer Rechtsposition, welche an das Erfordernis der Verkehrsgeltung geknüpft ist, nur dann für die Zukunft Unterlassung gefordert werden könne, sofern das Verkehrsgeltungskriterium bereits vor der Benutzungsaufnahme durch den Dritten erreicht war[436]. Lag die Benutzungsaufnahme hingegen vor dem Zeitpunkt zu welchem Verkehrsgeltung erlangt wurde, so vertrat das Reichsgericht die Auffassung, dass ein vormals zulässiges Verhalten nicht nachträglich rechtswidrig werden könne[437]. Bedeutungslos war hingegen der Umstand, ob der Vorbenutzer letztlich ein eigenes prioritätsjüngeres sachliches Kennzeichenrecht erlangt hat oder ob es bei der bloßen Verwendung einer Kennzeichnung geblieben ist[438]. Das Reichsgericht behandelte beide Konstellationen gleich. Die Konsequenz dieser Rechtsprechung war, dass der Inhaber eines prioritätsälte-

---

435 *Pinzger*, *§ 1 WZG*, Rn.5. Denn auch hier zeigt sich, dass der Gedanke an die Einräumung einer Weiterbenutzungsbefugnis kraft Vorbenutzung unterhalb der Verkehrsgeltungsschwelle im Wesentlichen der Rechtswissenschaft fremd war. Gleichfalls veranschaulichen insbesondere die Literaturauffassungen, dass eine Koexistenz nach dem Vorbild des patentrechtlichen Vorbenutzungsrechts, auch markenrechtlich nicht schlichtweg als abwegige Lösung angesehen wurde.

436 RG, Urt.v.04.01.1927, MuW 1926, S.263,-Jungborn; RG, Urt.v.05.11.1926, MuW 1926, S.175f, 177,-Bärenstiefel; RG, Urt.v.04.01.1929, GRUR 1929, S.361f, 362,-Deutsche Lebensversicherung; RG Urt.v.06.11.1931, GRUR 1932, S.79f, 81,-Essentia aurea; RG, Urt.v.07.10.1932, MuW 1933, S.16f, 18,-Luvos Heilerde; RG, Urt.v.01.12.31,GRUR 1932,S.191f,-Nährbier; RG, Urt.v.28.10.1932, GRUR 1933,S.39f, 40,-rotgelbe Tankstelle.

437 RG, Urt.v.28.10.1932, GRUR 1933,S.39f, 40,-rotgelbe Tankstelle.

438 RG, Urt.v.28.10.1932, GRUR 1933,S.39f, 40,-rotgelbe Tankstelle.

ren und absolut geschützten Ausstattungsrechts nicht in der Lage war, dem Vorbenutzer die zukünftige Verwendung der Kennzeichnung zu verbieten. Begründet wurde diese Vorgehensweise mit dem Grundsatz der Priorität[439]. So ergebe sich aus dem Prioritätsprinzip, dass das Verkehrsgeltungserfordernis bereits erfüllt sein müsse, bevor der Dritte die Benutzung der Kennzeichnung aufnahm[440]. Konnte der Inhaber des Ausstattungsrechts Verkehrsgeltung zum Zeitpunkt der Benutzungsaufnahme des Dritten nachweisen, so war es an dem Dritten, den Beweis zu führen, dass das Verkehrsgeltungskriterium zum Zeitpunkt der letzten mündlichen Verhandlung wieder entfallen war[441]. In diesem Sinne lehnte das Reichsgericht in den Entscheidungen „Jungborn“, „Deutsche Lebensversicherung“ und „Heilerde“, Unterlassungs- und Löschungsansprüche gegen prioritätsjüngere Zeichenrechtsinhaber deshalb ab, da die Kläger jeweils nicht in der Lage waren, den Nachweis zu führen, dass sich bestimmte prägende Bestandteile ihrer Firmenbezeichnungen, zum Zeitpunkt der Benutzungsaufnahme durch die Beklagten, bereits im Verkehr als schlagwortartiger Hinweis auf das Unternehmen durchgesetzt hatten[442]. In den Entscheidungen „Bärenstiefel“, „essentia aurea“ und „Nährbier“ lehnte das RG Ansprüche aus dem Ausstattungsrecht deshalb ab, da die Kläger den Beweis der Verkehrsgeltung vor Benutzungsaufnahme durch die Beklagten gleichfalls schuldig blieben[443]. Die letzte und bedeutendste Entscheidung des Reichsgerichts im Kanon der Vorbenutzung durch Einschränkung des Prioritätsgrundsatzes ist die nachfolgend referierte Entscheidung „rotgelbe Tankstelle“.

b) Urteil des Reichsgerichts vom 28. Oktober 1932, „rotgelbe Tankstelle“ [444]

In dieser Entscheidung des 2.Senats des Reichsgerichts stritten die Parteien, auf der einen Seite der Shell Konzern als Klägerin und auf der anderen Seite eine Tankstellenbetreiberin, über die Berechtigung an der Verwendung der Farbkombination Gelb-Rot zur Kennzeichnung

439 RG, Urt.v.07.10.1932, MuW 1933, S.16f, 18,-Luvos Heilerde.

440 RG, Urt.v.28.10.1932, GRUR 1933,S.39f, 40,-rotgelbe Tankstelle.

441 RG, Urt.v.04.01.1929, GRUR 1929, S.361f, 362,-Deutsche Lebensversicherung; RG, Urt.v.07.10.1932, MuW, 1933, S.16f, 18,-Luvos Heilerde.

442 RG, Urt.v.04.01.1927, MuW 1926, S.263,-Jungborn; RG, Urt.v.04.01.1929, GRUR 1929, S.361f, 362,-Deutsche Lebensversicherung; RG, Urt.v.07.10.1932, MuW 1933, S.16f, 18,-Luvos Heilerde.

443 RG, Urt.v. 05.11.1926, MuW 1926, S.175f, 177,-Bärenstiefel; RG Urt.v.06.11.1931, GRUR 1932, S.79f, 81,-Essentia aurea; RG, Urt.v.01.12.31, GRUR 1932,S.191f, 193,-Nährbier.

444 RG, Urt.v.28.10.1932, GRUR 1933,S.39f,40,-rotgelbe Tankstelle.

der jeweiligen Tankstellen. Unstreitig war, dass die Klägerin im Zeitpunkt der Klageerhebung durch die Verwendung der Farbkombination Verkehrsgeltung erlangt hatte, während die Ausstattung der Beklagten zu keiner Zeit eine derartigen Schutz begründende Bekanntheit erreicht hatte. Die Beklagte wandte nunmehr gleichwohl ein, dass sie die streitgegenständliche Farbkombination bereits zu einem früheren Zeitpunkt als die Klägerin verwendet habe, so dass ihr an sich die älteren Rechte daran zustünden[445]. Das Reichsgericht stellte unter ausdrücklicher Berufung auf den Prioritätsgrundsatz im Einklang mit der ständigen Rechtsprechung des Reichsgerichts allein darauf ab, ob die Klägerin den Grad der Verkehrsgeltung bereits vor dem Zeitpunkt der Benutzungsaufnahme durch die Beklagte erlangt hatte[446]. Dort heißt es unter Auseinandersetzung mit der bisherigen Rechtsprechung des Senats: *„Wäre es der Klägerin dagegen... erst im Laufe des Nebeneinanderbestehens der beiderseitigen Farbenverbindungen gelungen, die ihrige zur Herkunftsangabe zu entwickeln, so wäre die Beklagte nicht verpflichtet ihre gutgläubig erworbene Farbenbezeichnung aufzugeben[447].“* Da das Reichsgericht den Nachweis der Verkehrsgeltung zum Zeitpunkt der Benutzungsaufnahme der Beklagten nicht als erbracht ansah, lehnte es das Reichsgericht ab, der Klägerin Unterlassungsansprüche zuzuerkennen.

c) Die Auffassung der Literatur

In der Literatur waren die Meinungen geteilt. *Callmann* und *Rosenthal* pflichten der Einschätzung des Reichsgerichts bei, wonach die Unterlassung der zukünftigen Verwendung der Kennzeichnung lediglich unter der Prämisse gefordert werden könne, dass das klägerische Ausstattungsrecht das Verkehrsgeltungskriterium bereits zum Zeitpunkt der Benutzungsauf-

---

445 RG, Urt.v.28.10.1932, GRUR 1933,S.39f,-rotgelbe Tankstelle.

446 RG, Urt.v.04.01.1927, MuW 1926, S.263f,-Jungborn; RG, Urt.v. 05.11.1926, MuW 1926, S.175f,-Bärenstiefel; RG, Urt.v.04.01.1929, GRUR 1929, S.361f, 362,-Deutsche Lebensversicherung; RG, Urt.v.06.11.1931, GRUR 1932, S.79f, 81,-Essentia aurea; RG, Urt.v. 7.10.1932, , RG, Urt.v.07.10.1932, MuW 1933, S.16f, 18-Luvos Heilerde; RG Urt.v. 01.12.31,GRUR 1932,S.191f, 192,-Nährbier; RG, Urt.v.28.10.1932, GRUR 1933,S.39f, 40,-rotgelbe Tankstelle.

447 RG, Urt.v.28.10.1932, GRUR 1933,S.39f, 40,-rotgelbe Tankstelle; RG, Urt.v.01.12.1931, GRUR 1932, S.191f, 194,-Nährbier; RG, Urt.v.06.11.1931, GRUR 1932, S.79f, 81,-essentia aurea; RG, Urt.v.04.01.1929, GRUR 1929,S.361f, 362,-Deutsche Lebensversicherung.

nahme erfüllt hatte[448]. War die Benutzungsaufnahme des Zeichens demgegenüber bereits vor dem Überschreiten der Verkehrsgeltungsschwelle erfolgt, so sollte der Inhaber des Ausstattungsrechts dem Dritten die Weiterverwendung des Zeichens nicht untersagen können[449]. So wurde argumentiert, dass das zunächst befugte Verhalten des Dritten nicht nachträglich rechtswidrig werden könne[450]. Die Verwendung des Vorbenutzungsrechtsbegriffs wird jedoch von beiden Autoren vermieden. Kritisiert wird die Auffassung des Reichsgerichts vornehmlich von *Spier*[451]. Dieser bekundet dem Reichsgericht eine gänzlich fehlerhafte Anwendung des Prioritätsgrundsatzes. Bei der Priorität handele es sich um eine Denkform, deren Anwendung stets zwei gleichmäßig qualifizierte Gegenstände voraussetzt[452]. Steht wie im Fall „rotgelbe Tankstelle" auf der einen Seite ein Schutzrecht und auf der anderen Seite, ein in Folge bloßer Vorbenutzung erlangter unqualifizierter Besitzstand, so handele es sich nicht um Gegenstände gleicher sondern verschiedener Stufen. Der Prioritätsgrundsatz könne folglich keine Anwendung finden. In der Folge konstatiert *Spier,* das Reichsgericht habe seine Entscheidung nicht auf den Prioritätsgrundsatz, sondern auf einem im Zeichenrecht ungeschriebenen Vorbenutzungsrecht aufgebaut[453]. Die Auffassung des Reichsgerichts sei somit abzulehnen, da nicht einzusehen ist aus welchem Grund der Vorbenutzer eines Ausstattungsrechts anders zu schützen sein sollte als der Vorbenutzer eines eingetragenen Warenzeichens[454].

### d) Fazit

Die Rechtsprechung des Reichsgerichts zur Vorbenutzung eines Ausstattungsrechts dokumentiert eindrucksvoll die Schwierigkeiten der Rechtswissenschaft im Umgang mit sachlichen Kennzeichenrechten. Obgleich bereits mit der „Sonnengold"-Entscheidung feststand, dass das Ausstattungsrecht eine eigenständige absolut wirkende Rechtsposition begründet, so verwei-

---

448 RG, Urt.v.28.10.1932, GRUR 1933,S.39f,-rotgelbe Tankstelle; RG, Urt.v. 29.11.1902, MuW 1926, S.175f,-Bärenstiefel; *Callmann*, § 16 Rn.29; *Rosenthal*, § 1 Noten 19b, 70.

449 RG, Urt.v.28.10.1932, GRUR 1933,S.39f,-rotgelbe Tankstelle, RG, Urt.v.6.11.1931, GRUR 1932, S.79f, 81,-essentia aurea; RG, Urt.v.01.12.1931, GRUR 1932, S.191f, 194,-Nährbier.

450 *Rosenthal*, § 1 Noten 19b, 70; § 16 Note 14 d; *Callmann, § 16 UWG a.F.*, Rn.29; RG, Urt.v.6.11.1931, GRUR 1932, S.79f, 81,-essentia aurea; RG, Urt.v.02.03.1937, MuW 1937, S.285f, 288,-Weißpunkt Tabakpfeife; RG, Urt.v.29.11.1902, MuW 1926, S.175f, 177,-Bärenstiefel.

451 *Spier*, GRUR 1933, S.371f.

452 *Spier*, GRUR 1933, S.371f, 373.

453 *Spier*, GRUR 1933, S.371f, 373.

gerte die Rechtsprechung letztlich dennoch die Gleichstellung mit eingetragenen Warenzeichen. In Widerspruch zur Rechtsprechung zur „quasi-negatorischen“ Unterlassungsklage stellt das Reichsgericht für den auf ein Ausstattungsrecht gestützten Unterlassungsanspruch nicht auf das Vorliegen der Tatbestandsmerkmale zum Zeitpunkt der letzten mündlichen Verhandlung, sondern auf denjenigen der Erstkollision ab[455]. Darin liegt zugleich eine materiellrechtliche Verweigerung der Zuerkennung absolut wirkender Ausschlussbefugnisse gegenüber demjenigen, welcher eine Kennzeichnung bereits vor dem Zeitpunkt der Verkehrsgeltung in Benutzung genommen hat. Auch wenn es das Gericht vermeidet, von der Anerkennung eines Vorbenutzungsrechts zu sprechen, so kann der Begründung doch letztlich nichts anderes entnommen werden. Nach der im oberen Teil gewonnenen Definition des Vorbenutzungsrechts, nach welcher der Vorbenutzer zur Weiterbernutzung legitimiert ist, ohne dass ihm ein eigenes Sonderschutzrecht zur Seite steht, ist eine abweichende Begründung nicht denkbar[456]. Insbesondere die Argumentation des Gerichts, nach der ein erlaubtes Verhalten nicht nachträglich als rechtwidrig bewertet werden könne, lässt dogmatisch keine andere Bewertung zu, als dass das Gericht ein Weiterbenutzungsrecht kraft Vorbenutzung einräumen wollte. Der Einwand von *Spier* trifft insoweit genau den Punkt. Das Abstellen auf den Prioritätsgrundsatz ist erkennbar neben der Sache. Denn mit dem Begriff der Priorität wurde auch nach der zum Zeitpunkt der Entscheidung gültigen Rechtslage ausschließlich der Zeitrang eines Rechts tituliert. Das Reichsgericht stellte bei seinen Erwägungen demgegenüber nicht darauf ab, wer Inhaber des Schutzrechts mit der älteren Priorität ist, sondern welche der Parteien die Benutzung der Ausstattung als erstes aufgenommen hat. Der Zeitpunkt des Beginns der Warenkennzeichnung durch ein nicht formell geschütztes Zeichen kann somit keine Priorität begründen, da das sachliche Kennzeichenrecht, wie das Gericht im Übrigen auch deutlich hervorhebt, erst ab dem Zeitpunkt der Verkehrsgeltung entsteht. Es darf somit festgehalten werden, dass das Reichsgericht Vorbenutzungsrechte bei der Kollision sachlicher Kennzeichenrechte mit vorbenutzten Kennzeichnungen anerkannte.

---

454 *Spier*, GRUR 1933, S.371f, 374.

455 RG, Urt.v.27.09.1927, MuW 1927/28, S.93f,-Waldbauer Milch; RG, Urt.v. 15.02.1927, RGZ 116, 151f,-Haushaltsverein Oberschlesien.

456 *Callmann*, *§ 16 UWG a.F.*, Rn.29. Verkehrsgeltung muss im Zeitpunkt der Benutzungsaufnahme des jüngeren Zeichens vorgelegen haben.

*2. Kollision eines eingetragenen Warenzeichens mit vorbenutzter Kennzeichnung*

a) Die Auffassung der Rechtsprechung

Die Vorbenutzung eines eingetragenen, d.h. formal geschützten Warenzeichens wurde von der h.M. hingegen gänzlich anders bewertet. Die bloße Vorbenutzung des eingetragenen Warenzeichens eines Dritten wurde kennzeichenrechtlich jedenfalls dann als unbeachtlich angesehen, sofern sich das vorbenutzte Kennzeichen nicht durch Erreichung des Verkehrsgeltungserfordernisses zur geschützten Ausstattung entwickelt hatte[457]. Hatte sich die verwendete Kennzeichnung hingegen im Verkehr als Herkunftshinweis durchgesetzt und zum Ausstattungsrecht entwickelt, so kam es auf den Zeitpunkt der Erlangung der Verkehrsgeltung an. Das Bestehen eines Ausstattungsrechts infolge Verkehrsgeltung bereits zum Zeitpunkt der Anmeldung des Warenzeichens, führte in Konformität mit der „Sonnengold"-Entscheidung nach *§ 15 WBG* sowie *§ 1 UnlWG, § 826 BGB* zur Löschung des Warenzeichens[458]. Auf das Vorliegen weiterer Unlauterkeitskriterien wurde nicht abgestellt. Allein der objektive Eingriff in den Schutzgehalt des Ausstattungsrechts führte indessen zur Auslösung der Unterlassungsansprüche[459]. Hatte das Ausstattungsrecht Verkehrsgeltung hingegen erst nach der Anmeldung des Warenzeichens erlangt, so wurde danach differenziert, ob das Kriterium bereits vor der Benutzungsaufnahme des eingetragenen Warenzeichens erreicht wurde oder erst nach diesem Zeitpunkt. Diese unterschiedliche Handhabung durch die Rechtsprechung bedarf einer gesonderten Erklärung. Das *WBG* sah keinen Benutzungszwang des Warenzeichens vor. D.h. von Gesetzes wegen waren an die Nichtbenutzung eines eingetragenen Warenzeichens keine negativen Konsequenzen geknüpft. Die bloße Eintragung von Warenzeichen zur Absicherung eines benutzten Warenstammes als sogenanntes „Defensivzeichen" wurde unter Einhaltung bestimmter Voraussetzungen durchaus als zulässig angesehen[460]. Allerdings erlebte das Markenrecht, eingeleitet mit der Entscheidung Sansibar, einen Paradigmenwechsel, der dazu führte markenrechtliche Ausschlussbefugnisse, durch die vom höherrangigen Lauterkeitsrecht vorgegebenen Grenzen einzurahmen[461]. So oblag den Gerichten die Überprüfung im Einzelfall, ob die Geltendmachung formalrechtlicher Ausschlussbefugnisse durch ein eigenes

457 *Spier*, GRUR 1933, S.371f, 374; a.A. *Reimer*, (1933), Kap.52, Rn.2.

458 RG, Urt.v.30.04.1928, RGZ 120, S.325f, 328,-Sonnengold.

459 *Hagens*, MuW 1927/28, S.561f, 562.

460 Vgl. etwa *Pinzger*, *§ 1 WZG*, Rn.10.

461 RG, Urt.v. 19.06.1925, RGZ 111, 192f, 197,-Goldina; RG, Urt.v.29.10.1926, RGZ 114, S.360f, 363,-Grammofox/Vox; *Wassermann*, GRUR 1929, S.413f, 414f.

schutzwürdiges Interesse gerechtfertigt ist oder ob es sich um einen Missbrauch der Rechtsposition handelt[462]. Hatte das Ausstattungsrecht im Zeitraum zwischen der Anmeldung und der Benutzungsaufnahme des eingetragenen Warenzeichens Verkehrsgeltung erlangt, so wurden Ansprüche aus dem eingetragenen Warenzeichen verneint, da der im Wege des Gebrauchs erlangte Besitzstand höher bewertet wurde als die nichtbenutzte Formalrechtsposition[463].

b) Urteil des Reichsgerichts vom 2.März 1937, „Weißpunkt Tabakpfeife“[464]

In einer weiteren Entscheidung, welche die Frage nach dem Bestehen eines Vorbenutzungsrechts im Warenzeichenrecht beantworten sollte, standen sich zwei Hersteller von Tabakpfeifen und sonstigen Rauchutensilien wie Zigarren- und Zigarettenspitzen gegenüber[465]. Die Beklagte wandte gegenüber einer Inanspruchnahme durch das am 02.10.1924 angemeldete und seit 1927 benutzte Warenzeichen der Klägerin ein, sie habe die Benutzung des weißen Punkts zur Kennzeichnung ihrer Waren bereits im Jahr 1912 (im Ausland) aufgenommen und vertreibe die Waren seit ca. 1921 in Deutschland. Folglich stünde ihr zumindest ein Vorbenutzungsrecht zu[466]. Fest stand nach der Überzeugung des Gerichts, dass die Beklagte aufgrund der eher geringen Umsätze in den Jahren 1921-1924 Verkehrsgeltung jedenfalls nicht zum Zeitpunkt der Anmeldung des Warenzeichens durch die Klägerin beanspruchen konnte[467]. Das Gericht verneinte die Annahme eines Vorbenutzungsrechts, da das vorbenutzte Kennzeichen weder zum Zeitpunkt der Anmeldung im Oktober 1924 noch dem der Benutzungsaufnahme des angemeldeten Zeichens im Jahr 1927 Verkehrsgeltung beanspruchen konnte[468]. Ob das Zeichen der Beklagten nach dem Zeitpunkt der Benutzungsaufnahme Verkehrsgeltung erlangt hätte, sei hingegen irrelevant, da das seitens der Klägerin redlich erlangte Warenzei-

---

462 RG, Urt.v. 14.12.1926, GRUR 1927, S.124f,-Batschari-Krone; RG, Urt.v.25.02.1927, GRUR 1927, S.309f,-Typobar.

463 RG, Urt.v. 14.12.1926, GRUR 1927, S.124f,-Batschari-Krone; RG, Urt.v.25.02.1927, GRUR 1927, S.309f,-Typobar; RG, Urt.v.02.03.1937, MuW 1937, S.285f,-Weißpunkt Tabakpfeife; *Richter*, MuW 1932, S.1f, 4; *Reimer*, in Markenrechtstagung, GRUR 1929, S.812f, 816.

464 RG, Urt.v.02.03.1937, MuW 1937, S.285f,-Weißpunkt Tabakpfeife.

465 RG, Urt.v.02.03.1937, MuW 1937, S.285f,-Weißpunkt Tabakpfeife.

466 RG, Urt.v.02.03.1937, MuW 1937, S.285f, 286,-Weißpunkt Tabakpfeife.

467 RG, Urt.v.02.03.1937, MuW 1937, S.285f, 287,-Weißpunkt Tabakpfeife.

468 RG, Urt.v.02.03.1937, MuW 1937, S.285f, 288,-Weißpunkt Tabakpfeife.

chen nicht durch eine später erlangte Verkehrsgeltung verloren gehen könne[469]. Das Gericht ließ somit durchblicken, dass es im Falle der Erlangung von zumindest örtlicher Verkehrsgeltung im Zeitraum von der Anmeldung des Zeichens bis zur tatsächlichen Benutzungsaufnahme anders entschieden hätte, da sich aus dem Grundsatz von Treu und Glauben ergebe, dass dem sachlichen Recht vor dem lediglich formalen Recht regelmäßig der Vorrang gebührt[470].

### c) Die Auffassung der Literatur

Die Differenzierung der Rechtsprechung, welche daran anknüpfte, ob die sachliche Kennzeichnung durch Erlangung des Verkehrsgeltungskriteriums zum Ausstattungsrecht erstarkt war, wurde auch von der Literatur nachvollzogen. Unterhalb der durch qualifizierte Benutzung erlangten Verkehrsgeltungsschwelle bestand weitgehend Einigkeit, dass ein wie auch immer gearteter Schutz des Vorbenutzers bei der Kollision mit einem eingetragenen Warenzeichen nicht in Betracht komme[471]. Eine andere Auffassung wurde allein von *Reimer* vertreten[472]. Nach seiner Meinung sollte das Vorbenutzungsrecht, ähnlich wie das Recht der Gleichnamigen, den Gerichten die Möglichkeit eröffnen, die kontrahierenden Interessenlagen zu berücksichtigen, was ihnen andernfalls versagt wäre[473]. Eine Weiterbenutzungsbefugnis kraft Vorbenutzung sei somit unter der Prämisse anzuerkennen, dass das redliche Interesse des Vorbenutzers dasjenige des Formalrechtsinhabers im Einzelfall überwiege. Allerdings sah auch *Reimer* den wichtigsten Fall der Vorbenutzung darin, dass der Vorbenutzer im Wege der Verwendung der Kennzeichnung zumindest örtlich beschränkte Verkehrsgeltung erlangt hatte[474]. Hatte die Kennzeichnung des Vorbenutzers hingegen letztlich Verkehrsgeltung erlangt und war zum Ausstattungsrecht geworden, so bestand in der Literatur prinzipiell Konsens, dass dieser qualifizierte Besitzstand gegen Entziehung gesichert werden müsse[475]. Geteilter Ansicht war die Literatur hingegen in Bezug auf den Zeitpunkt des Verkehrsgeltungserfordernisses sowie in der inhaltlichen Begründung. Bemerkenswert ist in diesem Zusammen-

---

469 RG, Urt.v.02.03.1937, MuW 1937, S.285f, 288,-Weißpunkt Tabakpfeife.

470 RG, Urt.v.02.03.1937, MuW 1937, S.285f, 287,-Weißpunkt Tabakpfeife.

471 *Spier*, GRUR 1933 S.371f, 372; *Richter*, MuW 1932, S.1f, 2f; *Hagens*, MuW 1927/28, S.561f, 562; *Callmann*, § 1 Rn.37; § 16 Rn.28.

472 *Reimer*, 1. Auflage (1933), Kap.52, Rn.2f.; Vgl. *Rosenthal*, § 1 Note 70.

473 *Reimer*, 2. Auflage (1947) S.163, Rn.2.

474 *Reimer*, 1. Auflage (1933), Kap.52, Rn.2.

hang, dass sich die Literaturauffassungen einer Systematisierung der Argumentation verweigern. So werden kennzeichenrechtliche-, lauterkeitsrechtliche und Billigkeitserwägungen im Regelfall miteinander vermengt[476]. *Rosenthal* etwa ist der Auffassung, dass Koexistenzlagen zwischen Ausstattungsrecht und eingetragenen Warenzeichen möglich sind. Allerdings besteht nach seiner Meinung das Erfordernis der Erlangung des Verkehrsgeltungskriteriums bereits vor der Anmeldung des Warenzeichens. Die Begründung ist allerdings etwas kryptisch. Danach könne der Ausstattungsrechtsinhaber, dessen Recht eine ältere Priorität genießt als diejenige des Warenzeicheninhabers, dann nicht die Löschung verlangen, wenn der Zeichenanmelder zum Zeitpunkt, zu dem die Kollisionslage zu Tage trete, die Anerkennung seines Zeichens im Verkehr erreicht habe[477]. In dieser Konstellation sei es jedoch auch im Regelfall dem Inhaber des formalen Zeichenrechts verwehrt, dem Vorbenutzer die Weiterverwendung seines Zeichens zu verbieten. Auf diese Art und Weise entstehe ein Nebeneinander zweier Kennzeichenrechte. Die Auffassung von *Richter* steht demgegenüber auf einer Linie mit der Argumentation des Reichsgerichts in der Entscheidung „Weißpunkt Tabakpfeife". Hat der Vorbenutzer die Verkehrsgeltung seiner Ausstattung im Zeitraum zwischen Anmeldung und Aufnahme des Gebrauchs des eingetragenen Warenzeichens erlangt, so könne der Inhaber des Formalrechts seine Ausschlussbefugnisse nicht gegenüber dem Vorbenutzer geltend machen, da dessen sachlicher Besitzstand höher zu bewerten sei als das bloße Formalrecht[478].

d) Fazit

Die obige Darstellung zeigt, dass es die Rechtswissenschaft auch bei der Kollision eingetragener Warenzeichen mit vorbenutzten Kennzeichnungen vermied, den im Wege qualifizierter Benutzung erlangten Besitzstand im Falle der Erlangung von Verkehrsgeltung zu entziehen. Die Rechtsprechung gelangte zu diesem Ergebnis, obgleich dem Ausstattungsrecht des Vorbenutzers, welches erst nach dem Anmeldetag des Warenzeichens entstand, eine jüngere Priorität zukam als dem eingetragenen Warenzeichen. Obwohl der Vorbenutzer unter Anwendung des Prioritätsprinzips den zeichenrechtlichen Ausschlussbefugnissen des eingetragenen Warenzeicheninhabers folglich hätte weichen müssen, lehnt die Rechtsprechung Ansprüche aus

---

475 *Callmann*, § 1 Rn.37; § 16 Rn.28.

476 *Rosenthal*, § 1 Note 70.

477 *Rosenthal*, § 1 Note 70.

dem nichtbenutzten Formalrecht wegen überwiegenden Interessen des Vorbenutzers ab. Die Argumentation bricht somit gleichfalls wie in der Entscheidung „rotgelbe Tankstelle" mit dem Prioritätsgrundsatz und gelangt zur Entscheidungsfindung über eine Interessenabwägung zwischen dem vorbenutzten Zeichen und dem eingetragenen, aber nicht benutzten Warenzeichen. Da dem Vorbenutzer unter Anwendung des Prioritätsgrundsatzes, obgleich eines eigenen Ausstattungsrechts, somit keine rechtliche Legitimation gegenüber dem Inhaber des Warenzeichens zur Seite stand, lässt sich auch in dieser Konstellation festhalten, dass die Rechtsprechung kennzeichenrechtliche Vorbenutzungsrechte anerkannte.

## I. Vorbenutzungsrechte im Entwurf eines neuen Warenzeichengesetzes vom 25. April 1929

Im Entwurf von 1928/29, der gleichfalls wie der Entwurf von 1913 nicht Gesetz wurde, ist die Vorbenutzungsthematik vom Gesetzgeber letztmalig aufgegriffen worden[479]. Dort heißt es: *„Für die Schaffung eines Vorbenutzungsrechts ist ein Bedürfnis nicht mehr anzuerkennen. Dem Wunsche nach angemessener Berücksichtigung nichteingetragener Zeichen und nach einem Ausgleich der Härten, die sich aus dem Grundsatz der rechtsbegründenden Eintragung ergeben, kann unter dem Gesichtspunkt der Bekämpfung des unlauteren Wettbewerbs in ausreichendem Maße Rechnung getragen werden; Das hat die Entwicklung der Rechtsprechung gezeigt[480]. Auch der Ausstattungsschutz und der nach dem Ergebnis der Haager Konferenz einzuführende Schutz notorisch bekannter Marken wirkt in dieser Richtung, ohne dass der Anreiz zur Eintragung der Zeichen dadurch in unerwünschter Weise gemindert würde[481]."* Eine positivrechtliche Normierung blieb dem Vorbenutzungsrecht somit endgültig verwehrt.

---

478 *Richter*, MuW, 1932, S.1f, 4.

479 Im Unterschied zum Entwurf von 1913 gelangte der Entwurf eines Gesetzes zur Abänderung der Gesetze über gewerblichen Rechtsschutz vom 25. April 1929 in den Reichstag. RT. Sten.Ber.,4 1928, S.2761. Entwurf und Begründung werden dem RT am 26.April 1932 erneut vorgelegt, Reichstagsdrucksache 5/1446.

480 So auch *Pinzger*, (1926), *§ 1 WBG*, Anm.5, *§ 24 WBG*, Anm.8. Danach ist die Frage des Vorbenutzungsrechts mit der Objektivierung des sachlichen Zeichens durch die Rechtsprechung des Reichsgerichts in Sachen RG, Urt. v. 30.04.1928, RGZ 120, S.325f,-Sonnengold gegenstandslos geworden.

481 RT-Drucks. 4/987 vom 25.4.1929, zu Artikel III S.21.

## J. Die Positivierung eines absolut geschützten sachlichen Kennzeichenrechts in *§ 25* Warenzeichengesetz von 1936

Mit dem Warenzeichengesetz vom 5. Mai 1936 wurde den neueren Auffassungen der Rechtsprechung zur Rechtsnatur des Ausstattungsschutzes vom Gesetzgeber Rechnung getragen[482]. Abweichend vom bisherigen, wettbewerbsrechtlich geprägten *§ 15 WBG wurde* der Ausstattungsschutz in *§ 25 WZG* als eigenständiges absolutes Rechtsgut normiert[483]. Diese Neuorientierung brachte es mit sich, dass für den Verletzungstatbestand auf das subjektive Nachahmungserfordernis zu Täuschungszwecken verzichtet wurde, so dass bereits der objektiv widerrechtliche Eingriff in den Schutzgehalt der Ausstattung zur Auslösung von Unterlassungsansprüchen führt[484]. Streitfälle zwischen eingetragenem Warenzeichen und Ausstattung sind nunmehr allein nach dem Prioritätsgrundsatz zu beantworten[485].

## K. Rechtsprechung zur Vorbenutzungsthematik zur Rechtslage nach dem Warenzeichengesetz 1936 bis zum Inkrafttreten des Markengesetzes 1994[486]

Die Entwicklung der Rechtsprechung soll dabei unter den folgenden Schlagworten präsentiert werden: (I.) Vorbenutzungsrecht bei Kollision eines sachlichen Zeichenrechts mit vorbenutz-

---

482 Insbesondere Entscheidungen RG, Urt.v.02.03.1928, MuW 1927/28, S.335f,-Kathreiner Malzkaffee; RG, Urt.v.30.04.1928, RGZ 120, S.328f-Sonnengold; RG, Urt.v.27.09.1927, MuW 1927/28, S.93f, 94,-Waldbauer Milch.

483 BlPMZ. 1936, S.121f.

484 BlPMZ. 1936, S.121f, 122.

485 *Trüstedt*, in Reimer, 4. Auflage (1966), Kap. 26, Rn.10.

486 Mit der Schaffung eines absolut wirkenden sachlichen Kennzeichenrechts in *§ 25 WZG* welches unter der Prämisse der Verkehrsgeltung zur Entstehung gelangt, entfiel an sich die Notwendigkeit die Bezeichnung des Vorbenutzungsrechts für Konstellationen zu gebrauchen in denen ein sachliches Zeichenrecht, welches den Grad der Verkehrsgeltung erlangt hatte, mit eingetragenen Warenzeichen kollidierte. Jedoch führte auch die Positivierung des Ausstattungsschutzes nicht zu einer einheitlichen Verwendung des Vorbenutzungsbegriffs. So lassen sich nach wie vor Urteile und Meinungen auffinden, welche in Konstellationen vom Bestehen eines Vorbenutzungsrechts sprechen, in denen das sachliche Zeichenrecht bereits Verkehrsgeltung erlangt hatte und darüber hinaus zur Beseitigung des eingetragenen Warenzeichens eingesetzt wurde. LG München, Urt.v.23.02.1951, GRUR 1952-S.250,-Kamillol; siehe Darstellung bei *Spengler*, GRUR 1953, S.160f, 161f. Vgl. auch *Schramm*, S.75, 80f, 91ff, 93, 96, der insoweit zutreffend hervorhebt, dass die uneinheitliche Verwendung des Vorbenutzungsbegriffs die Diskussion zum Vorbenutzungsrecht erschwert hat.

ter Kennzeichnung unter dem *WZG* sowie (II.) Vorbenutzungsrechte als Schrankenregelung bei Kollision eines eingetragenen Warenzeichens mit vorbenutzter Kennzeichnung.

## I. Vorbenutzungsrechte bei Kollision sachlicher Zeichenrechte mit vorbenutzter Kennzeichnung unter dem *WZG*

### *1. Die Auffassung der Rechtsprechung*

Entscheidung des Reichsgerichts vom 4. Oktober 1939, „grüngoldene Flasche"[487]

Dieser Entscheidung liegt die interessante Konstellation zu Grunde, dass beide Streitparteien seit mehreren Jahren eine bestimmte Ausstattung zur Gestaltung ihrer Lavendelwasserflaschen verwendeten. Während die Klägerin aufgrund intensiver Bewerbung bald Verkehrsgeltung für ihre Ausstattung erreichte, erlangte die Beklagte einen derartigen Bekanntheitsgrad nicht. Die Beklagte, welche der Klägerin keine unlauteren Motive nachweisen konnte, berief sich darauf, sie habe die Benutzung der Ausstattung bereits früher aufgenommen als die Klägerin. Das Reichsgericht hatte somit wiederholt zu der Frage Stellung zu nehmen, ob ein Vorbenutzungsrecht bei miteinander kollidierenden Ausstattungen statthaft sein kann[488]. Das Gericht erteilte der Beklagten eine klare Absage. Das Nebeneinanderbestehen von Kennzeichen sei insbesondere beim Ausstattungsschutz, bei dem das Verkehrsgeltungserfordernisses gelte, auf keinen Fall hinzunehmen. Anders als bei eingetragenen Warenzeichen, bei denen der Zustand eines Nebeneinanderbestehens einfach dadurch möglich ist, dass der prioritätsältere Warenzeicheninhaber keinen Widerspruch erhebt, sei eine Duldung bei sachlichen Kennzeichenrechten nicht denkbar. Denn aufgrund des Erfordernisses der Verkehrsgeltung sei der Inhaber des sachlichen Kennzeichens stets gezwungen von dem anderen Nutzer die Unterlassung zu fordern, wenn er die Funktion seines Kennzeichens als Hinweis auf seinen Betrieb aufrechterhalten will[489]. Das Gericht änderte somit seine bisherige Rechtsprechung und lehnte künftig Vorbenutzungsrechte über die Einschränkung des Grundsatzes der Priorität ab.

487 RG, Urt.v.04.10.1939, RGZ 162, S.347f,-grüngoldene Flasche.

488 RG, Urt.v.28.10.1932, GRUR 1933, S.39f, 40,-rotgelbe Tankstelle, RG, Urt.v.06.11.1931, GRUR 1932, S.79f, 81,-essentia aurea.

489 RG, Urt.v.04.10.1939, RGZ 162, S.347f, 348,-grüngoldene Flasche.

*2. Die Auffassung der Literatur*

Obgleich das Reichsgericht der Annahme von Vorbenutzungsrechten durch eine Einschränkung des Prioritätsgrundsatzes in der Entscheidung „grüngoldene Flasche" an sich den Riegel vorgeschoben hatte, hielten Teile der Literatur nach wie vor eine differenzierende Betrachtung der Thematik für möglich[490]. So argumentiert *Möhring* damit, dass die tragenden Bedenken gegen eine unzulässige Aushöhlung des Schutzes eingetragener Warenzeichens bei der Kollision nicht formalgeschützter Ausstattungen gerade nicht bestünden[491]. Eine etwas breitere Zustimmung fand die Idee einer Weiterbenutzungsbefugnis einer vorbenutzten Kennzeichnung dann, wenn die Kennzeichnung aufgrund von Verkehrsgeltung später selbst Ausstattungsschutz erlangt hatte[492]. Eine Begründung für diese differenzierende Betrachtung lässt sich den Auffassungen hingegen nicht entnehmen. Es darf jedoch davon ausgegangen werden, dass der Schutz der vorbenutzten und letztlich zur Ausstattung gesteigerten Kennzeichnung insbesondere gerade deshalb für zulässig erachtet wurde, da nach dem allgemeinen Verständnis ein schützenswerter Besitzstand, mithin eine schutzfähige Rechtsposition erst mit dem Kriterium der Verkehrsgeltung entstand.

*3. Fazit*

Die Normierung des Ausstattungsrechts als absolut wirkendes Schutzrecht in *§ 25 WZG* führte gleichfalls zu einer Neubewertung der Kollision sachlicher Zeichenrechte. Auch wenn sich in der Literatur noch teilweise Anklänge an die ältere Reichsgerichtsrechtsprechung finden lassen, in welcher eine differenzierte Bewertung der Kollision zweier Ausstattungen sowie des Streits zwischen Ausstattung und Warenzeichen für möglich erachtet wurde, lehnt die neuere Rechtsprechung des Reichsgerichts derartige Unterscheidungen ab. Die Anerkennung des Ausstattungsrechts als Schutzrecht führt zwingend zur Anwendung des Prioritätsgrundsatzes sowie der mit Kennzeichenrechten verbundenen Sperrwirkung. Nach der Entscheidung „grüngoldene Flasche" finden sich keine Entscheidungen mehr, welche dem Vorbenutzer eines sachlichen Zeichens ein Weiterbenutzungsrecht zuerkennen.

490 Vgl. *Möhring*, Markenartikel Heft 3/1950, S.139f, 142.

491 *Möhring*, Markenartikel Heft 3/1950, S.139f, 142.

492 *Reimer*, 2. Auflage (1947) S.163, Rn.2, *Baumbach/Hefermehl*, *§ 25 WZG*, Rn.69.

## II. Vorbenutzungsrechte bei Kollision eingetragener Warenzeichen mit vorbenutzter Kennzeichnung unter dem *WZG*

### *1. Die Auffassung der Rechtsprechung*

#### a) Entscheidungen der Instanzgerichte

#### aa) Urteil des Landgerichts München I vom 23. Februar 1951, „Kamillol“[493]

Die aufsehenerregende „Kamillol“ Entscheidung des Münchner Landgerichts ist das einzige (veröffentlichte) Urteil in welchem ein Gericht das Bestehen eines warenzeichenrechtlichen Vorbenutzungsrechts in sinngemäßer Heranziehung des *§ 7 PatG a.F.* anerkannte. Die Klägerin, deren Wortzeichen „Kamillol“ Priorität zum November 1926 genoss, klagte daraus gegen die Verwendung der Bezeichnung „Kamillol Dr. Banholzer“ auf welches die Klägerin durch ein Werbeinserat der Beklagten im Jahr 1949 aufmerksam wurde. Die Beklagte, die sich beim Patentamt zunächst erfolglos um die Eintragung ihres Zeichens bemüht hatte, berief sich darauf, dass sie das Zeichen bereits seit 1907 benutze. Neben der Tatsache der Vorbenutzung war zwischen den Parteien unstreitig, dass die Beklagte, aufgrund der lediglich minimalen Werbung für ihre Bezeichnung keine Verkehrsgeltung erlangt hatte. Das Gericht wies die Klage ab. Unter Berufung auf die Auffassung *Reimers* und die prinzipielle Anerkennung eines Vorbenutzungsrechts bei Ausstattungen durch das Reichsgericht in der Entscheidung „rotgelbe Tankstelle“, erkannte das Gericht aufgrund des redlich erworbenen, wenn auch bescheidenen Besitzstandes auf ein Vorbenutzungsrecht der Beklagten[494]. Zur Begründung griff das Gericht auf die sinngemäße Anwendung des *§ 7 PatG a.F.* zurück. Schließlich ließen sich keine zwingenden Gründe verzeichnen, welche gegen eine Verallgemeinerung des dem *§ 7 PatG a.F.* zu Grunde liegenden Gedankens sprechen. Der Sinn der Vorschrift, den redlich erworbenen Besitzstand vor einer Beeinträchtigung durch ein später erworbenes Ausschlussrecht eines Dritten zu schützen, sei vielmehr verallgemeinerungsfähig und auf das Warenzeichenrecht übertragbar, da es sich letztlich um eine Ausdrucksform des Grundsatzes von Treu und Glauben handele. Deshalb sei es auch im Warenzeichenrecht nicht einzusehen, weshalb ein Dritter einem redlichen Zeichenbenutzer dessen auch nur bescheidenen Besitzstand entschädigungslos wegnehmen können solle. Dieser Umstand rühre häufig ohnehin daher, dass

493 LG München, Urt.v.23.02.1951, GRUR 1952, S.250,-Kamillol.

494 Das Gericht setzte sich jedoch nicht mit der Entscheidung „grüngoldene Flasche“ auseinander, in dem das RG ein Vorbenutzungsrecht bei kollidierenden Ausstattungen eindeutig verneint.

dem Vorbenutzer nicht genügende finanzielle Mittel zur Verfügung stünden, um seinem Kennzeichen Verkehrsgeltung zu verschaffen. Der Grundsatz der Billigkeit geböte es allerdings, dem Vorbenutzer auch das zu belassen, was er vor dem Erwerb des Ausschlussrechts bereits erlangt hat.

bb) Urteil des OLG München vom 12. Juli 1951, „Kamillol“[495]

Das OLG München als Berufungsinstanz in der Sache „Kamillol“ wies die Auffassung des Landgerichts entschieden zurück und gab der Klage statt. Unter Verweis auf die Entscheidungen des Reichsgerichts „Weißpunkt Tabakpfeife“ und „Manon“ erklärte das Gericht, dass dem Warenzeichenrecht mit Ausnahme der Sondervorschriften des deutsch-französischen Handelsvertrags ein dem Patentrecht vergleichbares Vorbenutzungsrecht fremd sei[496]. Zudem sei das von *Reimer* erwogene Vorbenutzungsrecht aus dem Gesichtspunkt der Interessenabwägung gleichfalls unstatthaft, da es für die Beurteilung künftiger Warenzeichenstreitigkeiten keine verlässliche Grundlage böte und somit in erheblichem Maße Rechtsunsicherheit ins Warenzeichenrecht getragen würde.

cc) Urteil des OLG Düsseldorf vom 12. Juni 1953, „Damas/Dimas“[497]

Die Klägerin, bei der es sich um einen Schweizer Uhrenfabrikanten handelte klagte aus ihrem eingetragenen Wortzeichen „Damas“, welches am 30.12.1944 eingetragen wurde, gegen die Beklagte Fa. D.&M, die Verwendung des Zeichens „Dimas“ zu unterlassen. Die Beklagte, deren Bezeichnung mit Priorität zum 1. Oktober 1948 gleichfalls als eingetragenes Warenzeichen geschützt war, berief sich mitunter darauf, dass das Zeichen „Dimas“ bereits seit Firmengründung am 2. Mai 1938 zur Kennzeichnung der vertriebenen Uhren diene. Im Rahmen der Diskussion wurde die Frage aufgeworfen, wie der Umstand der Vorbenutzung des Zeichens „Dimas“ als Ausstattung in den Jahren bis zur Warenzeichenanmeldung zu bewerten ist. Das Gericht gab der Klage statt und wies die Einwände der Beklagten zurück, welche sich unter anderem auf ein Vorbenutzungsrecht stützte. Zur Begründung wurden drei Argumente

495 OLG München, Urt.v.12.07.1951, GRUR 1952, S.251,-Kamillol.

496 OLG München, Urt.v.12.07.1951, GRUR 1952, S.251,-Kamillol.

ins Feld geführt: Eine Analogie des patentrechtlichen Vorbenutzungsrechts sei bereits deshalb nicht zu rechtfertigen, da die erfinderische Leistung wesentlich höher zu bewerten sei als diejenige, ein Zeichen nur in Gebrauch zu nehmen. Ferner konstatierte das Gericht, dass der historische Gesetzgeber des Warenzeichengesetzes die Schwelle für den Schutz eines sachlichen Kennzeichens bewusst mit dem Erfordernis der Verkehrsgeltung definiert habe. Zuletzt greift das Gericht auf das „Nachlässigkeits-“ Argument zurück und konstatiert, dass derjenige der darauf verzichte, das Zeichen zu einer erschwinglichen Gebühr eintragen zu lassen, auch die Risiken seines Verhaltens tragen müsse[498].

b) Rechtsprechung des Bundesgerichtshofs

Urteil des Bundesgerichtshofs vom 24. Februar 1961, „Dolex“ [499]

Dieser Entscheidung liegt eine Kennzeichenstreitigkeit zweier Hersteller chemisch-pharmazeutischer Produkte zu Grunde. Die Klägerin ist Inhaberin diverser Warenzeichen, wozu auch das Zeichen „CHOLEX“ zählte, welches am 05.11.1952 angemeldet und am 30.12. 1954 in die Warenzeichenrolle eingetragen wurde. Die Beklagte verwendet für ihre Produkte die Bezeichnung „DOLEX“, die nicht eingetragen ist, jedoch spätestens ab 1934 in den gebräuchlichen pharmazeutischen Nachschlagewerken Erwähnung findet. Die Beklagte machte gegenüber der 1956 erhobenen Unterlassungsklage unter anderem geltend, dass ihr ein Weiterbenutzungsrecht zustünde, da sie jedenfalls vor der Anmeldung des klägerischen Zeichens einen schutzwürdigen Besitzstand erlangt habe[500]. Die Entscheidung setzt sich, unter Einbeziehung der bisherigen Rechtsprechung und der einschlägigen Literatur, dezidiert mit der Frage auseinander, ob unterhalb der Schwelle zumindest lokaler Verkehrsgeltung ein kennzeichenrechtliches Weiterbenutzungsrecht aus Billigkeitsgründen Akzeptanz finden kann. In diesem Zusammenhang prüft das Gericht zwei Ansätze: zum einen eine Analogie

---

497 OLG Düsseldorf, Urt.v.12.6.1953, GRUR 1953, S.527f,-Damas/Dimas.

498 OLG Düsseldorf, Urt.v.12.6.1953, GRUR 1953, S.527f, 529,-Damas/Dimas.

499 BGH, Urt.v.24.02.1961 GRUR 1961, S.413f,-Dolex: Amtlicher Leitsatz: „*Ein durch Benutzung im Verkehr erlangter bloßer Besitzstand an einer Warenkennzeichnung gibt dem Benutzer für sich allein kein Recht zur Weiterbenutzung gegenüber einem jüngeren eingetragenen Warenzeichen. Ein Vorbenutzungsrecht ist dem Warenzeichenrecht fremd.*“ Noch offen gelassen in BGH Urt.v.31.01.1958, GRUR 1958, S.544f-Colonia.

500 BGH, Urt.v.24.02.1961, GRUR 1961, S.413f, 416,-Dolex.

zum patentrechtlichen Vorbenutzungsrecht in *§ 7 PatG a.F.* zum anderen eine Anwendung von *§ 242 BGB*. Der BGH lehnte es ab, das patentrechtliche Vorbenutzungsrecht auf das Warenzeichengesetz zu übertragen. Der Gesetzgeber habe in Kenntnis der Vorbenutzungsproblematik, explizit davon abgesehen den sachlichen Besitzstand unterhalb der Schwelle der Verkehrsgeltung zu schützen[501]. Nur der Besitzstand, welcher die Schwelle der Verkehrsgeltung nach *§ 25 WZG* erreiche, verdiene unter dem Warenzeichengesetz geschützt zu werden[502]. Die Anwendung des *§ 242 BGB* wurde letztlich mit zwei Erwägungen verworfen. Zum einen sei der Schutz eines sachlichen Besitzstandes über die Grenzen des wettbewerbsrechtlichen Leistungsschutzes hinaus mit den Wertungen des Warenzeichengesetzes nicht zu vereinbaren. Zum anderen würde es zu erheblichen Rechtsunsicherheiten führen, würde jeder Konflikt allein über eine Interessenabwägung gelöst werden[503]. Diese Entscheidung ist die einzige höchstgerichtliche Entscheidung, in der sich der BGH argumentativ mit der Vorbenutzungsthematik detailliert auseinandersetzt. Es fällt auf, dass der BGH bei der Übertragung des patentrechtlichen Vorbenutzungsrechts nicht beleuchtet, ob eine Analogie in Ermangelung einer vergleichbaren Interessenlage abzulehnen ist, sondern sich allein darauf stützt, dass es der Gesetzgeber des Warenzeichengesetzes unterlassen habe, diesbezüglich eine positivgesetzliche Regelung zu treffen. Ferner ist zu bemerken, dass der BGH die Anwendung des *§ 242 BGB* nicht mit Erwägungen des Warenzeichengesetzes, sondern deshalb zurückweist, da diese Rechtsfolge über die vom Lauterkeitsrecht gesetzten Grenzen hinausgehen würde. Diese Aussage belegt, dass die Rechtsprechung zu diesem Zeitpunkt nach wie vor vehement am Gedanken eines übergeordneten Wettbewerbsrechts orientiert war[504].

### *2. Die Auffassung der Literatur*

Diese ablehnende Haltung wurde von der Literatur weitestgehend, jedoch mit unterschiedlichsten Begründungen geteilt[505]. Nach Auffassung von *Schramm* sprechen zwei entscheiden-

501 BGH, Urt.v.24.02.1961, GRUR 1961, S.413f, 416,-Dolex.

502 BGH, GRUR 1961, S413f, 416,-Dolex; BGH, Urt.v.08.07.1964, GRUR 1967, S.490f, 491,-Pudelzeichen.

503 BGH, GRUR 1961, S413f, 416,-Dolex.

504 BGH, Urt.v.08.07.1964, GRUR 1967, S.490f, 491,-Pudelzeichen.

505 *Schramm*, S.37f, 61, 92f, 96; *Baumbach/Hefermehl*, *§ 24 WZG*, Rn.21. Ähnlich *Trüstedt*, in Reimer, 4. Auflage (1966), Kap.26, Rn.20. Nach seinem Dafürhalten kann die Chance auf Weiterentwicklung bei

de Gründe gegen die Akzeptanz von Vorbenutzungsrechten im Markenrecht:[506] Nach seiner Meinung kann der Grund für die Einführung eines Vorbenutzungsrechts bei den technischen Schutzrechten, der seiner Auffassung nach darin besteht, die unbilligen Folgen der Sperrwirkung zu vermeiden, im Warenzeichenrecht nicht greifen, da dieses – ungleich den technischen Rechten – nicht mit Sperrwirkung versehen sei[507]. Diesen Befund leitet *Schramm* mitunter aus den Regelungen über das Verfahren der Warenzeicheneintragung ab, da das Patentamt seine Prüfung nach *§ 4 WZG* auf das Bestehen absoluter Hinderungsgründe beschränkt und nicht von Amts wegen auf relative Schutzhindernisse prüft[508]. In diesem Zusammenhang stellt *Schramm* zudem darauf ab, dass sich der dem Vorbenutzungsrecht zu Grunde liegende Gedanke des Investitionsschutzes im Warenzeichenzeichenrecht nicht verwirklichen lasse[509]. Das Vorbenutzungsrecht schütze Investitionen, wie Entwicklungskosten, Anlagegüter etc. welche durch eine nicht-offenkundige Vorbenutzung bereits entstanden sind und gegenüber dem mit Sperrwirkung versehenen Patent geschützt werden sollen[510]. Bei Warenzeichen sei ein nicht-offenkundiger Besitz demgegenüber bereits denklogisch ausgeschlossen. Insofern könne der Gedanke des Investitionsschutzes allenfalls bei einer offenkundigen Benutzung eingreifen. Jedoch seien bei einer zwar offenkundigen, aber lediglich gewöhnlichen Benutzung eines Kennzeichens, welche nicht zur Verkehrsgeltung geführt hat, im Allgemeinen noch keine Investitionen zu verzeichnen, so dass der Rechtsgedanke des Vorbenutzungsrechts leer laufe[511]. Nach Auffassung *Trüstedts* kann es gleichfalls kein Recht zur Weiterbenutzung kraft Vorbenutzung geben. Er begründet seine ablehnende Haltung mit dem Schutzzweck des

---

kollidierenden Kennzeichnungen nur einem Kennzeichen zugebilligt werden und zwar demjenigen, welchem die bessere Berechtigung d.h. Priorität zukommt. Differenzierend: *Spengler*, GRUR 1953, S.160f.

506 Gleichfalls ablehnend *Busse*, *§ 15 WZG*, Anm.2. Er greift das bereits vom historischen Gesetzgeber des Warenbezeichnungsgesetzes vorgebrachte Nachlässigkeits-Argument wieder auf, wonach es sich der Vorbenutzer selbst zuzuschreiben hätte, wenn er es unterlässt, ein wertvolles Zeichen zur Anmeldung zu bringen. Ähnlich *Moser v.Filseck*, GRUR 1961, S.417f, welcher das Nachlässigkeitsargument noch durch die praktische Erwägung ergänzt, dass die Überprüfung des Marktes auf das Bestehen kollidierender Kennzeichen aufgrund der stets zunehmenden Zahl angebotener Waren bereits jetzt unüberschaubar ist. Diese Unübersichtlichkeit dürfe nicht noch zusätzlich durch die Zulassung von Vorbenutzungsrechten gefördert werden.

507 *Schramm*, S.37f, 92f.

508 *Schramm*, S.39. Vielmehr sei dem Inhaber des prioritätsälteren Warenzeichens lediglich ein Widerspruchsrecht an die Hand gegeben, was einer objektiven Sperrwirkung nicht gleichzusetzen sei.

509 *Schramm*, S.92

510 *Schramm*, S.92.

511 *Schramm*, S.92.

Kennzeichenrechts, dem Kennzeichen eine Entwicklungsgarantie zuzubilligen[512]. So könne die Chance auf Weiterentwicklung bei kollidierenden Kennzeichnungen nur einem Kennzeichen zugebilligt werden, und zwar demjenigen, welchem die bessere Berechtigung d.h. Priorität zukommt[513]. *Busse* greift das bereits vom historischen Gesetzgeber des Warenbezeichnungsgesetzes vorgebrachte Nachlässigkeits-Argument wieder auf, wonach es sich der Vorbenutzer selbst zuzuschreiben hätte, wenn er es unterlässt ein wertvolles Zeichen zur Anmeldung zu bringen[514]. Unterstützt wird er in dieser Sichtweise von *Moser v.Filseck*, welcher das Nachlässigkeitsargument durch die praktische Erwägung ergänzt, dass die Überprüfung des Marktes auf das Bestehen kollidierender Kennzeichen aufgrund der stets zunehmenden Zahl angebotener Waren bereits jetzt unüberschaubar sei, was nicht noch zusätzlich durch die Zulassung von Vorbenutzungsrechten gefördert werden dürfe[515]. Eine differenzierende Meinung wird von *Baumbach/Hefermehl* vertreten. Vorbenutzungsrechte unterhalb der Schwelle erlangter Verkehrsgeltung seien abzulehnen[516]. Streitigkeiten zwischen gewerblichen Kennzeichenrechten seien allein nach Maßgabe des zeitlichen Vorrangs zu entscheiden[517]. Diese Aussage wird allerdings dahingehend relativiert, dass der Vorbenutzungseinwand nach Auffassung *Baumbach/Hefermehls* dann von Erfolg beschieden sein könne, wenn der Vorbenutzer einer kollidierenden Ausstattung letztlich (d.h. nach der Kollision) selbst Verkehrsgeltung für sein Zeichen erlangt hat[518]. *Spengler* vertritt ebenfalls eine differenzierende Meinung. Respektive einer positivrechtlichen Normierung im Patentrecht und der nach seiner Auffassung bewusst gegenteiligen Entscheidung des Gesetzgebers des Warenzeichengesetzes, lehnt er eine Übertragung des Rechtsgedankens aus *§ 7 PatG a.F.* dem Grunde nach ab[519]. Während das patentrechtliche Vorbenutzungsrecht lediglich das Monopolrecht des Patentrechtsinhabers

512 Dieser Terminus darf nicht mit dem Begriff der Entwicklungsbegünstigung verwechselt werden.

513 *Trüstedt*, in Reimer, 4. Auflage (1966), Kap.26, Rn.20.

514 *Busse*, *§ 15 WZG*, Anm.2.

515 *Moser v.Filseck*, GRUR 1961, S.417f.

516 *Baumbach/Hefermehl*, *§ 24 WZG*, Rn.21; ähnlich *Trüstedt*, in Reimer, 4. Auflage (1966), Kap.26, Rn.20.

517 *Baumbach/Hefermehl*, *§ 25 WZG*, Rn.69. Danach kann sich auf die ältere Priorität jedoch ausschließlich der Inhaber von Rechten berufen und gerade nicht derjenige, welcher noch kein Recht erlangt hat Aus diesem Grund sei auch der früher von der Rechtsprechung in der Entscheidung „rotgelbe Tankstelle" vertretene Ansatz unrichtig, in welcher das Reichsgericht darauf abgestellt hat, ob das Zeichen des Anspruchstellers bereits im Zeitpunkt der Benutzungsaufnahme durch den Verletzer zur Verkehrsgeltung erstarkt war.

518 *Baumbach/Hefermehl*, *§ 25 WZG*, Rn.69.

519 *Spengler*, GRUR 1953, S.160f.

beschränke, könnte die Etablierung eines Vorbenutzungsrechts im Warenzeichenrecht leicht zur Irreführung des Verkehrs führen[520]. Unter Berufung auf die jüngere Rechtsprechung sei es allerdings unter der Prämisse, dass sich die Anerkennung des Instituts des werthaltigen Besitzstandes letztlich in der Rechtswissenschaft durchsetzen sollte, nur konsequent, auch dem „prioritätsälteren" Besitzstand ein objektiv wirkendes Vorbenutzungsrecht zuzubilligen[521]. Belegt wird diese Schlussfolgerung mit der jüngsten Entwicklung der Rechtsprechung zur Verwirkungslehre[522]. Wenn sogar die nachträgliche Beschränkung eines Rechts durch die Verwirkung unabhängig davon eintreten kann, ob der Rechtsinhaber die Rechtsverletzung kannte, so sei nicht einzusehen, weshalb das gleiche Recht nicht von vornherein, ohne Rücksicht auf die Kenntnis des Rechtserwerbers, mit der „Hypothek eines Vorbenutzungsrechts belastet ins Leben treten soll"[523].

### *3. Fazit*

Die Rechtsprechung lehnte es mit Ausnahme des Landgerichts München I entschieden ab, dem (prioritätsälteren) Nutzer des Zeichens ein Weiterbenutzungsrecht kraft Vorbenutzung zuzusprechen[524]. Zur Begründung wurde neben den bekannten Argumenten vom Vorrang des Formalsystems und der Nachlässigkeit des Zeichenverwenders auch die Höherwertigkeit der erfinderischen Leistung angeführt[525]. Eines der Hauptargumente findet sich jedoch nach wie vor in der fehlenden Positivierung des Vorbenutzungsrechts[526]. So habe der Gesetzgeber in Kenntnis der Vorbenutzungsproblematik den Schutz des sachlichen Kennzeichens an das Erfordernis der Verkehrsgeltung geknüpft und damit die bewusste Entscheidung getroffen, den

520 *Spengler*, GRUR 1953, S.160f, 161.

521 *Spengler*, GRUR 1953, S.160f, 164.

521 *Spengler*, GRUR 1953, S.160f, 164.

522 RG, Urt.v.08.10.1942, GRUR 1943,S.39f, 41,-Fissan; RG Urt.v.02.03.1945, GRUR 1948, S.290f,-Einumin; OLG Düsseldorf, Urt.v.12.6.1953, GRUR 1953, S.527f, 530,-Damas/Dimas.

523 *Spengler*, GRUR 1953, S.160f, 164.

524 RG, Urt.v.04.10.1939, RGZ 162, S.347f,-grüngoldene Flasche; BGH, Urt.v.24.02.1961 GRUR 1961, S413f,-Dolex; BGH, Urt.v.02.04.1969, GRUR 1969, S.607f,-Recrin; BGH Urt.v.27.10.1983, GRUR 1984, S.210f-AROSTAR; OLG Hamburg, Urt.v.16.4.1930, MuW 1930, S.567f,-Brinkmann's Stolz; OLG München, Urt.v.19.08.1998, NJWE-WettbR 1999,S.156f.

525 OLG München, Urt.v.12.07.1951, GRUR 1952, S.251,-Kamillol; OLG Düsseldorf, Urt.v.12.6.1953, GRUR 1953, S.527f, 529,-Damas/Dimas.

526 BGH, Urt.v.24.02.1961, GRUR 1961, S.413f, 416,-Dolex.

Schutz eines durch Benutzung entstandenen Rechts abweichend vom Patentrecht zu regeln[527]. Mit der Entscheidung „Dolex“ zog die Rechtsprechung zudem einen Schlussstrich unter die Vorbenutzungsthematik. Seit diesem Urteil sind keine Ober- und Höchstgerichtlichen Entscheidungen ergangen, welche die Frage nach einem objektiv wirkenden Vorbenutzungsrecht als Schrankenregelung ernsthaft thematisiert hätten[528].

## L. Vorbenutzungsrechte nach dem Markengesetz 1994[529]

Mit dem Markenrechtsreformgesetz vom 14. Januar 1994 wurden in Umsetzung der Markenrichtlinie zentrale Teile des nationalen Markenrechts vereinheitlicht[530]. Von der Harmonisierung nicht erfasst sind demgegenüber Marken die ohne formellen Eintragungsakt entstehen, sowie geschäftliche Bezeichnungen, deren Normierungen nach wie vor auf autonomem nationalem Recht beruhen[531]. Im Zeitraum nach dem Inkrafttreten des Markengesetzes waren im Hinblick auf die Thematik der Vorbenutzungsrechte wenig neue Impulse zu verzeichnen. Die Rechtsprechung hatte diesbezüglich gefestigte Linien herausgearbeitet, die weder durch die

---

527 OLG Düsseldorf, Urt.v.12.6.1953, GRUR 1953, S.527f, 529,-Damas/Dimas; BGH, Urt.v.24.02.1961 GRUR 1961, S413f, 416,-Dolex; *Spengler*, GRUR 1953, S.160f.

528 Die Frage, ob und wie ein infolge Vorbenutzung entstandener Besitzstand geschützt werden kann, wurde von der Rechtsprechung entweder nach dem Wettbewerbsrecht oder anhand des allgemeinen Instituts der Verwirkung beantwortet.

529 Entwurf eines Gesetzes zur Reform des Markenrechts und zur Umsetzung der Ersten Richtlinie 89/104/EWG des Rates vom 21 Dezember 1988 zur Angleichung der Rechtsvorschriften der Mitgliedsstaaten über die Marken (Markenrechtsreformgesetz), BT-Drucks. 12/6581.

530 Erste Richtlinie (EWG) Nr.89/104 des Rates zur Angleichung der Rechtsvorschriften der Mitgliedstaaten über die Marken vom 21.12.1988.

531 Ströbele/*Hacker*, Einl. Rn.16f. Die Harmonisierung infolge der Durchsetzungsrichtlinie (Richtlinie 2004/48/EG vom 29.04.2004 zur Verbesserung der Durchsetzung der Rechte des geistigen Eigentums) wird ausgespart, da diese in keinem Zusammenhang zur Fragestellung steht. *Ekey*/Klippel/Bender, *§ 4 MarkenG*, Rn.7. Ferner wurden durch das Gesetz die bislang in *§ 16 UWG a.F* normierten geschäftlichen Bezeichnungen in das Markengesetz integriert und die Verletzungstatbestände weitgehend mit den Regelungen der Marken vereinheitlicht. Darüber hinaus wurden die Verletzungstatbestände durch die Normierung des -wettbewerbsrechtlich geprägten Bekanntheitsschutzes in *§ 14 Abs.2 Nr.3 und § 15 Abs.3 MarkenG* im Markengesetz erweitert. Diese Erweiterung legitimierte den Kennzeicheninhaber, Dritte - auch außerhalb verwechslungsfähiger Verwendung - den Gebrauch eines im Inland bekannten Kennzeichens zu verbieten, sofern dadurch die Unterscheidungskraft oder die Wertschätzung des Zeichens ohne rechtfertigenden Grund in unlauterer Weise ausgenutzt oder beeinträchtigt wird.

Gerichte selbst noch durch die Literatur in Frage gestellt wurden[532]. Jüngere Entscheidungen stellten in diesem Zusammenhang lediglich klar, dass sich auch unter dem Markengesetz nichts an dem Grundsatz geändert habe, dass es Vorbenutzungsrechte im Markenrecht nicht gebe[533].

## I. Rechtsprechung zur Vorbenutzungsthematik nach dem Markengesetz

### *1. Urteil des Bundesgerichtshofs vom 9. Oktober 1997, „Analgin“*[534]

Die Beklagte importierte seit 1976 Schmerzmittel unter der nicht formell geschützten Bezeichnung „Analgin“ aus Bulgarien und der Sowjetunion in die frühere DDR. Die Klägerin hat den Vertrieb des Produkts unter der Bezeichnung „Analgin“ nach der Wende im Jahr 1990 aufgenommen. Mit Priorität zum 14.08.1991 wurde das Zeichen Analgin zu Gunsten der Beklagten eingetragen. Die Klägerin erhob Löschungsklage gegen die Eintragung des Warenzeichens unter dem Gesichtspunkt der unlauteren Aneignung eines wertvollen Besitzstands. Das Gericht, welches den Rechtsstreit aufgrund der Übergangsvorschriften nach dem Markengesetz beurteilte, stellte zunächst fest, dass sich auch unter dem Markengesetz nichts an dem Grundsatz geändert habe, dass es ein Vorbenutzungsrecht im Markenrecht nicht gibt[535]. Ferner hielt es an seiner ständigen Rechtsprechung fest, dass die alleinige Kenntnis von der Vorbenutzung nicht zur Annahme eines unlauteren Verhaltens ausreicht.

### *2. Urteil des Bundesgerichtshofs vom 24. Januar 2002, „Bank 24“*[536]

Eine weitere Entscheidung zur Vorbenutzungsthematik, mit welcher der Bundesgerichtshof zugleich zu dem prozessualen Problem des maßgeblichen Kollisionszeitpunktes Stellung nahm, ist in dem Urteil „Bank 24“ zu sehen. Die Klägerin, die als „Bank 24 AG“ firmierte,

---

532 *Ingerl/Rohnke*, *§ 4 MarkenG*, Rn.6.

533 BGH, Urt.v.24.01.2002, GRUR 2002, S.544f,-Bank 24; BGH, Urt.v.09.10.1997, GRUR 1998, S.412f,-Analgin; BGH, Urt.v.19.02.1998 GRUR 1998, S.1034f, 1035,-Makalu; OLG München, Urt.v.19.08.1998, NJWE-WettbR 1999, S.156f,-Radiator, OLG Brandenburg, Urt.v.12.06.2007, GRUR-RR 2008, S.105f, 106,-schaubetal.de.

534 BGH, Urt.v.09.10.1997, GRUR 1998, S.412f,-Analgin.

535 So auch OLG München, Urt.v.19.08.1998, NJWE-WettbR 1999, S.156f,-Radiator.

nahm die Beklagte, welche unter der Bezeichnung „Immobilien 24“ seit Oktober 1995 im Internet eine gewerbliche Immobiliendatenbank zur Verfügung stellt, auf Unterlassung aus ihren am 31. März 1995 angemeldeten Wort/Bildzeichen „Bank 24“ in Anspruch. Im Rahmen der Prüfung der Verwechslungsgefahr nach *§ 14 Abs.2 Nr.2 MarkenG* konstatierte das Gericht, dass es für den maßgeblichen Kollisionszeitpunkt nicht auf den Zeitpunkt des ersten Aufeinandertreffens der Zeichen im Oktober 1995 ankäme. In Ermangelung eines Vorbenutzungsrechts im Markenrecht sei für das in die Zukunft gerichtete Unterlassungsbegehren der Klägerin vielmehr allein zu prüfen, ob die Voraussetzungen für die Annahme der Verwechslungsgefahr im Zeitpunkt der letzten mündlichen Verhandlung gegeben sind.

## II. Die Auffassung der Literatur zum Markengesetz

Diese Einschätzung wird von Seiten der modernen Rechtswissenschaft nahezu einhellig geteilt[537]. Allein *Hildebrandt* kritisiert, dass es nach wie vor an einer Begründung für die Ablehnung eines markenrechtlichen Vorbenutzungsrechts fehle[538]. Resultierend aus einer restriktiven Handhabung des Rechtsinstituts der bösgläubigen Markenanmeldung durch die deutsche Rechtsprechung verweist er auf bestehende Schutzlücken, welche nach seiner Auffassung mit dem Einwand der Unbilligkeit zu schließen sind. Die Verdrängung des Vorbenutzers vom Markt durch die bloße Einreichung einer Marke sieht er demgegenüber als Ausdruck einer ungerechten Rechtsprechung[539]. Von den Gegnern des Vorbenutzungsrechts soll hier lediglich die Auffassung von *Sosnitza* hervorgehoben werden, welcher als einer der wenigen aktuellen Autoren seine ablehnende Haltung begründet. Danach sei das Vorbenutzungsrecht zwar prinzipiell als Grundbaustein eines allgemeinen Immaterialgüterrechts anzuerkennen, da es einen

536 BGH, Urt.v.24.01.2002, GRUR 2002, S.544f,-Bank 24.

537 Ströbele/*Hacker*, *§ 4 MarkenG*, Rn.19; *§ 14 MarkenG*, Rn.17; 28; unter Verweis auf BGH, Urt.v.24.01.2002, GRUR 2002, S.544f,-Bank 24; Ströbele/*Hacker*: *„Grundsätzlich ist es unerheblich, ob der Anspruchsgegner das angegriffene Zeichen bereits vor dem für den Zeitrang der Klagemarke maßgeblichen Zeitpunkt in Benutzung genommen hat. Ein Vorbenutzungsrecht ist dem Markenrecht fremd“*; *Fezer*, *§ 4 MarkenG*, Rn.12 und Rn.221: *„Ein Vorbenutzungsrecht ist dem Markenrecht nicht bekannt“*; *Goldmann*, S.150 Rn.30, zu *§ 5 Abs.2 MarkenG*; *Weisert*, WRP 2009, S.128f, 132; *Bettinger*, DE 124, 128; *Brandi-Dohrn*, BB-Beilage 1994, S.1ff, 7.

538 *„In Deutschland gilt vielmehr der ebenso ehern wie begründungslos vorgetragene Grundsatz, dass es im Markenrecht kein Vorbenutzungsrecht gebe“*, *Hildebrandt*, MarkenR 2008, S.102f, 103.

539 *Hildebrandt*, MarkenR 2008, S.102f, 110.

Ausgleich im Grundkonflikt zwischen Sonderschutzrecht und vorheriger redlicher Verwendung herbeiführt[540]. Allerdings sei eine Übertragung des Vorbenutzungsgedankens aufgrund divergierender Interessenlagen beim Patentrecht und dem Markenrecht nicht statthaft[541]. Beim Patentrecht spiele lediglich das individuelle Interesse des Patentinhabers eine Rolle[542]. Demgegenüber diene das Ausschlussrecht aus der Marke nicht allein dem Schutzrechtsinhaber, sondern primär dem Interesse des Verkehrs, nicht über die Herkunft gekennzeichneter Waren irregeführt zu werden[543]. Aufgrund dieser vom Patentrecht verschiedenen Schutzrichtung des Markengesetzes bedürften Koexistenzlagen im Markenrecht einer besonderen Rechtfertigung, die der Vorbenutzungsgedanke nicht zur Seite stelle[544].

### III. Fazit

Die historische Darstellung der Vorbenutzungsrechtsthematik lässt aktuelle Aussagen, wie Vorbenutzungsrechte seien dem Markenrecht fremd, möglicherweise in einem differenzierteren Licht erscheinen. Denn die Geschichte belegt die Verwendung dieser und ähnlich gestalteter Formulierungen, obgleich die Einräumung faktischer Weiterbenutzungsbefugnisse kraft Vorbenutzung über maßgebliche Zeiträume der Rechtsprechung des Reichsgerichts entsprach[545]. Insbesondere die zur Vorbenutzung sachlicher Kennzeichenrechte geäußerte Ansicht, ein vormals zulässiges Verhalten könne nicht nachträglich rechtswidrig werden, spricht in diesem Kontext Bände[546]. Zwar lässt sich heute, wo im wesentlichen Gleichklang zwischen Benutzungsmarken und eingetragenen Registermarken besteht, kein argumentatives Substrat aus einer vormals differenzierenden Handhabung sachlicher und Registerrechte ziehen. Erhalten hat sich jedoch der Grundkonflikt zwischen vorbenutzter Kennzeichnung und nachträglich

540 *Sosnitza*, in FS für Klippel, S.275f, 289.

541 *Sosnitza*, in FS für Klippel, S.275f, 289.

542 *Sosnitza*, in FS für Klippel, S.275f, 288.

543 *Sosnitza*, in FS für Klippel, S.275f, 288; ähnlich bereits *Spengler*, GRUR 1953, S.160f, 161.

544 *Sosnitza*, in FS für Klippel, S.275f, 288.

545 RG, Urt.v.04.01.1927, MuW 1926, S.263,-Jungborn; RG, Urt.v.05.11.1926, MuW 1926, S.175f, 177,-Bärenstiefel; RG, Urt.v.04.01.1929, GRUR 1929, S.361f, 362,-Deutsche Lebensversicherung; RG Urt.v.06.11.1931, GRUR 1932, S.79f, 81,-Essentia aurea; RG, Urt.v.07.10.1932, MuW 1933, S.16f, 18,-Luvos Heilerde; RG, Urt.v.01.12.31,GRUR 1932,S.191f,-Nährbier; RG, Urt.v.28.10.1932, GRUR 1933,S.39f, 40,-rotgelbe Tankstelle.

erworbenem Schutzrecht. So ließe sich auch noch heute überspitzt die Frage stellen, aus welchem Grund ein ursprünglich zulässiges Verhalten nachträglich rechtswidrig werden soll. Gleichfalls belegt die Historie eine Praxis der Inkongruenz zwischen verwendeter Terminologie und Modus Operandi. Diese Divergenz zeigt sich insbesondere in der reichsgerichtlichen Spruchpraxis. Einerseits beruhen diverse Entscheidungen des Reichsgerichts faktisch auf der Anwendung von Vorbenutzungsrechten. Auf der anderen Seite wird die Verwendung des Vorbenutzungsrechtsbegriffs in diesem Kontext konsequent vermieden. Diese Handhabungspraxis des Grundkonflikts zwischen vorbenutzter Kennzeichnung und nachfolgendem Kennzeichenrecht zieht sich wie ein roter Faden durch die Geschichte des Markenrechts. Wurde dem Kennzeichenvorbenutzer im Einzelfall eine Weiterbenutzungsbefugnis, aufgrund von Benutzungshandlungen vor Entstehung des Kennzeichenschutzes zugesprochen, so wurde diese Vorgehensweise stets mit sachfremden Erwägungen etwa dem Treu und Glaubens Grundsatzes oder sogar fälschlicherweise mit dem Prioritätsprinzip begründet[547]. Abschließend lässt sich festhalten, dass die Rechtswissenschaft im Verlauf der Geschichte des Markenrechts Vorbenutzungsrechte bereits mehrfach faktisch anerkannt hat. Respektive der im Einleitungssatz replizierten These, Vorbenutzungsrechte seien dem Markenrecht fremd, lässt sich zumindest dahingehend eine einschränkende Aussage treffen, dass Vorbenutzungsrechte dem Markenrecht in der Vergangenheit jedenfalls nicht gänzlich unbekannt waren.

---

546 RG, Urt.v.28.10.1932, GRUR 1933,S.39f, 40,-rotgelbe Tankstelle; *Callmann*, § 1 Rn.37; § 16 Rn.28; *Rosenthal*, § 1 Note 70.

547 So heißt es etwa in der Entscheidung „Weißpunkt Tabakpfeife“: *„da sich aus dem Grundsatz von Treu und Glauben ergebe, dass dem sachlichen Recht (Anm: auch wenn die vorbenutzte Kennzeichnung erst zeitlich nach dem Registerrecht zum sachlichen Markenrecht erstarkt ist) vor dem lediglich formalen Recht regelmäßig der Vorrang gebührt“*. In der einige Jahre zuvor ergangenen Entscheidung „rotgelbe Tankstelle“ hatte das Gericht seine Entscheidung noch auf Prioritätsgesichtspunkte gestützt: *„Der... durch die Verkehrsgeltung ....erworbene Ausstattungsschutz...müsste ...nach dem das Recht der gewerblichen Kennzeichnungen beherrschenden Grundsatz der Priorität, bereits bestanden haben, als der Rechtsvorgänger der Beklagten dazu überging, sich der gleichen Farbzusammensetzung... zu bedienen. Wäre es der Klägerin dagegen... erst im Laufe des Nebeneinanderbestehens der beiderseitigen Farbenverbindungen gelungen, die ihrige zur Herkunftsangabe zu entwickeln, so wäre die Beklagte nicht verpflichtet ihre gutgläubig erworbene Farbenbezeichnung aufzugeben“*.

## Kapitel 4 Weiterbenutzungsbefugnisse des Markenvorbenutzers nach heutiger Rechtslage

Dieses und das nachfolgende Kapitel widmen sich der Erörterung der Vorbenutzungsrechtsthematik im Markenrecht vor dem Hintergrund der aktuellen Rechtslage. Einleitend ist jedoch darauf hinzuweisen, dass der Begriff des Vorbenutzungsrechts hier allerdings nicht ausschließlich im Sinne einer Schrankenregelung iSd. der Vorbenutzungsrechte der technischen Schutzrechte verwendet wird. Vielmehr geht es in den aktuellen Fragestellungen allgemein darum, ob das geltende Markenrecht Institute bereithält, kraft derer der Kennzeichenvorbenutzer allein aufgrund der Vorbenutzung der Kennzeichnung zur Weiterbenutzung legitimiert ist, ohne dass es auf einen eigenen Beitrag des Kennzeichenrechtsinhabers ankäme[548].

### A. Vorbenutzungsrechte über die Rechtsfigur der bösgläubigen Markenanmeldung nach *§ 8 Abs.2 Nr.10 MarkenG*

In der jüngeren kennzeichenrechtlichen Literatur wird der Begriff des Vorbenutzungsrechts immer häufiger in Zusammenhang mit dem Institut der bösgläubigen Markenanmeldung genannt[549]. So fragt beispielsweise *Jänich* unter Bezugnahme auf die jüngere Entwicklung der Rechtsprechung offen nach dem Bestehen von Vorbenutzungsrechten[550]. Charakteristisch für den Gebrauch der Begrifflichkeit in diesem Kontext ist das Aufwerfen der Frage, ob bereits die positive Kenntnis oder sogar die fahrlässige Unkenntnis des Zeichenanmelders von der Kennzeichenvorbenutzung zur Verwirklichung des Tatbestands der bösgläubigen Markenanmeldung führen kann. In diesem Kontext sind zunächst einige klarstellende Erklärungen angezeigt.

---

548 Da das Eingreifen des allgemeinen Verwirkungsgrundsatzes nach *§§ 21 Abs.4 MarkenG, 242 BGB* insoweit einen eigenen Duldungsbeitrag des Kennzeichenrechtsinhabers erfordert, wird von einer Erörterung der Verwirkungslehre abgesehen. Vgl. BGH, Urt.v.31.07.2008, GRUR 2008, S.1104f, 1107,-Haus& Grund II; BGH, Urt.v.21.07.2005, GRUR 2006, S.56f, 60,-Boss-Club; BGH, Urt.v.06.05.2004, GRUR 2004, S.783f, 785,-NEURO-VIBROFLEX; BGH, Urt.v.15.02.2001, GRUR 2001, S.1161, 1163,-CompuNet; BGH, Urt.v.19.02.1998, GRUR 1998, S.1034f, 1037,-Makalu; BGH, Urt.v.24.06.1993, GRUR 1993, S.913f, 914,-KOWOG; BGH, Urt.v.07.06.1990, GRUR 1990, S.1042f, 1046,-Datacolor; BGH Urt.v. 02.02.1989, GRUR 1989, S.449f, 452,-Maritim.

549 *Jänich*, MarkenR 2009, S.469f; ähnlich *Hildebrandt*, MarkenR 2008, S.102f, 103; *Knaak*, MarkenR 2008, S.285f, 290.

I. Abgrenzung des Vorbenutzungsrechts als Schrankenregelung von der Verwendung im Kontext der bösgläubigen Markenanmeldung

Zunächst ist nochmals anzumerken, dass diese Debatte nicht die Thematik der Vorbenutzungsrechte im Sinne von Schrankenregelungen behandelt. Die von *Jänich* vorgenommene Verknüpfung der bösgläubigen Markenanmeldung mit der Weiterbenutzungsbefugnis des *§ 12 PatG* ist in diesem Zusammenhang unverständlich[551]. Anders als *§ 12 PatG* vermittelt die Rechtsfolgenanordnung des *§ 8 Abs.2 Nr.10 MarkenG* keine bloße Nutzungsbefugnis, welche zur Koexistenz zwischen Sonderschutzrecht und vorbenutztem Sonderrechtsgut führt. Sind die Tatbestandsvoraussetzungen der bösgläubigen Markenanmeldung verwirklicht, so kann die Marke gelöscht, mithin das Sonderschutzrecht insgesamt vernichtet werden. Verfehlt ist es strenggenommen gleichfalls, in diesem Zusammenhang wie *Hildebrandt* von Benutzungsrechten zu sprechen[552]. Neben der divergierenden Rechtsfolge lassen sich maßgebliche Differenzen im Schutzzweck der Rechtsinstitute verzeichnen. Das Vorbenutzungsrecht des *§ 12 PatG* beschränkt die Ausschlussbefugnisse des Sonderschutzrechtsinhabers, da dessen Interessen an der ausschließlichen Nutzung nach der Wertung des Gesetzgebers nicht diejenigen des Vorbenutzers an der Weiterbenutzung überwiegen. Es basiert somit allein auf der eigenen Leistung des Vorbenutzers. Demgegenüber sanktioniert *§ 8 Abs.2 Nr.10 MarkenG* das missbilligenswerte Verhalten des Zeichenanmelders einer sittenwidrigen Markenanmeldung nicht primär wegen der Interessen des Vorbenutzers, sondern zugunsten eines lauteren Wettbewerbs[553].

II. Definition des Vorbenutzungsrechtsbegriffs innerhalb der Rechtsfigur der bösgläubigen Markenanmeldung als unvollkommen absolutes Recht

Soll der Begriff des Vorbenutzungsrechts auch im Kontext der bösgläubigen Markenanmeldung Verwendung finden, so müsste diesem jedenfalls ein vom herkömmlichen Gebrauch abweichender Bedeutungsgehalt beigemessen werden. Ein solcher Begriffsinhalt könnte darin bestehen, dass dem Kennzeichenvorbenutzer über die Rechtsfigur der bösgläubigen Marken-

550 *Jänich*, MarkenR 2009, S.469f.

551 *Jänich*, MarkenR 2009, S.469f, 471.

552 *Hildebrandt*, MarkenR 2008, S.102f, 103.

553 BT-Drucks.15/1075, S.67; *Götting*, in Fezer, *§ 4-9 UWG*, Rn.3.

anmeldung eine dem Vorbenutzungsrecht des Immaterialgüterrechts vergleichbare Rechtsposition zuerkannt werden kann. Diese Vorbenutzungsrechte werden wie bereits dargelegt als unvollkommen absolute Rechte charakterisiert[554]. Das bedeutet, dass sie zwar ungleich den absoluten Ausschlussrechten zwar keine Verbotsbefugnisse vermitteln, jedoch einen gegen jedermann wirkenden Schutzgehalt aufweisen[555]. Um von einer solchen Rechtsposition im Kontext der Rechtsfigur der bösgläubigen Markenanmeldung sprechen zu können, müsste der im Wege der Vorbenutzung des Kennzeichens erlangte Besitzstand jedenfalls insoweit verdichtet sein, dass es auf die Verwirklichung von Sittenwidrigkeitsmerkmalen nicht ankäme[556]. Orientierte sich der Löschungsanspruch des *§ 8 Abs.2 Nr.10 MarkenG* bei objektiver Betrachtung nicht mehr an der Missbilligung des Verhaltens des Schutzrechtsinhabers, so läge darin zugleich das Implikat der Anerkennung der Vorbenutzung als Rechtsposition. Denn gemäß dem allgemeinen Abgrenzungsalgorithmus zwischen absoluten Rechten und lauterkeitsrechtlichen Ansprüchen schützt das Wettbewerbsrecht lediglich vor dem „Wie" der Nachahmung, während bei absoluten Rechten der geschützte Gegenstand selbst, d.h. das „Ob" der Nachahmung durch Dritte entzogen ist[557]. Ließe sich die Ansicht der jüngeren Literatur, wonach allein die Kenntnis bzw. fahrlässige Unkenntnis die Löschung des Zeichenrechts infolge Bösgläubigkeit bewirken soll, vor diesem Hintergrund verifizieren, so läge darin die Anerkennung als absolute Rechtsposition. Denn bei objektiver Betrachtung ginge es nicht mehr darum, eine an den Geboten des redlichen Verhaltens im Geschäftsverkehr orientierte Bewertung des Zeichenanmelders vorzunehmen, sondern um den Schutz einer als rechtlich bedeutsam erkannten Rechtsposition des Kennzeichenvorbenutzers[558]. Andernfalls wäre nicht zu begründen, weshalb allein die Kenntnis bzw. (lautere) Nachahmung einer in rechtlicher Hinsicht irrelevanten Kennzeichenbenutzung die Löschung eines absolut geschützten Markenrechts herbeiführen soll[559].

---

554 S.O. Kap.2 A. I.

555 S.O. Kap.2 A. I.

556 Vgl. *Ahrens*, S.13. Im Unterschied zum lauterkeitsrechtlichen Schutz, welcher das Marktverhalten im geschäftlichen Verkehr reguliert, geht es bei dem Schutz als Rechtsposition nicht um die Art und Weise, sondern um die Nachahmung des Sonderrechtsguts selbst. So wird das absolute Recht am Immaterialgut im Unterschied zu einer Verhaltensregel wie das Sacheigentum, gegen jegliche ungerechtfertigte Einwirkung durch Dritte geschützt und nicht allein gegen bestimmte Verhaltensweisen.

557 Piper/*Ohly*/Sosnitza, *§ 4.9 UWG*, Rn.9/3.

558 Vgl. zum ähnlich gelagerten wettbewerblichen Leistungsschutz, *Kur*, GRUR 1990, S.1f,1.

559 Vgl. etwa die Entwicklung des Ausstattungsschutzes durch die Rechtsprechung des Reichsgerichts: RG, Urt.v.15.02.1927, MuW 1927, S.287f, 290,-Pfarrer-Kneipp; RG, Urt.v.02.03.1928 MuW 1927/28,

### III. Einführung in das Rechtsinstitut der bösgläubigen Markenanmeldung

Vor einer Zuwendung an die Vorbenutzungsrechtsthematik ist zunächst eine Darstellung der Grundsätze der bösgläubigen Markenanmeldung erforderlich. Dabei besteht die Notwendigkeit, diese Thematik in einer gewissen Ausführlichkeit zu erörtern. Denn das Verständnis dieser komplexen Thematik bildet die Grundlage, um die aktuellen Ansichten und Judikate der Rechtswissenschaft sachgerecht im Hinblick auf die Anerkennung faktischer Vorbenutzungsrechte zu durchleuchten.

#### *1. Die bösgläubige Markenanmeldung nach § 8 Abs.2 Nr.10 MarkenG*

Wird eine vorbenutzte Kennzeichnung von Seiten eines Dritten als Marke registriert, so kann dieses Verhalten den Tatbestand der bösgläubigen Markenanmeldung nach *§§ 8 Abs.2 Nr.10 MarkenG* verwirklichen, wenn der Markenanmelder bösgläubig war und die Anmeldung der Marke als sittenwidrig zu beurteilen ist[560]. Das absolute Eintragungshindernis des *§ 8 Abs.2 Nr.10 MarkenG* basiert auf den fakultativen Vorgaben des *Art. 3 Abs.2 lit.d Markenrichtlinie,* welche den nationalen Gesetzgebern die Möglichkeit eröffnete, bösgläubige Markenanmeldungen als markenrechtliches Eintragungshemmnis auszugestalten[561].Vor der Einführung des *§ 8 Abs.2 Nr.10 MarkenG* zum 01.06.2010 wurden zur gezielten Behinderung von Wettbewerbern eingesetzte Markenregistrierungen über die lauterkeitsrechtlichen Tatbestände der *§ 4 Nr.10 UWG, § 826 BGB* sanktioniert. Die Einführung des *§ 8 Abs.2 Nr.10 MarkenG* er-

---

S.335f,-Kathreiner Malzkaffee; RG, Urt. v.30.04.1928, RGZ 120, S.325f,-Sonnengold; Vgl. *Kur*, GRUR 1990, S.1f,1.

560 Ursprünglich wurde von dieser Option wie auch bei Art. *51 der Gemeinschaftsmarkenverordnung a.F.*, lediglich als Löschungstatbestand gem. *§ 50 Abs.1 Nr.4 MarkenG a.F.* Gebrauch gemacht. Vgl. *Jänich*, MarkenR 2009, S.469f; *Ströbele*, MarkenR 2010, S.409f; *Steinberg/Jaeckel*, MarkenR 2008, S.296f, 297; *Jänich*, MarkenR 2009, S.469f.

561 *Fabry*, GRUR 2010, S.566f, 567. Mit der Regulierung sollten vornehmlich solche Fälle erfasst werden, in denen der Markenanmelder darauf abzielt, die mit der Markeneintragung verbundene Formalrechtsposition dazu einzusetzen, um gegen Dritte Unterlassungs- oder Geldersatzansprüche geltend zu machen. In der Gesetzesbegründung heißt es insoweit: *„Mit dem Schutzhindernis des § 8 Abs.2 Nr.10 MarkenG soll den Fällen begegnet werden, in denen bestimmte Bezeichnungen als Hinterhaltsmarke geschützt werden, um die formelle Rechtsposition zur Geltendmachung unberechtigter Lizenz- oder Abmahnerstattungskostenansprüche auszunutzen*“. BT-Drucks. 15/1075, S.67, unter Bezug auf die Entscheidung des BGH, Urt.v.23.11.2000, GRUR 2001, S.242f,-Classe E; BGH, Urt.v. 02.04.2009, GRUR 2009, S.780f, 781,-Ivadal.

öffnete gegenüber diesen Regelungen die Möglichkeit, bösgläubige Verhaltensweisen bereits im Anmeldeverfahren vor dem Patentamt zu berücksichtigen und eine Eintragung wegen Bösgläubigkeit von Amts wegen zu verweigern[562]. Der Gesetzgeber hat den Bösgläubigkeitsbegriff in Abweichung vom tradierten wettbewerbsrechtlichen Sprachgebrauch in das deutsche Markengesetz übernommen, um auch in terminologischer Hinsicht Gleichklang mit den Formulierungen der Markenrichtlinie herzustellen[563]. Inhaltliche Änderungen zu den von der Rechtsprechung herausgearbeiteten Kriterien der rechtsmissbräuchlichen Anmeldung im Lauterkeitsrecht sollten nach der Vorstellung des nationalen Gesetzgebers mit der Normierung der Bösgläubigkeitstatbestände *§§ 50 Abs. 1, 3; 8 Abs.2 Nr.10 MarkenG* nicht verbunden sein[564]. Die Beurteilung der bösgläubigen Markenanmeldung nach *§ 8 Abs.2 Nr.10 MarkenG* erfolgt somit nach wie vor anhand lauterkeitsrechtlicher Erwägungen zur sittenwidrigen Anmeldung von Sperrmarken[565].

---

562 Obgleich es das erklärte Ziel der Einführung des *§ 8 Abs.2 Nr.10 MarkenG* war, bösgläubige Verhaltensweisen bereits im Eintragungsverfahren zu berücksichtigen, kommt diesem absoluten Eintragungshindernis insofern lediglich eine eingeschränkte Bedeutung zu, da sich die patentamtliche Prüfung nach *§ 37 Abs.3 MarkenG* auf Fälle ersichtlicher Bösgläubigkeit beschränkt. Letztlich soll durch die Regelung nur gewährleistet werden, dass das DPMA trotz des Bestehens eindeutiger Hinweise auf bösgläubige Verhaltensweisen, quasi sehenden Auges, eine löschungsreife Marke einträgt. Demgegenüber sind im Löschungsverfahren *nach § 50 Abs. 1, 3 MarkenG* keine Einschränkungen zu verzeichnen, so dass die überwiegende Zahl bösgläubiger Anmeldungen nach wie vor im Wege des Löschungsantrags beanstandet wird. Der Antrag auf Löschung einer Marke wegen des Bestehens absoluter Eintragungshindernisse kann grundsätzlich von jedermann gestellt werden. Es handelt sich somit um ein Popularverfahren, bei dem es einer besonderen individuellen Antragsbefugnis nicht bedarf.

563 Jedoch enthalten weder die Markenrichtlinie noch die Gemeinschaftsmarkenverordnung, welche mit *Art. 51 Abs.1 lit.b GMV* gleichfalls einen Löschungstatbestand wegen Bösgläubigkeit vorsieht, eine Definition des Bösgläubigkeitsbegriffs BGH, Urt.v.02.04.2009, GRUR 2009, S.780f, 781,-Ivadal. Einigkeit besteht jedoch zwischenzeitlich dahingehend, dass der harmonisierte Begriff der Bösgläubigkeit einer autonomen kennzeichenrechtlichen Auslegung zu unterziehen ist und die Ausfüllung des Begriffsinhalts nicht mit einem Rückgriff auf allgemeine zivilrechtliche Tatbestände wie *§ 932 BGB* bewerkstelligt werden kann. BT-Drucks.12/6581, S.73, 89; Ströbele/*Hacker*, *§ 8 MarkenG*, Rn.532; *Steinberg/Jaeckel*, MarkenR 2008, S.296f, 298; *Helm*, GRUR 1996, S.593ff, 599.

BT-Drucks.12/6581, S.79, 95; *Helm*, GRUR 1996, S.593ff, 594.

564 BT-Drucks. 12/6581, S.95.

565 BGH, Urt.v.02.04.2009, GRUR 2009, S.780f, 781,-Ivadal; *Köhler*/Bornkamm, *§ 4 UWG*, Rn.10.84f; *Steinberg/Jaeckel*, MarkenR 2008, S.296f, 298; *Götting*, in Fezer, *§ 4 UWG*, Rn.150.

*2. Materielle Kriterien der Bösgläubigkeit*

Nach ständiger Rechtsprechung des Bundesgerichtshofs wird eine Zeichenanmeldung nicht schon dann als verwerflich angesehen, wenn der Anmelder trotz positiver Kenntnis der Vorbenutzung einer Kennzeichnung eine damit identische oder verwechslungsfähige Bezeichnung als Marke anmeldet[566]. Erst wenn neben der Kenntnis von der Vorbenutzung besondere unlauterkeitsbegründende Umstände hinzutreten, wird die Zeichenanmeldung mit dem Verdikt der Sittenwidrigkeit belegt[567]. In der Rechtsprechung haben sich diesbezüglich insbesondere zwei Kategorien herausgebildet[568].

a) Aneignung oder Störung eines schutzwürdigen Besitzstands des Vorbenutzers[569]

Eine der anerkannten Fallgruppen der sittenwidrigen Zeichenanmeldung ist die rechtsmissbräuchliche Aneignung oder Störung eines schutzwürdigen Besitzstands[570]. Danach wird die Anmeldung einer Marke stets dann als verwerflich angesehen, wenn es dem Anmelder bei

566 BGH, Urt.v.26.06.2008, GRUR 2008, S.917f, 918,-EROS; BGH, Urt.v.20.01.2005, GRUR 2005, S.581f, 582,-The Colour of Elégance; BGH, Urt.v.29.04.2004, GRUR 2004, S.790f, 793,-Gegenabmahnung; BGH, Urt.v.10.08.2000, GRUR 2000, S.1032f, 1034,-EQUI 2000; BGH, Urt.v.09.10.1997, GRUR 1998, S.412f, 414,-Analgin.

567 BGH, Urt.v.29.04.2004, GRUR 2004, S.790f, 793,-Gegenabmahnung; *Hildebrandt*, Rn.160; *Hasselblatt*, in Gloy/Loschelder/Erdmann, § 57 Rn.148; *Götting*, in Fezer, *§ 4 UWG*, Rn.150; Ströbele/Hacker, *§ 8 MarkenG*, Rn.548; *Helm*, GRUR 1996, S.593f, 597.

568 Übersicht bei *Köhler*/Bornkamm, *§ 4 UWG*, Rn.10.84f; ähnlich *Hildebrandt*, Rn.156ff; *Hasselblatt*, in Gloy/Loschelder/Erdmann, § 57 Rn.148.

569 Die Rechtsprechung beschreibt diesen Eingriff typischerweise dahingehend, dass die Zeichenanmeldung zu einer Störung bzw. Entziehung des Besitzstands des Vorbenutzers dienlich sein muss. BGH, Urt.v.26.06.2008, GRUR 2008, S.917f, 918,-EROS; BGH, Urt.v.19.02.1998, GRUR 1998, S.1034f, 1037,-Makalu; BGH GRUR 1984, S.210f, 211,-AROSTAR; BGH, Urt.v.28.09.1979, GRUR 1980, S.110f, 112,-Torch. Im Falle der Anmeldung eines mit der vorbenutzten Kennzeichnung verwechslungsfähigen Zeichens ergibt sich der Eingriff durch die mit der Registereintragung verbundene Sperrwirkung, welche es dem Markeninhaber erlaubt, den Vorbenutzer von der weiteren Zeichenverwendung auszuschließen. Vgl. Ströbele/*Hacker*, *§ 8 MarkenG*, Rn.555. Ein Eingriff soll nach der Rechtsprechung jedoch auch dann gegeben sein, wenn der Zeichenanmelder im Einzelfall wegen des gleichen Zeitrangs kollidierender Zeichenrechte nach *§ 6 Abs.4 MarkenG* nicht zur Geltendmachung von Ausschlussrechten befugt ist. BGH, Beschl.v.30.10.2003, GRUR 2004, S.510f, 511,-S100; *Winkler*, in FS Mühlendahl, S.279f, 292. Die Besitzstörung ergibt sich in diesem Fall daraus, dass der Vorbenutzer infolge der Koexistenz keine Löschung des anderen Zeichenrechts herbeiführen kann und somit zur Duldung des Konkurrenzprodukts verpflichtet ist.

objektiver Betrachtung in erster Linie darum geht, sich den im Inland bestehenden schutzwürdigen Besitzstand eines Vorbenutzers anzueignen oder diesen zu stören[571]. Ein solcher im Inland schutzwürdiger Besitzstand muss entweder in Folge eigener kennzeichenmäßiger Verwendung im Inland oder ausnahmsweise aufgrund überragender Verkehrsgeltung im Ausland erworben worden sein[572].

aa) Erlangung eines schutzwürdigen Besitzstands

(1) Der Begriff des Besitzstands

Eine Definition des Besitzstandsbegriffs innerhalb des Instituts der bösgläubigen Markenanmeldung findet sich nicht[573]. Um dem Begriff des Besitzstands Gestalt zu geben, muss somit

---

570 *Köhler*/Bornkamm, *§ 4 UWG*, Rn.10.84a.

571 BGH, Urt.v.02.04.2009, GRUR 2009, S.780f,-Ivadal; BGH, Urt.v.10.01.2008, GRUR 2008, S.621f, Rn.21,-AKADEMIKS; BGH, Urt.v.03.02.2005, GRUR 2005, S.414f, 417,-Russisches Schaumgebäck; BGH, Urt.v.10.08.2000, GRUR 2000, S.1032f, 1034,-EQUI 2000; *Götting*, in Fezer, *§ 4 UWG*, Rn.151.

572 Diese Konstellation ist dadurch gekennzeichnet, dass sich Dritte Kennzeichenrechte im Inland eintragen lassen, welche bereits im Ausland verwendet werden und die zudem über einen erheblichen, auch internationalen Bekanntheitsgrad verfügen, um die Aufmerksamkeit des bekannten Kennzeichenrechts für sich auszunutzen. In einem solchen Ausnahmefall, in welchem ein Inhaber einer Marke mit Weltgeltung beabsichtigt Produkte künftig auch in der Bundesrepublik zu vertreiben, erkennt die Rechtsprechung bereits auf das Bestehen eines eigenen inländischen Besitzstandes des ausländischen Kennzeicheninhabers. In einer derartigen Konstellation ende ein weltbekannter wettbewerblicher Besitzstand schließlich nicht an den Staatsgrenzen, sondern sei auch in einem Wirtschaftsgebiet schutzwürdig, in dem die mit der Marke versehenen Produkte erst zukünftig vertrieben werden sollen. BGH, Urt.v.10.01.2008, GRUR 2008, S.621f,-AKADEMIKS; BGH, Urt.v.09.10.1997, GRUR 1998, S.412f, 414,-Analgin; BGH, Urt.v.23.03.1966, GRUR 1967, S.298f, 303,-Modess.

573 Historisch lässt sich der Begriff des Besitzstands bereits in der Gesetzesbegründung zum Warenbezeichnungsgesetz nachweisen. Entwickelt wurde er aus dem frühen Verständnis vom nicht eingetragenen Warenzeichen als lediglich tatsächlichen, über den wettbewerbsrechtlich geprägten *§ 15 WBG* geschützten Zustand, der im Gegensatz zum eingetragenen Registerrecht keine subjektivrechtlichen Befugnisse vermittelt. Vgl. den Gesetzesentwurf zum Schutz von Waarenbezeichnungen, Begründung zu *§ 14 WBG*, Aktenstück Nr.70, S.510. Allerdings ging die Rechtswissenschaft, welcher der Gedanke an einen objektiv wirkenden sachlichen Zeichenschutz zu diesem Zeitpunkt noch fremd war, einhellig davon aus, dass ein Besitzstand, der das Eingreifen des Lauterkeitsschutzes rechtfertigt, erst mit Erreichung des Verkehrsgeltungskriteriums zur Entstehung gelangt. Unterhalb dieser Schwelle wurde kein Bedürfnis gesehen den Vorbenutzer eines Kennzeichens vor der Entziehung durch Wettbewerber zu schützen, da es dem Kennzeichenvorbenutzer in diesem Fall nach h.M. offenstand, ohne größere Einbußen auf andere Kennzeichnungen auszuweichen. Vgl. *Pinzger/Heinemann*, *§ 15 WBG*; S.305; *Göller*, S.15f, 30f.

auf andere Institute jenseits der bösgläubigen Markenanmeldung ausgewichen werden. So findet sich der Begriff des schutzwürdigen Besitzstands ebenfalls beim Institut der Verwirkung markenrechtlicher Ansprüche nach *§ 21 Abs.4 MarkenG*[574]. In einer jüngeren Entscheidung wird der Besitzstand in diesem Kontext als sachlich wirtschaftliche Basis für die künftige wirtschaftliche Betätigung umschrieben[575]. Zu dieser wirtschaftlichen Basis des Kennzeichenverwenders zählen beispielsweise der Kundenstamm, die bereits erlangte Bekanntheit sowie sonstige Faktoren, welche für die künftige wirtschaftliche Entwicklung von Bedeutung sind[576]. Charakteristisch für den kennzeichenrechtlichen Besitzstand ist somit, dass der Kennzeichenvorbenutzer bereits in gewisser Weise von den Funktionen einer Marke profitiert. Da er durch den tatsächlichen Gebrauch des Zeichens bereits eine gewisse Markpräsenz erlangt hat, kraft derer er bereits good will und Werbekraft für sich in Anspruch nehmen kann, genießt auch seine zukünftige wirtschaftliche Tätigkeit von dieser Stellung Vorteile.

(2) Die materiellen Anforderungen des Besitzstands

In terminologischer Hinsicht findet der Begriff des werthaltigen bzw. sogar wertvollen Besitzstands im Unterschied zu älteren Entscheidungen heute im Allgemeinen keine Verwendung mehr[577]. Aktuelle Entscheidungen verwenden überwiegend den Ausdruck des schutzwürdigen Besitzstands[578]. In materieller Hinsicht soll ein geschützter Besitzstand bereits dann vorliegen, wenn das Zeichen in Folge der geschäftlichen Betätigung auf dem Markt bereits eine gewisse Bekanntheit erlangt hat[579]. Zur Feststellung dieses Kriteriums greift die Recht-

574 BGH, Urt.v.19.02.1998, GRUR 1998, S.1034f, 1037,-Makalu; BGH, Urt.v.24.06.1993, GRUR 1993, S.913f, 914,-KOWOG; BGH, Urt.v.07.06.1990, GRUR 1990, S.1042f, 1046,-Datacolor; BGH Urt.v. 02.02.1989, GRUR 1989, S.449f, 452,-Maritim; *Teplitzky*, Kap.17, Rn.13.

575 BGH, Urt.v.19.12.2000, GRUR 2001, S.323ff, 325,-Temperaturwächter; *Teplitzky*, Kap.17, Rn 10; *Berlit*, Rn.286; *Ingerl/Rohnke*, *§ 21 MarkenG*, Rn.46

576 *Ingerl/Rohnke*, *§ 21 MarkenG*, Rn.46

577 *Helm*, GRUR 1996, S. 593f, S.598. Er vertritt die Ansicht, mit dieser Änderung in der Terminologie habe der Bundesgerichtshof zugleich die materiellen Anforderungen an das Merkmal des erlangten Besitzstandes noch weiter gesenkt.

578 BGH, Urt.v.10.01.2008, GRUR 2008, S.621f, Rn.22,-AKADEMIKS; *Ingerl/Rohnke*, *§ 8 MarkenG*, Rn.308.

579 BGH, Urt.v.10.01.2008, GRUR 2008, S.621f, Rn.22,-AKADEMIKS; BGH, Urt.v.03.02.2005, GRUR 2005, S.414f, 417,-Russisches Schaumgebäck; Ströbele/*Hacker*, *§ 8 MarkenG*, Rn.552, wonach es al-

sprechung jedoch über die reine Bekanntheit des Zeichens im Verkehr hinaus auf eine Gesamtbetrachtung sämtlicher Einzelfallfaktoren wie des Umsatzes, des Verbreitungsgebiets, der Werbeaufwendungen, sowie der Nutzungsdauer zurück[580].

bb) Absicht der gezielten Behinderung des Vorbenutzers[581]

In subjektiver Hinsicht ist grundsätzlich die positive Kenntnis des Anmelders vom schutzwürdigen Besitzstand sowie darüber hinaus die Absicht erforderlich, diesen Besitzstand zu entziehen oder den Besitzstand zu stören[582]. Trotz teilweise anders lautender Stimmen hat der EuGH jüngst nochmals klargestellt, dass es sich bei dem Kriterium der gezielten Behinderung um ein subjektives Tatbestandsmerkmal handelt, welches durch objektive Gesichtspunkte zu substantiieren ist[583]. Dabei muss die Absicht der Aneignung oder Störung des Besitzstandes nicht die einzige Motivation des Anmelders sein[584]. Es reicht aus, wenn die Behinderungsabsicht nach objektiver Betrachtung zumindest ein wesentlicher Beweggrund ist[585]. Ist die Markenanmeldung hingegen primär zur Wahrung eigener Interessen erfolgt und die Beeinträchtigung des Vorbenutzers lediglich unvermeidbare Folge einer im Übrigen berechtigten Rechtsverteidigung, so ist die Anmeldung des Zeichens im Zweifel auf die Förderung eigenen Wettbewerbs gerichtet[586].

---

lerdings zulässig sein soll, für die Frage des wertvollen Besitzstandes auf Rechtsprechung zur Verwirkung nach *§ 21 Abs.4 MarkenG* zurückzugreifen.

580 *Brandner/Bergmann*, in GroßKomm, *§ 1 UWG a.F.*, A 265.

581 *Köhler*/Bornkamm, *§ 2 UWG*, Rn.6.

582 Ströbele/*Hacker*, *§ 8 MarkenG*, Rn.550, 559; *Brandner/Bergmann*, in GroßKomm, *§ 1 UWG a.F.*, A 265.

583 EuGH, Urt.v.11.06.2009, GRUR 2009, S.763f, 765, Rn.42,-Goldhase; a.A. wohl *Beater*, WRP 2011, S.7f, 11.

584 *Götting*, in Fezer, *§ 4-10 UWG*, Rn.152.

585 BGH, Urt.v.26.06.2008, GRUR 2008, S.917f, 919,-EROS; BGH, Urt.v. 10.01.2008, WRP 2008, S.785f, Rn.32,-AKADEMIKS; BGH, Urt.v.10.08.2000, GRUR 2000, S.1032f, 1034,-EQUI 2000.

586 BGH, Urt.v.11.11.1966, GRUR 1967, S.304f, 306-Siroset; BGH, Urt.v.27.10.1983, GRUR 1984, S.210f, 211,-AROSTAR; Kern der Betrachtung ist somit letztlich die Bewertung, ob die Zeichenanmeldung primär der Förderung des eigenen Wettbewerbs oder aber der Behinderung des Wettbewerbers zu dienen bestimmt ist.

(1) Gesamtbetrachtung der Einzelumstände

Ob der Markenanmelder in subjektiver Hinsicht eine verwerfliche Zwecksetzung verfolgt, wird anhand einer Gesamtbetrachtung, unter Einbeziehung sämtlicher Umstände des Einzelfalls festgestellt[587]. Die Bewertung der subjektiven Motivation des Anmelders wird somit indirekt, anhand der im Einzelfall vorliegenden objektiven Gegebenheiten, vollzogen[588]. Dabei spielen sowohl Faktoren auf Seiten des Vorbenutzers als auch auf Seiten des Anmelders eine Rolle[589]. In den Bewertungsprozess sind somit die nach objektiven Maßstäben festgestellten schutzwürdigen Interessen beider Parteien einzubeziehen[590].

(2) Berücksichtigung beiderseitiger Interessen als Faktoren der Gesamtbetrachtung[591]

Auf Seiten des Vorbenutzers ist zwischenzeitlich anerkannt, dass die Dauer der Vorbenutzung und die Werthaltigkeit des erlangten Besitzstandes wesentliche Kriterien der Gesamtbetrachtung sind[592]. Als Faustformel kann gesagt werden, je schutzwürdiger sich der Besitzstand des Vorbenutzers darstellt, desto weniger kann der Anmelder im Zweifel auf eigene Interessen verweisen[593]. Bei positiver Kenntnis des Anmelders von einem wertvollen Besitzstand des Vorbenutzers ist folglich bei objektiver Betrachtung eher von einer Motivation auszugehen, welche auf die Behinderung des Vorbenutzers abzielt, als dies der Fall wäre, wenn der Besitzstand unbedeutend ist[594]. Auf Seiten des Zeichenanmelders sind dessen Beweggründe und

---

587 EuGH, Urt.v.11.06.2009, GRUR 2009, S.763f, 765, Rn.53,-Goldhase; BGH, Urt.v.02.04.2009, GRUR 2009, S.780f, 782,-Ivadal; Piper/*Ohly*/Sosnitza, *§ 4.10 UWG*, Rn.80.

588 *Steinberg/Jaeckel*, MarkenR 2008, S.292ff, 302.

589 EuGH, Urt.v.11.06.2009, GRUR 2009, S.763f, 765,-Goldhase.

590 EuGH, Urt.v.11.06.2009, GRUR 2009, S.763f, 765,-Goldhase.

591 Ausführliche Darstellung von Kriterien der Gesamtbetrachtung bei Piper/*Ohly*/Sosnitza, *§ 4.10 UWG*, Rn.79ff.

592 Der EuGH führt insoweit aus, dass der Umstand, dass das Zeichen infolge der Vorbenutzung bereits aus eigener Kraft in gewisser Weise Schutz genießt, einer der wesentlichen für die Bewertung der Bösgläubigkeit maßgeblichen Faktoren sei. EuGH, Urt.v.11.06.2009, GRUR 2009, S.763f, 765,-Goldhase. Ähnlich *Knaak*, MarkenR 2008, S.285f, 290, der von der Berücksichtigung des schutzwürdigen Besitzstands spricht.

593 EuGH, Urt.v.11.06.2009, GRUR 2009, S.763f, 765,-Goldhase; Piper/*Ohly*/Sosnitza, *§ 4.10 UWG*, Rn.80.

594 *Steinberg/Jaeckel*, MarkenR 2008, S.292f, 302.

Interessen an der Zeichenanmeldung zu berücksichtigen[595]. Erfolgt eine Anmeldung einer gleichen oder zumindest verwechselbaren Marke, ohne dass ein berechtigtes Interesse des Anmelders zu erkennen ist, so wird im Regelfall kein anderer Beweggrund zu erkennen sein, als der, den Besitzstand des Vorbenutzers zu entziehen oder zu stören[596]. Hat der Markenanmelder das Zeichen vor der Anmeldung selbst gebraucht und dadurch eine gewisse Bekanntheit im Verkehr erlangt, so ist dieser Umstand ein relevanter Faktor der Gesamtbetrachtung[597]. Unter Berücksichtigung des Umstands, dass die subjektive Motivation des Zeichenanmelders anhand einer objektiven Bewertung vollzogen wird, lässt sich auch für dieses Kriterium eine Faustformel aufstellen. Je höher der Bekanntheitsgrad des von Seiten des Zeichenanmelders verwendeten Kennzeichens, desto höher ist auch das berechtigte Interesse an der Absicherung des Zeichenschutzes durch Eintragung und umso eher ist das Verhalten auf die Förderung des eigenen Wettbewerbs gerichtet. Hat die Kennzeichnung somit vor der Anmeldung der Marke – nahezu – Verkehrsgeltung erlangt, so wird die Annahme einer bösgläubigen Eintragung ungeachtet der Entziehung des Besitzstands des Vorbenutzers, im Regelfall ausscheiden[598]. Die zweite Kategorie anerkannter Interessen ist die der berechtigten Abwehr von Wettbewerbern[599]. Die Rechtsprechung sieht eine Markenanmeldung dann durch ein eigenes Interesse gerechtfertigt, wenn die mit der Eintragung verbundene Sperrwirkung zum Schutz eines eigenen Besitzstands des Zeichenanmelders vor Wettbewerbern eingesetzt wird[600]. So dient die bloße Abwehr markenrechtlicher Ansprüche durch den Erwerb eigener

595 BGH, Urt.v. 12.07.2007, MarkenR 2008, S.17f, Rn.18,-Cordarone.

596 BGH, Urt.v.24.02.1961, GRUR 1961, S.313f, 416,-Dolex; BGH, Urt.v.08.07.1964, GRUR 1967, S.490f, 492,-Pudelzeichen; BGH, Urt.v.23.03.1966, GRUR 1967, S.298f, 301,-Modess; *Hefermehl*, GRUR 1967, S.303f. Die Feststellung eines eigenen berechtigten Interesses des Markenanmelders erfolgt gleichfalls nach objektiven Kriterien. Vgl. BGH, Beschl.v.30.10.2003, GRUR 2004, S.510f, 511,-S100.

597 EuGH, Urt.v.11.06.2009, GRUR 2009, S.763, 765, Rn.51,-Goldhase.

598 *Jänich*, MarkenR 2009, S.469f, 474; so auch die dritte Vorlagefrage des österreichischen OGH. In diese Richtung, jedoch mit abweichender Begründung judiziert auch der Bundesgerichtshof. So wurde die Sittenwidrigkeit der Markenanmeldung in der Entscheidung Pudelzeichen verneint, da der Anmelder das Zeichen bereits selbst eine längere Zeit verwendet hat und die Registrierung des Zeichens mitunter aus dem Grund erfolgt ist, die Unklarheit ob des Bestehens eines Ausstattungsschutzes nach *§ 25 WZG* zu beseitigen. Vgl. BGH, Urt. 08.07.1964, GRUR 1967, S.490f, 492,-Pudelzeichen.

599 EuGH, Urt.v.11.06.2009, GRUR 2009, S.763, 765, Rn.49,-Goldhase; Schlussanträge der Generalanwältin Sharpton vom 12.03.2009, im Vorlageverfahren Chocoladenfabriken Lindt& Sprüngli ./. Franz Hauswirth GmbH, Az.: C-529/07, Antrag Nr.68.

600 Insbesondere dann, wenn der Zeichenanmelder das Zeichen zuvor selbst mit Erfolg verwendet hat und die Anmeldung zu dem Zweck eingesetzt wird. Die Ausnutzung dieses Erfolgs durch Dritte, die zudem

Zeichenrechte nach Auffassung des Bundesgerichtshofs in erster Linie der eigenen Rechtsstellung und nicht der Behinderung des Wettbewerbers[601].

b) Der Schutz des Kennzeichenvorbenutzers vor zweckwidrigen Markenanmeldungen

Die zweite anerkannte Fallgruppe der bösgläubigen Markenanmeldung ist die der sittenwidrigen Anmeldung eines Sperrzeichens[602]. Eine zweckwidrige Anmeldung wird vom BGH immer dann angenommen, wenn der Anmelder mit der Registrierung nicht das Ziel verfolgt, diese als Herkunftshinweis zu gebrauchen, sondern die Intention des Anmelders darauf gerichtet ist, den Vorbenutzer, mittels der Sperrwirkung der Marke von der Verwendung des

---

die Kennzeichnung des Zeichenanmelders kopieren zu verhindern, könne dieses Verhalten nicht ohne weiteres als Behinderung anzusehen sein. BGH, Urt.v.28.02.2002, GRUR 2002, S.967f, Rn.44,-Hotel Adlon; *Hasselblatt*, in Gloy/Loschelder/Erdmann, § 57 Rn.148. Auch der EuGH hat jüngst betont, dass die Abwehr von Wettbewerbern durch die Anmeldung einer Marke nicht zwangsläufig als Indiz für eine Behinderungsabsicht gewertet werden kann. EuGH, Urt.v.11.06.2009, GRUR 2009, S.763, 765, Rn.49,-Goldhase; Schlussanträge der Generalanwältin Sharpton vom 12.03.2009, im Vorlageverfahren Chocoladenfabriken Lindt & Sprüngli ./. Franz Hauswirth GmbH, Az.: C-529/07, Antrag Nr.68. Vgl. allerdings die Entscheidung des BGH, Beschl.v.30.10.2003, GRUR 2004, S.510f, 511,-S100, in der ein Eingriff in den schutzwürdigen Besitzstand angenommen wurde, obgleich dem Zeichenanmelder aufgrund von gleicher Priorität keine Ausschlussrechte zur Seite standen.

601 EuGH, Urt.v.11.06.2009, GRUR 2009, S.763, 765, Rn.49,-Goldhase. Beispielsweise wurde in der Entscheidung Colour of Elégance ein solches berechtigtes Interesse darin gesehen, dem Einbruch fremder Zeichenrechte in die eigene Zeichenserie durch die Anmeldung eines eigenen Kennzeichens zuvorzukommen. Vgl. BGH, Urt.v.20.01.2005, MarkenR 2005, S.267f, 269,-Colour of Elégance. In der Entscheidung „Hotel Adlon" wurde das Verhalten des Anmelders gleichfalls nicht als unlauter bewertet, da die Marke allein deshalb erworben wurde, um fremde Ansprüche abzuwehren. Vgl. BGH, Urt.v.28.02.2002, GRUR 2002, S.967f, Rn.44,-Hotel Adlon; *Hasselblatt*, in Gloy/Loschelder/Erdmann, § 57 Rn.148. In der Entscheidung AROSTAR wurde die Bösgläubigkeit der Anmeldung deshalb verneint, da dem Zeichenanmelder nach Auffassung des Gerichts aus einer weiteren Marke Unterlassungsansprüche gegen die Kennzeichnung der Klägerin zugestanden hätten. Ob die Zeichenanmelderin ihre berechtigten Interessen im Wege der Verletzungsklage geltend macht oder ein neues Zeichen anmeldet, stehe der Zeichenanmelderin frei und könne nicht als sittenwidrig angesehen werden. Vgl. BGH, Urt.v.27.10.1983, GRUR 1984, S.210f, 211,-AROSTAR.

602 BGH, Urt.v.23.03.1966, GRUR 1967, S.298f, 301,-Modess; *Steinberg/Jaeckel*, MarkenR 2008, S.292f, 302; *Hasselblatt*, in Gloy/Loschelder/Erdmann, § 57 Rn.148; *Götting*, in Fezer, *§ 4 UWG*, Rn.151; Ströbele/*Hacker*, *§ 8 MarkenG*, Rn.558.

Kennzeichens abzuhalten, um sich vor Konkurrenz zu schützen[603]. Insbesondere ist dies bei Konstellationen anzunehmen, in welchen der Markenanmelder darauf abzielt, den Wettbewerber davon abzuhalten, neue Märkte zu erschließen, den Werbewert einer bereits etablierten Kennzeichnung auszunutzen oder vom Vertrieb seiner Waren insgesamt auszuschließen[604].

aa) Absicht der gezielten Behinderung

Ob das Verhalten des Markenanmelders als verwerflich anzusehen ist, wird auch bei dieser Fallgruppe anhand einer Gesamtbetrachtung unter Einbeziehung sämtlicher Umstände des Einzelfalls festgestellt[605]. Zielt das Verhalten des Markenanmelders bei objektiver Würdigung vornehmlich auf die Beeinträchtigung der wettbewerblichen Entfaltung und nicht primär auf die Förderung des eigenen Wettbewerbs ab, so ist im Regelfall von der Sittenwidrigkeit der Anmeldung auszugehen[606]. Die Absicht des zweckwidrigen Einsatzes der Sperrwirkung des Kennzeichens muss dabei nicht die alleinige Motivation des Anmelders sein[607]. Vielmehr wird es als ausreichend erachtet, wenn die Behinderungsabsicht zumindest ein wesentlicher Beweggrund ist, sofern das Verhalten des Zeichenanmelders bei objektiver Würdigung dennoch primär auf die Beeinträchtigung der wettbewerblichen Entfaltung des Wettbewerbers gerichtet ist[608].

---

603 BGH, Urt.v.03.02.2005, GRUR 2005, S.414f, 415,-Russisches Schaumgebäck; *Hasselblatt*, in Gloy/Loschelder/Erdmann, § 57 Rn.148; *Helm*, GRUR 1996, S.593f, 598; *Fabry*, GRUR 2010, S.566f, 572.

604 Beispielsweise sah der BGH die Markenanmeldungen eines Importeurs japanischer Feuerzeuge als sittenwidrig an, um andere Importeure von Feuerzeugen vom inländischen Markt fernzuhalten. BGH, Urt.v.28.09.1979, GRUR 1980, S.110f, 111,-Torch. In einer ähnlich gelagerten Konstellation wurde auf die Bösgläubigkeit des Markenanmelders geschlossen, da die Anmeldung einer Warenformmarke allein deshalb erfolgte, um den Vertrieb konkurrierender Produkte mit ähnlicher Warenform insgesamt zu verhindern. BGH, Urt.v.03.02.2005, GRUR 2005, S.414f, 415,-Russisches Schaumgebäck; BGH, Urt.v.23.03.1966, GRUR 1967, S.298f, 301f,-Modess; *Götting*, in Fezer, *§ 4 UWG*, Rn.151.

605 *Hasselblatt*, in Gloy/Loschelder/Erdmann, § 57 Rn.148.

606 BGH, Urt.v.26.06.2008, GRUR 2008, S.917f,-EROS; BGH, Urt.v. 10.01.2008, WRP 2008, S.785f, Rn.25,-AKADEMIKS; *Ingerl/Rohnke*, *§ 8 MarkenG*, Rn.307.

607 BGH, Urt.v.26.06.2008, GRUR 2008, S.917f,-EROS; BGH, Urt.v.10.08.2000, GRUR 2000, S.1032f, 1034,-EQUI 2000; *Hildebrandt*, Rn.166.

bb) Besondere Kriterien der Gesamtbetrachtung

(1) Fehlen einer eigenen Benutzungsabsicht

Was in der Fallgruppe der Störung eines schutzwürdigen Besitzstands das Merkmal des fehlenden sachlichen Grundes ist, ist in der Fallgruppe der zweckwidrigen Markenanmeldung das Kriterium der fehlenden Benutzungsabsicht. So wird die Markenanmeldung im Regelfall dann als bösgläubig angesehen, wenn der Markenanmelder keine Benutzungsabsicht nachweisen kann oder wenn er aufgrund anderweitiger rechtlicher oder tatsächlicher Gesichtspunkte faktisch nicht in der Lage ist, die Marke künftig als Herkunftshinweis zu gebrauchen[609].

(2) Das Fehlen eines eigenen schutzwürdigen Interesses

Ein weiteres gewichtiges Kriterium zur Bewertung des Verhaltens des Markenanmelders ist der Gesichtspunkt, ob das Verhalten des Markenanmelders durch eigene schutzwürdige Interessen getragen wird[610]. Insofern kann auf die obige Darstellung zur Entziehung eines schutzwürdigen Besitzstands verwiesen werden[611].

---

608 BGH, Urt.v.26.06.2008, GRUR 2008, S.917f,-EROS; BGH, Urt.v. 10.01.2008, WRP 2008, S.785f, Rn.32,-AKADEMIKS; BGH, Urt.v.10.08.2000, GRUR 2000, S.1032f, 1034,-EQUI 2000; *Ullmann*, GRUR 2009, S.364f, 366.

609 BGH, Urt.v.02.04.2009, GRUR 2009, S.780f, 782,-Ivadal. Will oder kann der Markenanmelder die Marke nicht zu einem markenrechtskonformen Zweck einsetzen, so ist grundsätzlich davon auszugehen, dass die Marke in erster Linie mit einer missbräuchlichen Zielsetzung angemeldet wurde. Allerdings wird die Unlauterkeit des Verhaltens umgekehrt nicht bereits deshalb ausgeschlossen, dass der Markenanmelder einen eigenen Benutzungswillen aufweist. Vgl. BGH, Urt.v. 10.01.2008, WRP 2008, S.785f, Rn.32,-AKADEMIKS; BGH, Urt.v.10.08.2000, GRUR 2000, S.1032f, 1034,-EQUI 2000. Weitere Indizien sind z.B., wenn der Anmelder trotz eigener Benutzungsabsicht die vom Vorbenutzer vertriebenen Produkte oder dessen Werbekonzept systematisch nachahmt. Vgl. BGH, Urt.v.10.01.2008, GRUR 2008, S.621f,-AKADEMIKS; BGH, Urt.v.03.01.1961, GRUR 1961, S.244f, 246,-natürlich in Revue. Auch kann die Art des angemeldeten Warenzeichens unter besonderen Umständen als Indiz für eine Behinderungsabsicht gewertet werden. Vgl. EuGH, Urt.v.11.06.2009, GRUR 2009, S.763f, 765, Rn.40,-Goldhase; Schlussantrag 66 der Generalanwältin Sharpton v.12.03.2009 im Vorabentscheidungsuntersuchen EuGH C 529/07 Chocoladefabriken Lindt & Sprüngli./. Franz Hauswirth GmbH; BGH, Urt.v.03.02.2005, GRUR 2005, S.414f, 415,-Russisches Schaumgebäck.

610 *Hasselblatt*, in Gloy/Loschelder/Erdmann, § 57 Rn.148.

611 S.O. Kap.4 A III. 2. a) bb) (2).

## IV. Vorbenutzungsrechte via Bösgläubigkeit

Nachdem somit das Grundgerüst bösgläubiger Markenanmeldungen skizziert ist, soll auf aktuelle Entwicklungen in der Rechtsprechung Bezug genommen werden. Nach herkömmlicher Dogmatik erfordert die Annahme einer bösgläubigen Markenanmeldung nach *§ 8 Abs.2 Nr.10 MarkenG*, *§ 4 Nr.10 UWG* neben der positiven Kenntnis der Vorbenutzung das Hinzutreten weiterer subjektiver Unlauterkeitskriterien[612]. In der jüngeren Rechtsprechung zeichneten sich demgegenüber möglicherweise Tendenzen ab, von diesem Dogma abzuweichen und allein von der Kenntnis bzw. von einem Kennenmüssen der Vorbenutzung auf die Bösgläubigkeit des Zeichenanmelders zu schließen[613]. Diese Entwicklung nahmen einige Autoren zum Anlass, um die Frage nach dem Bestehen von Vorbenutzungsrechten über die Rechtsfigur der bösgläubigen Markenanmeldung aufzuwerfen[614].

### *1. Die Auffassung der Rechtsprechung*

Im Zentrum des Diskurses um das Bestehen von Vorbenutzungsrechten über die bösgläubige Markenanmeldung steht die Entscheidung des Europäischen Gerichtshofs „Goldhase", welche nachfolgend dargestellt und auf die Anerkennung der Vorbenutzung als Rechtsposition analysiert wird[615].

#### a) Urteil des Europäischen Gerichtshofs vom 11. Juni 2009, „Goldhase"[616]

In dieser Entscheidung hatte der EuGH erstmalig die Möglichkeit, über Grundsatzfragen der bösgläubigen Anmeldung einer Gemeinschaftsmarke nach *Art. 51 Abs.1 lit.b Gemeinschaftsmarkenverordnung* zu entscheiden. Klägerin ist der Schweizer Süßwarenhersteller Lindt & Sprüngli. Diese ist Inhaberin einer dreidimensionalen Gemeinschaftsmarke mit Priorität zum

---

612 Vgl. *Köhler*/Bornkamm, *§ 4 UWG*, Rn.10.84f; *Knaak*, MarkenR 2008, S.285f, 289.

613 BGH, Urt.v.02.04.2009, GRUR 2009, S.780f, 782,-Ivadal; BGH, Urt.v.10.01.2008, GRUR 2008, S.621f,-AKADEMIKS.

614 *Jänich*, MarkenR 2009, S.469ff; ähnlich *Hildebrandt*, MarkenR 2008, S.102f, 103; *Knaak*, MarkenR 2008, S.285f, 290.

615 Vgl. Darstellung bei *Jänich*, MarkenR 2009, S.469f.

616 EuGH, Urt.v.11.06.2009, GRUR 2009, S.763f,-Goldhase.

08.06.2000. Die Klagemarke zeigt die dreidimensionale Darstellung eines Schokoladenhasen in Goldpapierverpackung mit roter Schleife und Schelle, welcher zusätzlich mit dem Schriftzug „Lindt Goldhase“ versehen ist. Die Beklagte ist die österreichische Franz Hauswirth GmbH, welche seit dem Jahr 1962 in Österreich ebenfalls in Goldfolie verpackte, sitzende Schokoladenhasen vertreibt. Im Jahr 1998 verkaufte die Beklagte 29.000 Stück. Die Klägerin, welche nach den Feststellungen des Gerichts erst im Jahr 2003 Kenntnis vom Produkt der Beklagten erlangte, ging im Jahr 2004 im Klageweg gegen die Benutzung der Hasenform der Beklagten vor. Daraufhin beantragte die Beklagte im Wege der Widerklage die Löschung der Klägermarke wegen Bösgläubigkeit[617].

b) Das österreichische Vorlageverfahren

Da der österreichische OGH im Vorlageverfahren von einer Verwechslungsfähigkeit beider Formen ausging, war es für das Gericht von maßgeblicher Bedeutung, ob die Anmeldung der dreidimensionalen Marke durch die Klägerin – trotz fehlender positiver Kenntnis von der Vorbenutzung – als bösgläubig im Sinne der Gemeinschaftsmarkenverordnung anzusehen war[618]. Ausgehend von dieser Situation stellt der OGH drei Vorlagefragen an den EuGH, von denen die erste im Kontext mit der Einführung von Vorbenutzungsrechten diskutiert wurde[619]:*1. Ist Art. 51 Buchst.b der Verordnung (EG) Nr.40/94 dahin auszulegen, dass ein An-*

617 *Knaak*, MarkenR 2008, S.285f, 290; *Jänich*, MarkenR 2009, S.469f, 472.

618 Bei den Erwägungen der Vorlagefragen des OGH sind jedoch zunächst zwei Besonderheiten Beachtung zu schenken. Zum einen ist dem österreichischen Recht der Schutz eines im Wege der Benutzung entstandenen sachlichen Kennzeichenrechts wie der Benutzungsmarke nach *§ 4 Nr.2 MarkenG* fremd. Das österreichische Markenrecht kennt mit *§ 9 Abs.3 öUWG* lediglich einen wettbewerbsrechtlich ausgestalteten Schutz des sachlichen Kennzeichens. Der zweite Gesichtspunkt ist, dass die Klägerin eine Verletzung ihrer Warenformmarke auf einem Markt rügt, auf welchem die Auswahl der zur Verfügung stehenden Warenformen wegen der Spezialität des Produkts von vornherein sehr begrenzt ist. Vgl. *Jänich*, Markenrecht 2009, S.469f, S.472; *Fabry*, GRUR 2010, S.566f, 571. Wie *Jänich* im Übrigen völlig zu recht bemerkt, wäre bei der Prüfung des Sachverhalts nach deutschem Recht die Annahme einer prioritätsälteren Benutzungsmarke mit regionaler Ausdehnung naheliegend gewesen.

619 2. (Bei Verneinung von Frage 1) Ist der Anmelder als bösgläubig anzusehen, wenn er die Marke anmeldet, um einen Mitbewerber an der weiteren Verwendung des Zeichens hindern zu können, obwohl er im Zeitpunkt der Anmeldung weiß oder wissen muss, dass der Mitbewerber durch Verwendung eines gleichen oder ähnlichen Zeichens für gleiche oder verwechselbar ähnliche Waren oder Dienstleistungen bereits einen wertvollen Besitzstand erworben hat? 3. (Bei Bejahung von Frage 1 oder 2) Ist die Bösgläu-

*melder einer Gemeinschaftsmarke als bösgläubig anzusehen ist, wenn er im Zeitpunkt der Anmeldung weiß, dass ein Mitbewerber in (mindestens) einem Mitgliedsstaat ein gleiches oder verwechselbar ähnliches Zeichen für gleiche oder ähnliche Waren oder Dienstleistungen verwendet, und er die Marke anmeldet, um den Mitbewerber an der weiteren Verwendung des Zeichens hindern zu können?*

c) Die Entscheidung des EuGH

Der angerufene Europäische Gerichtshof beantwortete die herangetragenen Fragestellungen nach den Anforderungen der Bösgläubigkeit in weitgehender Konformität mit der deutschen Rechtsprechung zur bösgläubigen Markenanmeldung. Der Gerichtshof stellt heraus, dass an dem Grundsatz festzuhalten ist, wonach allein die Kenntnis oder ein Kennenmüssen der Vorbenutzung nicht genügt, um eine bösgläubige Zeichenanmeldung zu bejahen[620]. Hinzutreten müssten somit weitere unlauterkeitsbegründende Merkmale. Ob sich ein Verhalten in diesem Sinne als bösgläubig darstellt, bemisst sich nach einer Gesamtbetrachtung unter Einbeziehung sämtlicher erheblicher Faktoren. Als Antwort auf die erste Vorlagefrage betont der EuGH, dass der Umstand der positiven Kenntnis oder fahrlässigen Unkenntnis der Vorbenutzung lediglich als ein relevanter Faktor der Gesamtbetrachtung zu bewerten ist[621]. Was die Anforderungen an den Nachweis der Bösgläubigkeit betrifft, so vertritt das Gericht die auf den ersten Blick verwunderliche Auffassung, dass diese nach der Art der verwendeten Markenform einer differenzierenden Betrachtung zu unterziehen sind[622]. Handele es sich wie im Vorlageverfahren um eine dreidimensionale Marke, welche im Wesentlichen aus Form und Aufmachung der Ware selbst besteht, so lasse sich die Bösgläubigkeit unter Umständen leichter darlegen[623]. Das soll insbesondere dann der Fall sein, wenn die Wahlfreiheit der Wettbewerber im Hinblick auf die Form und Aufmachung ihrer Waren bereits aufgrund von technischen oder kaufmännischen Bedingungen stark eingeschränkt ist, so dass die dreidimensionale Marke die Wettbewerber nicht nur daran hindert, das geschützte Zeichen als Herkunftshinweis zu

bigkeit zu verneinen, wenn der Anmelder für sein Zeichen bereits Verkehrsgeltung und damit lauterkeitsrechtlichen Schutz erlangt hat?

620 EuGH, Urt.v.11.06.2009, GRUR 2009, S.763f, 765, Rn.40,-Goldhase.

621 EuGH, Urt.v.11.06.2009, GRUR 2009, S.763f, 765, Rn.53,-Goldhase.

622 *Jänich*, Markenrecht 2009, S.469f, 473.

623 EuGH, Urt.v.11.06.2009, GRUR 2009, S.763f, 765, Rn.50,-Goldhase.

verwenden, sondern letztlich dazu führt, dass die Wettbewerber gehindert sind, überhaupt vergleichbare Waren auf den Markt zu bringen[624].

*2. Die Auffassung der Literatur*

Ob allein die Kenntnis bzw. fahrlässige Unkenntnis zur Annahme der Bösgläubigkeit führen kann, ist in der Literatur umstritten[625]. Ein Ansatz, welcher sich maßgeblich vom tradierten Verständnis der bösgläubigen Markenanmeldung unterscheidet, *wird* von *Hildebrandt* vertreten[626]. So spricht er sich dafür aus, bereits von der positiven Kenntnis der Vorbenutzung auf die Bösgläubigkeit des Zeichenanmelders zu schließen und vom Erfordernis zusätzlicher Sittenwidrigkeitselemente abzusehen.[627]. Er betont, unter Bezugnahme auf die Studien von *Middlerniss/Philipps* sowie *Tsoutsanis* die deutsche Außenseiterstellung bei der Handhabung des Bösgläubigkeitselements[628]. Nach seinen Angaben sähen elf von fünfzehn untersuchten Mitgliedsstaaten den Tatbestand der bösgläubigen Markenanmeldung bereits bei bloßer Kenntnis der Vorbenutzung als verwirklicht an[629]. Das Erfordernis zusätzlicher Sittenwidrigkeitselemente sei in der deutschen Leseart im internationalen Vergleich die absolute Ausnahme[630]. Eine Vereinheitlichung der Handhabung der bösgläubigen Markenanmeldung im Sinne der international vorherrschenden Praxis sei somit naheliegend[631]. Darüber hinaus sieht er in dieser Vorgehensweise einen weiteren Vorteil in der Vermeidung sinnloser vorsorglicher Markenanmeldungen[632]. So würden Markenanmeldungen häufig nur deshalb vorgenommen, um die spätere Eintragung der Zeichen durch Dritte zu verhindern. Dies gelte auch dann, wenn die Zeichen von den Anmeldern selbst als schutzunfähig angesehen würden, um eventuellen Fehlern des DPMA vorzubeugen. Diese sinnentleerte Praxis entfiele, könnte sich der Vorbenutzer mit der Rechtsfigur der bösgläubigen Markenanmeldung in diesen Konstellatio-

---

624 EuGH, Urt.v.11.06.2009, GRUR 2009, S.763f, 765, Rn.40,-Goldhase; Schlussantrag 66 der Generalanwältin Sharpton v.12.03.2009 im Vorabentscheidungsuntersuchen EuGH C 529/07 Chocoladefabriken Lindt & Sprüngli./. Franz Hauswirth GmbH.

625 Piper/*Ohly*/Sosnitza, *§ 4.10 UWG*, Rn.79.

626 *Hildebrandt*, MarkenR 2008, S.102f.

627 *Hildebrandt*, MarkenR 2008, S.102f, 103f.

628 *Hildebrandt*, MarkenR 2008, S.102f, 104.

629 *Hildebrandt*, MarkenR 2008, S.102f, 104.

630 *Hildebrandt*, MarkenR 2008, S.102f, 104.

631 *Hildebrandt*, MarkenR 2008, S.102f, 105.

nen zur Wehr setzen. Auch *Jänich* spricht sich dem Grunde nach dafür aus, im Einzelfall von der Kenntnis oder dem Kennenmüssen der Vorbenutzung auf die Bösgläubigkeit der Markenanmeldung zu schließen[633]. Jedoch geht *Jänich* nicht so weit wie *Hildebrandt,* sondern argumentiert, im Sinne des EuGH lediglich für eine Einbeziehung des Kenntnisstands in die Gesamtbewertung des Verhaltens[634]. Eine Reduktion des Bösgläubigkeitstatbestands auf objektive Kriterien lehnt er ab[635]. Zwar sei es im Hinblick auf *Art.14 GG* prinzipiell richtig, den Kennzeichenvorbenutzer auch ohne kennzeichenrechtliche Absicherung zu schützen, jedoch gebe es zu bedenken, dass das Wettbewerbsrecht lediglich deliktsähnliche Ansprüche bereitstelle und gerade keine absoluten subjektiven Rechte einräume[636].

### *3. Stellungnahme*

Nachfolgend gilt es zu überprüfen, ob die dargestellten Ansichten faktisch zur Anerkennung der Vorbenutzung als Rechtsposition führen[637]. Im Anschluss daran ist zu dem Gesichtspunkt Stellung zu nehmen, ob die Einführung einer objektiven Rechtsposition des Vorbenutzers mit dem deutsch en Kennzeichenrecht in Einklang zu bringen ist.

#### a) Keine faktische Anerkennung von Vorbenutzungsrechten durch den EuGH

Vor diesem Hintergrund lassen sich, trotz anders lautender Bekundungen, weder die Entscheidung des EuGH noch die Auffassung *Jänichs* als Anerkennung einer Rechtsposition

---

632 *Hildebrandt*, MarkenR 2008, S.102f, 105.

633 *Jänich*, MarkenR 2009, S.469f, 474.

634 *Jänich* verwendet den Begriff des Vorbenutzungsrechts demgegenüber in einem deutlich weiteren Sinne. Nach seinem Verständnis liegt ein Vorbenutzungsrecht auch dann vor, wenn die Gesamtbewertung der Umstände dazu führt, dass bereits die Kenntnis von der Vorbenutzung als bösgläubiges Verhalten zu interpretieren ist. In diesem Sinne deutet er die Entscheidungen AKADEMIKS und Goldhase als Einführung eines faktischen Vorbenutzungsrechts, zumindest für das bekannte Kennzeichen. Allerdings ist bereits dem Grunde nach die Aussage nicht nachvollziehbar, aus der Entscheidung AKADEMIKS lasse sich ein Vorbenutzungsrecht der bekannten Marke ableiten, da die Marke zum Zeitpunkt der inländischen Anmeldung gerade nicht bekannt war.

635 *Jänich*, MarkenR 2009, S.469f, 472, 473.

636 *Jänich*, MarkenR 2009, S.469f, 471.

637 S.O. Kap. 4 A. II.

bewerten[638]. Die Ausführungen des EuGH dienen allein der Konkretisierung der Anforderungen an den Nachweis des unlauteren Verhaltens. Der EuGH stellt insoweit prägnant heraus, dass die Kenntnis oder ein „Kennenmüssen" der Vorbenutzung lediglich Faktoren der Gesamtbetrachtung sind. Treten weitere unlauterkeitsbegründende Indizien hinzu, wie die Anmeldung einer Warenformmarke auf einem Produktmarkt mit wenigen Auswahlmöglichkeiten, so kann es unter der Prämisse eines fehlenden schutzwürdigen Eigeninteresses des Markenanmelders nahe liegen, in der Kombination dieser Einzelumstände ein verwerfliches Verhalten zu sehen[639]. Hält man an dieser Dogmatik der Feststellung bösgläubiger Verhaltensweisen im Wege der Gesamtbetrachtung fest, so ist die Anerkennung als objektive Rechtsposition auch dann explizit ausgeschlossen, wenn die Annahme der Bösgläubigkeit im Einzelfall allein auf die Kenntnis von der Vorbenutzung gestützt wurde. Denn ob dem Vorbenutzer ein Löschungsanspruch gegen die Marke zusteht, richtet sich nicht allein nach seinen Interessen, sondern eben auch nach denjenigen des potentiellen Verletzers[640]. Somit wäre in die Begründung stets hineinzulesen, dass der Zeichenanmelder deshalb bösgläubig war, weil er sowohl Kenntnis von der Vorbenutzung, als auch kein schützenswertes Interesse an der Zeichenanmeldung hatte. Erst wenn der Zeichenanmelder für sein Verhalten nicht auf eigene sachliche Gründe verweisen kann, stellt sich die Zeichenanmeldung bei objektiver Betrachtung als verwerfliche Behinderung des Vorbenutzers dar. Absolute Rechte hingegen werden gerade durch eine hohe Zuweisungsdichte charakterisiert[641]. Die Interessen des potentiellen Verletzers sind bei der Verletzung eines absoluten Rechts gerade unbeachtlich[642]. Allein der Eingriff in den Schutzgehalt des Rechts führt zur Rechtsverletzung[643]. Auch wenn zukünftig daran festgehalten wird, die Kenntnis bzw. ein „Wissenmüssen" der Vorbenutzung als Indiz der Bösgläubig-

638 *Jänich*, MarkenR 2009, S.469f, 474, d.h.: Auch für bekannte Marken besteht keine Anerkennung als Rechtsposition.

639 Ähnlich BGH, Urt.v.03.02.2005, GRUR 2005, S.414f,-Russisches Schaumgebäck. Aus welchem Grund *Jänich*, MarkenR 2009, S.469f diese Vorgehensweise allerdings als Einführung von Vorbenutzungsrechten bezeichnet, ist nicht verständlich, da sich der EuGH gerade gegen eine Anerkennung als Rechtsposition ausgesprochen hat.

640 Eine solche Rechtsposition, deren Inhalt nicht von vornherein feststeht, sondern erst durch eine Abwägung mit den Interessen des potentiellen Verletzers konkretisiert wird, wird im Allgemeinen als Rahmenrecht oder auch offener Tatbestand bezeichnet. Vgl. *Sprau*, in Palandt, *§ 823 BGB*, Rn. 95.

641 *Klippel*, S.372. Als Paradebeispiel des absoluten Rechts gilt nach wie vor das Sacheigentum nach *§ 903 S.1 Alt.2 BGB*.

642 Anders verhält es sich bei offenen Tatbeständen, deren Inhalt erst im Wege der Interessenabwägung festzustellen ist.

643 *Pierson*/Ahrens/Fischer, S.2.

keit zu werten, liegt darin keinesfalls das Implikat einer absolut wirkenden Rechtsposition des Kennzeichenvorbenutzers. Allein die Ansicht von *Hildebrandt* lässt sich insoweit als Plädoyer für die Einführung objektiver Vorbenutzungsrechte deuten. Seine Auffassung unterscheidet sich von den anderen replizierten Meinungen in einem entscheidenden Punkt. Wird für die Bösgläubigkeit allein auf den Kenntnisstand des Kennzeichenaspiranten abgestellt und werden auch bestehende Eigeninteressen an der Anmeldung ausgegrenzt, so geht es bei objektiver Betrachtung nicht mehr um eine Bewertung des Verhaltens des Zeichenanmelders anhand ethisch moralischer Kriterien, sondern um den Schutz der in rechtlicher Hinsicht als bedeutsam angesehenen Rechtsposition des Kennzeichenvorbenutzers.

b) Vereinbarkeit der Objektivierung der Kennzeichenvorbenutzung mit dem Bösgläubigkeitstatbestand

Folgt man der Ansicht *Hildebrandts,* so führt allein der mit der Eintragung der identischen – Registermarke verbundene Eingriff in die Rechtsposition des Kennzeichenvorbenutzers in Kombination mit der positiven Kenntnis der Vorbenutzung zur Löschung der eingetragenen Registermarke nach § *8 Abs.2 Nr.10 MarkenG.* Nachfolgend soll überprüft werden, ob sich diese Sichtweise mit dem Markenrecht vereinbaren lässt. Sofern gegen eine solche Handhabung vorgetragen wird, sie verstoße gegen die wettbewerbsrechtliche Nachahmungsfreiheit, so ist dieser Einwand neben der Sache[644]. Denn die Auffassung von *Hildebrandt* bewirkt zwar eine Modifikation der Anforderungen an die Löschung einer Marke, sie führt aber eben nicht zu einem Ausschließlichkeitsrecht. Wettbewerbern stünde es somit frei, gleichfalls die Kennzeichnung zu verwenden, ausgeschlossen wäre lediglich deren Monopolisierung. Fraglich ist indessen, ob sich ein allein vom Kenntnisstand abhängiger Löschungsgrund mit dem Normcharakter des *§ 8 Abs.2 Nr.10 MarkenG* vereinbaren lässt. Gegen die Einführung einer objektiven Rechtsposition des Vorbenutzers über die Rechtsfigur der bösgläubigen Markenanmeldung nach *§ 8 Abs.2 Nr.10 MarkenG*, unterhalb der Verkehrsgeltungsschwelle, lässt sich zunächst der Wortlaut anführen. So setzt der Begriff der Bösgläubigkeit nach seinem Wortsinn zwingend eine an den Geboten der Sittlichkeit orientierte Bewertung des Verhaltens des Zei-

644 *Brandner/Bergmann*, in GroßKomm, *§ 1 UWG a.F.*, A 260.

chenanmelders voraus[645]. Zwar wäre es nach einem weiten Begriffsverständnis möglich, die Anmeldung eines Zeichenrechts in positiver Kenntnis der Vorbenutzung als sittlich missbilligenswert zu erachten[646]. Jedoch muss eine solche Interpretationsmöglichkeit eben dann ausscheiden, wenn dem Zeichenanmelder ein durch eigene Interessen gestützter sachlicher Grund für diese Verhaltensweise zur Seite steht. Eine Auslegung des Begriffs der Bösgläubigkeit, welche dem Zeichenanmelder eine Berufung auf Eigeninteressen abschneidet und letztlich auf subjektive Merkmale überhaupt verzichtet, lässt sich mit dem Wortlaut des *§ 8 Abs.2 Nr.10 MarkenG* nicht vereinbaren[647]. Dieses Verständnis wird gestützt durch die Gesetzeshistorie sowie die Rechtsnatur der Regelung. So wurde die Vorschrift vornehmlich deshalb umgesetzt, um missbräuchliche Verhaltensweisen bereits bei der Markeneintragung zu verhindern[648]. Darüber hinaus muss bedacht werden, dass es sich bei der Regelung um eine systemfremde wettbewerbsrechtliche Vorschrift handelt, welche, wie *Jänich* zutreffend hinweist, keine absoluten subjektiven Rechte vermittelt[649]. Da die Objektivierung der Kennzeichenvorbenutzung somit nicht im Wege der Auslegung zu erzielen ist, ließe sich die Sichtweise von *Hildebrandt* allenfalls auf Gesichtspunkte der Rechtsfortbildung stützen. Der Einführung einer objektiven Rechtsposition als Löschungsgrund im Wege der Rechtsfortbildung stehen allerdings zwingende europarechtliche Gründe entgegen. Lässt sich die Objektivierung der Vorbenutzung wegen des Wortlauts nicht mit *Art 3 Abs.2 lit.d Markenrichtlinie* in Einklang bringen, so würde es sich materiell um die Einführung eines nicht von der Markenrichtlinie vorgesehenen absoluten Löschungsgrunds handeln[650]. Die Einführung eines nicht in *Art. 3* der

645 Schlussanträge der Generalanwältin Sharpton v.12.03.2009 im Vorabentscheidungsuntersuchen EuGH C 529/07 Chocoladefabriken Lindt & Sprüngli./. Franz Hauswirth GmbH., Rn.51ff; *Jänich*, MarkenR 2009, S.469f, 473.

646 Vgl. EuGH, Urt.v.11.06.2009, GRUR 2009, S.763f, 765, Rn.40,-Goldhase; zwar soll die bloße Kenntnis der Vorbenutzung regelmäßig noch nicht zur Annahme der Bösgläubigkeit ausreichen, jedoch ist der Kenntnisstand einer der Abwägungskriterien, der im Zusammenspiel mit anderen Faktoren dazu führen kann, dass das Verhalten als bösgläubig zu bewerten ist.

647 *Jänich*, MarkenR 2009, S.469f, 471, 473.

648 BT-Drucks. 15/1075, S.67.

649 *Jänich*, MarkenR 2009, S.469f, 471, 472.

650 Auch wenn der EuGH insoweit keine Definition des Bösgläubigkeitsbegriffs bereitstellt, so hat er bei der Interpretation des Bösgläubigkeitsbegriffs dennoch herausgestellt, dass die Verwirklichung des Bösgläubigkeitstatbestands das Vorliegen subjektiver Unlauterkeitsmerkmale erfordert und die bloße Kenntnis der Vorbenutzung nicht zur Annahme der Bösgläubigkeit ausreicht. Auch wenn sich die Entscheidung zur Interpretation des Bösgläubigkeitsbegriffs des *Art. 51 GMV* bezieht, so sind keine Anhaltspunkte erkennbar, dass der EuGH den Begriff bei der inhaltlich identischen Vorschrift des *Art. 3 Abs.2 lit.d Markenrichtlinie* abweichend interpretieren wird, welche für die abgeleitete Regelung des

Richtlinie zumindest fakultativ normierten absoluten Schutzhindernisses muss jedoch aufgrund des für Registermarken abschließenden Charakters der Richtlinie zwingend ausscheiden.

c) Fazit

Die Debatte um Vorbenutzungsrechte über die Rechtsfigur der bösgläubigen Markenanmeldung stiftet letztlich mehr Verwirrung, als dass sie zur Konturierung der Vorbenutzungsthematik beiträgt. Möchte man den Terminus des Vorbenutzungsrechts unbedingt in diesem Kontext gebrauchen, so sollte sein Gebrauch auf die Frage nach dem Bestehen einer absoluten Rechtsposition des Kennzeichenvorbenutzers beschränkt werden. Die Einbeziehung des Kenntnisstands des Zeichenanmelders in die Gesamtbewertung des Verhaltens hingegen lässt einen jeglichen Zusammenhang mit Vorbenutzungsrechten als Rechtsposition vermissen. Die Einführung einer objektiven Rechtsposition, deren Kenntnis zur Löschung einer eingetragenen Marke führt, lässt sich weder mit dem deutschen Kennzeichenrecht vereinbaren noch im Wege einer außergesetzlichen Rechtsfortbildung erreichen. Aufgrund entgegenstehender Vorgaben des Markengesetzes sowie der Markenrichtlinie sind keine Regelungslücken erkennbar, welche einen diesbezüglichen Gestaltungsspielraum eröffnen würden.

## B. Vorbenutzungsrechte nach *§ 242 BGB*

In der noch zum *WZG* ergangenen Entscheidung „Dolex" hat der BGH der Beschränkung markenrechtlicher Verbotsrechte wegen der Vorbenutzung einer Kennzeichnung über *§ 242 BGB* eine klare Absage erteilt[651]. Begründet wurde diese Ansicht mit der Begrenzungsfunktion des nach damaliger Auffassung höherrangigen Wettbewerbsrechts[652]. So könne die Regelung des *§ 242 BGB* schließlich nicht dazu verwandt werden, den sachlichen Besitzstand des Kennzeichenvorbenutzers über die Grenzen des wettbewerbsrechtlichen Leistungsschutzes

---

*§ 8 Abs.2 Nr.10 MarkenG* verbindlich ist. Vgl. auch Schlussanträge der Generalanwältin Sharpton v.12.03.2009 im Vorabentscheidungsuntersuchen EuGH C 529/07 Chocoladefabriken Lindt & Sprüngli./. Franz Hauswirth GmbH., Rn.51ff; *Jänich*, MarkenR 2009, S.469f, 473.

651 BGH, Urt.v.24.02.1961, GRUR 1961, S.413f, 416,-Dolex.

652 S.O. Kap.3 K. II. 1. b).

auszuweiten[653]. Zwischenzeitlich hat sich das Meinungsbild der Rechtswissenschaft vom Verhältnis des Marken- zum Wettbewerbsrecht jedoch grundlegend gewandelt. Obgleich die Details des Konkurrenzverhältnisses nach wie vor im Streit stehen, besteht zumindest dahingehend Konsens, dass das *UWG* keinen Vorrang vor dem Markengesetz genießt[654]. Da eine Begrenzung des Markengesetzes durch wettbewerbsrechtliche Vorgaben somit als ausgeschlossen gilt, weil das Lauterkeitsrecht für das Markenrecht keine Leitbildfunktion entfaltet, soll die Relevanz der Vorbenutzungsthematik nach *§ 242 BGB* vor dem Hintergrund der heutigen Rechtslage neu beleuchtet werden[655].

## I. Ergänzende Anwendung des *§ 242 BGB*

Ob das Markengesetz die ergänzende Anwendung bürgerlichrechtlicher Vorschriften ausschließt, ist strittig[656]. Die zu diesem Themenkreis vertretenen Auffassungen reichen von einer generellen Anspruchskonkurrenz, über eine subsidiäre Anspruchskonkurrenz, bis hin zu einem Exklusivitätsverhältnis zwischen dem Markengesetz und den sonstigen Vorschriften[657]. Der Diskurs um die Exklusivität des Markengesetzes reduziert sich allerdings allein darauf, ob für den Schutz von Kennzeichen ergänzende Anspruchsgrundlagen zu Gunsten des Markeninhabers herangezogen werden können[658]. Indessen besteht Einigkeit, dass das MarkenG im Hinblick auf Einreden und Schrankenregelungen jenseits des Markengesetzes keine aus-

653 Der BGH zog somit nicht die Anwendbarkeit des *§ 242 BGB* überhaupt in Zweifel, sondern begrenzte die Norm inhaltlich, im Wege der Übertragung wettbewerbsrechtlicher Wertungen.

654 Die h.M. vertritt im Gegenteil die Position, dass dem Markengesetz innerhalb seines Anwendungsbereichs prinzipiell Vorrang vor dem UWG einzuräumen sei. Vgl. *Ingerl/Rohnke*, *§ 2 MarkenG*, Rn.1; *Ingerl*, WRP 2004, S.809f, 810; *Bornkamm*, GRUR 2005, S.97f, 98.

655 Der darüber hinaus vom BGH angeführte Einwand der Rechtsunsicherheit wegen der Interessenabwägung ist keine Besonderheit des Vorbenutzungseinwands, sondern eine im Allgemeinen akzeptierte Folge der generellen Normkorrektur durch *§ 242 BGB* im Zivilrecht und letztlich gleichfalls Folge des Konkurrenzverhältnisses. Die Ablehnung von Vorbenutzungsrechten nach *§ 242 BGB* kann somit jedenfalls nicht auf die Argumentation des Bundesgerichtshofs in der Dolex Entscheidung gestützt werden.

656 *Pahlow*, in Ekey/Klippel/Bender, *§ 2 MarkenG*, Rn.2.

657 *Fezer*, *§ 2 MarkenG*, Rn.27ff, 33, 34.

658 *Ingerl/Rohnke*, *§ 2 MarkenG*, Rn.18.

schließende Wirkung entfaltet[659]. Gegen die Anwendung des *§ 242 BGB* in der Funktion als Schranke bestehen somit keine Bedenken.

## II. Definition des Vorbenutzungsrechtsbegriffs innerhalb des Treu und Glauben- Grundsatzes

Soll der Begriff des Vorbenutzungsrechts auch in diesem Kontext verwendet werden, so könnte er für die Überlegung genutzt werden, ob die Interessen des Kennzeichenvorbenutzers bei genereller Betrachtung diejenigen des Kennzeicheninhabers überwiegen und eine Einschränkung seiner Ausschlussbefugnisse gegenüber dem Vorbenutzer rechtfertigen. Zur Untersuchung dieses Gesichtspunkts soll anhand der von der Rechtsprechung zur Schrankenfunktion des *§ 242 BGB* entwickelten Fallgruppen geprüft werden, ob die Einbeziehung der Interessen des Vorbenutzers nach dem Treu und Glaubens-Grundsatz, eine Abweichung von der Rechtsfolgenanordnungen des *§ 14 MarkenG* rechtfertigt.

## III. Abgrenzung zum Vorbenutzungsrecht als Schrankenregelung zum Vorbenutzungsrecht nach *§ 242 BGB*

Zwischen dem Vorbenutzungsrecht als Schrankenregelung und dem Schutz aus *§ 242 BGB* lassen sich zunächst erhebliche Ähnlichkeiten feststellen. *§ 242 BGB* wird von der h.M. eine Schrankenfunktion beigemessen, in welcher *§ 242 BGB* prinzipiell geeignet ist, die Ausschlussbefugnisse aus absoluten subjektiven Rechten zu beschränken[660]. Im Unterschied zum Vorbenutzungsrecht vermittelt *§ 242 BGB* dem Vorbenutzer jedoch keine absolut wirkende Rechtsposition, sondern lediglich eine relativ wirkende Einwendung[661].

---

659 *Ingerl/Rohnke*, *§ 2 MarkenG*, Rn.18; Ströbele/*Hacker*, *§ 2 MarkenG*, Rn.1; *Pahlow/Klippel*, in Ekey/Klippel/Bender, *§ 2 MarkenG*, Rn.4.

660 *Looschelders/Olzen*, in Staudinger, *§ 242 BGB*, Rn.202; *Grüneberg*, in Palandt, *§ 242 BGB*, Rn.14; *Roth*, in MüKo, *§ 242 BGB*, Rn.339.

661 St. Rspr. BGH, Beschl.v.16.02.1954; BGHZ 12, S.286f, 304; BGH, Urt.v.14.10.1959, BGHZ 31, S.77f, 84f; BGH, Urt.v.10.11.1965, GRUR 1966, S. 623f, 625,-Kupferberg.

IV. Vorbenutzungsrechte über das Institut des institutionellen Rechtsmissbrauchs[662]

Ein Ansatz zum Schutz des Vorbenutzers aus dem Treu und Glauben-Grundsatz könnte das Verbot der missbräuchlichen Inanspruchnahme einer Rechtsposition sein[663]. Dieses Rechtsinstitut verbietet es dem Anspruchsgläubiger unter bestimmten Voraussetzungen, seine Rechtsstellung geltend zu machen[664]. Neben den oben dargestellten Fällen des sittenwidrigen Rechtsmissbrauchs, in denen Rechte bewusst zweckwidrig eingesetzt werden, kennt die Rechtsprechung die Fälle des sogenannten institutionellen Rechtsmissbrauchs, in denen sich die Missbilligung der konkreten Rechtsfolge aus dem Vorliegen einer atypischen Interessenlage ergibt[665]. In dieser Konstellation bildet somit nicht die subjektive Motivation oder das Verhalten des Anspruchgläubigers den Ansatz für ein Absehen von der Rechtsfolge, sondern allein die objektive Interessenlage[666]. Die Einschränkung der Ausschlussbefugnis aus der Marke zu Gunsten des Vorbenutzers unter dem Gesichtspunkt institutionellen Rechtsmissbrauchs setzt voraus, dass die Geltendmachung kennzeichenrechtlicher Ausschlussbefugnisse in der Vorbenutzungskonstellation, ein generell atypisches, korrekturbedürftiges Ergebnis darstellt. In diesem Zusammenhang haben Rechtsprechung und Literatur spezifische Fallgruppen herausgearbeitet, in denen das Interesse des Gläubigers an der Anspruchsdurchsetzung dem Interesse des Schuldners typischerweise unterliegen soll[667].

*1. Fehlen eines eigenen schutzwürdigen Interesses des Schutzrechtsinhabers*

Die Rechtsausübung wird dann als missbräuchlich angesehen, wenn dem Anspruchsgläubiger kein eigenes, objektiv schutzwürdiges Interesse an der Geltendmachung des Rechts zusteht[668].

662 *Teichmann*, in Soergel, *§ 242 BGB*, Rn.14; *Looschelders/Olzen*, in Staudinger, *§ 242 BGB*, Rn.218; *Roth*, in MüKo, *§ 242 BGB*, Rn.348.

663 Vgl. etwa BGH, Urt.v.24.02.1961, GRUR 1961, S.413f, 416,-Dolex.

664 *Grüneberg*, in Palandt, *§ 242 BGB*, Rn. 41; *Teichmann*, in Soergel, *§ 242 BGB*, Rn.28; *Looschelders/Olzen*, in Staudinger, *§ 242 BGB*, Rn.226. Dieser Grundsatz gilt spiegelbildlich auch dann, wenn kein Rechtssatz den konkreten Fall mit einschließt. D.h. die fehlende Norm, samt Rechtsfolge, kann durch Rückgriff auf *§ 242 BGB* quasi substituiert werden.

665 *Roth*, in MüKo, *§ 242 BGB*, Rn.342.

666 *Looschelders/Olzen*, in Staudinger, *§ 242 BGB*, Rn.218; *Roth*, in MüKo, *§ 242 BGB*, Rn.345.

667 *Grüneberg*, in Palandt, *§ 242 BGB*, Rn.38ff.

668 *Teichmann*, in Soergel, *§ 242 BGB*, Rn.291; *Grüneberg*, in Palandt, *§ 242 BGB*, Rn.50.

Beispielsweise dann, wenn der Rechtsinhaber gesetzeswidrige Zwecke verfolgt[669]. Eine Normkorrektur über den Einwand fehlender schutzwürdiger Eigeninteressen wegen des Vorliegens einer atypischen Interessenlage erfordert zunächst Feststellungen im Hinblick auf den typischen Gebrauch der Norm, mithin die Definition des vom Normzweck erfassten Interesses[670]. Denn sind Feststellungen über den typischen Anwendungsbereich der Vorschrift nicht getroffen, so kann nicht beurteilt werden, ob eine Abweichung von der gesetzlichen Zielsetzung vorliegt, welche eine Rechtsfolgenkorrektur rechtfertigen würde, da es schlicht an den notwendigen Parametern fehlt[671]. Die Grundlage der Bewertung richtet sich nach der jeweiligen Anspruchsgrundlage, vorliegend also *§ 14 Abs.2 MarkenG.* Danach ist der Markenrechtsinhaber berechtigt, den immateriellen Wert seines Kennzeichens dadurch zu schützen, dass er die Verwendung von Kennzeichnungen, denen der nötige Abstand zu seiner Marke fehlt, untersagen kann[672]. Vergleicht man den Vorbenutzungsfall vor diesem Hintergrund mit den Konstellationen klassischer Markenrechtsverletzung, in denen der Zeichengebrauch der Entstehung des Zeichenrechts folgt, so fällt auf, dass sich diese im Hinblick auf das Interesse des Markenrechtsinhabers nicht unterscheiden. Der Inhaber des Markenrechts kann in beiden Fallgruppierungen darauf verweisen, sein absolut geschütztes Ausschlussrecht innerhalb der vom Markengesetz abgesteckten Schranken durchzusetzen. Ob die Kennzeichnung bereits vor der Schutzrechtsentstehung Verwendung fand, ist für das Interesse des Schutzrechtsinhabers an der ausschließlichen Nutzung der Marke ohne Belang. In der Folge führt die Vorbenutzung nicht zu einem herabgesetzten Interesse des Schutzrechtsinhabers an der Durchsetzung seines Rechts und kann zumindest aus diesem Gesichtspunkt heraus nicht als missbräuchlich angesehen werden.

*2. Verletzung einer Rücksichtnahme- bzw. Treuepflicht*

Daneben können auch die Verletzung von Rücksichtnahme und Treuepflichten, die Einschränkung der Rechtsfolgenanordnung nach *§ 242 BGB* rechtfertigen[673]. Auch in dieser Fall-

669 BGH, Urt.v.23.01.1997, BGHZ 134, 325f, 330.

670 *Roth*, in MüKo, *§ 242 BGB*, Rn.342f, 345.

671 *Looschelders/Olzen*, in Staudinger, *§ 242 BGB*, Rn.261.

672 S.O. Kap.1 B. 3.; *Hacker*, S.7.

673 Der Maßstab der Rücksichtnahmepflichten wird determiniert durch den jeweiligen Grad der Gegenseitigkeit in den jeweiligen Schuldverhältnissen. Als Faustformel gilt, je mehr sich gegenläufige Interessen

gruppe sind zunächst Feststellungen zum typischen Fall der Kennzeichenverletzung erforderlich. Erst wenn sich eine relevante Diskrepanz zwischen dem Vorbenutzungsfall und der Konstellation typischer Kennzeichenverletzung in Bezug auf Rücksichtnahmepflichten auffinden lässt, kann eine Rechtsfolgenkorrektur nach *§ 242 BGB* aus diesem Gesichtspunkt angezeigt sein. Anknüpfungspunkt des Treu und Glauben-Grundsatzes ist nach herrschender Meinung das Bestehen einer rechtlichen Sonderverbindung[674]. Die gegenseitigen Rechte und Pflichten der Parteien werden somit erst im Zeitpunkt der Entstehung der Sonderverbindung begründet und werden erst dann durch den Treu und Glaubens-Grundsatz näher ausgestaltet bzw. eingeschränkt[675]. Im Falle der Vorbenutzungskonstellation kommt die Sonderverbindung, wie bei den klassischen Verletzungsfällen auch, erst mit der Entstehung des Sonderschutzrechts in der Form eines gesetzlichen Schuldverhältnisses zustande. Der Schutzrechtsinhaber schuldet somit zwar Rücksicht auf die Interessen des Vorbenutzers, aber eben nur in der Art und Weise, wie er diese anderen Schutzrechtsverletzern schuldet, welche die Kennzeichenverwendung erst nach der Entstehung der Marke aufgenommen haben. Der Erwerb eines gewissen schutzwürdigen Besitzstandes im Vorfeld der Entstehung des Schutzrechts und somit vor der Entstehung der gesetzlichen Sonderverbindung zwischen dem Markenrechtsinhaber als Unterlassungsgläubiger und dem Vorbenutzer als Unterlassungsschuldner führt somit nicht zu einer Erweiterung des Pflichtenkreises des Schutzrechtsinhabers. Da der Markenrechtsinhaber dem Verletzer gegenüber selbstverständlich nicht verpflichtet ist, wegen einer Rücksichtnahmepflicht auf die Geltendmachung von Ausschlussansprüchen zu verzichten, kann der Kennzeichenvorbenutzer ebenfalls keine diesbezüglichen Ansprüche für sich herleiten.

---

gegenüberstehen, desto geringer ist der Einfluss des *§ 242 BGB.* Ist die rechtliche Beziehung hingegen auf Kooperation und die Erreichung eines gemeinsamen Ziels gerichtet, desto stärker ist auf die Interessen und Rechtsgüter des anderen Teils Rücksicht zu nehmen. D.h. geht es, wie im Immaterialgüterrecht der Regelfall, um die Verletzung absolut geschützter Rechtsgüter, welche gegen jedermann Wirkung entfalten, können Rücksichtnahmepflichten des Anspruchsgläubigers aufgrund der diametralen Interessenlagen dem Grunde nach allenfalls in minimaler Ausprägung vorhanden sein.

674 *Looschelders/Olzen*, in Staudinger, *§ 242 BGB*, Rn.125f.

675 Vgl. *Grüneberg*, in Palandt, *§ 242 BGB*, Rn.3.

*3. Einschränkung von Ausschlussbefugnissen wegen überwiegender Interessen des Kennzeichenvorbenutzers*

In seiner allgemeinsten Formulierung gebietet der Treu und Glaubens-Grundsatz eine Abwägung der beteiligten Interessen[676]. Dadurch wird explizit die Möglichkeit der Einbeziehung von Interessen eröffnet, welche in speziellen Rechtsnormen nicht oder lediglich unzulänglich Berücksichtigung gefunden haben[677]. Allerdings besteht die entscheidende Frage darin, nach welchen Bewertungsmaßstäben die Interessenabwägung zu vollziehen ist[678]. Eine Orientierung an den Vorgaben des einschlägigen positiven Gesetzesrechts erscheint in diesem Fall allerdings nicht sachdienlich, da es gerade darum geht, Wertungen Geltung zu verschaffen, welche in den normierten Regelungen des Markengesetzes keine Berücksichtigung gefunden haben. Auch lassen sich der Regelung des *§ 242 BGB* selbst keine Wertungsparameter entnehmen, welche den Interessen des Vorbenutzers an der Weiterverwendung ein stärkeres Gewicht beimessen würden als denjenigen Interessen des Markeninhabers am ausschließlichen Gebrauch. So ist *§ 242 BGB* zwar Einfallstor zur Verwirklichung außergesetzlicher Wertungen, begründet diese aber nicht[679]. D.h. *§ 242 BGB* ist lediglich geeignet, die bestehende Wertordnung umzusetzen, aber nicht in der Lage, kontrahierenden Interessen eine bestimmte Wertigkeit zuzuweisen[680]. Die Einschränkung der positivierten Rechtsfolgen einer Markenverletzung über *§ 242 BGB* erfordert somit exogene Wertungsvorgaben wie anerkannte gesellschaftlichen Vorstellungen, Postulate der Grundrechte oder Wertungshilfen, die von Seiten der ständigen Rechtsprechung bereitgestellt werden[681]. Jedoch lassen sich derartige Wertungshilfen, die den Interessen des Vorbenutzers ein überwiegendes Gewicht verleihen, nicht aufzeigen. So lässt sich weder markenrechtliche Rechtsprechung auffinden, welche den Interessen des Vorbenutzers gegenüber dem Markenrechtsinhaber besonderen Schutz zuerkannt hätte, noch findet der Kennzeichenvorbenutzer Zuspruch aus den Wertungen des Grundgesetzes. Selbst wenn die Kennzeichenvorbenutzung hypothetisch am grundrechtlichen Schutz des *Art. 14 GG* teilnähme, ließe sich aus diesem Umstand dennoch kein genereller Vorrang vor den – gleichfalls – grundrechtlich geschützten Interessen des Schutzrechtsinhabers herleiten,

676 *Roth*, in MüKo, *§ 242 BGB*, Rn.45; *Looschelders/Olzen*, in Staudinger, *§ 242 BGB*, Rn.144.

677 *Grüneberg*, in Palandt, *§ 242 BGB*, Rn.5.

678 *Roth*, in MüKo, *§ 242 BGB*, Rn.47.

679 *Grüneberg*, in Palandt, *§ 242 BGB*, Rn.7.

680 S.O. Kap.2 G. V.

681 *Roth*, in MüKo, *§ 242 BGB*, Rn.30ff, 35.

da der Eingriff in die Eigentumsposition des Kennzeichenvorbenutzers aufgrund der einzelgesetzlich ausgestalteten Inhalts- und Schrankenbestimmungen gerechtfertigt wäre[682].

*4. Fazit*

Aus *§ 242 BGB* lässt sich keine Einschränkung der Ausschlussbefugnisse aus der Marke, wegen der Vorbenutzung des Kennzeichens herleiten. Die im Rahmen der Vorbenutzung erlangten Interessen des Vorbenutzers erweisen sich gegenüber dem Inhaber des Kennzeichenrechts respektive *§ 242 BGB* als unbeachtlich.

## C. Vorbenutzungsrechte durch ungeschriebene Anwartschaft an der Benutzungsmarke[683]

Die Entstehung einer Benutzungsmarke erfordert nach *§ 4 Nr.2 MarkenG* das Erreichen des Verkehrsgeltungskriteriums[684]. Diese Grenze definiert die Bedingung, ab welchem Bekanntheitsgrad eine verwendete Kennzeichnung durch den Verkehr als einem bestimmten Betrieb zugehörig erkannt wird[685]. Im Regelfall wird ein Mindestbekanntheitsgrad von 20–25 % gefordert[686]. D.h. erst wenn quasi jeder Vierte in der Bezeichnung einen Herkunftshinweis sieht, entsteht der Schutz als sachliches Zeichenrecht[687]. Vor dem Hintergrund dieser verhältnismäßig hohen Schutzschwelle stellt sich die Frage, ob dem Kennzeichenvorbenutzer bereits unterhalb der Verkehrsgeltung ein Anwartschaftsrecht auf die Benutzungsmarke zuzuerkennen ist, welches ihn gegen den Entzug der Kennzeichnung durch nachfolgende Zeichenrechtserwerber absichert.

---

682 BVerfG, Beschl.v.22.05.1979, GRUR 1979, S.773ff, 778,-Weinbergrolle; BVerfG, Beschl.v.08.03.1988, GRUR 1988, S.610f, 612,-Esslinger Neckarhalde II.

683 Unter einem Anwartschaftsrecht wird im Allgemeinen eine vom Vollrecht verschiedene Rechtsposition verstanden, deren Entwicklung zum Vollrecht hinreichend gesichert ist, so dass deren Vollendung zum Vollrecht nur noch vom Verhalten des Erwerbers abhängig ist. Vgl. *Hoffmann*, S. 3, 146, 188 m.w.N.; BGH, Urt.v.25.02.1966, BGHZ 45, S.186f, 189, BGH, Urt.v.18.12.1967, BGHZ 49, S.197f, 201;BGH, Urt.v.30.04.1982, BGHZ 83, S.395f, 399, BGH, Urt.v.05.04.1991, NJW 1991, S.2019f, 2020.

684 S.O. Kap.1 B. III. 2. a) bb).

685 S.O. Kap.1 B. III. 2. a) bb).

686 S.O. Kap.1 B. III. 2. a) bb).

### I. Abgrenzung des Vorbenutzungsrechts als Schrankenregelung vom Anwartschaftsrecht

Zunächst ist darauf hinzuweisen, dass zwischen einem Anwartschaftsrecht und einem Vorbenutzungsrecht grundlegende Unterschiede bestehen. Inkongruenzen zeigen sich bereits im Hinblick auf die Entwicklungsstadien der Rechtspositionen. Das Anwartschaftsrecht ist ungleich dem Vorbenutzungsrecht final auf den Erwerb des Vollrechts ausgerichtet und in diesem Sinne lediglich ein Zwischenstadium der Rechtsentwicklung[688]. In dieser Funktion entfaltet das Anwartschaftsrecht gewisse Vorwirkungen, zum einen im Hinblick auf die Sicherung des Erwerbs und zum anderen hinsichtlich der Vorwegnahme inhaltlicher Vollrechtsbefugnisse[689]. Das Vorbenutzungsrecht hingegen ist bereits Vollrecht und somit weder auf die Entwicklung hin zum Vollrecht ausgerichtet, noch geht es um eine Vorwegnahme von Befugnissen desselben[690]. Auch inhaltlich lassen sich maßgebliche Differenzen verzeichnen. Während sich das Vorbenutzungsrecht durch einen definierten Entstehungstatbestand und die spezifische Rechtsfolge der Weiterbenutzungsbefugnis kennzeichnet, so handelt es sich beim Anwartschaftsrecht nicht um eine fest umrissene Rechtsposition mit originärem Inhalt. Die Feststellung von Tatbestand und Rechtsfolge des Anwartschaftsrechts kann nur durch Rekurs auf das Vollrecht vollzogen werden und ist einer separaten Betrachtung entzogen[691].

### II. Definition des Vorbenutzungsrechtsbegriffs innerhalb der Rechtsfigur des Anwartschaftsrechts

Der Begriff des Vorbenutzungsrechts wird in diesem Kontext somit dahingehend gebraucht, um danach zu fragen, ob der Umstand der Kennzeichenvorbenutzung zu einer Rechtsposition geführt hat, welche als Anwartschaftsrecht auf eine Benutzungsmarke bezeichnet werden kann und welche somit gegen die Entziehung durch einen nachfolgenden Zeichenrechtsinhaber gesichert ist.

---

687 S.O. Kap.1 B. III. 2. a) bb).

688 *Medicus*, Rn.456.

689 *Hoffmann*, S.79f, 84f, 139.

690 S.O. Kap.2 A.

691 *Hoffmann*, S.138.

## III. Handhabung durch die Praxis

Ähnlich wie das Vorbenutzungsrecht als Schrankenregelung erfährt das Konzept eines markenrechtlichen Verkehrsgeltungsanwartschaftsrechts in der Rechtswissenschaft nahezu einhellige Ablehnung[692]. Der Begriff des Markenanwartschaftsrechts wird allerdings typischerweise nicht im Zusammenhang mit der Benutzungsmarke, sondern im Kontext der sittenwidrigen Anmeldung von Sperrzeichen nach § *8 Abs.2 Nr.10 MarkenG*, *§ 4 Nr.10 UWG* verwendet[693]. Dabei darf bei der Diskussion nicht der Fehler begangen werden, wettbewerbsrechtliche und markenrechtliche Gesichtspunkte miteinander zu vermengen[694]. So wird teilweise für das Bestehen von Anwartschaftsrechten angeführt, die Rechtsprechung habe in Entscheidungen zum *WZG* ausdrücklich auf Verkehrsgeltungsanwartschaften abgestellt[695]. Allerdings erscheint diese Ansicht verfehlt. Der Begriff der Verkehrsgeltungsanwartschaft wurde von der Rechtsprechung nicht verwendet, um einem neuen Rechtsinstitut Geltung zu verschaffen, sondern allein dazu, um auf die erhöhten Anforderungen des Schutzes vorbenutzter Kennzeichnungen vor bösgläubigen Zeichenanmeldungen aufmerksam zu machen[696]. Mit der Frage, ob ein markenrechtlicher Schutz unterhalb der Verkehrsgeltungsschwelle besteht, hat dieser Gesichtspunkt nichts gemein. Das Bestehen eines Anwartschaftsrechts an der Benutzungsmarke ist folglich allein unter Zugrundelegung eines markenrechtlichen Ansatzes zu bemessen.

## IV. Stellungnahme

### *1. Verwirklichung eines mehrgliedrigen Entstehungstatbestands*

Nach allgemeiner Auffassung setzt die Annahme eines Anwartschaftsrechts voraus, dass von einem mehrgliedrigen Entstehungstatbestand bereits so viele Merkmale verwirklicht sind, dass von einer gesicherten Rechtsposition gesprochen werden kann, da die Erstarkung zum

692 Insofern allerdings unverständlich *Hoffmann*, S.186, welcher allein von der Verwendung der Begrifflichkeit des Anwartschaftsrechts, auf dessen Befürwortung schließt.

693 BGH, Urt.v.09.10.1997, GRUR 1998, S.412f, 414,-Analgin; *Helm*, GRUR 1996, S.593f, 597; Piper/*Ohly*/Sosnitza, *§ 4.10 UWG*, Rn.10/78.

694 *Hoffmann*, S.186.

695 *Hoffmann*, S.186f.

Vollrecht nur noch vom Verhalten des Erwerbers abhängig ist[697]. Dass die Benutzungsmarke in einem solchen mehrgliedrigen Entstehungsprozess generiert wird, steht zunächst außer Zweifel. Dieser wird mit der Aufnahme der markenmäßigen Kennzeichenverwendung eingeleitet – und mit dem Erreichen des Verkehrsgeltungskriteriums vollendet[698]. Indessen fehlt es an der weiteren Voraussetzung der gesicherten Rechtsposition. Die Vollendung des Rechtserwerbs ist nicht ausschließlich vom Verhalten des Kennzeichenverwenders abhängig[699]. Ob das Kennzeichen tatsächlich den Grad der Verkehrsgeltung erreicht, liegt lediglich teilweise in der Hand des Zeichennutzers. Dieser kann die Entstehung des Schutzrechts zwar dadurch beeinflussen, ob und in welcher Intensität er die Kennzeichnung im geschäftlichen Verkehr verwendet. Allerdings ist das Erreichen des Verkehrsgeltungskriteriums zugleich von einer Reihe von Umständen abhängig, die sich einer Einflussnahme durch den Verwender entziehen[700]. Insbesondere dann, wenn zahlreiche Wettbewerber den nicht geschützten Begriff zur Kennzeichnung ihrer Produkte aufgreifen, kann es dem Vorbenutzer endgültig verwehrt sein, den erforderlichen Bekanntheitsgrad zu erreichen[701]. Diese Unsicherheiten in der zukünftigen Entwicklung der Kennzeichnung führen dazu, dass die im Wege der Benutzung erlangte Position des Kennzeichenverwenders nicht als Anwartschaftsrecht im herkömmlichen Verständnis geschützt sein kann[702].

### *2. Wertungsmäßige Gleichstellung mit dem Vollrecht*

Nach Auffassung von *Hoffmann* könnte von einer Verkehrsgeltungsanwartschaft auch dann gesprochen werden, wenn es eine wertende Betrachtung erlauben würde, das lediglich in Benutzung befindliche Kennzeichen zumindest teilweise dem Vollrecht gleichzusetzen[703]. Eine wertungsmäßige Gleichstellung der lediglich in Benutzung befindlichen Kennzeichnung mit der Marke scheitert jedoch bereits aus allgemeinen immaterialgüterrechtlichen Erwägungen.

---

696 OLG Düsseldorf, Urt.v.12.06.1953, S.527f, 528,-Damas/Dimas; RG in Urt.v.20.02.1931, GRUR 1931, S.529f, 531,-Weltkrepp.

697 BGH, Urt.v.05.01.1955, NJW 1955, S.544f, 545.

698 *Ingerl/Rohnke*, *§ 4 MarkenG*, Rn.6.

699 *Hoffmann*, S.189.

700 *Pinzger/Heinemann*, *§ 15 WBG*, S.305; *Hoffmann*, S.188.

701 *Hoffmann*, S.188.

702 *Pinzger/Heinemann*, *§ 15 WBG*, S.305.

703 *Hoffmann*, S.189.

Vor dem Erreichen des Verkehrsgeltungserfordernisses ist die benutzte Kennzeichnung, trotz der primär willkürlichen Anforderungen an den Bekanntheitsgrad, nach der gesetzlichen Wertung nicht geeignet, die Zuordnung des Verkehrs zum Unternehmen des Kennzeichenverwenders zu vermitteln[704]. Der Verkehr, welchem die Kennzeichnung begegnet, sieht darin keinen Herkunftshinweis auf ein bestimmtes Unternehmen und ordnet es konsequenterweise auch nicht dem Kennzeichenverwender als das seinige zu. Ist das Zeichen jedoch nicht geeignet, die markenmäßige Herkunftsfunktion des Vollrechts zu erfüllen, so muss eine wertungsmäßige Gleichstellung mit diesem ausscheiden.

### V. Fazit

Vorbenutzungsrechte über die Konzeption von Anwartschaftsrechten an einer Benutzungsmarke sind abzulehnen.

## D. Bestandsaufnahme

Die Darstellung bestehender Schutzmechanismen des Kennzeichenvorbenutzers hat im Bezug auf die Vorbenutzungsthematik einige Erkenntnisse zutage gefördert. Der Vorbenutzer einer Kennzeichnung wird über die Grundsätze der bösgläubigen bzw. Markenanmeldung vor einer Beeinträchtigung seines Besitzstandes geschützt, wenn sich das Verhalten des Anmelders als dem Vorbenutzer gegenüber als sittenwidrig darstellt. Dem Markenrecht sind somit durch *§ 8 Abs.2 Nr.10 MarkenG* ethische Schranken gesetzt, die den Vorbenutzer vor unlauteren Verhaltensweisen Dritter schützen. Die Anforderungen der Rechtsprechung für die Annahme einer unlauteren Verhaltensweise sind dabei nicht hoch anzusetzen. Insbesondere dann, wenn bereits die Art des angemeldeten Zeichens eine missbräuchliche Intention nahelegt, soll mitunter ein deutlich vereinfachter Nachweis der Unlauterkeit möglich sein[705]. Die Rechtsprechung geht aber eben nicht soweit, die Vorbenutzung als Rechtsposition anzuerkennen und allein von der bloßen Kenntnis der Vorbenutzung auf ein sittenwidriges Verhalten zu

---

704 *Ahrens*, S.10.

705 EuGH, Urt.v.11.06.2009, GRUR 2009, S.763, 765,-Goldhase.

schließen[706]. Auch über die Regelung des § *242 BGB* lässt sich eine generelle Einschränkung kennzeichenrechtlicher Ausschlussbefugnisse nicht herleiten. Zwar weist diese Vorschrift grundsätzlich die Eignung auf, den Interessen des Vorbenutzers Rechnung zu tragen. In Ermangelung einer dezidierten Vorgabe durch exogene Wertungen können die Interessen des Vorbenutzers jedoch nicht generell höher bewertet werden als diejenigen des nachfolgenden Kennzeichenrechtsinhabers. Da zuletzt auch der Schutz des Kennzeichenvorbenutzers über ein Anwartschaftsrecht an der Benutzungsmarke ausscheidet, lässt sich zusammengefasst festhalten, dass der Umstand der Vorbenutzung eines Kennzeichenrechts, vorbehaltlich sittenwidriger Verhaltensweisen irrelevant ist.

706 S.O. Kap.4 A IV. 1.ff.

## Kapitel 5 Übertragung des Vorbenutzungsgedankens in das Markenrecht im Wege der Rechtsfortbildung

Die Charakterisierung des Vorbenutzungsrechts anhand der Normierungen der Sonderschutzgesetze ist abgeschlossen. Die Vorbenutzungsrechtsthematik im Markenrecht wurde sowohl historisch betrachtet als auch vor dem Hintergrund der aktuellen Rechtslage beleuchtet. Nunmehr gilt es, die Zulässigkeit der Einführung genereller Vorbenutzungsrechte im Markenrecht zu analysieren. Unterstellt man mit der herrschenden Meinung, dass die Auslegung einer Regelung am möglichen Wortsinn ihre Grenze findet, so scheidet eine Implementierung eines generellen Vorbenutzungsrechts im Wege der einschränkenden Interpretation markenrechtlicher Verletzungstatbestände der *§§ 14, 15 MarkenG* aus[707]. Dort lassen sich keine Anknüpfungspunkte für die Berücksichtigung zeitlicher Elemente auffinden. Eine Regelung, welche auf zeitliche Aspekte Bezug nimmt findet sich hingegen in *§ 6 MarkenG*, der markenrechtlichen Normierung des Prioritätsgrundsatzes[708]. Um die Priorität geht es jedoch bei Vorbenutzungsrechten gerade nicht. Der Prioritätsgrundsatz regelt allein die Frage, welchem von mehreren Schutzrechten der zeitliche Vorrang gebührt[709]. Da der Vorbenutzer aber kein eigenes Schutzrecht innehat, ist die Anwendung des Prioritätsgrundsatzes insoweit inadäquat. Auch ansonsten lässt sich im Anwendungsbereich des Markengesetzes keine Regelung auffinden, die geeignet wäre, einem generellen Vorbenutzungsrecht, bei dem allein die Vorbenutzung einer Kennzeichnung zur Weiterbenutzung legitimiert, Geltung zu verschaffen. Zwar kann *§ 242 BGB* wegen *§ 2 MarkenG* neben den Normen des Markengesetzes in Anwendung gebracht werden. Jedoch soll nochmals hervorgehoben werden, dass dieser Regelung kein generelles Vorbenutzungsrecht entnommen werden kann, welches allein durch die Vorbenutzung zur Weiterbenutzung legitimiert[710]. Die Einräumung einer generellen Weiterbenutzungsrechts kraft Vorbenutzung ist folglich allein im Wege einer gesetzesübersteigenden Rechtsfortbildung unter Rekurs auf die normierten Vorbenutzungsrechtsregelungen zu erreichen[711].

---

707 *Engisch*, S.194.

708 *Ingerl/Rohnke*, *§ 6 MarkenG*, Rn1.

709 Ströbele/*Hacker*, *§ 6 MarkenG*, Rn.1.

710 S.O. Kap 4 B.

711 *Larenz*, S.252, darin wird insbesondere darauf hingewiesen, dass Auslegung und Rechtsfortbildung sich im Wesen nicht unterscheiden, sondern lediglich verschiedene Stufen eines gedanklichen Verfahrens darstellen. Von der gesetzesimmanenten Rechtsfortbildung unterscheidet sich die gesetzesübersteigende dadurch, dass erstere zwar über die Grenzen des Wortlauts der Norm hinausgeht, sich jedoch innerhalb

## A. Rechtsanalogie zu *§ 12 PatG, § 13 Ab.5 GebrMG, § 41 GeschmacksMG*

Grundlage der Rechtsfortbildung ist der am Gleichheitsgrundsatz des *Art. 3 GG* orientierte Gedanke, dass Sachverhalte, die in ihren wesentlichen Beziehungen übereinstimmen, auch gleich zu behandeln sind[712]. Ausgangspunkt ist dabei zunächst die Feststellung, dass sich das Recht ohne Ergänzung als widersprüchlich erweisen– und damit gegen den Gleichbehandlungsgrundsatz verstoßen würde[713]. Der Analogieschluss ist unter diesen Voraussetzungen soweit statthaft, als die Ähnlichkeit der Sachverhalte reicht[714]. Dort, wo sich die Sachverhalte in den relevanten Gesichtspunkten unterscheiden, endet die Möglichkeit des Analogieschlusses und es kommt der Umkehrschluss des *Art. 3 GG* zum tragen, nach welchem unterschiedliche Sachverhalte auch unterschiedlich zu behandeln sind[715]. Respektive des Untersuchungsgegenstands bestünde der Widerspruch innerhalb der Rechtsordnung darin, Vorbenutzer von Kennzeichen – trotz Übereinstimmung in den für die Gewährung von Vorbenutzungsrechten relevanten Kriterien – ungleich Vorbenutzern anderer Sonderrechtsgüter zu behandeln. Nach neuerer, allerdings nicht unumstrittener Auffassung, ist prinzipiell jeder Rechtssatz fähig, entsprechende Anwendung zu finden[716]. Die Übertragung eines Normgedankens kann danach auch von einem Gesetzbuch zu einem anderen und von einem Rechtsteil zum anderen stattfinden[717]. Maßgeblich ist nach dieser Meinung allein die Vergleichbarkeit bzw. die Übereinstimmung in den relevanten Gesichtspunkten[718]. Bei der Übertragung außergesetzlicher Normen ist eine solche naturgemäß nur dann gegeben, wenn die Vergleichbarkeit nicht nur im Gehalt der Vorschrift sondern zugleich auch im Hinblick auf die Systematik des jeweiligen Rechtsgebiets gegeben ist[719]. Die Zulässigkeit der Übertragung eines Rechtssatzes von einem Sondergesetz in ein anderes hängt somit allein davon ab, ob diese Regelungen im Hinblick

---

des gesetzgeberischen Plans, d.h. der Teleologie des Gesetzes bewegt. Gesetzesübersteigende Rechtsfortbildung ist eine Fortbildung über die Teleologie des Einzelgesetzes hinaus, die sich jedoch innerhalb des Rahmens und der leitenden Prinzipien der Gesamtrechtsordnung bewegt.

712 *Engisch*, S.190; *Larenz*, S.257, 381; *Canaris*, S.100.

713 *Pawlowski*, Rn.475.

714 *Engisch*, S.191.

715 *Engisch*, S.191.

716 *Engisch*, S.193; a.A. *Bork*, Rn.149. Danach ist eine gesetzesübersteigende Rechtsfortbildung anhand von Regelungen außerhalb des spezifischen Gesetzes nur unter strengen Ausnahmen zuzulassen. Eine derartige Korrektur des Gesetzgeberwillens könne nur aus zwingenden Rechtsgründen erfolgen.

717 *Engisch*, S.193.

718 *Engisch*, S.193; *Ingerl/Rohnke*, Einleitung, Rn.7.

719 *Pawlowski*, Rn.507.

auf die maßgeblichen Kriterien übereinstimmen[720]. Dieser Meinung ist beizupflichten. Ob die Übertragung eines Rechtsgedankens statthaft ist, kann allein im Einzelfall und nicht pauschal beantwortet werden. Insbesondere im Immaterialgüterrecht scheint es angezeigt, auch Grundsätze jenseits des Tellerrands des Einzelschutzgesetzes einzubeziehen, sofern eine solche Übertragung respektive übereinstimmender Wertungen angebracht erscheint[721]. So ist das Immaterialgüterrecht trotz des Bestehens diverser Unterschiede zwischen den einzelnen Teildisziplinen letztlich als Ausprägung eines einheitlichen Rechtsgebiets anzusehen, so dass der Übertragung von Rechtssätzen von einem Teil in einen anderen desselben Rechtsgebiets keine grundsätzlichen Erwägungen entgegenstehen[722].

### I. Voraussetzungen der Verallgemeinerung eines Normgehalts im Wege der Rechtsanalogie

Als erstes soll die Frage Behandlung finden, ob sich aus den positivierten Vorbenutzungsrechten des Immaterialgüterrechts ein verallgemeinerungsfähiger Vorbenutzungsgrundsatz im Wege des Induktionsschlusses extrahieren lässt[723]. Ein solcher allgemeiner Grundsatz könnte wie folgt lauten: Die redliche Vorbenutzung eines Sonderrechtsguts berechtigt den Vorbenutzer, das Sonderrechtsgut auch dann weiterzubenutzen, wenn ein Dritter zeitlich nachfolgend ein absolut geschütztes, mit Sperrwirkung versehenes Schutzrecht erwirbt. Nach der Ansicht von *Larenz*, der hier gefolgt werden soll, erfordert die Abstraktion eines Grundsatzes die Übereinstimmung der positivierten Regelungen in den relevanten Gesichtspunkten[724]. In positiver Hinsicht bedarf es neben einer einheitlichen Rechtsfolgenanordnung einer Übereinstimmung im Hinblick auf die Kriterien der Rechtsfolge sowie einer gemeinsamen Ratio legis. In negativer Hinsicht dürfen der Verallgemeinerung keine anderweitigen Prinzipien oder Wertungen entgegenstehen.

---

720 Ähnlich *Canaris*, S.100.

721 Ähnlich *Ingerl/Rohnke*, Einleitung, Rn.7; ebenfalls *Ohly*, in Geistiges Eigentum und Gemeinfreiheit, S.14.

722 *Ohly*, GRUR 2003, S.545f, 554. Nach seiner Ansicht eröffnet allein eine Gesamtbetrachtung die Möglichkeit, Wertungswidersprüche innerhalb des Systems des Immaterialgüterrechts aufzudecken und zukünftige Probleme einer einheitlichen und konsistenten Lösung zuzuführen.

723 *Larenz*, S.272; *Engisch*, S.189.

724 *Larenz*, S.272.

*1. Positive Verallgemeinerungskriterien*

Wie bereits oben dargestellt, zeichnen sich sämtliche normierten Vorbenutzungsrechte der *§ 12 PatG, § 13 Abs.3 GebrauchsmusterG; § 41 GeschmacksmusterG* durch die Anordnung der gleichen Rechtsfolge aus. Diese besteht darin, dass der Vorbenutzer des jeweiligen Sonderrechtsguts gegenüber einem zeitlich nachfolgenden Erwerber eines Schutzrechts berechtigt ist, die Benutzung des Sonderrechtsguts allein wegen der Vorbenutzung desselben fortzusetzen[725]. Übereinstimmungen zwischen den Normen lassen sich auch in den für die Rechtsfolgenanordnung relevanten Gesichtspunkten aufzeigen. So handelt es sich bei dem Vorbenutzungsrecht zwar um ein komplexes Recht, welches sich nicht nur aus den tatbestandlichen Voraussetzungen der redlichen Vorbenutzung des Sonderrechtsguts sondern auch aus der spezifischen Kollisionssystematik der Sonderschutzgesetze speist. Jedoch lassen sich auch insofern keine wesensmäßigen Differenzen nachweisen. Neben der Kongruenz der Tatbestandsmerkmale lässt sich auch eine einheitliche Ausgestaltung der Kollisionssystematik der Sonderschutzgesetze feststellen. So stimmen sämtliche Einzelgesetze, die eine Regulierung des Vorbenutzungsrechts aufweisen sowohl hinsichtlich der Entstehung als auch der Ausgestaltung des Schutzrechts wesensmäßig überein. Die Sonderschutzrechte sind sämtlich zweistufig konzipiert und folgen dem Erstanmelderprinzip. D.h. bereits mit der Vollendung des Sonderrechtsguts entsteht in der Person des Schöpfers ein Anspruch auf Erteilung des Sonderschutzrechts. Das Schutzrecht selbst hingegen wird allein demjenigen erteilt, welcher das Sonderrechtsgut als erstes beim DPMA angemeldet hat. Was jedoch für die Vorbenutzungsthematik noch wichtiger ist, ist die Ausgestaltung der Schutzrechte. Diese sind vom Gesetzgeber einheitlich als absolut wirkende Rechte mit Sperrwirkung konzipiert worden[726]. D.h. jeglicher Eingriff in den Schutzgehalt des Rechts führt zur Schutzrechtsverletzung, ohne dass es auf die Kenntnis des Verletzers ankäme[727]. Zuletzt lässt sich auch ein Gleichklang der Schutzzwecke der Vorbenutzungsrechte festhalten. So verfolgen die normierten Vorbenutzungsrechte durchgängig den Zweck, bereits getätigte Aufwendungen und Investitionen vor der Zerstörung zu bewahren als auch den dadurch erlangten Besitzstand als Erwerbsquelle für die Zukunft zu schützen.

---

725 S.O. Kap.1 A. VII.; *Mes*, *§ 12 PatG*, Rn.1f.

726 S.O. Kap 1 A. I. 2. b); IV.2. b) V. 2. b).

727 S.O. Kap 1 A. I. 2. b); IV.2. b) V. 2. b).

*2. Negatives Verallgemeinerungskriterium*

In der Methodenlehre ist anerkannt, dass die Verallgemeinerung eines Grundsatzes dann ausgeschlossen ist, wenn derselben anderweitige Prinzipien oder Bewertungen entgegenstehen[728]. Fraglich könnte sein, ob die uneinheitliche Normierung des Vorbenutzungsrechts, dessen Regulierung neben dem *MarkenG* auch im *UrhG* und dem *UWG* unterblieben ist, einer Verallgemeinerung entgegensteht. Dabei muss jedoch darauf geachtet werden, die Frage der Verallgemeinerungsfähigkeit eines Grundsatzes und die Frage, ob ein abstrahiertes Prinzip entsprechend auf einen nicht regulierten Sachverhalt angewendet werden kann, strikt voneinander zu trennen. So können aus dem Umstand der divergierenden Normierung der Vorbenutzungsrechte nur dann Argumente gegen die Verallgemeinerungsfähigkeit angeführt werden, wenn es sich dabei um die Regulierung homogener Sachverhalte handelt. Ergibt eine Gesamtbewertung in diesem Fall, dass die Norm, trotz homogener Bedingungen, aufgrund spezifischer Wertungen ausschließlich in der regulierten Konstellation Geltung beanspruchen soll, so scheidet eine Verallgemeinerung als Grundsatz aus. Eine ganz andere Frage ist es, ob das Vorbenutzungsrecht bei einer heterogenen Ausgangslage auf nicht regulierte Sachverhalte angewendet werden kann, da es sich dabei allein um die Frage der Vergleichbarkeit handelt[729]. Der Umstand der Nichtregulierung der Vorbenutzungsrechte in einigen Sonderschutzgesetzen des Immaterialgüterrechts würde nur dann gegen die Verallgemeinerungsfähigkeit sprechen, wenn diesen Gesetzen eine einheitliche Regelungsstruktur zugrunde läge. Eine solche einheitliche Systematik zwischen den Sonderschutzgesetzen des Immaterialgüterrechts besteht jedoch nicht. Es wurde bereits aufgezeigt, dass im Immaterialgüterrecht im Wesentlichen drei verschiedene Kollisionssysteme feststellbar sind[730]. Normierte Vorbenutzungsrechte finden sich dabei allein bei Sonderschutzgesetzen innerhalb eines Kollisionssystems absolut geschützter Rechte mit objektiver Sperrwirkung[731]. Im Unterschied dazu fehlt eine Normie-

728 *Larenz*, S.272f.

729 *Larenz*, S.272f.

730 S.O. Kap.1 C.

731 Darüber hinaus wurde in älteren Auffassungen der Einwand erhoben, der Verallgemeinerungsfähigkeit stünde bereits entgegen, dass es allein im Patentgesetz und Gebrauchsmustergesetz normiert sei. Unabhängig von dem Aspekt, ob diese Kritik an der Verallgemeinerungsfähigkeit methodisch zutreffend ist, ist diesbezüglich auf die historische Entwicklung hinzuweisen. Mit der Änderung des Geschmacksmusterreformgesetzes vom 12.03.2004 fand das Vorbenutzungsrecht Eingang sowohl in das Geschmacksmustergesetz und ist heute sowohl in sämtlichen technischen Schutzrechten als auch im Geschmacksmusterrecht reguliert.

rung – mit Ausnahme des Markengesetzes – in Gesetzen, in denen das Sonderschutzrecht nicht mit Sperrwirkung versehen ist. Das Fehlen normierter Vorbenutzungsrechte in Sonderschutzgesetzen mit Sonderschutzrechten bei denen nicht bereits der objektive Eingriff in den Schutzbereich zur Rechtsverletzung führt, lässt sich somit bereits deshalb nicht gegen die Verallgemeinerungsfähigkeit des Vorbenutzungsrechts anführen, da es an der Übereinstimmung in einem wesentlichen Kriterium fehlt, nämlich an der objektiven Sperrwirkung des Schutzrechts. Diese Ausgestaltung des Sonderschutzrechts begründet jedoch gerade das Bedürfnis nach der Einführung von Vorbenutzungsrechten, da bereits die Verwendung des Sonderrechtsguts, unabhängig vom Zeitpunkt der Benutzungsaufnahme, zur Rechtsverletzung führt. Ist das Schutzrecht demgegenüber wie das Urheberrecht subjektiv geprägt, so besteht für den Schutz des redlichen Vorbenutzers kein Bedürfnis, da mit der eigenständigen Schöpfung keine Verletzung des Schutzrechts einhergeht. Das Vorhandensein unterschiedlicher Kollisionssysteme und eine fehlende Regulierung von Vorbenutzungsrechten in Kollisionssystemen ohne objektive Sperrwirkung steht der Verallgemeinerung des Vorbenutzungsgedankens somit nicht entgegen.

### *3. Fazit*

Den positivierten Vorbenutzungsrechten kann der allgemeine Grundsatz entnommen werden dass die redliche Vorbenutzung eines Sonderrechtsguts innerhalb eines Kollisionssystems mit objektiver Sperrwirkung dazu führt, dass die Verwendung des Sonderschutzgutes durch den Vorbenutzer auch nach der Entstehung eines absolut geschützten Schutzrechts bei einem Dritten fortgesetzt werden darf[732].

732 Vgl. zu diesem Gesichtspunkt: *Sosnitza*, in FS für Klippel, S.275f, 289, wonach das Vorbenutzungsrecht als Grundbaustein eines allgemeinen Immaterialgüterrechts anzuerkennen ist, da es einen Ausgleich im Grundkonflikt zwischen Sonderschutzrecht auf der einen Seite und vorheriger redlicher Verwendung herbeiführt.

## II. Bestehen einer Regelungslücke im Markengesetz

Die Frage, ob das Markenrecht im Hinblick auf die Vorbenutzungsrechtsthematik eine Regelungslücke enthält, soll offen gelassen werden[733]. Zum einen werden die Anforderungen an das Vorliegen einer Regelungslücke nach wie vor uneinheitlich gesehen. So ist bereits umstritten, ob das Bestehen einer Regelungslücke teleologisch, historisch oder sowohl teleologisch als auch historisch festzustellen ist[734]. Eine Regelungslücke lässt sich letztlich wohl nur dann mit Gewissheit verneinen, wenn sich sowohl teleologische Gesichtspunkte gegen eine Ausfüllungsbedürftigkeit des Gesetzes aussprechen als auch eine definitiv ablehnende Entscheidung des Gesetzgebers zu dieser Rechtsmaterie vorliegt[735]. Zumindest im Hinblick auf die Historie des Markenrechts lässt sich festhalten, dass der Gesetzgeber jedenfalls keine abschließende Entscheidung über die Ablehnung des Vorbenutzungsrechts getroffen hat[736]. Allein die Kenntnis des Gesetzgebers von der Regelungsmaterie schließt die Annahme einer Regelungslücke nicht aus. Da die Feststellung einer Regelungslücke folglich stets eine gewisse Unsicherheit impliziert, empfiehlt es sich bereits aus diesem Grund, die Ablehnung einer Analogie mit dem Argument fehlender Vergleichbarkeit zu flankieren[737]. Zum anderen ließe sich das Erfordernis der Regelungslücke im Markengesetz voraussichtlich auch dadurch umgehen, dass *§ 2 MarkenG* die Anwendung außermarkenrechtlicher Schrankenregelungen zu-

---

733 Von einer Regelungslücke wird im Allgemeinen dann gesprochen, wenn das Gesetz bzw. die Gesamtheit der in Gesetzen, Gewohnheitsrecht und ständiger Rechtsprechung ausgeformten Rechtssätze lückenhaft ist. *Larenz*, S.258.

734 Für einen Rückgriff auf historische und teleologische Elemente plädiert: *Engisch*, S.186f; *Larenz*, S.261. Für eine Feststellung der Lückenhaftigkeit des Gesetzes anhand der Gesetzeshistorie: *Bork*, Rn.144. Für ein Abstellen auf teleologische Gesichtspunkte wohl *Larenz/Wolf*, S.93; *Canaris*, S.101.

735 Hat sich der Gesetzgeber mit der konkreten Konstellation befasst und sich eindeutig gegen die Anwendung der Norm entschieden, so können sich die Gerichte nicht über diese Entscheidung hinwegsetzen. *Bork*, Rn.144; *Larenz/Canaris*, S.192f; ähnlich *Canaris*, S.101.

736 S.O. Kap.3. Der Einschätzung des Bundesgerichtshofs in der Entscheidung Dolex, nach welcher der Gesetzgeber in Kenntnis der Vorbenutzungsproblematik den Schutz des sachlichen Kennzeichens an das Erfordernis der Verkehrsgeltung geknüpft und damit die bewusste Entscheidung getroffen habe, den Schutz eines durch Benutzung entstandenen Rechts abweichend vom Patentrecht zu regeln, kann in dieser Pauschalität nicht beigetreten werden. Die Frage der Zuordnung einer geistigen Leistung und damit korrespondierend die Einräumung eines Ausschlussrechts auf der einen Seite und die Gewährung einer Weiterbenutzungsbefugnis auf der anderen Seite, sind strikt voneinander zu trennen. Vgl. BGH, Urt.v.24.02.1961 GRUR 1961, S.413f, 416,-Dolex.

737 Diese Vorgehensweise verdient bereits deshalb den Vorzug, da die Grenzen zwischen der teleologischen Feststellung einer Regelungslücke und dem Merkmal der Vergleichbarkeit fließend sind und andernfalls eine Verquickung beider Merkmale stattfindet.

lässt. Da das Bestehen einer Regelungslücke für die Zulässigkeit genereller Vorbenutzungsrechte im Markenrecht somit lediglich marginale Erkenntnisse vermittelt, soll von einer Prüfung dieses Gesichtspunkts abgesehen und direkt in die argumentative Auseinandersetzung mit der Thematik eingestiegen werden.

## III. Vergleichbarkeit

Einleitend soll vorangestellt werden, dass die nachfolgenden Ausführungen nicht den Kriterien einer strengen Vergleichbarkeitsprüfung standhalten. Dieser Prüfungspunkt soll lediglich dazu genutzt werden, um im Wege einer offenen Argumentation eine umfassende Auseinandersetzung mit dem Streitstand zu ermöglichen. Zu diesem Zweck sollen auch Begründungen nicht ausgegrenzt werden, die abseits der Vergleichbarkeitskriterien angesiedelt sind. Klarstellend soll nochmals darauf hingewiesen werden, dass es nachfolgend allein darum geht, die Vereinbarkeit eines generellen Vorbenutzungsrechts nach dem Vorbild der technischen Schutzrechte mit dem Markengesetz zu taxieren. Kennzeichnend für diese Vorbenutzungsrechte ist der Umstand, dass allein die redliche Vorbenutzung des Sonderrechtsguts zur Weiterbenutzung legitimiert, ohne dass es auf die Einschlägigkeit weiterer Billigkeitsgesichtspunkte oder eine Interessenabwägung ankäme. Ausgegrenzt von der Betrachtung bleibt die Einzelfallkorrektur.

### *1. Allgemeine Immaterialgüterrechtliche Erwägungen*

#### a) Vorbenutzungsrecht und das Erfordernis der Erbringung eigener geistiger Leistungen

Ein Argument, welches stets gegen die Akzeptanz eines Vorbenutzungsrechts im Markenrecht angeführt wurde, ist die höhere Wertigkeit der vom Vorbenutzer eines technischen Schutzrechts erbrachten geistigen Leistung, im Vergleich zur lediglich tatsächlichen Benutzung einer Kennzeichnung[738]. Diese These beinhaltet zwei Aussagen: zum einen die Anknüpfung des Weiterbenutzungsrechts an die Erbringung einer geistigen Leistung und zum anderen die Superiorität von auf geistigen Leistungen basierenden Immaterialgütern. Widmen wir uns zunächst dem ersten Gesichtspunkt, wonach die Erbringung einer geistigen Leistung als entscheidendes Abgrenzungskriterium der Weiterbenutzungsbefugnis gesehen wird. Ein Erklärungsversuch zur Privilegierung geistiger Leistungen in diesem Kontext könnte die historische Entwicklung des Immaterialgüterrechts aus der Naturrechtslehre sein[739]. Diese Lehre beruht auf der Ansicht, dass auch dem auf geistigem Gebiet Tätigen, ein natürliches Anrecht auf die Früchte seiner Arbeit zustehe, welches ihm dem Sacheigentum vergleichbar zugewiesen werden müsse[740]. Diese natürliche Sonderbeziehung zwischen dem Schöpfer und dem Produkt seiner Geistestätigkeit bildete den Anknüpfungspunkt für das Verständnis vom geistigen Eigentum[741]. Von dieser naturrechtlichen Warte aus betrachtet, könnte diese fehlende Sonderbeziehung bei Immaterialgütern, die eine geistige Leistung entbehren, eine Deprivilegierung des Vorbenutzers rechtfertigen. Der Einwand erweist sich jedoch letztlich nicht als zutreffend. Grundvoraussetzung für die Richtigkeit der These wäre zum einen das Erfordernis der Erbringung einer eigenen geistigen Leistung durch den Vorbenutzer als Prämisse der Entstehung des Vorbenutzungsrechts bei technischen Schutzrechten. Denn allein die Tatsache, dass die Erbringung einer geistigen Leistung Voraussetzung für die Einräumung eines Schutzrechts ist, kann kein Kriterium für eine besondere Schutzbedürftigkeit des Vorbenutzers sein, solange dieser nicht selbst diese Leistung erbracht hat. Zum anderen müsste gerade auch der Erfinder, welcher zwar eine geistige Leistung, aber noch keine Vorbenutzungshandlungen erbracht hat zur Weiterbenutzung berechtigt sein, da diese Konstellation gerade als Prototyp der Sonderbeziehung zwischen Erfinder und Sonderrechtsgut anzusehen ist. Wie bereits oben dargestellt ist dies allerdings nicht der Fall[742]. Bei den technischen Schutzrechten besteht nach zwischenzeitlich herrschender Meinung kein Identitätserfordernis zwischen Vorbenutzer und Erfinder[743]. Es reicht aus, dass er die Erfindung in redlicher Weise von einem Erfinder ableitet[744]. Ist die Erbringung einer geistigen Leistung jedoch kein konstitutives Kriterium, so kann diese auch dann, wenn sie auf Seiten des Vorbenutzers eines technischen Sonderrechtsguts im Einzelfall vorliegen sollte, nicht anders zu bewerten sein, als die Leistung des Vorbenutzers eines Kennzeichens, welcher keine geistige Leistung erbracht hat. Dasselbe Bild zeigt sich bei der Betrachtung der Befugnisse des Erfinders. Nicht die Erbrin-

---

738 OLG Düsseldorf, Urt.v.12.06.1953, GRUR 1953, S.527f,-Damas/Dimas.

739 *Pierson*/Ahrens/Fischer, S.13.

740 *Pierson*/Ahrens/Fischer, S.13; *Ahrens*, S.6; *Fechner*, S.201f.

741 *Pierson*/Ahrens/Fischer, S.13.

742 S.O. Kap. 1 A. I. 3. b); Kap.2 B. I. 2.; G. II.

743 S.O. Kap. 1 A. I. 3. b); Kap.2 B. I. 2.; G. II.

744 S.O. Kap.2 B. I. 2.f.

gung der erfinderischen Tätigkeit legitimiert zur Weiterbenutzung, sondern allein die Vornahme der Vorbenutzungshandlungen in Ausübung des Erfindungsbesitzes[745]. Somit zeigt sich, dass die Erbringung einer geistigen Leistung kein geeignetes Abgrenzungskriterium darstellt und der Einführung von Vorbenutzungsrechten im Markenrecht nicht entgegensteht. Im Übrigen ist die Argumentation bereits deshalb abzulehnen, da sich eine Bewertung des Schutzgegenstands des Markenrechts mit denen der technischen Schutzrechte anhand qualitativer Kriterien wie mehr oder minderwertig verbietet[746]. Zwischen den technischen Schutzrechten und dem Markenrecht lässt sich kein graduelles Verhältnis feststellen, welches eine abstrakte Bewertung der Sonderschutzrechte zuließe[747]. Die Gesetze dienen dem Schutz gänzlich unterschiedlicher Sonderrechtsgüter und stehen somit nebeneinander, ohne dass ein Rangverhältnis zu verzeichnen wäre.

b) Vorbenutzungsrecht und Zuordnungsprinzip

Einige ältere Auffassungen in der Literatur forderten für die Einräumung von Weiterbenutzungsbefugnissen kraft Vorbenutzung das Erreichen des Verkehrsgeltungskriteriums[748]. Begründet wurde diese Haltung neben dem Gesichtspunkt der Schutzwürdigkeit unter anderem damit, dass unterhalb der Verkehrsgeltungsschwelle eine Zuordnungsentscheidung zu Gunsten eines bestimmten Unternehmens noch nicht getroffen wäre[749]. Nach dieser Auffassung bestehen somit sowohl für die Entstehung des Verbotsrechts Benutzungsmarke, welches seinen Inhaber berechtigt, jeden Dritten von der Nutzung auszuschließen, als auch für die Einräumung einer kooperativen Nutzungsbefugnis dieselben materiellen Entstehungsvorausset-

745 S.O. Kap.2 E.

746 Gleichwohl ist die Aussage zutreffend, dass der Vorbenutzer eines Kennzeichens keine geistige Leistung erbracht hat. Jedoch gilt diese Feststellung eben in gleichem Maße für den Inhaber eines entstandenen Kennzeichenrechts. Das Markenrecht macht die Erbringung einer geistigen Leistung nicht zur Voraussetzung des Kennzeichenschutzes. Der Kennzeicheninhaber kann daneben zwar durchaus eine geistige Leistung erbracht haben, etwa wenn er ein selbst kreiertes Zeichen gebraucht, welches dem Urheberrechtsschutz unterliegt, jedoch ist sie nicht über das Markenrecht schutzfähig.

747 *Ingerl/Rohnke*, Einleitung, Rn.7.

748 Exemplarisch *Baumbach/Hefermehl*, *§ 25 WZG*, Rn.69, *Rosenthal*, § 1 Noten 19b, 70; *Göller*, S.54; *Hoffmann*, S.190.

749 *Hoffmann*, S.190.

zungen[750]. Diese Argumentation verleitet dazu, die Vereinbarkeit einfacher, d.h. durch bloße Benutzungsaufnahme einer Kennzeichnung entstandener Vorbenutzungsrechte mit den immaterialgüterrechtlichen Grundsätzen der Zuordnung zu analysieren. Der Gesichtspunkt der Zuordnung durchzieht das gesamte Immaterialgüterrecht. Er ist Ausdruck des Gedankens, dass jede Monopolisierung eines Rechtsguts die publizitätswirksame Zuweisung eines Sonderrechtsguts zu einem bestimmten Inhaber erfordert[751]. Nur unter der Prämisse der Zuordnung kann die Allgemeinheit geistiges Gemeingut von geistigem Eigentum unterscheiden und sich Eingriffen in das Sonderrechtsgut enthalten. Bei Formalrechten wie der Registermarke erfolgt diese Zuordnung durch den publizitätswirksamen Akt der Registereintragung nebst Veröffentlichung[752] bei Benutzungsmarken nach *§ 4 Nr.2 MarkenG* dadurch, dass ein erheblicher Teil des Verkehrs die Bezeichnung auf ein bestimmtes Unternehmen bezieht[753]. Bei einer lediglich auf Teilhabe ausgerichteten Nutzungsbefugnis zeigt sich eine publizitätswirksame Bekanntgabe der Nutzungsberechtigten indessen nicht als erforderlich[754]. Da die Berechtigung des Vorbenutzers allein das Verhältnis zum Schutzrechtsinhaber betrifft, ohne selbst absolut wirkende Ausschlussrechte zu entfalten, gibt es für die Allgemeinheit keine Rechtsposition, welche es zu beachten gäbe. Die Einräumung einer markenrechtlichen Weiterbenutzungsbefugnis bedarf somit keiner Verkehrsgeltung. Unter dem Gesichtspunkt der Zuordnung heraus sind markenrechtliche Vorbenutzungsrechte mit dem Immaterialgüterrecht vereinbar.

---

750 Ob die Rechtsfolge des Verbots oder der Weiterbenutzung gilt, richtet sich nach dieser Auffassung allein nach zeitlichen Kriterien. Wurde die Benutzung zuerst aufgenommen und erst nach der Registrierung Verkehrsgeltung erlangt, so gelte die Weiterbenutzungsbefugnis im Falle der Erreichung des Kriteriums vor der Eintragung der Registermarke, des Verbotsrechts. Vgl. *Baumbach/Hefermehl*, *§ 25 WZG*, Rn.69.

751 *Kraßer*, S.4; *Ahrens*, S.10.

752 *Ahrens*, S.16

753 *Ahrens*, S.16. Erst durch die Bekanntheit wird die Zuordnung spezifischer Leistungsergebnisse zu einem bestimmten Unternehmen ermöglicht. Die Zuordnung der Bezeichnung als das Zeichen des Markeninhabers durch den Verkehr erlaubt es dem Markenrechtsinhaber, Dritte von der Verwendung auszuschließen.

754 Vgl. Beispielsweise *§ 30 MarkenG*, sowie die Schrankenregelungen der *§ 20ff MarkenG*, welche eine parallele Verwendung von Markenrecht und Kennzeichnung auch ohne bestehendes Schutzrecht gestatten.

c) Fazit

Die Einführung markenrechtlicher Vorbenutzungsrechte verstößt nicht gegen allgemeine Grundsätze des Immaterialgüterrechts. Weder greift der Einwand der Höherwertigkeit des Schutzes geistiger Leistungen, noch können sich Bedenken im Hinblick auf die Vereinbarkeit von Vorbenutzungsrechten mit immaterialgüterrechtlichen Zuordnungsgesichtspunkten durchsetzen.

*2. Kennzeichenrechtliche Erwägungen*

a) Verwirklichung des Schutzzwecks der technischen Vorbenutzungsrechte im Markenrecht

Nach Ansicht von *Schramm* steht einer Übertragung des Vorbenutzungsrechts in das Markenrecht der Gesichtspunkt entgegen, dass sich der Gedanke des Investitionsschutzes im Markenrecht nicht verwirklichen lasse, da bei benutzten Kennzeichnungen keine nennenswerten Investitionen zu verzeichnen seien[755]. Dieser Einschätzung kann jedoch nicht beigepflichtet werden. So übersieht *Schramm* zum einen, dass sich der Schutzzweck nicht allein auf den Erhalt eingesetzter Investitionen beschränkt[756]. Denn wie bereits festgestellt wurde, dient das Vorbenutzungsrecht in gleichem Maße der Aufrechterhaltung eines erlangten Besitzstands als künftige Erwerbsquelle[757]. Zum anderen kommt es auf den Gesichtspunkt, ob Investitionen im Markenrecht im Regelfall geringer ausfallen als bei den technischen Schutzrechten, nicht maßgeblich an, da auch der Schutz der technischen Vorbenutzungsrechte nicht in einem Abhängigkeitsverhältnis zur Höhe der eingesetzter Mittel steht[758]. Im Hinblick auf die Verwirklichung des Schutzzwecks des Vorbenutzungsrechts lassen sich zwischen der Vorbenutzung eines Kennzeichens und der eines technischen Sonderrechtsguts somit keine relevanten Unterschiede verzeichnen. In beiden Konstellationen werden Aufwendungen in Bezug auf die Vorbenutzungshandlung, d.h. den Vertrieb des Sonderrechts erbracht. Zugleich wird der im Wege der Vorbenutzung erlangte Besitzstand in gleichem Maße als fortdauernde Erwerbsquelle genutzt. Schutzzwecksgesichtspunkte stehen der Einführung eines markenrechtlichen Vorbenutzungsrechts demnach nicht entgegen.

---

755 *Schramm*, S.92.

756 S.O. Kap.2 E.

757 S.O. Kap.2 E. II.

b) Eingeschränkte Sperrwirkung des Rechts aus der Marke

Als weiteres Argument gegen markenrechtliche Vorbenutzungsrechte beruft sich *Schramm* auf eine divergierende Ausgestaltung marken- und patentrechtlicher Schutzrechte[759]. Wegen der im Vergleich zu den technischen Schutzrechten lediglich eingeschränkten Sperrwirkung des Rechts aus der Marke sei ein Ausgleich unbilliger Folgen über ein Vorbenutzungsrecht nicht angezeigt[760]. Belegt wird diese Meinung zum einen mit der Ausgestaltung des älteren Kennzeichenrechts als relatives Eintragungshindernis und zum anderen mit der Beschränkung des Schutzes auf den Ähnlichkeitsbereich[761]. So könne bei der Marke bereits deshalb nicht von Sperrwirkung gesprochen werden, da weder das Vorhandensein prioritätsälterer Rechte der Entstehung jüngerer Marken materiell entgegensteht, noch Dritten die Verwendung des Zeichens im Ganzen, d.h. für sämtliche Waren und Dienstleistungen verboten werden kann[762]. Diese Erwägungen erweisen sich jedoch als unrichtig bzw. gehen am Kern der Problematik vorbei. Das Bedürfnis zur Einschränkung von Ausschlussbefugnissen durch ein Vorbenutzungsrecht erwächst daraus, dass jegliche Benutzung des Sonderrechtsguts innerhalb des Schutzbereichs des Sonderschutzrechts zur Verwirklichung des Verletzungstatbestands führt, ohne dass es auf die Verwirklichung subjektiver Tatbestandsmerkmale wie der Nachahmungsabsicht ankommt[763]. Nur in dieser Konstellation besteht die Gefahr, dass die redliche Weiterverwendung eines Sonderrechtsguts nach Entstehung eines Schutzrechts bei einem Dritten verboten werden kann[764]. Ob das Vorhandensein älterer Rechte bereits die Entstehung jüngerer Marken materiell verhindert, ist indessen nicht von Relevanz. Denn maßgeblich ist allein die konkrete normative Ausgestaltung des bereits entstandenen Schutzrechts. Auch der Hinweis *Schramms* auf die Beschränkung der – nicht zur Bekanntheit gesteigerten – Marke auf den Ähnlichkeitsbereich trägt im Ergebnis nicht. Denn der Schutzbereich der Marke steht nicht im Zusammenhang mit der Ausgestaltung des markenrechtlichen Ausschlussrechts. Dass mit dem Recht aus der Marke keine Verhaltensweisen jenseits des Schutzbereichs verboten werden können, ist evident und keine Eigenheit des Markenrechts. So richtet sich beispielsweise der Schutzbereich des Patents, welches unstreitig Sperrwirkung entfaltet, nach

758 S.O. Kap.2 E. I.

759 *Schramm*, S.39f, 40, 76, 91.

760 *Schramm*, S.76, 91f, 92.

761 *Schramm*, S.92.

762 *Schramm*, S.92f, 93.

763 Vgl. etwa: *Fischoeder*, in Stöckel/Lüken, S.450.

den Patentansprüchen unter Heranziehung der Beschreibung[765]. D.h. die technische Lehre ist der Verwendung durch Dritte nur insoweit entzogen, als sie Gegenstand des Schutzrechts ist. Beispielsweise würde eine Verletzung eines Patents auf das Befestigungsmittel „Schraube" nur dann durch das Befestigungsmittel „Nagel" verletzt, wenn beide in den schutzbestimmenden Merkmalen einer „Schraube" übereinstimmen würden. Die Patentierung eines spezifischen Befestigungsmittels führt somit nicht dazu, dass der Patentinhaber Patentschutz für sämtliche Befestigungsmittel für sich in Anspruch nehmen kann. Vielmehr dürfen andere Befestigungsmittel, welche nicht die erfinderische Lehre verwirklichen, unbehelligt vom Patentschutz verwendet werden. Es kommt also für die Verwirklichung des patentrechtlichen Verletzungstatbestands allein darauf an, ob ein Eingriff in den Schutzgehalt des Rechts vorliegt. Wie im Patenrecht so ist auch der Verletzungstatbestand des*§ 14 Abs.2 Ziff.1 MarkenG,* welcher dem Schutz vor einer markenmäßigen identischen Verwendung eines Zeichens für identische Waren dienlich ist, sowie der Tatbestand des *§ 14 Abs.2 Ziff.2 MarkenG* der den Markeninhaber innerhalb des Ähnlichkeitsbereichs vor Verwechslungen schützt, derart ausgestaltet, dass bereits der objektive Eingriff in den Schutzbereich eine Markenverletzung bewirkt. Weder kommt es auf die Kenntnis des Markenverletzers noch auf sonstige subjektive Merkmale an. Das markenrechtliche Ausschlussrecht ist somit ein solches mit Sperrwirkung.

c) Der Schutz des Kennzeichenvorbenutzers durch die „Hypothek des Vorbenutzungsrechts"

Als Argument für die Zulässigkeit von Vorbenutzungsrechten im Markenrecht wurde bereits von *Spengler* die Ähnlichkeit der Vorbenutzungsrechte zur allgemeinen Verwirkungslehre und insbesondere deren Handhabung durch die rechtswissenschaftliche Praxis angeführt[766].

---

764 S.O. Kap.5 A. I. 1.

765 S.O. Kap.1 A. I. 2. b).

766 Zur Ähnlichkeit des Vorbenutzungsrechts und der Verwirkungslehre s.o. Kap.2 G. VI.; Nach ständiger Rechtsprechung ist der allgemeine Verwirkungseinwand dann einschlägig, wenn: „durch eine länger andauernde (1) redliche und ungestörte Benutzung einer Kennzeichnung(2) ein Zustand geschaffen ist, der für den Benutzer einen beachtlichen Wert hat, ihm nach Treu und Glauben erhalten bleiben muss (3) weil er auf Grund des Verhaltens des Rechtsinhabers darauf vertrauen konnte, dieser dulde die Verwendung des Zeichens (4) Vgl. BGH, Urt.v.31.07.2008, GRUR 2008, S.1104f, 1107,-Haus& Grund II; BGH, Urt.v.21.07.2005, GRUR 2006, S.56f, 60,-Boss-Club; BGH, Urt.v.06.05.2004, GRUR 2004, S.783f, 785,-NEURO-VIBROFLEX; BGH, Urt.v.15.02.2001, GRUR 2001, S.1161, 1163,-CompuNet; BGH, Urt.v.19.02.1998, GRUR 1998, S.1034f, 1037,-Makalu; BGH, Urt.v.24.06.1993, GRUR 1993,

So beruft er sich auf einen bestimmten Aspekt der Rechtsprechung zur Verwirkungslehre, Ansprüche des Schutzrechtsinhabers gegen den Verletzer unter gewissen Umständen auch dann als verwirkt anzusehen, wenn es dem Kennzeichenrechtsinhaber an der positiven Kenntnis der Verletzung seines Kennzeichenrechts fehlt[767]. Insoweit erachtet es die Rechtsprechung bereits als ausreichend, wenn der Kennzeicheninhaber, hätte er den Markt hinreichend beobachtet, von der Verwendung des Kennzeichens hätte Kenntnis nehmen müssen[768]. Aus dieser Vorgehensweise zieht *Spengler* die Schlussfolgerung, wenn ein Kennzeichenrechtsinhaber eines Anspruchs endgültig verlustig gehen könne ohne überhaupt Kenntnis von der Rechtsverletzung zu haben, so sei nicht einzusehen weshalb ein Schutzrecht nicht auch mit der „Hypothek des Vorbenutzungsrechts" geboren werden könne[769]. Die Auffassung *Spenglers* erweist sich jedoch als unrichtig. So kann bereits die Logik der Argumentation nicht nachvollzogen werden, aus welchem Grund eine weite Interpretation der Tatbestandsvoraussetzung der Verwirkungslehre, die dem Kennzeichenrechtsinhaber Befugnisse abschneidet, eine weitere Beschränkung der Rechte aus dem Kennzeichenrecht legitimieren soll. Letztlich ist jedoch ein anderer Grund dafür maßgeblich, dass die Einführung von Vorbenutzungsrechten sich nicht auf Ähnlichkeiten zur Verwirkungslehre stützen lässt: Während der Schutzrechtsinhaber die Einschränkung seiner Ausschlussbefugnisse durch ein Vorbenutzungsrecht nicht verhindern kann, da diese Beschränkung auf einer gesetzgeberischen Interessenabwägung basiert, gründet die allgemeine Verwirkungslehre auf der Widersprüchlichkeit des Verhaltens des Rechtsinhabers und erfordert im Gegensatz zum Vorbenutzungsrecht das Zutun des Schutzrechtsinhabers[770]. Der Kennzeichenrechtsinhaber ist somit allein deshalb zur Duldung verpflichtet, da er beim Vorbenutzer dadurch, dass er die Entstehung seines Besitzstands nicht rechtzeitig verhindert hat, das Vertrauen hervorgerufen hat, Einwände gegen die Zeichenbenutzung bestünden nicht oder würden zumindest nicht geltend gemacht[771]. Auch wenn die Messlatte für den Beitrag des Kennzeicheninhabers nicht sehr hoch angesetzt wird, so lässt

---

S.913f, 914,-KOWOG; BGH, Urt.v.07.06.1990, GRUR 1990, S.1042f, 1046,-Datacolor; BGH Urt.v.02.02.1989, GRUR 1989, S.449f, 452,-Maritim.

767 *Spengler*, GRUR 1953, S.160f, 164.

768 BGH, Urt.v.23.09.1992, GRUR 1993,S.151f, S.154,-Universitätsemblem; BGH, Urt.v.12.07.1984, GRUR 1985, S.72f, 73,-Consilia, BGH, Urt.v.02.02.1989, GRUR 1989, S.449f, 452,-Maritim; *Ingerl/Rohnke*, *§ 21 MarkenG*, Rn.35; terminologisch wird in diesem Kontext von der Verletzung von Marktbeobachtungs- oder auch Obliegenheitspflichten gesprochen.

769 *Spengler*, GRUR 1953, S.160f, 164.

770 S.O. Kap.2 G. VI.

771 Ströbele/*Hacker*, *§ 21 MarkenG*, Rn.43; *Ingerl/Rohnke*, *§ 21 MarkenG*, Rn.43.

sich aus der allgemeinen Verwirkungslehre, welche die Nachlässigkeit des Kennzeichenrechtsinhabers sanktioniert, kein argumentatives Substrat für die Einführung genereller Vorbenutzungsrechte herleiten.

d) Vereinbarkeit des Vorbenutzungsrechts mit dem Schutz der Öffentlichkeit vor Irreführung

Bereits in den 50er Jahren wurde vereinzelt die Ansicht geäußert, die Einführung von Vorbenutzungsrechten in das Markenrecht könne wegen der Koexistenz der Kennzeichnungen zu Irritationen des Verkehrs führen[772]. Dieser Gedanke wurde aktuell von *Sosnitza* präzisiert und um den Aspekt divergierender Interessenlagen zwischen dem Markenrecht und den technischen Schutzrechten ergänzt[773]. Während die technischen Schutzrechte auf einer erfinderischen Leistung beruhen und ausschließlich den Schutz der individuellen Interessen des Schutzrechtsinhabers bezwecken würden, diene das Kennzeichenrecht, welches eine eigene geistige Leistung nicht voraussetzt, primär dem Interesse der Öffentlichkeit, nicht über die Herkunft gekennzeichneter Waren irregeführt zu werden[774]. Im Kern stützt sich die Argumentation somit auf die Annahme, ein Vorbenutzungsrecht bei technischen Schutzrechten beschränke allein die subjektiven Interessen des Schutzrechtsinhabers, wohingegen im Markenrecht das öffentliche Interesse des Verkehrs, vor Irreführung geschützt zu werden, tangiert würde. Diesem Argument ist aufgrund seiner Aktualität eine besondere Bedeutung beizumessen, weshalb es nachfolgend ausführlicher beleuchtet werden soll.

772 *Spengler*, GRUR 1953, S.160f.

773 *Sosnitza*, in FS für Klippel, S.275f, 288.

774 *Sosnitza*, in FS für Klippel, S.275f, 288; kritisch *Ohly*, GRUR 2003, S.545f, 553; wonach die Begründung des Unterschieds zwischen Kennzeichenrecht und sonstigen Schutzrechten mit der Gefahr der Irreführung der Verbraucher immer dann fraglich wird, wenn die Kennzeichenfunktion in den Hintergrund und der Leistungscharakter in den Vordergrund tritt. Ähnlich Schricker/Dreier/*Kur*, Geistiges Eigentum im Dienst der Innovation 2001, S.23ff, 43.

aa) Der Schutz des öffentlichen Interesses im Markenrecht / Objektiver Schutzzweck des Markenrechts

Das Markenrecht verfolgt neben dem subjektiven Schutz des Kennzeichenrechtsinhabers unstreitig einen objektiven Schutzzweck[775]. Dieser besteht nach h.M. darin Marktteilnehmer im Interesse der Allgemeinheit unterscheidbar zu machen, so dass der Verkehr in die Lage versetzt wird, Marktteilnehmer anhand ihrer Leistung zu beurteilen[776]. Die referierten Auffassungen verdienen somit dahingehend Zustimmung, dass das Markenrecht eine deutlichere Orientierung an den Interessen der Öffentlichkeit aufweist als die anderen immaterialgüterrechtlichen Sonderschutzgesetze, bei denen die Schutzrechtsgewährung in einem Abhängigkeitsverhältnis zur Erbringung einer geistiger Leistung steht[777]. Bei der Entstehung der Marke findet sich der Gedanke an den Schutz der Öffentlichkeit in den absoluten Eintragungshindernissen des *§ 8 MarkenG* wieder[778]. Der Monopolisierung durch das Markengesetz sind vornehmlich solche Bezeichnungen entzogen, denen wegen ihrer beschreibenden Eigenschaften die Eignung fehlt, der Allgemeinheit als Unterscheidungsmittel und Herkunftshinweis zu dienen *§ 8 Abs.2 Nr.1, 2 MarkenG*[779]. Beispielsweise kann der Verkehr mit der Bezeichnung „Waschmittel" versehene Textilreinigungsprodukte nicht von solchen anderer Hersteller unterscheiden. Eine Monopolisierung eines solchen Begriffs zu Gunsten einzelner ist demnach ausgeschlossen. Indessen lassen sich bei den absoluten Hinderungsgründen keine Tatbestände verzeichnen, die dem Schutz des Verkehrs vor Irreführung wegen Herkunftstäuschungen durch das Vorhandensein weiterer Zeichenrechte dienlich sind. Auch beim entstandenen Markenrecht hat der Irreführungsschutz des Verkehrs vor kollidierenden Kennzeichnungen keine Berücksichtigung als öffentliches Interesse erfahren. So betrifft auch die Regelung des *§ 49 Abs.2 MarkenG,* welche die öffentlichen Interessen beim entstandenen Markenrecht abbildet, im Schwerpunkt die Eigenschaft der Marke als Unterscheidungszeichen. Entwickeln

---

775 S.O. Kap. 1 B. III. 1. b).

776 S.O. Kap. 1 B. III. 1. b).

777 Gleichwohl spielen die Interessen der Allgemeinheit bei der Entstehung der technischen Schutzrechte eine gewichtige Rolle. Insofern gilt der eherne Grundsatz des Immaterialgüterrechts, dass ein Gemeingut nicht monopolisiert werden kann. S.O. Kap.1. A. I. 1. In den Einzelgesetzen der technischen Schutzrechte findet sich das Interesse der Öffentlichkeit im Merkmal der Neuheit ausgedrückt. Nur diejenigen geistigen Leistungen, die nicht bereits zum Stand der Technik zu zählen und somit geeignet sind die Allgemeinheit durch technischen Fortschritt zu bereichern, können den Schutz eines technischen Schutzrechts genießen.

778 S.O. Kap. 1 B. III. 2. a) aa); *Ingerl/Rohnke*, *§ 8 MarkenG*, Rn.1.

sich berühmte Marken in einem bestimmten Produktbereich weiter, so dass diese quasi als Synonym für die Produktgattung selbst gelten, z.B. Vaseline, Styropor, so verliert die Marke nach *§ 49 Abs.2 Nr.1 MarkenG* ihre Eignung als Unterscheidungs- und Herkunftsmerkmal. Die Marke wird somit zum Gemeingut und verliert als solches ihre monopolisierende Funktion[780]. Letztlich lässt sich festhalten, dass das Markengesetz die Interessen der Öffentlichkeit lediglich dahingehend berücksichtigt, dass markenrechtlicher Monopolschutz nur dann und insoweit besteht, dass die Kennzeichnung die Eigenschaft aufweist, als Unterscheidungs- und Herkunftszeichen zu dienen.

bb) Keine Beeinträchtigung öffentlicher Interessen durch die Einführung von Vorbenutzungsrechten

Der Schutz des Verkehrs vor Irreführung über die Herkunft von Produkten, durch die Existenz kollidierender Kennzeichenrechte oder die Verwendung verwechslungsfähiger Kennzeichnungen wurde vom Gesetzgeber hingegen allein subjektiv-rechtlich reguliert. So wurden Tatbestände, welche Herkunftstäuschungen des Verkehrs wegen des Vorhandenseins weiterer Kennzeichenrechte sanktionieren, vom Gesetzgeber als relative Eintragungshindernisse *§§ 9, 12, 13 MarkenG* ausgestaltet. Mit dieser Form der Regulierung legt der Gesetzgeber die Entscheidung über die Beendigung einer Herkunftstäuschung des Verkehrs ausdrücklich in das alleinige Ermessen des prioritätsälteren Kennzeichenrechtsinhabers. Das Gleiche gilt bei der markenmäßigen Verwendung der Marke durch einen Dritten. Auch hier entscheidet allein der Markeninhaber darüber, die Irreführung des Verkehrs durch die Geltendmachung von Ausschlussansprüchen nach *§ 14 Abs.2 MarkenG* zu unterbinden. Gibt es beispielsweise für ein bestimmtes Warensortiment eine Vielzahl ähnlicher Kennzeichen, so hat dies aus der Sicht

---

779 Ströbele/*Hacker*, *§ 8 MarkenG*, Rn.41ff.

780 Das Merkmal der Täuschungseignung in *§ 49 Abs.2 Nr.2 MarkenG* bezieht sich ausschließlich auf die Beziehung der Marke zum Produkt. Eine relevante Täuschungseignung liegt folglich nur dann vor, wenn durch die Marke selbst eine Aussage über das Produkt oder den Verwender getroffen wird, die unzutreffend ist. Dies ist beispielsweise bei einer unzutreffenden Beschaffenheits- oder Ortsangabe der Fall. Diese Tatbestandsalternative findet indessen ausdrücklich keine Anwendung auf den Fall, dass der Verkehr aufgrund der Verwechslungsfähigkeit des Zeichens mit dem Zeichenrecht eines Dritten einem Irrtum über die betriebliche Herkunft unterliegt. Diese Fälle hat der Gesetzgeber ausdrücklich bei den subjektiven Verletzungstatbeständen der *§§ 14, 15 MarkenG* normiert. Vgl. *Ingerl/Rohnke*, *§ 49 MarkenG*, Rn.40.

der Abnehmer in tatsächlicher Hinsicht möglicherweise den Effekt, die unterschiedlichen Waren weniger effizient voneinander unterscheiden zu können. Das Markengesetz sieht aber keinen Mechanismus wie etwa einen Widerspruchs- oder Klagezwang vor, um die Irreführungsgefahr des Verkehrs zu vermeiden. Vielmehr wird durch das Vorhandensein einer Mehrzahl verwechslungsfähiger Zeichen der Schutzumfang der Marke wegen verminderter Kennzeichnungskraft reduziert, da der Verkehr in diesem Fall stärker auf das Bestehen von Unterschieden zwischen den verwendeten Kennzeichnungen achten muss[781]. Der Gesetzgeber bringt durch diese Ausgestaltung zum Ausdruck, dass aus dem Interesse der Allgemeinheit heraus keine grundlegenden Bedenken gegen eine Koexistenz von Kennzeichenrechten bestehen. Andernfalls hätte der Gesetzgeber das Bestehen älterer Rechte wie bei den technischen Schutzrechten bereits als absolute Eintragungshindernisse regulieren müssen. Diese Sichtweise lässt sich mit der Kollisionssystematik des Markengesetzes, d.h. der Sanktions- und Schrankensystematik fundieren. So enthält das Markengesetz eine Vielzahl von Regelungen, welche die Koexistenz kollidierender Kennzeichenrechte anordnen oder die Geltendmachung von Ausschlussbefugnissen gegenüber dem Kennzeichenverletzer dauerhaft ausschließen: beispielsweise im Falle des *§ 6 Abs. 4 MarkenG* bei gleicher Priorität der Zeichenrechte, in der Situation des *§ 21 Abs.1, 2 MarkenG* im Falle der fünf jährigen Duldung der Kennzeichennutzung sowie in der Konstellation des *§ 22 MarkenG,* wenn die prioritätsältere Marke zum Zeitpunkt der Eintragung des jüngeren Zeichens löschungsreif war[782]. Darüber hinaus sind im vierten Abschnitt des Markengesetzes die Schrankenregelungen normiert, welche die Geltendmachung von Ausschlussbefugnissen gegenüber dem Kennzeichenverletzer einschränken. Die Regelung der Verjährung des *§ 20 MarkenG*, die Anwendung des allgemeinen Verwirkungsgrundsatzes nach *§ 21 Abs.4 MarkenG*, die beschreibende Verwendung nach *§ 23 MarkenG*, das Eingreifen des Erschöpfungsgrundsatzes des *§ 24 MarkenG* sowie letztlich die Einreden der Nichtbenutzung *§§ 25, 26 MarkenG.* Alle diese Regelungen beschränken die subjektiven Ausschlussbefugnisse des Kennzeichenrechtsinhabers und führen dazu, dass die mit dem Kennzeichenrecht kollidierende Kennzeichnung trotz bestehender Irreführ-

781 Ströbele/*Hacker*, *§ 9 MarkenG*, Rn.125f.

782 *Ingerl/Rohnke*, *§ 6 MarkenG*, Rn.11f, 14. Mit der Benutzungsmarke mit lediglich regionaler Ausdehnung kennt das Markenrecht eine weitere Konstellation in der es zur Koexistenz zwischen prioritätsälteren –räumlich begrenzter Benutzungsmarke und prioritätsjüngerer Registermarke kommen kann, da in dieser Konstellation wechselseitig Ansprüche ausgeschlossen sind.

rungsgefahr des Verkehrs nicht beseitigt werden kann[783]. Eine Beeinträchtigung öffentlicher Interessen steht somit durch die Koexistenz bzw. die Parallelverwendung von Kennzeichenrechten oder Kennzeichnungen nicht zu befürchten. Die oben referierten Auffassungen erweisen sich somit als unrichtig. Die Einführung von Vorbenutzungsrechten in das Markenrecht führt in gleichem Maße wie bei den technischen Schutzrechten und dem Geschmacksmustergesetz lediglich zur Einschränkung subjektiver Befugnisse. Die Interessen der Öffentlichkeit werden durch die Einführung von Vorbenutzungsrechten hingegen nicht berührt.

e) Vereinbarkeit des Vorbenutzungsrechts mit dem dynamischen Schutzumfang des Kennzeichenrechts

Im Gegensatz zu den technischen Schutzrechten, deren Schutzinhalt am Prioritätstag prinzipiell abschließend definiert wird und auf dem Niveau des Prioritätstags verharrt, ist der Schutzbereich des Kennzeichens stetigen Schwankungen unterworfen, welche zu einer Vielzahl von Faktoren in einem Abhängigkeitsverhältnis stehen[784]. In diesem Kontext stellt sich die Frage der Vereinbarkeit der dynamischen Eigenschaften der Kennzeichenrechte mit Vorbenutzungsrechten.

aa) Vereinbarkeit des Vorbenutzungsrechts mit der markenrechtlichen Entwicklungsgarantie

*Trüstedt* lehnt Vorbenutzungsrechte im Kennzeichenrecht vor dem Hintergrund dynamischer Eigenschaften ab[785]. Nach seiner Auffassung beinträchtige die Einführung von Vorbenut-

783 Letztlich sprechen auch historische Gründe gegen eine Beeinträchtigung öffentlicher Interessen durch die Parallelverwendung von Kennzeichenrechten. So wurde bereits das Markenschutzgesetz, in Abkehr von der objektivrechtlichen Ausrichtung des Markenschutzes durch straf- und polizeirechtlich geprägte Einzelgesetze, durch ein subjektivrechtliches Schutzkonzept ersetzt. Vgl. *Wadle*, S.385f, 399.

784 S.O. Kap.1 B. III. 2. b) bb); Um einige relevante Faktoren der Kennzeichnungskraft zu nennen: der Intensität der Werbung, der Marktanteile, des Verbreitungsgebiets sowie der Art und Anzahl ähnlicher Zeichen auf dem Markt. Vgl. *Ingerl/Rohnke*, *§ 14 MarkenG*, Rn.504.

785 S.O. Kap. 3 K. II. 2.; *Trüstedt*, in Reimer, 4.Auflage (1966), Kap.26, Rn.20; Der Begriff darf indessen nicht mit der Entwicklungsbegünstigung verwechselt werden. Damit wird der Umstand bezeichnet, dass Kennzeichen im Unterschied zu den anderen Immaterialgüterrechten dahingehend eine erhebliche Privilegierung genießen, dass das Zeichenrecht bereits den Beginn der unternehmerischen Tätigkeit absichert

zungsrechten den Schutzzweck des Markenrechts, der Marke eine Entwicklungsgarantie zuzubilligen[786]. Das Vorbringen ist somit als Ausdruck der Befürchtung zu bewerten, die parallele Verwendung vorbenutzter Kennzeichnungen und Registermarken verhindere eine Entwicklung der Marke von einem einfachen Zeichenrecht hin zu einem bekannten oder gar einem berühmten Zeichenrecht[787]. Da insoweit nicht bereits die Einführung des Vorbenutzungsrechts selbst, sondern allenfalls das Vorhandensein der Kennzeichnungen zur potentiellen Beeinträchtigung der Entwicklungschancen führt, kommt Vorbenutzungsrechten in diesem Kontext allenfalls eine mittelbare Bedeutung zu[788]. Ob das Vorbenutzungsrecht in dieser Hinsicht tatsächlich veritable negative Auswirkungen entfaltet, dürfte allerdings primär empirisch zu beantworten sein. Gleichwohl lassen sich einige normative Bewertungskriterien hervorheben, welche eine gewichtige Behinderung des Entwicklungspotentials der Marke durch Vorbenutzungsrechte in Frage stellen. So lässt *Trüstedt* bei seiner Argumentation außer Acht, dass die Feststellung einer Beeinträchtigung durch Drittzeichen nicht ohne Einbeziehung quantitativer Kriterien auskommt und eine Einzelfallbetrachtung erfordert. So ist es beispielsweise bei der Beurteilung der Kennzeichnungskraft eines Zeichens anerkannt, dass eine Schwächung durch Drittzeichen nur dann in Betracht kommt, wenn tatsächlich eine beträchtliche Anzahl von Kennzeichen nebeneinander verwendet werden[789]. Denn nur in diesem Fall kann der Verkehr daran gewöhnt sein, wegen der Parallelverwendung sorgfältiger auf bestehende Unterschiede zwischen verwendeten Zeichen zu achten[790]. Diese Grundsätze müssen auch bei der Beurteilung der Entwicklungsmöglichkeit von Marken Geltung beanspruchen. So wird der Verkehr eine Produktkennzeichnung nur dann nicht auf ein bestimmtes Unter-

---

und für die Einräumung eines absoluten Schutzrechts nicht die Vollendung der geistigen Leistung voraussetzt. Vgl. *Goldmann*, § 2 Rn.84f.

786 *Trüstedt*, in Reimer, 4.Auflage (1966), Kap.26, Rn.20. Nach seinem Dafürhalten kann diese Chance auf Weiterentwicklung bei kollidierenden Kennzeichnungen nur einem Kennzeichen zugebilligt werden, und zwar demjenigen, welchem die bessere Berechtigung, d.h. Priorität zukommt. So auch *Neu*, GRUR 1984, S.501f, 502, 503.

787 Aufgrund der Unsicherheiten des Kennzeichenrechts erscheint es eher opportun, in terminologischer Hinsicht auf den Begriff der Entwicklungschance zurückzugreifen, als von einer Garantie zu sprechen.

788 Denn das Vorbenutzungsrecht verhindert es lediglich, dass der Markenrechtsinhaber die Schwächung seiner Marke durch das Vorhandensein von Drittzeichen durch die Geltendmachung von Ausschlussbefugnissen beenden kann. Hingegen zeitigt es selbst keine unmittelbaren Auswirkungen auf die Entwicklungsmöglichkeiten des Zeichenrechts.

789 *Jansen*, in Ekey/Klippel/Bender, § 9 MarkenG, Rn 252; Ströbele/*Hacker*, *§ 9 MarkenG*, Rn.126; *Ingerl/Rohnke*, *§ 14 MarkenG*, Rn.576.

790 Ströbele/*Hacker*, *§ 9 MarkenG*, Rn.126.

nehmen beziehen, wenn es sich aus seiner Sicht um eine gebräuchliche Bezeichnung handelt, die als primär beschreibend aufgefasst wird. Beispielsweise bei dem Element „Hanse“ oder der Endung .com[791]. Eine maßgebliche Verminderung der Entwicklungsmöglichkeiten einer Marke setzt somit gleichfalls die Verwendung einer Vielzahl hochgradig ähnlicher Kennzeichnungen voraus[792]. Eine nachhaltige Beeinträchtigung der Entwicklungsmöglichkeiten durch das Vorhandensein einzelner Markenvorbenutzer steht indessen nicht zu befürchten. Selbst wenn eine identische Produktkennzeichnung von einem bekannten und einem unbekannten Unternehmen Verwendung finden sollte, wird der Verkehr die Marke, welche ihm im Verkehr entgegentritt, aufgrund der Marktpräsenz auf das ihm bekannte Unternehmen beziehen[793]. Lässt man den Einwand außer acht, jeder Markenverletzer werde sich künftig auf den Vorbenutzungseinwand berufen, so muss berücksichtigt werden, dass es sich bei dem Vorbenutzungsrecht um einen Tatbestand handelt, welcher allein dem redlichen Vorbenutzer zu Gute kommt und lediglich in Ausnahmesituationen zur Anwendung gelangt. Die Legitimation der Parallelverwendung einer Vielzahl identischer Kennzeichnungen, wie es für die Behinderung der Entwicklungsmöglichkeiten erforderlich wäre, kann das Institut des Vorbenutzungsrechts indessen kaum herbeiführen.

bb) Vereinbarkeit des Vorbenutzungsrechts mit dem Schutz des bekannten Kennzeichens

Mit zunehmender Bekanntheit einer Marke wächst ihr Schutzbereich[794]. So können bekannte Marken nach *§ 14 Abs.2 Nr.3 MarkenG* auch dann Schutz beanspruchen, wenn die Annahme einer Verwechslungsgefahr wegen fehlender Warenähnlichkeit ausscheidet[795]. Diese wettbewerbsrechtlich ausgestaltete Norm umfasst vier Verletzungstatbestände: die unlautere Ausnutzung oder Beeinträchtigung der Unterscheidungskraft sowie die unlautere Ausnutzung oder Beeinträchtigung der Wertschätzung des bekannten Kennzeichens[796]. Dieser gesteigerte

---

791 BGH, Beschl.v.30.01.2008, GRUR-RR 2008, S.363f, 364, Rn.9,-Hanse Naturkost.

792 Ströbele/*Hacker*, *§ 9 MarkenG*, Rn.126; *Ingerl/Rohnke*, *§ 14 MarkenG*, Rn.577.

793 Dass der Vorbenutzer im Falle der Bewerbung der Marke gleichfalls von den Werbeanstrengungen des Markenrechtsinhabers profitiert, betrifft indessen nicht das Entwicklungspotential der Marke, sondern die Frage, ob solche Investitionen des Inhabers der Marke bei bestehenden Vorbenutzungsrechten noch wirtschaftlich sinnvoll sind.

794 *Ingerl/Rohnke*, *§ 14 MarkenG*, Rn.1241; Ströbele/*Hacker*, *§ 14 MarkenG*, Rn.199.

795 *Jansen*, in Ekey/Klippel/Bender, *§ 9 MarkenG*, Rn.267.

796 *Fezer*, *§ 14 MarkenG*, Rn.798.

Schutz der bekannten Marke ist notwendig, da sich der klassische Markenschutz vor verwechslungsfähigen Zeichen bei zunehmender Bekanntheit als unzureichend erweist[797]. Vor diesem Hintergrund können Konstellationen auftreten, in denen ein vorbenutztes Zeichen dadurch mit einem zeitlich nachfolgenden Zeichenrecht kollidiert, dass das Zeichenrecht die Kluft der Unähnlichkeit der gekennzeichneten Waren/Dienstleistungen durch die angewachsene Bekanntheit überwindet. Somit stellt sich die Frage, ob eine Befugnis zur Weiterbenutzung des Zeichens nach Erreichen der Bekanntheit des Zeichenrechts mit den Zwecksetzungen des Bekanntheitsschutzes zu vereinen ist. Diese Frage lässt sich bejahen. Denn auch in dieser Konstellation zeigt sich das enge teleologische Band zwischen Vorbenutzungsrecht und der Sperrwirkung eines Schutzrechts. Anders als der klassische Markenschutz gegen Verwechslungsgefahr, bei dem bereits der objektive Eingriff in den Schutzbereich die Rechtsverletzung herbeiführt, bedarf es für die Verwirklichung des *§ 14 Abs.2 Nr.3 MarkenG* zusätzlich der Erfüllung des subjektiven Merkmals der Unlauterkeit[798]. Wurde jedoch die Benutzung eines Zeichens bereits zu einem Zeitpunkt aufgenommen, zu dem das kollidierende Zeichenrecht noch nicht bekannt war, so geht die h.M. davon aus, dass die Weiterbenutzung des Zeichens auch dann, wenn sie das bekannte Zeichenrecht zu einem späteren Zeitpunkt beeinträchtigt, nicht als unlauter zu bewerten ist[799]. Da die Zeichen in dieser Konstellation erst infolge der Bekanntheit miteinander in Konflikt geraten, wird die Weiterverwendung eines ursprünglich zulässigerweise in Benutzung genommenen Zeichens, anhand des Maßstabs der Sittenwidrigkeit bemessen, nicht als verwerflich angesehen[800]. Ein Konflikt des Vorbenutzungsrechts mit dem Bekanntheitsschutz lässt sich somit nicht feststellen.

797 Ströbele/*Hacker*, *§ 14 MarkenG*, Rn.200. Das Zeichen verselbständigt sich, löst sich ab von den ursprünglich damit versehenen Produkten und wird zu einem eigenständigen schutzbedürftigen wirtschaftlichen Wert.

798 *Fezer*, *§ 14 MarkenG*, Rn.810; Ströbele/*Hacker*, *§ 14 MarkenG*, Rn.248. Das Vorliegen dieses subjektiven Merkmals ist anhand einer objektiven Betrachtung festzustellen. A.A. *Ingerl/Rohnke*, *§ 14 MarkenG*, Rn.1280, danach bedarf es einer gesonderten Prüfung der Unlauterkeit nicht. Vielmehr indiziere die Verwirklichung der objektiven Verletzungsmerkmale zugleich die Unlauterkeit.

799 Ströbele/*Hacker*, *§ 14 MarkenG*, Rn.253.

800 Ströbele/*Hacker*, *§ 14 MarkenG*, Rn.253.

cc) Vereinbarkeit des Vorbenutzungsrechts mit dem Schutz sachlicher Zeichenrechte

Die dynamische Natur der Kennzeichen führt respektive des Schutzes sachlicher Kennzeichenrechte wie der Benutzungsmarke nach *§ 4 Nr.2 MarkenG* zu einem Phänomen, welches die Vorbenutzung einer Kennzeichnung von den technischen Schutzrechten unterscheidet. So müsste der Kennzeichenrechtsinhaber nicht lediglich die kooperative Weiterbenutzung der Kennzeichnung durch den Vorbenutzer erdulden, vielmehr wäre er bei Erreichung der Verkehrsgeltungsschwelle sogar verpflichtet, die Entstehung eines eigenen Ausschlussrechts hinzunehmen[801]. In Ermangelung eines Löschungsanspruchs gegen eine Benutzungsmarke, ist der Markeninhaber darauf verwiesen, die Entstehung des sachlichen Zeichenrechts, dadurch zu verhindern, dass er vom Markenverletzer die Unterlassung der Zeichenverwendung nach *§ 14 Abs.2, 3, 5 MarkenG* einfordert. Hielte sich der Vorbenutzer bei der Verwendung der Kennzeichnung innerhalb der vom Vorbenutzungsrecht abgesteckten Grenzen, so könnte der Markenrechtsinhaber der Entstehung einer Benutzungsmarke nichts entgegensetzen. Dem Vorbenutzer würde somit mittels dieser Schrankenregelung zu einem eigenen Schutzrecht verholfen. Diese Ausweitung der Befugnisse widerspricht jedoch den Zwecksetzungen des Vorbenutzungsrechts, welches dazu dient, den redlich erlangten Besitzstandes und somit den „Status quo" aufrecht zu erhalten, in dem es seinem Inhaber eine Weiterbenutzungsbefugnis einräumt[802]. Eine Ausdehnung des Besitzstandes des Vorbenutzers zu Lasten des Schutzrechtsinhabers über die Befugnis zur Weiterbenutzung hinaus, kann das Vorbenutzungsrecht nicht vermitteln. Darüber hinaus wäre durch die Verkettung des Vorbenutzungsrechts mit dem sachlichen Zeichenrecht der Prioritätsgrundsatz und letztlich auch das Monopolrecht der Marke ausgehöhlt, da der prioritätsältere Markeninhaber aufgrund des Vorbenutzungsrechts weder in der Lage wäre das prioritätsjüngere Zeichenrecht zu beseitigen, noch die Unterlassung der Zeichenverwendung einzufordern. Damit zeigt sich, dass sich das Vorbenutzungsrecht nicht in die Kollisionssystematik des Markenrechts eingliedern lässt.

801 S.O. Kap.1. B. III. 2. a) bb).

802 S.O. Kap. 2 E.

f) Vereinbarkeit des Vorbenutzungsrechts mit der Investitionsfunktion des Markenrechts

Wie bereits zu Anfang referiert, bezweckt das Markengesetz den Schutz unternehmerischer Leistungen, indem es die Kennzeichenrechte als deren Symbole absichert[803]. Die Marke enthebt die unternehmerischen Leistungen ihrer Anonymität und ermöglicht es dem Verkehr, sich für die damit gekennzeichneten Produkte zu entscheiden, da er diese Erzeugnisse wegen der Kennzeichnung, von Produkten anderer – missliebiger – Unternehmen unterscheiden kann[804]. Die vom Markenschutz erfassten Leistungen sind vielfältiger Natur und finden ihre Entsprechung in den Markenfunktionen[805]. Investiert ein Unternehmen kontinuierlich in innovative hochwertige Produkte, so profitiert es im Regelfall dadurch, dass die Abnehmerkreise das Produkt wegen der Erinnerung an die hohe Produktqualität nachfragen werden[806]. Durch die Platzierung von Werbekampagnen, wird die Marke einem erweiterten Abnehmerkreis bekannt gemacht und ein spezifisches Markenimage aufgebaut, welches die Rezipienten allein wegen der Vorstellung an Luxus, eines bestimmten Stils oder eines vermittelten Lebensgefühls zum Produkterwerb motiviert[807]. Jedoch bedarf die Etablierung einer solchen Marke im Regelfall eines massiven finanziellen, personellen und auch zeitlichen Aufwands. Diese Investitionen in hochwertige innovative Produkte und Werbekampagnen wird der Markenrechtsinhaber jedoch nur dann in Kauf nehmen, wenn er eine Absicherung vor Ausbeutung der so geschaffenen Marktstellung erhält[808]. Das Markengesetz trägt gesteigerten Bemühungen im Regelfall durch einen gesteigerten Schutzumfang Rechnung und stimuliert dadurch Innovations- und Investitionsanreize und somit mittelbar den wirtschaftlichen Fortschritt[809]. Ein Vorbenutzungsrecht im Markenrecht läuft diesen Schutzzwecken des Markengesetzes zuwider. Kann der Verkehr die Leistungen des Markenrechtsinhabers wegen der Verwendung identischer Marken für identische Waren nicht von denen seiner vorbenutzenden Konkurrenten unterscheiden, so erweisen sich Investitionen in Produkte und Werbung für den Markenrechtsinhaber wirtschaftlich als sinnlos. Es bestünde stets die Gefahr, dass der Verkehr Wer-

803 S.O. Kap. 1 B III. 1.; *Pierson*/Ahrens/Fischer; S.34.

804 *Hacker*, S.8.

805 *Fezer*, Einl D MarkenG, Rn.18f.

806 *Pierson*/Ahrens/Fischer; S.43.

807 *Hacker*, S.26; *Deigendesch/Stucky*, in Stöckel/Lüken, S.513.

808 Vgl. *Hacker*, S.8.

809 *Pierson*/Ahrens/Fischer; S.43; so erwirbt die Marke neben dem Bekanntheitsschutz des *§ 14 Abs.2 Nr.3 MarkenG*, auch den Schutz der Qualitäts-, Kommunikationsfunktion erst im Laufe der Verwendung des Zeichens im Verkehr. Vgl. *Hacker*, S.26.

bung und Gütevorstellungen auf die Produkte des Vorbenutzers transferiert und dessen Erzeugnisse erwirbt[810]. Umgekehrt müsste es der Markenrechtsinhaber auch hinnehmen, dass die Vorstellungen des Verkehrs von der Qualität durch minderwertige Waren des Vorbenutzers diskreditiert würden. Anders als bei technischen Schutzrechten führen Investitionen in das Sonderschutzrecht somit gleichzeitig zu einer Stärkung der Position des Vorbenutzers. Da dem Schutzrechtsinhaber somit die Anreize für Investitionen in die Marke genommen sind, liefe die Einführung von markenrechtlichen Vorbenutzungsrechten den Zwecksetzungen des Markengesetzes zuwider.

#### g) Fazit

Die Einführung eines generellen Vorbenutzungsrechts nach dem Vorbild der technischen Schutzrechte erweist sich als mit dem Kennzeichenrecht unvereinbar. Zum einen würde der Schutzrechtsinhaber durch ein kennzeichenrechtliches Vorbenutzungsrecht nicht nur zur Duldung der Weiterverwendung verpflichtet, sondern müsste gleichfalls die Entstehung eines eigenen Ausschlussrechts auf Seiten des Vorbenutzers hinnehmen. Darüber hinaus liefe die Einführung von Vorbenutzungsrechten dem Zweck des Markengesetzes zu wider Innovation und Investitionen zu fördern. Da im Regelfall auch der Vorbenutzer von Maßnahmen des Markenrechtsinhabers zur Steigerung der Bekanntheit oder des Zeichenimages profitiert, erweisen sich Investitionen des Zeichenrechtsinhabers in das Zeichen als wirtschaftlich sinnlos.

### *3. Wettbewerbsrechtliche Erwägungen*

#### a) Verstoß gegen die Nachahmungsfreiheit

Teilweise wurde gegen die Einführung genereller Vorbenutzungsrechte in das Markenrecht angeführt, der Schutz des Kennzeichenvorbenutzers unterhalb der Verkehrsgeltungsschwelle verstoße gegen den Grundsatz wettbewerbsrechtlicher Nachahmungsfreiheit[811]. Wie bereits dargelegt, ist Wettbewerb und Fortschritt nur dann möglich, wenn Arbeitsergebnisse aufei-

810 Somit reichen im Gegensatz zur Argumentation *Trüstedts*, bereits einer oder einige wenige Vorbenutzer aus, um Investitionen des Schutzrechtsinhabers in seine Marke zu verhindern.

811 *Brandner/Bergmann*, in GroßKomm, *§ 1 UWG a.F.*, A 260.

nander aufbauen können[812]. Die Ausnutzung fremder Leistungen und Arbeitsergebnisse ist folglich nicht per se unzulässig, sondern nur dann, wenn diese entweder durch ein absolut geschütztes Schutzrecht geschützt sind oder die Ausnutzung der Leistung in unlauterer Art und Weise geschieht[813]. Die Einräumung einer Weiterbenutzungsbefugnis des Vorbenutzers unterhalb der Verkehrsschwelle beeinträchtigt die Befugnisse der Wettbewerber an der Nachahmung nicht, da das Vorbenutzungsrecht gerade keine Ausschlussbefugnisse vermittelt[814]. Eine Verletzung der Nachahmungsfreiheit durch die Einführung von Vorbenutzungsrechten steht somit nicht zu befürchten.

b) Irreführung über die betriebliche Herkunft nach *§ 5 Abs.2 UWG*

Mit *§ 5 Abs.2 UWG* wurde in Umsetzung des *Art. 6 Abs.2 lit.a* 2005/29/EG ein lauterkeitsrechtlicher Tatbestand zum Schutz des Verkehrs vor Irreführung über die betriebliche Herkunft von Waren und Dienstleistungen in das *UWG* integriert[815]. Im Unterschied zu den Verletzungstatbeständen des Markengesetzes schützt die Regelung nicht vor Verwechslungsgefahr, sondern vor der Herbeiführung von Verwechslungen[816]. Aus dieser sprachlichen Differenzierung erwächst ein wesentlicher Unterschied zwischen den Regelungen des Markengesetzes und dem *§ 5 Abs.2 UWG*. Anders als bei der Bewertung der Einschlägigkeit markenrechtlicher Verletzungstatbestände bei denen allein die kollidierenden Zeichen einer abstrakten Betrachtung unterzogen werden, sind bei der lauterkeitsrechtlichen Betrachtung sämtliche Begleitumstände des Kennzeichengebrauchs in die Bewertung einzubeziehen[817]. Ob eine geschäftliche Handlung zur Irreführungen des Verkehrs über die betriebliche Herkunft führt, ist somit anders – als bei den Verletzungstatbeständen des Markengesetzes – keine Rechts – son-

812 Piper/*Ohly*/Sosnitza, § 4.9 UWG, Rn.9/2; *Götting*, in Fezer, *§ 4-9 UWG*, Rn.27.

813 *Köhler*/Bornkamm, *§ 4 UWG*, Rn.9.24.

814 S.O. Kap.2. A. I.

815 *Köhler*/Bornkamm, *§ 5 UWG*, Rn.4.209f, 4.210; RL.2005/29/EG. Über unlautere Geschäftspraktiken aufgrund dieser gemeinschaftsrechtlichen Vorgabe der UGP-Richtlinie ist diese Regelung, obgleich es sich dabei um den originären Anwendungsbereich des Markengesetzes handelt, grundsätzlich neben den Normen des Markengesetzes anwendbar.

816 *Köhler*/Bornkamm, *§ 5 UWG*, Rn.4.209f, 4.212b.

817 Ströbele/*Hacker*, *§ 2 MarkenG*, Rn.15; *Köhler*/Bornkamm, *§ 5 UWG*, Rn.4.209f, 4.212b. Es geht nicht um die Abgrenzung des Schutzbereichs eines individuellen Immaterialgüterrechts, sondern darum den Verkehr vor tatsächlichen Verwechslungen zu schützen.

dern eine Tatsachenfrage[818]. Gleichwohl stellt sich die Frage, inwieweit die Einführung eines markenrechtlichen Vorbenutzungsrechts mit *§ 5 Abs.2 UWG* in Einklang zu bringen ist. Zunächst lässt sich festhalten, dass die Einführung eines Rechtsinstituts, welche die parallele Verwendung identischer Kennzeichnungen für identische Waren legitimiert, geradezu zwangsläufig die Irreführung des Verkehrs über die betriebliche Herkunft herbeiführt[819]. Seine Einführung läuft somit erkennbar der Zwecksetzung des *§ 5 Abs.2 UWG* entgegen. Auf der anderen Seite besteht jedoch Einigkeit, dass *§ 5 Abs.2 MarkenG* nicht dazu berechtigt, die markenrechtlichen Schrankenregelungen über einen lauterkeitsrechtlichen Tatbestand zu umgehen. So ist es anerkannt, dass auch lauterkeitsrechtlich die Koexistenz von Marken hinzunehmen ist, wenn diese markenrechtlich zu akzeptieren ist[820]. D.h. auch die Einführung einer ungeschriebenen Schranke wie beispielsweise des Rechts der Gleichnamigen, wäre lauterkeitsrechtlich hinzunehmen. Inwieweit *§ 5 Abs.2 UWG* insofern überhaupt ein originärer Anwendungsbereich zukommt, ist bislang noch ungeklärt[821]. Der Einführung eines Vorbenutzungsrechts steht *§ 5 Abs.2 UWG* indessen nicht entgegen.

c) Fazit

Wettbewerbsrechtlich ist die Einführung markenrechtlicher Vorbenutzungsrechte nicht zu beanstanden. Weder beeinträchtigt die vom Vorbenutzungsrecht vermittelte Weiterbenutzungsbefugnis die Nachahmungsfreiheit, noch ist eine relevante Beeinträchtigung des *§ 5 Abs.2 UWG* festzustellen.

### *4. Verfassungsrechtliche Erwägungen*

Aus verfassungsrechtlicher Sicht ist die Einführung genereller Vorbenutzungsrechte in das *MarkenG* im Wege des Analogieschlusses vor dem Hintergrund des Eigentumsgrundrechts

---

818 *Köhler*/Bornkamm, *§ 5 UWG*, Rn.4.209f, 4.212b. Unter Berücksichtigung dieser Vorgaben scheidet die Herbeiführung tatsächlicher Verwechslungen bei zwar registrierten aber nicht benutzten Zeichenrechten aus. Denn der Verkehr, dem eine Kennzeichnung entgegentritt, kann nur dann über die betriebliche Herkunft irren, wenn ihm das Zeichenrecht bekannt ist. Vgl. Ströbele/*Hacker*, *§ 2 MarkenG*, Rn.15.

819 Ein ähnlicher Gedanke liegt wohl der Erwägung von *Sosnitza*, in FS für Klippel, S.275f, 288 zu Grunde.

820 *Köhler*/Bornkamm, *§ 5 UWG*, Rn.4.209f, 4.213b.

821 Gegen eine eigenständige Bedeutung des *§ 5 Abs.2 UWG*, *Beater*, Rn.1386.

des *Art. 14 GG* zu betrachten[822]. Da entstandene Kennzeichenrechte am Schutz des *Art. 14 GG* partizipieren, läge in der Einführung eines generellen Vorbenutzungsrechts, welches die Befugnisse aus dem Zeichenrecht beschränkt, ein Eigentumseingriff[823]. Gleichwohl stünden der Einführung genereller Vorbenutzungsrechte keine zwingenden verfassungsrechtlichen Gründe entgegen, da die zulässige Rechtsanalogie einer vom Gesetzgeber getroffenen Inhalts- und Schrankenbestimmung des Eigentumsgrundrechts *Art. 14 Abs.1 S.2 GG* gleichsteht und den Eingriff rechtfertigt. In diesem Sinne hat auch das BVerfG betont, dass die derzeitige Ausgestaltung der Kollisionssystematik des Markenrechts zwar verfassungsrechtlich zulässig, aber nicht geboten ist[824]. Auf der anderen Seite lässt sich der Verfassung kein Gebot zur Einführung einer ungeschriebenen Schrankenregelung zu Gunsten des Vorbenutzers einer Kennzeichnung entnehmen. Konstellationen wie der Kennzeichenvorbenutzung, in denen – noch – keine vom einfachen Gesetz anerkannte Rechtsposition vorliegt, werden in der Terminologie des *Art. 14 GG* als Erwerbschance tituliert[825]. Solche zukünftige Erwerbschancen werden von *Art. 14 GG* nur im Ausnahmefall geschützt, nämlich dann, wenn auf die Verwirklichung derselben ein gesicherter Anspruch vergleichbar einer Anwartschaft besteht[826]. Dem Kennzeichenvorbenutzer steht jedoch, wie bereits dargelegt, gerade keine gesicherte Rechtsposition zur Seite[827]. Da die Kennzeichenvorbenutzung folglich nicht am Grundrechtsschutz des *Art. 14 GG* teilnimmt, wäre die Einführung eines Vorbenutzungsrechts verfassungsrechtlich nur dann geboten, sofern die geltende Inhalts- und Schrankensystematik des Markenrechts gegen den Verhältnismäßigkeitsgrundsatz verstößt[828]. Dieser Nachweis kann jedoch nicht geführt werden. Zum einen wird dem Gesetzgeber bei der Ausgestaltung der Kollisionssystematik ein weiter Beurteilungsspielraum zuerkannt. Zum anderen haben die Interessen des

---

822 Der verfassungsrechtliche Eigentumsbegriff hat einen weiten Anwendungsbereich und umfasst auch die Inhaberschaft an Immaterialgütern. Vgl. *Fechner*, S.198.

823 BVerfG Beschl.v.22.05.1979, BVerfGE, 51, S.193ff, 217,-Weinbergsrolle; *Jarass*/Pieroth, *Art.14 GG*, Rn.21, 29; *Fechner*, S.200; *Nowrot*, Arbeitspapiere aus dem Institut für Wirtschaftsrecht, S.11.

824 BVerfG, Beschl.v.21.08.2006, GRUR 2007, S.79f, 80,-maxem.de.

825 *Jarass*/Pieroth, *Art.14 GG*, Rn.8.

826 BVerfG, Beschl.v.31.10.1984, BVerfGE, 68, 193ff, 222, BVerfG, Beschl.v.14.01.1987, BVerfGE 74, S.129ff, 148, BVerfG, Beschl.v.18.05.1988, BVerfGE 78, S.205f, 211; *Jarass*/Pieroth, *Art. 14 GG*, Rn.22.

827 Der Umstand, dass er nach *§ 8 Abs.2 MarkenG*, *§ 826 BGB* berechtigt ist gegen nachfolgende Zeichenrechtsinhaber vorzugehen führt indessen nicht zu einer gesicherten Rechtsposition. Diese Normen sanktionieren lediglich das Handlungsunrecht des nachfolgenden Zeichenrechtsinhabers und sind nicht Ausfluss einer Anerkennung der Kennzeichenvorbenutzung als Rechtsgut.

828 *Jarass*/Pieroth, *Art.14 GG*, Rn.38; *Ingerl/Rohnke*, Nach *§ 15 MarkenG*, Rn.97.

Kennzeichenvorbenutzers durch die Kodifizierung des *§ 8 Abs.2 Nr.10 MarkenG* und dessen Ausgestaltung durch die jüngere Rechtsprechung zur missbräuchlichen Markenanmeldung, eine kontinuierliche Aufwertung erfahren.

### *5. Europarechtliche Erwägungen*

Das Markenrecht wurde durch die *MRR* in zentralen Teilen harmonisiert[829]. Da die *MRR* in weiten Bereichen Verbindlichkeit entfaltet, ist die Vereinbarkeit mit dem Europarecht Voraussetzung der Einführung genereller Vorbenutzungsrechte. Respektive der Weiterbenutzungsbefugnis als Rechtsfolgenanordnung handelt es sich in den Kategorien des Markenrechts um eine Schrankenregelung. Eine Vorschrift mit Bezug zur Beschränkung der Rechte aus der Marke ist in *Art. 6 MRR* normiert, welche eine enumerative Aufzählung zulässiger Schrankenregelungen enthält. Dieser Norm lassen sich weder eine dem Vorbenutzungsrecht vergleichbare Regelung noch Ausnahmeregelungen noch Öffnungsklauseln entnehmen, die eine Berücksichtigung der Interessen des Markenvorbenutzers dem Grunde nach zuließen[830]. Würde die *MRR* im Hinblick auf die Zulässigkeit von Schrankenregelungen Verbindlichkeit entfalten, so wäre die Einführung genereller Vorbenutzungsrechte zwingend ausgeschlossen. Der abschließende Charakter der *MRR* in Bezug auf Schrankenregelungen ist allerdings strittig[831]. Gegen den abschließenden Charakter der *MRR* ließe sich anführen, dass der Richtliniengeber ausweislich des vierten und fünften Erwägungsgrundes der *MRR* ausdrücklich von einer Vollharmonisierung des Markenrechts abgesehen hat, da eine vollkommene Angleichung der Markenrechtssysteme der Mitgliedsstaaten nicht als erforderlich erachtet wurde[832]. Auch ließe es Erwägungsgrund *sieben MRR,* der den Mitgliedsstaaten die freie Ausgestaltung des Konkurrenzverhältnisses überlässt, ausdrücklich zu, markenrechtliche Befugnisse über die

829 Erste Richtlinie (EWG) Nr.89/104 des Rates zur Angleichung der Rechtsvorschriften der Mitgliedstaaten über die Marken vom 21.12.1988.

830 *Hildebrandt*, MarkenR 2008, S.102ff, 110.

831 *Hildebrandt*, S.277; Der deutsche Gesetzgeber ist bei der Regulierung von Schrankenregelungen bereits mehrfach über die Vorgaben der *MRR* hinausgegangen. Wie etwa bei *§§ 20, 21 Abs.4, 22 MarkenG*. So wurde mit der Einführung des Verweises des *§ 21 Abs.4 MarkenG* auf die allgemeinen Grundsätze der Verwirkung der Anwendungsbereich der Verwirkungslehre deutlich über den von *Art. 9 MRR* abgesteckten Bereich erweitert. *Hildebrandt*, S.276; *Ingerl/Rohnke*, *§ 21 MarkenG*, Rn.19, wonach bezweifelt werden darf, ob *Art. 9 MRRL* keine Begrenzungsfunktion beizumessen ist.

Vorgaben des *Art. 6 MRR* hinaus, durch außermarkenrechtliche Schranken wie beispielsweise *§ 242 BGB* einzugrenzen, was gleichfalls eher gegen einen abschließenden Charakter der *MRR* spricht. Letztlich kann dieser Gesichtspunkt jedenfalls für die Einführung genereller Vorbenutzungsrechte dahinstehen, da deren Integration in das Markenrecht den Zwecksetzungen der *MRR* zuwider läuft. Würde den Mitgliedstaaten die Möglichkeit offeriert, durch die Einführung individueller Schrankenregelungen die in der *MRR* definierten markenrechtlichen Ausschlussbefugnisse zu relativieren, so könnte sich diese Leseart der *MRR* gegenüber dem Ziel eines harmonisierten Markenrechts als entscheidendes Hemmnis ausweisen. Auch wenn die Einführung eines generellen Vorbenutzungsrechts möglicherweise nicht gegen zwingendes Europarecht verstößt, widerspräche deren Einführung dem Gedanken an ein vereinheitlichtes Markenrecht.

### *6. Praktische Erwägungen*

Die Ablehnung von Vorbenutzungsrechten im Markenrecht wegen des immanenten Missbrauchsrisikos ist so alt wie das Markenrecht selbst. Erwähnung findet das Argument erstmalig in den frühen Diskussionen zum Warenbezeichnungsgesetz zur Einführung eines sachlichen Kennzeichenrechts und ist letztlich Ausfluss des überkommenen strengen Formalprinzips[833]. Eine gewisse Berechtigung lässt sich dem Argument für das Markenrecht indessen auch heute nicht absprechen. Das Missbrauchspotential eines generellen markenrechtlichen Vorbenutzungsrechts ist aufgrund vereinfachter Nachahmungsmöglichkeiten ungleich höher als bei den technischen Sonderschutzrechten. So muss der Vorbenutzer eines Patents nicht nur den Nachweis der Benutzungsaufnahme oder des Treffens vorbereitender Veranstaltungen erbringen, er muss darüber hinaus belegen, dass er vor dem Anmeldetag des Patents Erfindungsbesitz hatte. Da die Veröffentlichung der Erfindung, welche der Öffentlichkeit erstmalig Kenntnis von der der Erfindung zu Grunde liegenden technische Lehre ermöglicht, erst deutlich nach dem Anmeldetag erfolgt, sind Missbrauchsmöglichkeiten insoweit minimiert. Entnimmt der angebliche Vorbenutzer die Erfindung erst der Bekanntmachung, so wird ihm der Nachweis des Erfindungsbesitzes vor dem Anmeldetag kaum gelingen. Ein hypothetisches

832 Richtlinie 2008/95/EG des Europäischen Parlaments und des Rates zur Angleichung der Rechtsvorschriften der Mitgliedsstaaten über die Marken, vom 22.Oktober 2008, BlPMZ 2009, S.4ff.

markenrechtliches Vorbenutzungsrecht hingegen, welches weder ein dem Erfindungsbesitz vergleichbares Kriterium aufweisen würde noch vom Nachweis der Verkehrsgeltung abhängig wäre, würde das Risiko des Rechtsmissbrauchs deutlich erhöhen. So würde theoretisch bereits die Manipulation einiger weniger Liefer- und Rechnungsbelege ausreichen, um den Gerichten das Bestehen eines Vorbenutzungsrechts zu suggerieren. Das hohe Missbrauchspotential eines generellen markenrechtlichen Vorbenutzungsrechts spricht gegen die Vereinbarkeit mit dem Markenrecht.

### *7. Würdigung*

Die oben dargestellten Erwägungen sollen nachfolgend nicht nochmals in Gänze rekapituliert werden. Lediglich einige bedeutsame Erkenntnisse sind zusammenzufassen. Die Betrachtung der analogen Anwendung der Vorbenutzungsrechte nach Vorbild der technischen Schutzrechte in das Markenrecht liefert ein eindeutiges Ergebnis. Generelle Vorbenutzungsrechte erweisen sich als mit dem Markenrecht unvereinbar. Zwar lassen sich zahlreiche der gegen die Einführung markenrechtlicher Vorbenutzungsrechte vorgebrachten Argumente entkräften, jedoch stehen die spezifischen Eigenheiten des Kennzeichenrechts einer entsprechenden Anwendung genereller Vorbenutzungsrechte zwingend entgegen. Auch wenn das Markenrecht in weiten Teilen, in den für Vorbenutzungsrechte relevanten Gesichtspunkten wie der Ausgestaltung des absoluten Rechts mit Sperrwirkung, mit den technischen Schutzrechten übereinstimmt, lassen sich insbesondere im Hinblick auf die verfolgten Schutzzwecke der Sonderschutzgesetze unüberbrückbare Differenzen nachweisen. So ist der entscheidende Grund zur Ablehnung von Vorbenutzungsrechten vornehmlich darin zu sehen, dass der Schutzzweck des Markenrechts, Investitionen des Inhabers des Kennzeichenrechts in die Marke und die damit gekennzeichneten Produkte zu fördern, durch vorhandene Vorbenutzungsrechte nachhaltig beeinträchtigt wird. Der Inhaber des technischen Schutzrechts ist lediglich verpflichtet, die Weiterbenutzung durch den Vorbenutzer aufgrund der gesetzlichen Interessenbewertung des Vorbenutzungsrechts hinzunehmen. Der Vorbenutzer profitiert jedoch im Regelfall nicht vom Schutzrechtsinhaber, welcher in der Lage ist, ihm durch aktive Werbemaßnahmen Marktanteile abzunehmen. Ein Vorbenutzungsrecht im Kennzeichenrecht jedoch, würde dazu führen,

833 Bericht der 12. Reichstagskommission, 1893/94, Aktenstück Nr.298, S.1425; Denkschrift des Verbandes der Fabrikanten von Markenartikeln, MuW. 1913/14, S.262f, 263.

dass der Verkehr die Leistung des Kennzeichenrechtsinhabers von derjenigen des Vorbenutzers nicht unterscheiden kann. Eine Wechselwirkung entsteht, kraft derer der Verkehr sowohl Werbemaßnahmen des Schutzrechtsinhabers auf den Vorbenutzer beziehen kann als auch negative Assoziationen, die dem Kennzeichenrechtsinhaber wegen mangelnder Produktqualität der Erzeugnisse des Vorbenutzers vom Verkehr zugerechnet werden. Für den Schutzrechtsinhaber entfällt somit letztlich jegliche Motivation, in Werbemaßnahmen und Produkte zu investieren, da er sich durch diese Maßnahmen nicht vom Vorbenutzer abgrenzen kann. Dass das Markengesetz mit der allgemeinen Verwirkungslehre, wie *Spengler* vorträgt, ein Institut mit vergleichbaren Wirkungen vorhält, steht dieser Bewertung nicht entgegen. Zwar trifft es zu, dass die Rechtsprechung aufgrund der verhältnismäßig hohen Anforderungen an die Marktbeobachtungspflicht lediglich einen geringen Eigenbeitrag des Schutzrechtsinhabers fordert. Jedoch lässt sich eben aus dieser Rechtsprechungspraxis kein argumentatives Substrat für die Einführung einer zusätzlichen Schrankenregelung zu Lasten des Kennzeichenrechtsinhabers herleiten, die nicht auf dem eigenen Verhalten des Kennzeichenrechtsinhabers basiert. Bei der Verwirkung hat es allein der Schutzrechtsinhaber in der Hand, die Entstehung eines schutzwürdigen Besitzstands zu verhindern. Eine analoge Anwendung der generellen Vorbenutzungsrechte im Markenrecht, welche zu einer abweichenden Bewertung der vom Gesetzgeber definierten Interessen führt, ist somit abzulehnen.

#### *8. Fazit*

Generelle Vorbenutzungsrechte sind mit dem Markenrecht unvereinbar. Eine Rechtsanalogie zu *§ 12 PatG, § 13 Abs.5 GebrMG, § 41 GeschmacksmusterG* ist abzulehnen.

## B. Vorbenutzungsrechte wegen im Einzellfall überwiegender Interessen nach *§ 242 BGB*

Nachdem die Inkongruenz genereller Vorbenutzungsrechte mit dem Markenrecht belegt wurde, ist zu erwägen, ob eine Einschränkung markenrechtlicher Ausschlussbefugnisse im Einzelfall statthaft sein kann. Ein solches alternatives Lösungsmodell wurde von *Reimer* entwickelt[834]. Im Unterschied zu den Vorbenutzungsrechten nach Vorbild der technischen Schutzrechte führt sein Lösungsansatz nicht zu einer generellen Weiterbenutzungsbefugnis, sondern eröffnet, vergleichbar dem Recht der Gleichnamigen, lediglich die Möglichkeit, die Interessen des Vorbenutzers im Rahmen einer Interessenabwägung zu berücksichtigen[835]. Nach dieser Ansicht wäre der Vorbenutzer somit nur zur Weiterbenutzung legitimiert, sofern seine Interessen diejenigen des Inhabers des Kennzeichenrechts im Einzelfall überwiegen[836].

### I. Zulässigkeit der Einzelfallkorrektur im Ausnahmefall

Das Erfordernis der überwiegenden Interessen unterscheidet die Lösung *Reimers* maßgeblich von den generellen Vorbenutzungsrechten, so dass die gegen die Einführung genereller Vorbenutzungsrechte angeführten Erwägungen einer Einzelfallkorrektur durch Interessenabwägung nicht grundsätzlich entgegenstehen[837]. Diese Ablehnungsgründe wären jedoch als Kriterien der Interessenabwägung in die Einzelfallbewertung einzuschließen. D.h. lassen sich im Einzelfall Anzeichen für einen Rechtsmissbrauch des Vorbenutzers auffinden oder steht eine Weiterbenutzung des Zeichens künftigen Investitionen des Kennzeichenrechtsinhabers maßgeblich entgegen, so dürften die Interessen des Vorbenutzers an der Einräumung einer Weiterbenutzungsberechtigung wohl auch dann kaum als überwiegend angesehen werden, wenn der Vorbenutzer bereits einen sehr wertvollen Besitzstand erlangt hat. Auch ansonsten lassen sich keine zwingenden Gründe gegen die Zulässigkeit einer Rechtsfolgenkorrektur im Einzelfall auffinden. So ist mit *§242 BGB* eine Norm vorhanden, welche geeignet wäre, die Interes-

834 *Reimer*, 2.Auflage (1947), S.163, Rn.2. Ähnlich *Hildebrandt*, MarkenR 2008, S.102, 110, der vom Einwand der Unbilligkeit im Einzelfall spricht.

835 *Reimer*, 2. Auflage (1947), S.163, Rn.2. Ähnlich die Argumentation von Ströbele/*Hacker* zum vorbenutzten bekannten Zeichenrecht. Es sei nochmals daran erinnert, dass es diese Feststellungen waren, die den Schluss darauf rechtfertigen, dass der Bundesgerichtshof in den jüngsten Entscheidungen zum Domainrecht, Vorbenutzungsrechte im Sinne der technischen Schutzrechte anerkannte.

836 *Reimer*, 2.Auflage (1947), S.163, Rn.2.

837 Im Hinblick auf die europarechtliche Zulässigkeit einer Einzelfallkorrektur eröffnet zwar die Markenrichtlinie, wie *Hildebrandt*, MarkenR 2008, S.102f, 111, zutreffend einwendet, keine Möglichkeit, der Vorbenutzung im Einzelfall Rechnung zu tragen, jedoch steht die *MRR* der Anwendung außermarkenrechtlicher Vorschriften nach dem siebten Erwägungsgrund der *MRR* nicht entgegen.

sen des Vorbenutzers hinreichend zu berücksichtigen und deren Anwendung als Schrankenregelung wegen *§ 2 MarkenG* zulässig ist[838].

## II. Ständige Rechtsprechung als Quelle der Wertungen

Problematisch ist es hingegen, Wertungen aufzufinden, welche die Interessen des Vorbenutzers an der Weiterbenutzung höher bewerten als die des Kennzeichenrechtsinhabers an der ausschließlichen Verwendung seines Kennzeichens[839]. Es wurde bereits an mehreren Stellen festgehalten, dass solche Wertungen dem Kennzeichenrecht nicht zu entnehmen sind[840]. Wegen des spezifischen Schutzzwecks des Markenrechts können die Interessen des Vorbenutzers, nach kennzeichenrechtlichen Kriterien bemessen, diejenigen des Markenrechtsinhabers, nicht überwiegen[841]. Eine Einschränkung der Ausschlussbefugnisse kann folglich allein durch Anwendung außermarkengesetzlicher Kriterien erzielt werden[842]. Auch zu diesem Gesichtspunkt wurde bereits Stellung genommen[843]. So lassen sich notwendige exogene Wertungsvorgaben ebenso wenig dem Treu und Glaubens-Grundsatz des *§ 242 BGB* wie dem Grundgesetz entnehmen[844]. Jedoch ist im Allgemeinen anerkannt, dass auch die ständige Rechtsprechung als Quelle der Wertschöpfung angesehen werden kann[845]. D.h. sollte die künftige Rechtsentwicklung dem Kennzeichenvorbenutzer gegenüber dem nachfolgenden Zeichenerwerber im Einzelfall ein höheres Interesse zuweisen, so wäre eine auf diese Weise herbeigeführte Einschränkung wohl zulässig.

---

838 Auch die Begründung der Entscheidung „Dolex" lässt sich heute nicht mehr gegen eine ergänzende Anwendung des *§ 242 BGB* zum Schutz des Vorbenutzers anführen, da sich das Verständnis vom Konkurrenzverhältnis des Marken- zum Wettbewerbsrecht zwischenzeitlich maßgeblich gewandelt hat.

839 S.O. Kap.2 G. V.; Kap.4 B. IV. 3.

840 S.O. Kap.2 G. V.; Kap.4 B. IV. 3.

841 S.O. Kap.4. B. IV.

842 S.O. Kap.5. A.

843 S.O. Kap.5. A.

844 S.O. Kap.4. B. IV. 3.

845 *Roth*, in MüKo, *§ 242 BGB*, Rn.30ff, 35.

## III. Fazit

De lege lata ist eine derartige Rechtsfolgenkorrektur nach *§ 242 BGB* einer vorbenutzten Kennzeichnung in Ermangelung spezifischer Wertungsparameter nicht zu erkennen. Jedoch ermöglicht es dieser Ansatz abweichende künftige Rechtsentwicklungen zu berücksichtigen.

## C. Lösung des Ausgangsfalls anhand der Kriterien der EuGH-Entscheidung „Goldhase"

Nachdem feststeht, dass der Kennzeichenvorbenutzer allein aus der Tatsache der Zeichenvorbenutzung keine Weiterbenutzungsbefugnis herleiten kann, könnte sich A einer Inanspruchnahme aus der Marke „Peppi", allenfalls mit dem Argument zur Wehr setzen, B habe die Marke bösgläubig angemeldet. Da die bösgläubige Markenanmeldung nach *§ 8 Abs.2 Nr.10 MarkenG* zu den absoluten Schutzhindernissen zählt, könnte A dem Vorwurf der Markenverletzung an sich nur dadurch begegnen, dass er die Löschung der Marke nach *§§ 50 Abs.1, 54 Abs.1, 8 Abs.2 Nr.10 MarkenG* durch das DPMA herbeiführt[846]. Denn das Verletzungsgericht selbst, ist wegen des Bindungsgrundsatzes nicht befugt, über das Bestehen absoluter Schutzhindernisse zu befinden[847]. Im Hinblick auf die Eigenheiten der bösgläubigen Markenanmeldung wird jedoch eine Ausnahme gemacht, da der Bestand der Marke auch durch Regelungen außerhalb des Markengesetzes angefochten werden kann[848]. So ist es in der Rechtsprechung anerkannt, dass die bösgläubige Markenanmeldung unter dem Gesichtspunkt des Rechtsmissbrauchs auch im Verletzungsprozess über *§ 4 Nr.10 UWG* einredeweise zu berücksichtigen ist[849]. Unter Anwendung der Kriterien der EuGH-Entscheidung „Goldhase", ist die Bösgläubigkeit des B anhand einer Gesamtbetrachtung sämtlicher im Einzelfall relevanter Faktoren zu beurteilen. Danach stellt sich die Anmeldung der Marke „Peppi" dann als verwerflich dar, wenn das Verhalten des B bei objektiver Betrachtung nicht primär auf die Förderung des eigenen Wettbewerbs gerichtet ist, sondern in erster Linie auf eine Beeinträchtigung der Entfal-

846 *Hacker*, S.99, 100.

847 *Hacker*, S.143. Zur Vermeidung widersprüchlicher Entscheidungen könnte das Gericht den Verletzungsprozess dann nach *§ 148 ZPO* aussetzen.

848 *Hacker*, S.144.

849 BGH, Urt.v.03.02.2005, GRUR 2005, S.414f, 416,-Russisches Schaumgebäck.

tungsmöglichkeiten des Wettbewerbers A abzielt[850]. Als erstes Kriterium der Bewertung stellt der EuGH darauf ab, ob der Zeichenanmelder zum Zeitpunkt der Anmeldung positive Kenntnis von der Vorbenutzung hatte oder davon hätte wissen müssen. Laut Sachverhalt hatte B zum Zeitpunkt der Markenanmeldung keine Kenntnis von der Vorbenutzung durch A. Fraglich ist jedoch, ob B der auf demselben Markt tätig ist, von der Vorbenutzung des A hätte Kenntnis haben müssen. Nach dem EuGH soll bei der Betrachtung dieses Gesichtspunkts der Dauer der Vorbenutzung besonderes Gewicht beigemessen werden[851]. Denn je weiter eine Zeichenverwendung zurückreiche, desto wahrscheinlicher sei es auch, dass der Markenanmelder von der Vorbenutzung Kenntnis erlangt habe[852]. Der EuGH betrachtet das Merkmal des „Wissenmüssens" somit nicht etwa im Sinne einer fahrlässigen Unkenntnis, sondern interpretiert es als tatsächliche Vermutung für die positive Kenntnis des Zeichenanmelders von der Vorbenutzung. Dieser Gesichtspunkt kann jedoch zunächst zurückgestellt werden, da der EuGH insoweit klargestellt hat, dass die positive Kenntnis oder gar ein „Wissenmüssen" von der Vorbenutzung für sich betrachtet nicht ausreicht, um eine Zeichenanmeldung als bösgläubig zu bewerten[853]. Hinzutreten müssen somit weitere besondere unlauterkeitsbegründende Umstände[854]. Nach dem EuGH indizieren insbesondere zwei Faktoren die Bösgläubigkeit. So spreche zum einen für die Bösgläubigkeit des Anmelders, wenn er die Absicht verfolge, das Zeichen zweckwidrig zur Behinderung des Vorbenutzers einzusetzen[855]. Eine solche Intention sei insbesondere dann naheliegend, wenn sich herausstellt, dass der Anmelder eine Benutzung des Zeichens gar nicht beabsichtige[856]. Zum anderen sei bei der Bewertung des Verhaltens des Zeichenanmelders die Schutzwürdigkeit des erlangten Besitzstandes des Vorbenutzers zu berücksichtigen[857]. Nach dem Sachverhalt des Beispielsfalls hat B die Marke bereits im Januar 2006 angemeldet. Bis Dezember 2008 hat er die Marke nicht zur Kennzeichnung benutzt. Auch eine zukünftige Nutzungsintention lässt sich dem Sachverhalt nicht entnehmen. Als

---

850 EuGH, Urt.v.11.06.2009, GRUR 2009, S.763f, 765,-Rn.37f,-Goldhase; anders als die deutsche Rechtsprechung separiert der EuGH nicht in mehrere selbständige Fallkategorien der Aneignung eines schutzwürdigen Besitzstands sowie der zweckwidrigen Markenanmeldung, sondern betrachtet diese möglichen Motive des Markenanmelders als Einzelfaktoren der Gesamtabwägung.

851 EuGH, Urt.v.11.06.2009, GRUR 2009, S.763f, 765,-Rn.39,-Goldhase.

852 EuGH, Urt.v.11.06.2009, GRUR 2009, S.763f, 765,-Rn.39,-Goldhase.

853 EuGH, Urt.v.11.06.2009, GRUR 2009, S.763f, 765,-Rn.40,-Goldhase.

854 BGH, Urt.v.10.08.2000, GRUR 2000, S.1032f, 1034,-EQUI 2000.

855 EuGH, Urt.v.11.06.2009, GRUR 2009, S.763f, 765,-Rn.44f,-Goldhase.

856 EuGH, Urt.v.11.06.2009, GRUR 2009, S.763f, 765,-Rn.44,-Goldhase.

857 EuGH, Urt.v.11.06.2009, GRUR 2009, S.763f, 765,-Rn.46f,-Goldhase.

weiteres Kriterium ist zu berücksichtigen, dass A die Bezeichnung „Peppi" bereits seit mehreren Jahren verwendet, damit nicht unerhebliche Umsätze erzielt und diese mit 15 %, bereits einen erheblichen Bekanntheitsgrad aufweist. A hat somit zum Zeitpunkt der Markenanmeldung durch B bereits einen nicht unerheblichen schutzwürdigen Besitzstand erlangt. Bei dieser Sachlage scheint es zugleich naheliegend, dass der Wettbewerber B von der Vorbenutzung der Bezeichnung hätte „Wissenmüssen". Denn auf einem spezifischen Marktsegment wie dem Vertrieb von Holzspielwaren, auf dem lediglich eine überschaubare Anzahl von Anbietern vertreten sind, konnte dem B die Vorbenutzung durch A nicht verborgen bleiben. Als weiterer Faktor ist zu berücksichtigen, dass B für die Anmeldung der Marke „Peppi" für die identische Warenklasse nicht auf sachliche Gründe verweisen kann. Da er die Kennzeichnung nicht selbst zuvor in Benutzung genommen hatte, diente die Markenanmeldung nicht der Absicherung oder Verteidigung seines eigenen Besitzstandes[858]. Werden diese Einzelfaktoren einer Gesamtwürdigung unterzogen, so ist das Verhalten des B bei objektiver Betrachtung nicht auf die Förderung des eigenen Wettbewerbs, sondern auf die gezielte Behinderung des Wettbewerbers A ausgerichtet. Das Verhalten des B stellt sich folglich als bösgläubig dar. A könnte dem Vorwurf der Markenverletzung somit erfolgreich den Einwand der Rechtsmissbräuchlichkeit entgegensetzen.

## D. Ergebnis

Obwohl sich Vorbenutzungsrechte als mit dem Kennzeichenrecht unvereinbar erweisen, zeigt diese Lösung, dass sich das Bedürfnis, den Schutz des Kennzeichenvorbenutzers, durch außermarkenrechtliche Wertungen zu ergänzen, durch die kontinuierliche Ausweitung des Anwendungsbereichs des Instituts der bösgläubigen Markenanmeldung, reduziert. Zwar lässt sich auf diese Weise kein vollständiger Schutz des Kennzeichenvorbenutzers erreichen, dieser Befund ist jedoch die logische Konsequenz einer fehlenden Rechtsposition des Kennzeichenvorbenutzers.

858 EuGH, Urt.v.11.06.2009, GRUR 2009, S.763f, 765,-Rn.48f,-Goldhase; a.A. wohl *Fabry*, GRUR 2010, S.566f, 572, welcher die Eigeninteressen des Zeichenanmelders als Exkulpationsgründe und nicht als Faktoren der Gesamtbetrachtung ansieht.

## Abschnitt 3 Vorbenutzungsrechte im Namens-/Domainrecht

### Kapitel 6 Vorbenutzungsrechte im Namensrecht

#### A. Einleitung

Im außergewerblichen Bereich scheiden marken- und wettbewerbsrechtliche Ansprüche aus[859]. Der nichtgeschäftliche Bereich der Kennzeichenverwendung richtet sich vielmehr allein nach den Regelungen des Bürgerlichen Gesetzbuchs, insbesondere des bürgerlichrechtlichen Namensschutzes *§ 12 BGB*, ergänzt durch die Vorschriften *§ 826 BGB* und § *242 BGB*[860]. Bei kennzeichenrechtlichen Vorbenutzungskonstellationen im außergeschäftlichen Bereich, handelt es sich jedenfalls außerhalb des Internets, um eine exotische Rechtsmaterie, zu welcher sich bislang noch keine Rechtsprechung verzeichnen lässt. Denkbar sind derartige Kollisionsfälle jedoch insbesondere bei frei gewählten Namen, denen keine namensmäßige Unterscheidungskraft zukommt und bei der Verwendung von Pseudonymen[861]. Im Unterschied zu Namen mit Unterscheidungskraft, welche bereits mit der Aufnahme der Benutzung

---

859 *Bayreuther*, in MüKo, *§ 12 BGB*, Rn.15.

860 *Fezer*, Einl G, Rn.56; *Kur*, CR, 1996, S.325f, 327. Um den Umfang der Arbeit nicht zu überfrachten wird diese Vorgehensweise nicht in Frage gestellt. Vgl. allerdings die generelle Kritik an der ergänzenden Anwendung des *§ 12 BGB Fabricius*, JR 1972, S.15f.

861 Im Hinblick auf die Entstehung des Namensschutzes muss zwischen solchen Kennzeichen unterschieden werden, welchen eine Namensfunktion zukommt, und solchen ohne Namensfunktion. Namensfunktion kommt einem Unternehmenskennzeichen dann zu, wenn es geeignet ist, im Verkehr zur namensmäßigen Individualisierung des Unternehmens oder Geschäftsbetriebs zu dienen. Vgl. Ströbele/*Hacker*, *§ 5 MarkenG*, Rn.6. Das heißt, die Bezeichnung muss geeignet sein, das Unternehmen von anderen Unternehmen insbesondere gleicher Branche zu unterscheiden. Vgl. *Ingerl/Rohnke*, *§ 5 MarkenG*, Rn.33. Diese Eigenschaft liegt regelmäßig dann nicht vor, sofern die Unternehmensbezeichnung den Gegenstand der Geschäftstätigkeit lediglich beschreibt (z.B. Brandschutz GmbH). Die Rechtsprechung stellt regelmäßig keine hohen Anforderungen an die namensmäßige Unterscheidungskraft, so dass diese zumindest dann vorliegt, wenn die Bezeichnung erkennbar aus Familiennamen oder nicht beschreibenden Begriffen gebildet ist. Vgl. *Bettinger*, DE 292; *Ingerl/Rohnke*, § 5 MarkenG, Rn.37f. Kommt einem Unternehmenskennzeichen in diesem Sinne Namensfunktion zu, so entsteht der Schutz bereits mit der Aufnahme der Benutzung im geschäftlichen Verkehr, unabhängig davon, ob es sich bei dem Unternehmenskennzeichen um einen frei gewählten Wahlnamen oder den Familiennamen handelt. Vgl. *Teplitzky*, in Großkomm. z. UWG, § *16 UWG a.F.*, Rn.9; *Ingerl/Rohnke*, *§ 5 MarkenG*, Rn.32; *Bettinger*, DE 301, 302. Im Unterschied zu den Kennzeichen, denen eine Namensfunktion zukommt, entsteht der Schutz für Kennzeichen ohne Unterscheidungskraft erst mit der Verkehrsgeltung, da die Bezeichnung in diesem Fall erst aufgrund seiner Bekanntheit als Individualisierung eines bestimmten Unternehmens verstanden

entstehen, erfordern Namensrechte, welche diese Eigenschaft nicht aufweisen, Verkehrsgeltung[862]. Zur Vorbenutzungskonstellation kommt es immer dann, wenn ein Dritter nach der Benutzungsaufnahme einer solchen Bezeichnung durch den Vorbenutzer, eigene Namensrechte an der Bezeichnung erlangt.

## B. Einführung in die Grundzüge des Namensrechts

Vor der Zuwendung an die Behandlung von Vorbenutzungskonstellationen im außergewerblichen Bereich ist zunächst eine Einführung in die Grundsätze des Kennzeichen- und Namensschutzes bei nicht geschäftlicher Verwendung angezeigt. Auch hier sollen lediglich Grundzüge des Namensrechts aufgezeigt werden, welche den Weg bereiten für die Erörterung der Vorbenutzungskonstellation. Diese Ausführungen zeigen sich zur Beurteilung der Relevanz der Vorbenutzung eines Namensrechts als unentbehrlich. Denn erst, wenn der Gehalt und die Funktionsweise einer Norm definiert sind, lassen sich Erwägungen darüber anstellen, ob der Anwendungsbereich der Vorschrift im Falle ungewöhnlicher Konstellationen verlassen wird[863].

### I. Anwendungsbereich des bürgerlichrechtlichen Namensschutzes

Der Anwendungsbereich des *§ 12 BGB* ist sehr weit[864]. Entgegen dem Wortlaut der Norm schützt *§ 12 BGB* nicht nur natürliche, sondern auch frei gewählte Namen juristischer Perso-

---

wird. *Eisfeld*, in Ekey/Klippel/Bender, *§ 5 MarkenG*, Rn.60; *Ingerl/Rohnke*, *§ 5 MarkenG*, Rn.52; Ströbele/*Hacker*, *§ 5 MarkenG*, Rn.51.

862 *Habermann*, in Staudinger, *§ 12 BGB*, Rn.28ff, 32f.

863 Vgl. zu diesem Gesichtspunkt *Oechsler*, in Staudinger, *§ 826 BGB*, Rn.17.

864 Der Name ist eine – aus Buchstaben bestehende – sprachliche Kennzeichnung einer Person zur Unterscheidung von einer anderen. *Fezer*, *§ 15 MarkenG*, Rn.52; *Heinrich*, in Soergel, *§ 12 BGB*, Rn.2; *Bayreuther*, in MüKo, *§ 12 BGB*, Rn.1; *Koos*, GRUR 2004, S.808f, 809; *Habermann*, in Staudinger, *§ 12 BGB*, Rn.2; *Krüger-Nieland*, in RGRK, *§ 12 BGB*, Rn.1. *§ 12 BGB* reguliert den Verletzungstatbestand des bereits erworbenen Namens. Die Entstehung und die Beendigung des Namensschutzes sind von *§ 12 BGB* demgegenüber nicht erfasst. Vgl. *Habermann*, in Staudinger, *§ 12 BGB*, Rn.1; *Krüger-Nieland*, in RGRK, *§ 12 BGB*, Rn.11.

nen und sonstiger kooperative Zusammenschlüsse[865]. Auch Markenschutz wird grundsätzlich in entsprechender Anwendung des *§ 12 BGB* für möglich erachtet[866].

## II. Der Verletzungstatbestand des *§ 12 BGB* / Zwei Richtungen des Namensschutzes

Das Namensrecht ist ein absolutes Recht[867]. Es vermittelt dem Namensträger die Befugnis, Rechtsschutz gegen jedermann zu erlangen[868]. *§ 12 BGB* enthält zwei selbständige Verletzungstatbestände mit jeweils eigenständigen Tatbestandserfordernissen und Zielrichtungen. *§ 12 S.1.Alt.1 BGB*: „*Wird das Recht zum Gebrauch eines Namens dem Berechtigten von einem anderen bestritten...*“ *§ 12 S.1 Alt.2 BGB*: „*oder wird das Interesse des Berechtigten dadurch verletzt, dass ein anderer unbefugt den gleichen Namen gebraucht, so kann der Berechtigte von dem Anderen die Beseitigung der Beeinträchtigung verlangen.*“ Während es bei *§ 12 S.1 Alt.1 BGB* darum geht, dass die Berechtigung des Namensträgers zu Führung und Gebrauch eines Namens nicht in Frage gestellt werden soll, ist *§ 12 S.1 Alt. 2 BGB* dahingehend ausgerichtet, bestimmte Arten des Namensgebrauchs durch Dritte zu unterbinden[869]. Da erstere Handlung in den Kern des Namensrechts eingreift und dem Namensträger die Befugnis des Namensgebrauchs insgesamt abspricht, ist eine Prüfung weiterer Verletzungsmerkmale obsolet[870]. Wird hingegen nicht die Namensträgereigenschaft selbst angezweifelt, sondern wird der Name lediglich von Seiten eines nicht berechtigten Dritten verwendet, so besteht insbesondere das Erfordernis einer Beeinträchtigung der Interessen des Namensträgers[871]. Da in der Vorbenutzungskonstellation bereits aufgrund der zeitlichen Komponente ausgeschlossen ist, dass durch diese Verhaltensweise das Recht zur Namensführung des Namensträgers

---

865 *Heinrich*, in Soergel *§ 12 BGB*, Rn.12f, 29f, 174; *Bamberger/Roth*, *§ 12 BGB*, Rn.8f. Für eine analoge Anwendung plädiert: *Habermann*, in Staudinger, *§ 12 BGB*, Rn.4, 10.

866 *Becker*, WRP 2010, S.467f, 471.

867 *Heinrich*, in Soergel, *§ 12 BGB*, Rn.19; *Bayreuther*, in MüKo, *§ 12 BGB*, Rn.2; *Klippel*, S.372; *Habermann*, in Staudinger, *§ 12 BGB*, Rn.254. Allerdings ist diese Einschätzung nicht unumstritten, da einige Stimmen aufgrund des Erfordernisses der Interessenverletzung von einem offenen Verletzungstatbestand vergleichbar dem allgemeinen Persönlichkeitsrecht ausgehen. Vgl. *Wassermann*, MuW 1915/16, S.352f, 353.

868 *Heinrich*, in Soergel, *§ 12 BGB*, Rn.19.

869 *Klippel*, S.394f.

870 *Klippel*, S.394f, 395.

871 *Klippel*, S.394f, 414f; *Ubber*, WRP 1997, S.497ff, 508.

an sich bestritten wird, reduziert sich die folgende Darstellung auf die Erörterung des Verletzungstatbestands der Namensanmaßung *§ 12 S.1 Alt.2 BGB.*

III. Anwendung originär namensrechtlicher Maßstäbe auch bei ergänzender Anwendung des *§ 12 S.1 Alt.2 BGB*

Für die Betrachtung namensrechtlicher Verletzungskonstellationen ist es unerheblich, ob *§ 12 S.1 Alt.2 BGB* wegen der Beeinträchtigung eines gewerblichen Zeichenrechts im außergeschäftlichen Bereich ergänzend in Anwendung gebracht wird oder ob ein originär namensrechtlicher Sachverhalt vorliegt. Beide Konstellationen unterliegen einer einheitlichen Handhabung. Denn heute besteht weitgehend Einigkeit, dass der Schutz gewerblicher Kennzeichenrechte über die ergänzende Anwendung des *§ 12 BGB* nicht nach Maßgabe der Kriterien für gewerbliche Schutzrechte wie der Verwechslungsgefahr, sondern allein nach originär namensrechtlichen Maßstäben zu erfolgen hat[872]. Gegenstand der Verwechslungsgefahr ist die Feststellung, welchen Abstand ein prioritätsjüngeres gewerbliches Kennzeichen von einem älteren Schutzrecht wahren muss, um nicht deren Primärfunktionen der Unterscheidungs- und Herkunftsfunktion zu beeinträchtigen. Sie beschreibt somit den spezifischen Schutzumfang allein des gewerblichen Schutzrechts[873]. Die Übertragung der Kriterien der Verwechslungsgefahr in das Namensrecht führt somit zu einer art- und sachfremden Vermengung des markenrechtlichen Schutzes mit dem bürgerlichrechtlichen und wird deshalb zu recht abgelehnt[874]. Unabhängig davon, ob die Beurteilung einer geschäftlichen Bezeichnung im außergeschäftlichen Bereich zur Disposition steht oder ob es sich um die Bewertung eines rein namensrechtlichen Sachverhalts handelt, ist die Verwirklichung des Verletzungstatbestands der Namensanmaßung allein danach zu bemessen, ob ein originär namensrechtlich relevantes Interesse beeinträchtigt wurde[875].

---

872 *Bunnenberg*, MarkenR 2010,S.69f, 76; *Bayreuther*, MüKo, *§ 12 BGB*, Rn.157; *Heinrich*, in Soergel, *§ 12 BGB*, Rn.152 a; *Teplitzky*, in Großkomm.z. UWG, *§ 16 UWG a.F.*, Rn.16; *Weisert*, WRP 2009, S.128f, 129; *Nordemann*, NJW, 1997, 1891f, 1895f.

873 *Bunnenberg*, MarkenR 2010,S.69f, 72.

874 *Bunnenberg*, MarkenR 2010,S.69f, 72.

875 *Ellenberger*, in Palandt *§ 12 BGB*, Rn.31.

IV. Das Erfordernis der personellen Zuordnungsverwirrung

Die Determinierung des originären namensrechtlichen Schutzbereichs bereitet nach wie vor erhebliche Schwierigkeiten. Das Meinungsspektrum ist vielfältig[876]. Während die Rechtsprechung die Anforderungen an die Interessenverletzung sehr niedrig ansetzt und beispielsweise auch reine Affektionsinteressen vom Schutz des Namensrechts erfasst sieht, plädiert die überwiegende Auffassung in der Literatur dafür, den Schutzbereich des Namensrechts anhand definierter Namensfunktionen einzugrenzen[877]. Obgleich dieser an sich uneinheitlichen Handhabung des Kriteriums durch Rechtsprechung und Literatur besteht jedenfalls dahingehend Einigkeit, dass ein namensrechtlich relevantes Interesse jedenfalls im Falle einer personellen Zuordnungsverwirrung verletzt ist[878]. Bei Wahlnamen und geschäftlichen Bezeichnungen sind Zuordnungsverwirrungen prinzipiell in zweierlei Arten denkbar. Zum einen kann der Verkehr den Verwender des fremden Namens fälschlicherweise für den tatsächlichen Namensträger erachten[879]. In dieser Konstellation irrt der Verkehr über die Person des Namensträgers selbst, indem er den Verwender des Namens für den Namensträger hält, weshalb diese Funktion auch als Identitätsfunktion bezeichnet wird[880]. Zum anderen besteht die Möglichkeit, dass ein Dritter den fremden Namen zur Bezeichnung von Gegenständen, persönlichen Verhältnissen etc. gebraucht. In dieser Konstellation irrt der Verkehr nicht über die Person des Namensträgers selbst, sondern über seine persönlichen Verhältnisse, indem diesem fälschlicherweise Verhaltensweisen, persönliche Kontakte oder Gegenstände Dritter zugeordnet werden. Diese Funktion wird üblicherweise als Individuierungsfunktion bezeichnet[881].

876 *Klippel*, S.381f.

877 *Klippel*, S.352ff, 389ff, 392; *Habermann*, in Staudinger, *§ 12 BGB*, Rn.15.

878 BGH, Urt.v.18.03.1959, BGHZ 30, S.7f, 10,-Caterina Valente; BGH, Urt.v.26.06.1981, BGHZ 81, S.75f, 78,-Carrera; BGH, Urt.v.24.11.1993, BGHZ 124, S.173f, 182,-römisch-katholisch; BGH, Urt.v.23.06.1994, BGHZ 126, S.287f, 293,-Rotes Kreuz; Vgl. *Klippel*, S.352ff, 389ff, 392; *Habermann*, in Staudinger, *§ 12 BGB*, Rn.15.

879 *Klippel*, S.394f; 443f; *Sack*, WRP 1984, S.521ff, 529; *Krüger-Nieland*, in RGRK, *§ 12 BGB*, Rn.87.

880 *Bayreuther*, in MüKo, *§ 12 BGB*, Rn.150.

881 *Klippel*, S.394ff, 401f, 443.

V. Gesamtbetrachtung aus der Sicht der relevanten Verkehrskreise

Die Feststellung einer Zuordnungsverwirrung ist aus der Sicht des Verkehrs zu bestimmen[882]. Bringt der Verkehr die mit dem Namen bezeichnete Person oder Leistung mit dem Namensträger – tatsächlich – in Verbindung, so liegt darin eine Beeinträchtigung namensrechtlich relevanter Interessen[883]. Anders als das Merkmal der Verwechslungsgefahr ist die Zuordnungsverwirrung nicht ausschließlich eine Rechtsfrage, sondern setzt als Tatsachenfrage die Verknüpfung eines Zuordnungsobjekts zum Subjekt des Namensträgers durch den Verkehr voraus[884]. Dieses Merkmal ist jedoch bereits dann erfüllt, wenn der Verkehr den unrichtigen Eindruck gewinnt, dass der Namensträger in die Verwendung seines Namens eingewilligt hat[885]. Erst wenn der Verkehr, dem ein Name begegnet, überhaupt eine Verbindung zwischen Namensträger und Objekt herstellt, kann sich die rechtliche Bewertung anschließen, ob darin eine Interessenverletzung zu sehen ist. Insbesondere in den Fällen bloßer Namensnennung oder dann, wenn über den Namensträger eine unrichtige Sachaussage getroffen wird, scheidet eine Verletzung des Namensrechts im Regelfall aus[886]. Zwar sieht der Verkehr in diesen Fällen möglicherweise einen Bezug zum Namensträger, jedoch besteht eben nicht die Gefahr einer fälschlichen Zuordnung von Objekten oder Identitätsverwechslungen[887]. Vielmehr ist in diesen Konstellationen im Regelfall der Anwendungsbereich des allgemeinen Persönlichkeitsrechts tangiert[888].

---

882 *Bunnenberg*, MarkenR 2010,S.69f, 72; *Sack*, WRP 1984, S.521ff, 523; *Krüger-Nieland*, in RGRK, *§ 12 BGB*, Rn.89f, 96.

883 *Habermann*, in Staudinger, *§ 12 BGB*, Rn.271; *Klippel*, S.401, 418; *Becker*, WRP 2010, S.467f, 473; ähnlich *Krüger-Nieland*, in RGRK, *§ 12 BGB*, Rn.82. Es sei eine erkennbare Beziehung zum Namensträger erforderlich.

884 *Heinrich*, in Soergel, *§ 12 BGB*, Rn.174.

885 *Ingerl/Rohnke*, nach *§ 15 MarkenG*, Rn.14, 60; *Sack*, WRP 1984, S.522; *Krüger-Nieland*, in RGRK, *§ 12 BGB*, Rn.84; *Habermann*, in Staudinger, *§ 12 BGB*, Rn.271; Urt.v.23.09.1992, GRUR 1993, S.151f, 154,-Universitätsemblem.

886 *Heinrich*, in Soergel, *§ 12 BGB*, Rn.178.

887 *Habermann*, in Staudinger, *§ 12 BGB*, Rn.271; *Sack*, WRP 1984, S.529; *Krüger-Nieland*, in RGRK, *§ 12 BGB*, Rn.93.

888 *Heinrich*, in Soergel, *§ 12 BGB*, Rn.178.

## VI. Schutzzweck des Tatbestands der Namensanmaßung

Zusammengefasst lässt sich festhalten, dass der Schutzzweck des Verletzungstatbestands der Namensanmaßung *§ 12 S.1 Alt.2 BGB* darin besteht, den Namensträger vor Zuordnungsverwirrungen des Verkehrs zu bewahren[889].

## VII. Kollisionssystematik im Namenrecht / Das Recht der Gleichnamigen

Im Namensrecht gilt es auf eine weitere Besonderheit aufmerksam zu machen, welche Namenskonflikte von solchen im gewerblichen Bereich unterscheiden. So kommt es bei der Kollision zweier entstandener Namensrechte mit verschiedenen Prioritätszeitpunkten auf den Zeitrang der widerstreitenden Namensrechte nicht an[890]. Im Unterschied zur Kollisionssystematik der gewerblichen Zeichenrechte sieht das Namensrecht ein Konfliktlösungsmodell nach Maßgabe zeitlicher Kriterien nicht vor[891]. Steht beiden Kontrahenten ein eigenes Recht am Namen zur Seite, so wird der Konflikt anhand einer Bewertung der gegenüberstehenden Interessen, nach Maßgabe der von Seiten der Rechtsprechung herausgearbeiteten Prinzipien des Gleichnamigenrechts und nicht nach dem Prioritätsprinzip entschieden[892]. Dabei gilt es möglichst, den Interessen beider Kontrahenten Rechnung zu tragen[893]. Ist eine Interessenwahrung auch durch eine Abgrenzung der verwendeten Namen mittels Hinzufügung unterscheidungskräftiger Zusätze möglich, so scheidet ein Totalverbot der Namensverwendung prinzipiell aus[894]. In diesem Fall besteht lediglich ein Anspruch auf Hinzufügung unterscheidungskräftiger Zusätze, nicht aber auf Unterlassung des Namensgebrauchs als solchen. Die Zeitpunkte der Priorität des Namensrechts sind ebenso wie diejenigen Benutzungsaufnahme der Bezeichnung lediglich – unselbständige – Kriterien der Abwägungsentscheidung, welchen der betei-

889 *Heinrich*, in Soergel, *§ 12 BGB*, Rn.113; *Krüger-Nieland*, in RGRK, *§ 12 BGB*, Rn.82.

890 *Heinrich*, in Soergel, *§ 12 BGB*, Rn.117.

891 *Heinrich*, in Soergel, *§ 12 BGB*, Rn.117. A.A. wohl *Becker*, WRP 2010, S.467f, S.473.

892 *Hackbarth*, WRP 2006, S.519f, 520. Vgl. aber zu der besonderen Konstellation, in der im Privatrechtsverkehr die bürgerlichen Namen zweier natürlicher Personen in Konflikt geraten, *Bayreuther*, in MüKo, *§ 12 BGB*, Rn. 195. Danach bedarf es zur Auflösung dieser Kollision keines Rückgriffs auf das Gleichnamigenrecht. In diesem Fall gelte der Grundsatz, dass keinem die Verwendung des eigenen Namens verboten werden könne.

893 BGH, Urt.v.11.04.2002, GRUR, S.706f, 707f,-vossius.de; BGH, Urt.v. 22.11.2001, GRUR 2002, S.622f, 624,–shell.de; BGH, Urt.v.10.11.1965, GRUR 1966, S.623f, 625,-Kupferberg.

894 *Fezer*, *§ 15 MarkenG*, Rn.148.

ligten Namensrechtsinhaber die Verpflichtung trifft, seinen Namen mittels Hinzufügung von Zusätzen von dem anderen unterscheidbar zu machen[895].

## C. Vorbenutzungsrechte gemäß *§ 12 S.1 Alt.2 BGB* wegen fehlender Beeinträchtigung schutzwürdiger namensrechtlicher Interessen

Nachdem somit Schutzzweck und Kollisionssystematik herausgearbeitet wurden, kann sich der Frage der Vorbenutzungsthematik im Namensrecht angenommen werden. Vorbenutzungskonstellationen im Namensrecht entstehen wie dargestellt dadurch, dass der Verwendung einer nicht zum Namensrecht erstarkten Bezeichnung als Name, die Entstehung eines kollidierenden Namensrechts eines Dritten zeitlich nachfolgt.

### I. Handhabung durch die Praxis

Ob der Umstand der Vorbenutzung zur Einschränkung namensrechtlicher Ausschlussbefugnisse führen kann, ist umstritten. Ungeklärt ist in dieser Diskussion nicht nur die Frage der Relevanz der Vorbenutzung überhaupt, sondern gleichfalls der Prüfungsort. Teilweise wird vertreten, dem Umstand der Vorbenutzung könne innerhalb des Verletzungstatbestands der Namensanmaßung beim Merkmal der Interessenverletzung Rechnung getragen werden[896]. So schließe die Prüfung der Schutzwürdigkeit der Interessen des Namensinhabers immer zugleich die Berücksichtigung entgegenstehender Interessen des Namensverwenders mit ein[897]. In diesem Sinne erfordere der Tatbestand der Namensanmaßung stets die Bewertung, ob dem Namensinhabers oder dem Namensverwender die bessere Berechtigung an der Verwendung des Namens zukommt[898]. Im Falle der Vorbenutzung eines Namens sei von einem Überwiegen der Interessen des Namensverwenders auszugehen, so dass der Verletzungstatbestand der

895 *Bayreuther*, in MüKo, *§ 12 BGB*, Rn.197.

896 *Röse*, MarkenR, 2010, S.245f, 248; BGH, Urt.v.24.04.2008, WRP 2008, S.1520ff,-afilias.de; *Habermann*, in Staudinger *§ 12 BGB*, Rn.332, 342; *Heinrich*, in Soergel, *§ 12 BGB*, Rn.188; *Krüger-Nieland*, in RGRK, *§ 12 BGB*, Rn.91; *Bayreuther*, in Müko, *§ 12 BGB*, Rn.217.

897 *Heinrich*, in Soergel, *§ 12 BGB*, Rn.188.

898 *Heinrich*, in Soergel, *§ 12 BGB*, Rn.188.

Namensanmaßung nach *§ 12 S.1 Alt.2 BGB* nicht erfüllt sei[899]. Eine modifizierte Auffassung kommt gleichfalls zu dem Ergebnis, dass der Tatbestand der Namensanmaßung im Falle der Vorbenutzung nicht erfüllt ist[900]. Allerdings wird der Gedanke der Interessenabwägung nicht aus dem Merkmal der Interessenverletzung hergeleitet. Die Bewertung kollidierender Interessen innerhalb des Verletzungstatbestands des *§ 12 BGB* sei vielmehr Ausdruck einer stets vorzunehmenden Verhältnismäßigkeitsprüfung[901]. Andere Meinungen lehnen es demgegenüber ab, überhaupt die Interessen des potentiellen Namensverletzers bei der Prüfung einer Namensrechtsverletzung einzubeziehen[902]. So komme es für die Verwirklichung des namensrechtlichen Verletzungstatbestandes ausschließlich auf die Schutzbedürftigkeit des Namensinhabers an[903]. Der Gesichtspunkt, ob dem Vorbenutzer des Namens eigene Interessen zur Seite stünden, welche sich im Rahmen einer hypothetischen Interessenabwägung sogar als schutzwürdiger erweisen als diejenigen des Inhabers des Namensrechts, müsse folglich außen vor bleiben[904].

II. Würdigung

Da die oben dargestellten Meinungen lediglich Behauptungen aufstellen, ohne diese auf ein argumentatives Fundament zu setzen, ist eine Auseinandersetzung mit diesen Ansichten nicht ohne weiteres möglich. Ausgehend von den kontroversen Sichtweisen stellt sich zunächst die Frage, ob die Verwirklichung des Verletzungstatbestands des *§ 12 S.1 Alt. 2 BGB* eine Abwägung kollidierender Interessen erfordert und somit eine Berücksichtigung der Interessen des Vorbenutzers auf Tatbestandsebene zulässt. Die Klärung dieses Gesichtspunkts ist dabei nicht allein von akademischer Bedeutung, sondern weist gleichfalls eine erhebliche Relevanz für die praktische Handhabung auf. Denn die Frage, ob die Verwirklichung des Verletzungstatbestands ein überwiegendes Interesse des Namensrechtsinhabers an der Namensverwendung erfordert oder ob die Interessen des Vorbenutzers lediglich einredeweise nach Maßgabe der *§ 242* BGB und *§ 826 BGB* geltend gemacht werden können, führt wegen der unterschiedli-

899 *Röse*, MarkenR, 2010, S.245f, 248.

900 *Röse*, MarkenR, 2010, S.245f, 248.

901 *Röse*, MarkenR, 2010, S.245f, 248.

902 *Weisert*, WRP 2009, S.128f, 129; *Ingerl/Rohnke*, Nach *§ 15 MarkenG*, Rn.96.

903 *Weisert*, WRP 2009, S.128f, 129.

904 *Weisert*, WRP 2009, S.128f, 129.

chen Funktionsweise der Normen zur Anwendung gänzlich divergierender Maßstäbe. Wäre hingegen eine Berücksichtigung der Vorbenutzung auf Tatbestandsebene dem Grunde nach möglich, so müsste in einem zweiten Schritt geprüft werden, ob die Interessen des Vorbenutzers diejenigen des Namensträgers überwiegen. Sollte die Frage hingegen abschlägig zu bescheiden und allein die Interessen des Namensrechtsinhabers für die Verwirklichung des Verletzungstatbestands maßgeblich sein, so ist im Anschluss zu prüfen, ob das Interesse an der Verwendung des Namensrechts, durch die Vorbenutzung in relevanter Weise vermindert wird.

### *1. Erfordernis der Abwägung der Interessen des Vorbenutzers mit denen des Namensträgers*

#### a) Ableitung der Interessenabwägung aus dem Merkmal der Interessenverletzung

Die Auffassungen, welche die Verwirklichung des Tatbestands der Namensanmaßung von der vom Ergebnis einer Interessenabwägung abhängig machen, sind abzulehnen. Diese basieren auf einem unzutreffenden Verständnis von der Rechtsnatur des Namensrechts. Die deutsche Zivilrechtsdogmatik ist derart konzipiert, dass Gegeninteressen des Anspruchsgegners im Regelfall im Wege von Einreden und Einwendungen geltend gemacht werden. Die Einbeziehung der Interessen des Anspruchsgegners bereits bei der Prüfung der Anspruchsgrundlage bildet demgegenüber die absolute Ausnahme. Eine derartige Interessenbewertung innerhalb des Verletzungstatbestands kennt das Zivilrecht allein bei der Anwendung von Rahmenrechten bzw. offenen Verletzungstatbeständen wie dem Allgemeinen Persönlichkeitsrecht[905]. Offene Tatbestände werden dadurch charakterisiert, dass ihre Reichweite im Unterschied zu absoluten Rechten, denen ein bestimmter Zuweisungsgehalt immanent ist, nicht von vornherein fest steht[906]. Diese Rechte werden somit erst im Wege einer Güterabwägung mit den schutzwürdigen Interessen der Gegenseite im Einzelfall konkretisiert[907]. Das Namensrecht hingegen ist ein absolutes Recht[908]. Es vermittelt dem Namensträger die Befugnis, bei Ein-

905 *Sprau*, in Palandt, *§ 823 BGB*, Rn.95.

906 *Klippel*, S.371.

907 BGH, Urt.v.13.11.1990, NJW 1991, 1532f, 1533,-M-Echo. Allein die Verwirklichung der objektiven und subjektiven Tatbestandsmerkmale indiziert somit nicht bereits die Unzulässigkeit des Verhaltens des potentiellen Verletzers. Vgl. *Sprau*, in Palandt, *§ 823 BGB*, Rn. 95.

908 *Heinrich*, in Soergel, *§ 12 BGB*, Rn.19; *Bayreuther*, in MüKo, *§ 12 BGB*, Rn.2; *Klippel*, S.372; *Habermann*, in Staudinger, *§ 12 BGB*, Rn.254. Allerdings ist diese Einschätzung nicht unumstritten, da

griffen in namensrechtlich geschützte Interessen Rechtsschutz gegen jedermann zu erlangen, und zeichnet sich somit im Gegensatz zu einem Rahmenrecht durch eine vergleichsweise hohe Zuweisungsdichte aus[909]. Eine Interessenbewertung zur Feststellung der Verletzung eines absoluten Rechts ist somit wegen des bereits konkretisierten Inhalts des Rechts ausgeschlossen.

b) Interessenabwägung als Ausdruck des Verhältnismäßigkeitsgrundsatzes

Die Durchführung der Interessenabwägung als Gebot einer stets vorzunehmenden Verhältnismäßigkeitsprüfung ist in gleichem Maße abzulehnen. Bereits der Schluss vom Verhältnismäßigkeitsgrundsatz auf die Interessenabwägung erweist sich im Ergebnis als unrichtig. Zwar ist es zutreffend, dass auch die Ansprüche aus absolut geschützten Rechtsgütern dem Gebot der Verhältnismäßigkeit unterliegen[910]. Schließlich durchzieht der Verhältnismäßigkeitsgrundsatz die gesamte deutsche Rechtsordnung und somit auch das Zivilrecht[911]. Es bestehen somit keine Zweifel, dass der Verhältnismäßigkeitsgrundsatz dem Grunde nach auch kennzeichenrechtliche und namensrechtliche Ansprüche beschränken kann[912]. Soll die Durchführung der Interessenabwägung jedoch Ausfluss des Verhältnismäßigkeitsgrundsatzes sein, so kann dieser Ansatz nur dann zutreffen, wenn dem Verhältnismäßigkeitsprinzip Vorgaben dahingehend zu entnehmen sind, kollidierende Interessen überhaupt einer Bewertung anhand der Kriterien von höher- oder minderwertig zu unterziehen. Denn allein unter dieser Prämisse, dass sich die Geltendmachung von Ansprüchen bereits bei einem Überwiegen der Interessen des Anspruchsgegners als unverhältnismäßig darstellt, kann die Durchführung der Bewertung der

---

einige Stimmen aufgrund des Erfordernisses der Interessenverletzung von einem offenen Verletzungstatbestand vergleichbar dem allgemeinen Persönlichkeitsrecht ausgehen. Vgl. *Wassermann*, MuW 1915/16, S.352f, 353.

909 *Heinrich*, in Soergel, *§ 12 BGB*, Rn.19.

909 Betrachtet man sich die von der Literatur als Beleg angeführte Rechtsprechung, so zeigt sich, dass die Rechtsprechung keinesfalls von einem Überwiegen der Interessen des Namensverwenders ausgegangen ist. Vielmehr hat die Rechtsprechung namensrechtliche Ansprüche deshalb verneint, da kein Eingriff in relevante Namensfunktionen zu verzeichnen war. Vgl. BGH, Urt.v.04.02.1958, GRUR 1958, S.302f, 304,-Lego; BGH, Urt.v,13.11.1990, NJW 1991, 1532f,-M-Echo; OLG München, Urt.v.27.021974, MDR 1974, S.577.

910 *Larenz*, S.311f; *Ingerl/Rohnke*, Vor *§§ 14-19 d MarkenG*, Rn.382.

911 *Larenz*, S.311f.

912 *Ingerl/Rohnke*, Vor *§§ 14-19 d MarkenG*, Rn.382.

Interessen auf das Verhältnismäßigkeitsprinzip gestützt werden. Derartige Vorgaben postuliert der Grundsatz der Verhältnismäßigkeit gerade nicht. Der Verhältnismäßigkeitsgrundsatz gebietet es lediglich, die Relation zwischen Zweck und Mittel sowie zwischen Mittel und Anlass zu wahren und aus mehreren gleichwertigen Mitteln dasjenige auszuwählen, welches für den Rechtsverletzer mit den geringsten Einschränkungen verbunden ist[913]. Der Verhältnismäßigkeitsgrundsatz greift somit nicht bereits dann ein, wenn die Interessen des Anspruchsgegners überwiegen, sondern nur, sofern der Grad der Beeinträchtigung und der zu erzielende Erfolg völlig außer Verhältnis stehen. Ein anderes Verständnis des Verhältnismäßigkeitsprinzips würde die vom Gesetzgeber festgelegte Sanktions- und Schrankensystematik letztlich aufheben[914]. Die einfachgesetzlichen Festlegungen der Kollisionssystematik sind jedoch verbindliche Inhalts- und Schrankenbestimmungen des *Art. 14 GG* und werden auch von der Rechtsprechung des *BVerfG* nicht in Zweifel gezogen[915]. Knüpft eine Norm an das Vorliegen bestimmter Tatbestandsmerkmale eine bestimmte Rechtsfolge, so kann diese Bewertung nicht generell mit dem Argument der Unverhältnismäßigkeit relativiert werden[916]. D.h. sind sämtliche Tatbestandsmerkmale des namensrechtlichen Verletzungstatbestands erfüllt, so kann die damit verbundene Rechtsfolge nicht generell unverhältnismäßig sein. Gerade diese generelle Unverhältnismäßigkeit der Relation von Tatbestandsmäßigkeit und Rechtsfolgenanordnung wäre jedoch Voraussetzung für eine Interessenabwägung auf der Ebene des Verletzungstatbestands, welche sich aus dem Verhältnismäßigkeitsgrundsatz ableitet. Die Begründung einer Interessenabwägung mit dem Verhältnismäßigkeitsgrundsatz ist somit abzulehnen.

c) Fazit

Es ist festzuhalten, dass den Interessen des Namensvorbenutzers im Rahmen der Prüfung des namensrechtlichen Verletzungstatbestands keine Beachtung zu schenken ist.

---

913 *Looschelders/Olzen*, in Staudinger, *§ 242 BGB*, Rn.279.

914 *Ingerl/Rohnke*, Vor *§§ 14-19 d MarkenG*, Rn.383.

915 *Ingerl/Rohnke*, Vor *§§ 14-19 d MarkenG*, Rn.382 unter Verweis auf BVerfG, Beschl.v.24.11.2004, GRUR 2005, S.261f,-ad-acta.de.

916 *Ingerl/Rohnke*, Vor *§§ 14-19 d MarkenG*, Rn.382.

*2. Keine Verminderung der Interessen des Namensträgers durch die Vorbenutzung*

Nunmehr kann die Frage beantwortet werden, inwieweit sich der Umstand der Namensvorbenutzung auf die Interessen des Namensträgers auswirkt. Das Interesse des Namensträgers vor fälschlichen Zuordnungen des Verkehrs geschützt zu werden, wird durch die Vorbenutzung nicht vermindert. Die Vorbenutzung ist namensrechtlich gänzlich irrelevant. Ob der Verkehr den Namensträger deshalb verwechselt, da die Benutzung des Namens bereits vor der Entstehung des Rechts aufgenommen und nach der Entstehung fortgesetzt wurde oder deshalb, weil der Name erst zeitlich nachfolgend in Gebrauch genommen wurde, macht keinen Unterschied. Das Interesse des Namensträgers, vor Zuordnungsverwirrungen geschützt zu werden, ist jeweils dasselbe.

### III. Fazit

Dem Umstand der Vorbenutzung ist aus namensrechtlicher Sicht keine Beachtung zu schenken.

## D. Vorbenutzungsrechte im außergewerblichen Bereich nach *§ 242 BGB*

Der Vorbenutzer eines Namens ist demnach darauf verwiesen, seine Interessen über die Generalklausel des *§ 242 BGB* einredeweise geltend zu machen. Zwar eröffnet *§ 242 BGB* grundsätzlich die Möglichkeit einer Beschränkung gesetzlich normierter Rechtsfolgenanordnungen aufgrund einer Wertungskorrektur[917]. Dabei sieht sich der Vorbenutzer eines Namensrechts jedoch den gleichen Einwänden gegen eine Rechtsfolgenkorrektur des Namensrechts ausgesetzt wie der Inhaber des gewerblichen Kennzeichenrechts, so dass auf die dortigen Ausführungen verwiesen werden kann[918]. So kann der Nachweis überwiegender Interessen des Namensvorbenutzers nicht geführt werden. Denn der Regelung des *§ 242 BGB* lassen sich keine Bewertungsparameter entnehmen, welche den Interessen des Namensvorbenutzers einen höheren Rang zuweisen als den Interessen des zeitlich nachfolgenden Namensrechtsinhabers[919].

---

917 S.O. Kap.2 G. V.; Kap.4 B. IV.

918 S.O. Kap.4 B. IV.

919 S.O. Kap.4 B. IV.

Da sich für die Thematik der Namensvorbenutzung im Offline Bereich auch ansonsten keine entsprechenden Wertungsvorgaben auffinden lassen, besteht kein Anlass, die gesetzliche Rechtsfolgenanordnung des *§ 12 S.1. Alt.2 BGB* einer generellen Einschränkung zu unterziehen. Die Einbeziehung der Interessen des Vorbenutzers nach *§ 242 BGB* führt folglich nicht zu einer Einschränkung der Ausschlussbefugnisse des Namensrechtsinhabers.

## E. Vorbenutzungsrechte im Namensrecht über den Einwand sittenwidrigen Rechtsmissbrauchs nach *§ 826 BGB*

Als zweite Einwendung steht dem Namensvorbenutzer der Einwand des sittenwidrigen Rechtsmissbrauchs nach *§ 826 BGB* zur Seite. Mit der „exceptio doli" kann sich der Namensvorbenutzer der Geltendmachung von Ausschlussrechten aus dem Namensrecht dann erwehren, wenn sich die Geltendmachung einer vorsätzlichen und sittenwidrigen Schädigung darstellt[920]. Wie bei der bösgläubigen Markenanmeldung wird der Begriff des Vorbenutzungsrechts auch hier gebraucht, um zu fragen, ob eine namensmäßige Bezeichnung ohne Unterscheidungskraft bzw. ein Pseudonym bereits unterhalb der Verkehrsgeltungsschwelle in gewisser Weise als Rechtsposition verdinglicht sein kann. Davon wäre auszugehen, wenn allein die positive Kenntnis der Namensvorbenutzung zur Annahme der Sittenwidrigkeit führt, ohne dass es auf subjektive Sittenwidrigkeitsmerkmale ankäme[921]. Der Objektivierung der Namensvorbenutzung zur Rechtsposition über den Einwand des Rechtsmissbrauchs stehen jedoch letztlich die gleichen Einwände entgegen wie im gewerblichen Bereich. Obgleich es an einschlägiger Kasuistik zum Rechtsmissbrauch namensrechtlicher Ausschlussansprüche fehlt, besteht auch bei *§ 826 BGB* Konsens, dass die Motive und Interessen des Täters in die Bewertung der Sittenwidrigkeit des Verhaltens einzubeziehen sind[922]. Werden jedoch die Eigeninteressen des Namensrechtsinhabers bei der Bewertung seines Verhaltens einbezogen, so kann

920 *Wagner*, in MüKo, *§ 826 BGB*, Rn.41; *Hönn*, in Soergel, *§ 826 BGB*, Rn.197.

921 Von der Anerkennung als Rechtsposition könnte dann gesprochen werden, wenn bereits der objektive Eingriff in den Schutzbereich in Kombination mit der Kenntnis bzw. fahrlässigen Unkenntnis zur Verwirklichung des Verletzungstatbestands des *§ 826 BGB* führt, ohne dass es auf die Erfüllung weiterer – subjektiver – Sittenwidrigkeitsmerkmale ankäme.

922 *Oechsler*, in Staudinger, *§ 826 BGB*, Rn.53, *Hönn*, in Soergel, *§ 826 BGB*, Rn.41.

die Position des Namensvorbenutzers nicht zur objektivierten Rechtsposition verdinglicht sein, da es insoweit an der notwendigen Zuweisungsdichte fehlt[923].

## F. Bestandsaufnahme

Es wurde festgestellt, dass die Berücksichtigung der Interessen des Namensvorbenutzers auf der Ebene des Verletzungstatbestands des *§ 12 S.1.Alt.2 BGB* ausscheidet. Dieser Befund ergibt sich zum einen aus der Natur des Namensrechts als absolutes Recht, dessen Inhalt im Gegensatz zu Rahmenrechten bereits feststeht, und zum anderen daraus, dass der Verhältnismäßigkeitsgrundsatz gerade keine Postulate im Hinblick auf eine generelle Interessenabwägung enthält. Auch eine Verminderung der schutzwürdigen Interessen auf Seiten des Namensrechtsinhabers lässt sich nicht diagnostizieren. Das Interesse des Namensrechtsinhabers, vor Zuordnungsverwirrungen geschützt zu werden, wird im Falle fälschlicher Zuordnungen des Verkehrs unabhängig von der Reihenfolge des Zeichenerwerbs beeinträchtigt. Auch über die Einwendungstatbestände der *§§ 826, 242 BGB* ist die Position des Namensvorbenutzers nicht derart verdichtet, dass von einer objektiven Rechtsposition ausgegangen werden könnte. Zusammenfassend lässt sich die Aussage treffen, dass Vorbenutzungsrechte im Namensrecht nicht existent sind.

923 S.O. Kap.4 A. IV. 3.

# Kapitel 7 Vorbenutzungsrechte im Domainrecht

## A. Einleitung

Vorbenutzungskonstellationen mit Bezug zu Internetdomains können häufig auftreten. Domainnamen können schnell, kostengünstig und zu Tausenden registriert werden. Die Erörterung der Domainvorbenutzung hat somit eine erhebliche Praxisrelevanz. Vorbenutzungskonstellationen mit Bezug zu Internetdomains kennzeichnen sich dadurch, dass Domainnamen registriert werden, die nicht ausschließlich beschreibender Natur sind, ohne dass dem jeweiligen Domainanmelder eine Berechtigung an dem Namen zusteht und Dritte zeitlich nachfolgend kollidierende Kennzeichenrechte erwerben. Streitig werden solche Fälle immer dann, wenn der Zeichenrechtsinhaber die Freigabe des Domainnamens einfordert. Respektive der Vorbenutzungsthematik stellt sich die Frage, ob derartige auf Freigabe bzw. Löschung der Domain gerichtete Ansprüche des Kennzeichenrechtsinhabers allein aufgrund der vorherigen Registrierung der Domain zu versagen sind.

## B. Einführung in das Domainrecht

Vor einer Zuwendung an die Vorbenutzungskonstellation im Domainrecht ist zunächst eine Einführung in die Grundzüge des Domainrechts erforderlich. Der Begriff des Domainrechts ist gesetzlich nicht definiert. Vielmehr handelt es sich um eine Querschnittsmaterie durch sämtliche Rechtsgebiete, welche Berührungspunkte mit der Registrierung, der Übertragung und der Verletzung durch Internetdomains aufweisen. Gesonderte gesetzliche Regelungen zum Domainrecht bestehen hingegen nicht. Rechtsquellen für die Lösung kennzeichenrechtlicher Streitigkeiten im Internet sind somit das *MarkenG*, das *UWG* sowie das *Bürgerliche Gesetzbuch*, allen voran der bürgerlichrechtliche Namensschutz nach *§ 12 BGB*. Obgleich somit für Kennzeichenkonflikte offline und online dieselben gesetzlichen Regelungen gelten, hat die Rechtsprechung jedoch eine Vielzahl an Eigenheiten herausgearbeitet, welche für das Verständnis der Materie nachfolgend darzustellen sind.

I. Registrierung der „.de“-Domainnamen nach dem Prinzip *„first come first served“*

Zuständig für die Registrierung der „de“-Domain ist die DENIC e.g[924]. Sie führt die Datenbank mit den Einträgen zu den Second-Level Domains und leitet anfragende Clients an die Name-Server, unter denen die Second-Level Domains eingetragen sind[925]. Bei der Registrierung handelt es sich um rein technische Einträge in eine zentrale Datenbank. Im Unterschied zu Marken- oder anderen Schutzrechtsanmeldungen unterliegt die Eintragung weder einer Prüfung auf formale oder materielle Rechtmäßigkeit noch kommt ihr eine rechtskonstituierende Wirkung zu[926]. Die Vergabe der Domainnamen durch die DENIC folgt dabei dem sogenannten Windhundprinzip *„first come, first served“* und nicht etwa einer besseren materiellrechtlichen Berechtigung[927].

II. Rechtsnatur der Domain

*1. Adress- und Kennzeichnungsfunktion der Domain*

In erster Linie erfüllt der Domainname eine rein technische Funktion[928]. Er „ersetzt“ aus Praktikabilitätsgründen den schwer merkbaren numerischen Zahlencode, auf welcher der Rechner, auf dem die Internetseite bereitgestellt wird, physikalisch zu erreichen ist[929]. Der Domainname fungiert somit zunächst einmal als Adresse und dient der Kommunikation im Internet. Aus technischen Gründen kann ein spezifischer Domainname weltweit nur einmalig vergeben werden[930]. Diese Einzigartigkeit des Domainnamens unterscheidet Domainstreitigkeiten von sämtlichen sonstigen Kennzeichenstreitigkeiten, da allein die Existenz der Domain dazu führt, dass alle anderen Personen von der Nutzung ausgeschlossen werden[931]. Die Registrierung allein führt somit zu einer rein faktischen Monopolisierung des Domainnamens[932]. Neben der

924 *Bayreuther*, in MüKo, *§ 12 BGB*, Rn.56.

925 *Pütz-Poulalion*, in Stöckel/Lüken, S.314.

926 OLG Hamm, Urt.v.08.01.2005, MMR 2005, S.381f, 382,–juraxx.de.

927 *Bettinger*, Rn.8.

928 *Pütz-Poulalion*, in Stöckel/Lüken, S.302; *Welzel*, MMR 2001, S.131f, *Heinrich*, in Soergel, *§ 12 BGB*, Rn.152 a.

929 *Bücking*, NJW 1997, S.1886f, 1887; *Bayreuther*, in Müko, *§ 12 BGB*, Rn.57.

930 *Bücking*, NJW 1997, S.1886f, 1887; *Heinrich*, in Soergel, *§ 12 BGB*, Rn.152 a.

931 *Bayreuther*, in Müko, *§ 12 BGB*, Rn.57.

932 *Ingerl/Rohnke*, Nach *§ 15 MarkenG*, Rn.77; *Welzel*, MMR 2001, S.131f, 133.

Funktion als Adresse wird der Domain auch Kennzeichnungsfunktion beigemessen[933]. Denn der Verkehr, der bei Eingabe eines bestimmten Unternehmens in das Browserfenster die Internetpräsenz eines bestimmten Unternehmens erwartet, sieht in der Verwendung des Zeichens im Regelfall keine bloße Adressbezeichnung, sondern einen Hinweis auf das Unternehmen oder auf die betriebliche Herkunft von Waren und Dienstleistungen[934].

## *2. Kein absolut wirkendes Immaterialgüterrecht durch Domainregistrierung*

Der Domaininhaber erlangt, entgegen einzelnen Literaturstimmen, mit der Registrierung weder Eigentum an der Adresse noch ein sonstiges absolut wirkendes Recht am Domainnamen, das wie ein Immaterialgüterrecht verdinglicht wäre[935]. Vielmehr erhält er als Gegenleistung für die der Vergabestelle entrichtete Vergütung lediglich das vertraglich eingeräumte Recht, für seine IP-Adresse eine bestimmte Domain zu verwenden, welche sich aus Wortbestandtei-

---

933. BGH, Urt.v.19.02.2009, K&R 2009, S.473f, 474,-ahd.de; BGH, Urt.v.14.05.2009, K&R 2009, S.717f, 721-airdsl.de; Ströbele/*Hacker*, *§ 14 MarkenG*, Rn.195.

934 BGH, Urt.v.22.07.2004 GRUR 2005, S.262f, 263,-Soco.de; OLG Brandenburg; Urt.v.12.04.2000, MMR 2001, S.174f, 175,-luckau.de; *Pahlow*, WRP 2002, S.1228f, 1229.

935 *Bettinger*, DE 107; *Bayreuther*, in MüKo, *§ 12 BGB*, Rn.57; *Ingerl/Rohnke*, Nach *§ 15 MarkenG*, Rn.37; *Hartig*, GRUR 2006, S.299f, 300; BVerfG, Beschl.v.24.11.2004, GRUR 2005, S.261f,-ad-acta.de; a.A. *Koos*, MMR 2004, S.359f. Wohl auch *Becker*, WRP 2010, S.467f, 473, der von der Entstehung prioritätsälterer subjektiver Domainrechte spricht. Vgl. jedoch die instruktive Betrachtung von *Berberich*, WRP 2011, S.543f. Im Regelfall wird die lediglich registrierte Domain auch nicht als Werktitel nach *§ 5 Abs.3 MarkenG* geschützt sein. Neben dem Erfordernis der Nutzung im geschäftlichen Verkehr setzt die h.M. zumindest die Erfüllung zweier Kriterien voraus: zum einen die Erreichung eines hinreichend hohen Fertigstellungsgrades des Werks und zum anderen, dass der Inhalt der Website aufgrund seiner Schöpfungshöhe auch außerhalb des Internets als titelschutzfähig angesehen würde. Bei der lediglich registrierten, aber nicht mit redaktionellen Inhalten versehenen Domain scheidet ein Schutz als Werktitel somit im Regelfall aus. Vgl. Ströbele/*Hacker*, *§ 5 MarkenG*, Rn.77; *Ingerl/Rohnke*, *§ 5 MarkenG*, Rn.81, Nach *§ 15 MarkenG*, Rn.53; *Bettinger*, DE 755; OLG München Urt.v. 11.01.2001, WRP 2001, S.571f, 573,-kueche.online.de. Auch eine Vorverlagerung des Titelschutzes im Wege der Titelschutzanzeige kommt nicht in Betracht. Die Titelschutzanzeige erfordert neben einer branchenüblichen öffentlichen Ankündigung die Benutzungsaufnahme binnen einer angemessenen Frist. BGH, Urt.v.01.03.2001, GRUR 2001, S.1054f, 1055,-Tagesreport. Die Ankündigung der künftigen Entstehung einer Internetpräsenz wird nicht als branchenübliche Ankündigung gesehen. BGH, Urt.v. 14.05.2009, K&R 2009, S.717f, 720,-airdsl; OLG München Urt.v. 11.01.2001, WRP 2001, S.571f, 573,-kueche.online.de.

len zusammensetzt[936]. Dem Domainrechtsinhaber steht folglich ein rein schuldrechtlicher Anspruch gegen die Vergabestelle zu, dessen Inhalt sich nach Maßgabe des geschlossenen Domainvertrages richtet[937]. Da aber auch dieses relativ wirkende Nutzungsrecht an der Domain einen von der Rechtsordnung zu respektierenden Vermögenswert darstellt, hat das *BVerfG* seiner bisherigen Rechtsprechung zu obligatorischen Rechten folgend entschieden, dass *„das relativ wirkende vertragliche Nutzungsrecht an der Domain, dem Inhaber ebenso ausschließlich zugewiesen ist, wie Eigentum an einer Sache"*[938]. Diese Aussage darf jedoch nicht fälschlicherweise dahingehend verstanden werden, dass die Inhaberschaft am Domainnamen eine Rechtsinhaberschaft begründen würde, welche über die vertragliche Beziehung zur Vergabestelle hinausgeht[939]. Gleichwohl schließt dieser Befund naturgemäß nicht aus, dass durch die Verwendung des Domainnamens eigenständige Kennzeichenrechte entstehen. Diese Entstehung richtet sich in Ermangelung eigenständiger positivrechtlichen Regelungen nach den Vorschriften des Markengesetzes sowie des Bürgerlichen Gesetzbuchs, ohne dass insoweit Besonderheiten zu berücksichtigen wären[940].

### III. Erfordernis des Schlechthinverbots der Domainregistrierung bei Löschungs- bzw. Freigabeansprüchen

Die Freigabe eines Domainnamens kann nur unter der Bedingung gefordert werden, dass jegliche Form der Nutzung der Domain und sogar das bloße Aufrechterhalten der Registrierung für sich gesehen eine Rechtsverletzung darstellt[941]. Verbleibt demgegenüber – theoretisch – eine Verwendungsart des Domainnamens, welche rechtlich nicht zu beanstanden ist, so besteht kein Anspruch auf Löschung des Domainnamens[942]. Ein Freigabeanspruch ist demnach

936 *Viefhues*, MMR 2000, S.286f, 287; *Kort*, DB 2001, 249, 254; *Kazemi/Leopold*, MMR 2004, S.287f, 290; *Bettinger*, DE Rn.107.

937 *Welzel*, MMR 2001, S.131f, 132; *Härting*, Rn.1098ff; *Bayreuther*, in Müko, *§ 12 BGB*, Rn.57

938 BVerfG, Beschl.v.24.11.2004, GRUR 2005, S.261f,-ad-acta.de; *Starck*, in Mangold/Starck/Klein, *Art. 14 GG*, Rn.285f; Vgl. auch *Nowrot*, Arbeitspapiere aus dem Institut für Wirtschaftsrecht S.10f.

939 So aber wohl *Rössel*, K&R 2009, S.478f, 479.

940 *Weisert*, WRP 2009, S.128f, 130.

941 BGH, Urt.v.11.04.2002, GRUR, S.706f, 709,-vossius.de; BGH, Urt. v. 19.07.2007, GRUR 2007, S.888f, 888,–Euro Telekom; *Bettinger*, DE 452; BGH, Urt.v.19.02.2009, K&R 2009, S.473f, 476,-ahd.de.

942 BGH, Urt. v.19.07.2007, GRUR 2007, S.888f, 888,–Euro Telekom; *Bettinger*, DE 452.

grundsätzlich nur dann statthaft, wenn sowohl der Bereich der gewerblichen Verwendung des Domainnamens als auch der außergeschäftliche Bereich, wozu neben der rein privaten Nutzung auch die Nichtnutzung zählt, vom Anspruchssteller verboten werden kann[943]. Da der Schutzbereich der Kennzeichenrechte sowie des Wettbewerbsrechts zum einen auf den gewerblichen Wirkbereich und zum anderen auf die Reichweite der Verwechslungsgefahr beschränkt ist, kann ein (allein) auf das Marken- oder Wettbewerbsrecht gestützter Freigabeanspruch nicht von Erfolg gekrönt sein[944]. D.h. auch dann, wenn die Domainregistrierung selbst ausnahmsweise als geschäftliche Handlung anzusehen sein sollte, wird der Freigabeanspruch auf eine Kombination der Anspruchsgrundlagen der *§§ 14, 15 MarkenG* mit der ergänzenden Anwendung des *§ 12 BGB* zu stützen sein[945].

## IV. Namensanmaßung durch Registrierung eines Domainnamens

Der BGH geht seit der „shell.de"-Entscheidung, in ständiger Rechtsprechung davon aus, dass bereits die Registrierung einer mit einem Namensrecht übereinstimmenden „.de"-Domain den Tatbestand der Namensanmaßung nach *§ 12 S.1 Alt.2 BGB* verwirklicht[946]. Nach dieser Ansicht wird der Namensträger, durch die mit der Registrierung einhergehende faktische Ausschlusslage daran gehindert, eigene Inhalte unter der im Inland üblichen und meistverwende-

943 *Bunnenberg*, MarkenR 2010, S.69f.

944 *Bunnenberg*, MarkenR 2010, S.69f; *Rössel*, K&R 2009, S.478f; BGH, Urt.v.19.07.2007, GRUR 2007, S.888f, 888,–Euro Telekom; *Runke*, IPRB 2010, S.229f.

945 BGH, Urt.v.24.04.2008, WRP 2008, S.1520f, Rn.10,–afilias.de; *Becker*, WRP 2010, S.467f, 468; *Nägele*, GRUR 2007 S.1007f, 1013; *Rauer*, K&R 2005, S.235f, 236. Ähnlich *Teplitzky*, in Großkomm. z. UWG, *§ 16 UWG* a.F., Rn.12, der für eine analoge Anwendung des *§ 12 BGB* plädiert; a.A. *Hackbarth*, WRP 2006, S.519f, 525, der durch die Anwendung unterschiedlicher Maßstäbe je nach dem, ob es sich um eine Verwendung des Zeichens innerhalb oder außerhalb der Verwechslungsgefahr handelt, Wertungswidersprüche heraufziehen sieht. So wohl auch *Weisert*, WRP 2009, S.128ff, der die Vorgehensweise der Eröffnung des Anwendungsbereichs des *§ 12 BGB* insgesamt kritisch betrachtet, sofern der Tatbestand letztlich wiederum verneint wird, da es an einer Interessenverletzung fehle. Um den Untersuchungsgegenstand nicht zu überfrachten, wird die Zulässigkeit der ergänzenden Anwendung des *§ 12 BGB* nicht in Frage gestellt. Vgl. aber BGH, Urt.v. 12.02.1998 GRUR 1998, S. 696f,– Rolex-Uhr mit Diamanten.

946 Ständige Rechtsprechung BGH, Urt.v. 22.11.2001, GRUR 2002, S.622f, 624,–shell.de; BGH, Urt.v.11.04.2002, GRUR 2002, S.706f, 709,–vossius.de; BGH, Urt.v. 26.06.2003, MMR 2003, S.726f, 727,–maxem.de; BGH, Urt.v.19.02.2004, GRUR 2004; S. 619f, 620,-*Kurt*-biedenkopf.de; BGH,

ten „.de“ Domain anzubieten und dadurch in seinem unternehmerischen Funktionsbereich beeinträchtigt[947].

*1. Bisherige Koexistenzrechtsprechung / First come first served prinzip*

Wie bereits dargelegt, gilt das Prioritätsprinzip im Namensrecht nicht[948]. Kann sich sowohl der Inhaber der Domain als auch der Dritte, welcher die Freigabe des Domainnamens begehrt, auf eigene Kennzeichenrechte berufen, so kommt das Recht der Gleichnamigen zur Anwendung[949]. Darauf, welches der kollidierenden (offline) Kennzeichenrechte einen relativ besseren, d.h. älteren Zeitrang genießt, kommt es somit nicht an[950]. Die Beteiligten sind somit nicht verpflichtet, im Wege der Ahnenforschung festzustellen, welchem der Kontrahenten das prioritätsälteste (offline) Namensrecht zukommt[951]. Das Recht der Gleichnamigen gebietet es, die beteiligten Interessen einem umfassenden Abwägungsprozess zu unterziehen[952]. Dabei gilt es,

---

Urt.v.09.09.2004, WRP 2005, S.488f, 490,-mho.de; *Bettinger*, DE 364; *Hackbarth*, WRP 2006, S.519f, 520.

947 BGH, Urt.v.22.11.2001, GRUR 2002, S.622f, 624,-shell.de; BGH, Urt.v.26.06.2003, MMR 2003, S.726f, 727,–maxem.de; BGH, Urt.v.09.09.2004, WRP 2005,S. 488f, 490,-mho.de. Darüber hinaus besteht Einigkeit, dass es sich bei der Domainregistrierung nicht um einen Fall der Namensleugnung nach *§ 12 S.1 Alt.1 BGB* handelt. Sofern mit der Registrierung überhaupt eine Aussage über die eigene Befugnis zur Verwendung des Namens verbunden sein soll, so impliziert diese Handlung jedenfalls keine Leugnung der Verwendungsbefugnis des Namensträgers. Mit der Registrierung bringt der Domainanmelder allenfalls eine konkurrierende Berechtigung zum Ausdruck, nicht aber, dass er sich für alleinig zur Namensführung berechtigt hält. Vgl. BGH, Urt.v.22.11.2001, GRUR 2002, S.622f, 624,-shell.de; *Hackbarth*, WRP 2006, S.519f, 522; *Brömmelmeier*, S.242.

948 S.O. Kap.6 B. IV. 1.; missverständlich: *Hackbarth*, WRP 2006, S.519f, 520. Im Namensrecht gilt das Prioritätsprinzip nur bei der Verwendung eines Namens im geschäftlichen Verkehr. Da *§ 12 BGB* wegen der rein privaten Natur der Domainregistrierung ergänzend auf den privaten Verkehr angewandt wird und die Namensrechtsverletzung allein anhand von originär namensrechtlichen Kriterien zu bemessen ist, gilt das Prioritätsprinzip nicht, wenn der Domainrechtsinhaber über eine namensrechtliche Legitimation verfügt.

949 *Hackbarth*, WRP 2006, S.519f, 520.

950 S.O. Kap.6 B. IV. 1.

951 *Hackbarth*, WRP 2006, S.519f, 521. Kann sich der Namensverwender hingegen nicht auf ein eigenes Namensrecht berufen, so hat er den fortgesetzten Gebrauch zu unterlassen.

952 *Hackbarth*, WRP 2006, S. 519f, 520. Die Konsequenz, die aus der Anwendung dieses Grundsatzes folgt besteht darin, dass sämtliche Namensträger zu einer gesteigerten Rücksichtnahme untereinander verpflichtet sind, was nach der Kupferberg-Rechtsprechung insbesondere im Wege einer weitestgehenden

möglichst beiden kontrahierenden Interessen Rechnung zu tragen. Ist eine Interessenwahrung auch durch die Abgrenzung der verwendeten Namen mittels Hinzufügung unterscheidungskräftiger Zusätze möglich, so scheidet ein Schlechthinverbot der Namensverwendung prinzipiell aus[953]. In Konformität mit der Gleichnamigkeitsrechtsprechung hat der BGH für Domainkollisionen den Grundsatz aufgestellt, dass im Falle der Registrierung eines Domainnamens durch einen berechtigten Namensträger das *„Gerechtigkeitsprinzip der Priorität (hinsichtlich der Registrierung der Domain)"* gilt[954]. Steht dem Inhaber der Domain bereits zum Zeitpunkt der Registrierung der Domain eine Berechtigung am Domainnamen zu, so soll er diese nach dem Grundsatz *„first come, first serve"* prinzipiell auch behalten dürfen. D.h. der Inhaber eines Kennzeichenrechts muss es grundsätzlich hinnehmen, dass ihm ein anderer, der ebenfalls eine Berechtigung an der Bezeichnung hat, bei der Registrierung eines Domainnamens zuvorkommt[955]. Wird er hingegen durch die Registrierung eines Nichtberechtigten von der Nutzung ausgeschlossen, so ist er nicht verpflichtet dieses Verhalten zu dulden[956].

*2. Domainregistrierung als erster Schritt der Benutzungsaufnahme*

Eine erste Einschränkung des auf der Gleichnamigkeit basierenden Grundsatzes, dass nur derjenige eine Domain behalten darf, der im Zeitpunkt der Domainregistrierung über eigene Rechte am Domainnamen verfügt, postulierte der BGH in der Entscheidung „mho.de"[957]. Darin lehnte der BGH Freigabeansprüche der Namensberechtigten nach *§ 12 S.1 Alt.2 BGB* ab, obwohl der Beklagten zum Zeitpunkt der Registrierung des Domainnamens noch keine eigenen Rechte am Domainnamen zur Seite standen. Ein eigenes Recht des Domaininhabers entstand jedoch in zeitlicher Nähe zur Registrierung durch die nachfolgende Benutzungsaufnahme der Domain im geschäftlichen Verkehr[958]. Der Bundesgerichtshof argumentierte u.a. da-

---

Abgrenzung durch die Hinzufügung unterscheidungskräftiger Zusätze zu geschehen hat. BGH, Urt.v.10.11.1965, GRUR 1966, S. 623f, 625,–Kupferberg; *Fezer*, *§ 15 MarkenG*, Rn.146.

953 *Fezer*, *§ 15 MarkenG*, Rn.148.

954 St. Rspr. BGH, Urt.v.22.11.2001, GRUR 2002, S.622f, 625,-shell.de; BGH, Urt.v.26.06.2003, MMR 2003, S.726f, 727,–maxem.de.

955 *Bettinger*, DE 373.

956 BGH, Urt.v.22.11.2001, GRUR 2002, S.622f, 625,-shell.de; BGH, Urt.v.26.06.2003, MMR 2003, S.726f, 727,–maxem.de; *Becker*, WRP 2010, S.467f, 468.

957 BGH, Urt.v.09.09.2004, WRP 2005, S.488f,-mho.de.

958 *Bücking*, NJW 1997, S.1887f, 1888.

mit, *„dass es der vernünftigen kaufmännischen Praxis entspreche, Domainnamen bereits vor der Benutzungsaufnahme eines Unternehmenskennzeichens, zu sichern*[959]. *Daher führe die „gebotene Interessenabwägung im Rahmen des § 12 BGB dazu, dass eine der Benutzungsaufnahme unmittelbar vorausgehende Registrierung nicht als unberechtigter Namensgebrauch zu bewerten ist“*[960]. Der BGH behandelt den Domaininhaber letztlich so, als habe er bereits zum Zeitpunkt der Registrierung ein Recht am Domainnamen erworben, sofern das Namensrecht alsbald nach der Registrierung des Domainnamens entsteht[961].

## C. Vorbenutzungsrechte im Domainrecht als weitere Ausnahme von der Gleichnamigkeitsrechtsprechung

Fraglich ist nun, ob allein der Umstand der Domainvorbenutzung dazu führen kann, Ansprüche, die auf die Herausgabe des Domainnamens gerichtet sind, abzulehnen. Im Unterschied zur Konstellation der „mho.de“ Entscheidung, in welcher eine Berechtigung am Tag der Domainregistrierung wegen der nachfolgenden Benutzungsaufnahme fingiert wird, wird die Konstellation der Vorbenutzung durch den gänzlichen Verzicht auf eine Berechtigung am Domainnamen gekennzeichnet.

959 BGH, Urt.v.09.09.2004, WRP 2005, S.488f, 490,-mho.de. Der BGH stützte sich bei seinen Erwägungen vornehmlich auf kennzeichenrechtliche Gesichtspunkte, indem er zwar erstmalig die ergänzende Anwendung des *§ 12 BGB* im Anwendungsbereich des Markenrechts eröffnete, jedoch respektive des Freigabeanspruchs dahingehend einschränkte, dass aufgrund der im Fall gegebenen Branchenferne die Benutzungsaufnahme der prioritätsjüngeren Kennzeichnung nicht hätte verboten werden können.

960 BGH, Urt.v.09.09.2004, WRP 2005, S.488f, 490,-mho.de.

961 *Hackbarth*, WRP 2006, S.519f, 523; *Eckhardt*, CR 2005, S.364f, 365, *Rauer*, K&R 2005, S.236.

I. Die Auffassung der Rechtsprechung zur Domainvorbenutzung im außergeschäftlichen Bereich

*1. Urteil des Bundesgerichtshofs vom 24. April 2008, „afilias.de“* [962]

Der Bundesgerichtshof hat die Frage nach der Relevanz der Vorbenutzung in der Entscheidung „afilias.de“ bejaht. In dieser Entscheidung kam der BGH zu dem Ergebnis, dass ein Freigabeanspruch des berechtigten Namensrechtsinhabers auch dann scheitern könne, wenn dem Domaininhaber kein Recht am Domainnamen zur Seite steht, sofern die Domainregistrierung zeitlich vor der Entstehung des Kennzeichenrechts erfolgte. Der Sachverhalt der Entscheidung stellt sich wie folgt dar: Die Klägerin, welche seit dem 13.02.2001 unter der Unternehmensbezeichnung *„Afilias Limited“* firmierte, begehrte gestützt auf ihr Unternehmenskennzeichen bzw. Namensrecht vom Beklagten Unterlassung und Freigabe der Domain *„www.afilias.de“*. Diese Domain hatte der Beklagte bereits am 24.10.2000 bei der DENIC registrieren lassen und benutzte diese nach den Feststellungen des Gerichts jedenfalls nicht für geschäftliche Zwecke. Aufgrund des Erfordernisses des Schlechthinverbots erörterte der BGH das Begehren der Klägerin unter Heranziehung des bürgerlichrechtlichen Namensschutzes des *§ 12 BGB*. Der beantragte Löschungsanspruch blieb der Klägerin jedoch verwehrt, obwohl dem Beklagten – unstreitig – keine Rechte am Domainnamen zustanden, was bis zu dieser Entscheidung als Voraussetzung für das Behaltendürfen einer Domain wegen *„Gleichnamigkeit“* angesehen wurde[963]. Das Gericht argumentierte damit, dass der Klägerin – trotz ihres bestehenden Schutzrechts – keine übergeordneten Interessen zur Seite stünden, die einen entsprechenden Freigabeanspruch gerechtfertigt hätten. Da das Schutzrecht erst nach der Domainregistrierung entstanden sei und es vernünftiger kaufmännischer Praxis entspreche, Domainnamen bereits vor der Aufnahme eines Geschäftsbetriebes zu registrieren, sei in diesem

---

962 BGH, Urt.v.24.04.2008, WRP 2008, 1520f,–afilias.de; (amtlicher Leitsatz):„Grundsätzlich verletzt ein Nichtberechtigter, für den ein Zeichen als Domainname unter der in Deutschland üblichen Top-Level Domain „.de“ registriert ist, das Namens- oder Kennzeichenrecht desjenigen, der an einem identischen Zeichen ein Namens – oder Kennzeichenrecht hat. Etwas anderes gilt jedoch regelmäßig dann, wenn das Namens- oder Kennzeichenrecht des Berechtigten erst nach der Registrierung des Domainnamens durch den Nichtberechtigten entstanden ist.“; Vorinstanzen OLG Düsseldorf -30.08.2005 –AZ: I-20 U 14/05; LG Düsseldorf 17.12.2004 – AZ: 38 O 132/04.

963 BGH, Urt.v.22.11.2001, GRUR 2002, S.622f, 625–shell.de; BGH, Urt.v.26.06.2003, MMR, S.726f, 727,-maxem.de; eingehende Darstellung der Gleichnamigkeitsrechtsprechung, bei *Hackbarth*, WRP 2006, S.519f; ausführliche Darstellung der Rechtsprechung bis 2002 bei *Nägele*, WRP 2002, S.138ff; *Bayreuther*, in MüKo, *§ 12 BGB*, Rn.204ff; *Pahlow*, WRP 2002, S.1228f.

Fall eine Interessenverletzung der Klägerin nicht zu verzeichnen, da es dieser freigestanden hätte, eine noch nicht registrierte Bezeichnung als Unternehmenskennzeichen zu wählen[964].

*2. Urteil des Bundesgerichtshofs vom 19. Februar 2009, „ahd.de"*[965]

In einer weiteren Grundsatzentscheidung zur Vorbenutzungsthematik wiederholte der BGH die bereits in der „afilias.de"-Entscheidung dargebotene Verfahrensweise[966]. So lehnte es der Bundesgerichtshof auch hier ab, der Klägerin Freigabeansprüche gegen die Aufrechterhaltung der Domainregistrierung zuzuerkennen, obwohl der Beklagten keine Berechtigung am Domainnamen zustand. Von der „afilias.de"-Entscheidung unterscheidet sich dieser Sachverhalt jedoch in einer maßgeblichen Besonderheit. Der BGH, welcher die Domainregistrierung selbst als geschäftliche Handlung betrachtete, bewertete den Freigabeanspruch trotz des Erfordernisses des Schlechthinverbots ausschließlich anhand der Maßstäbe für gewerbliche Schutzrechte[967]. Interessanterweise stützte die Klägerin ihren Anspruch aus dem Unternehmenskennzeichen dabei nicht auf *§§ 5, 15 MarkenG,* sondern auf den wettbewerbsrechtlichen Behinderungstatbestand *§§ 3, 4 Nr.10 UWG,* welchen das Gericht als alleinigen Prüfungsmaßstab heranzog. Diese Vorgehensweise ermöglichte es dem Gericht im Rahmen der Prüfung des unbestimmten Tatbestandsmerkmals der Behinderungsabsicht, den Umstand zu berücksichtigen, dass die Entstehung des Kennzeichenrechts erst zeitlich nach der Registrierung erfolgt ist[968]. Von der Argumentationslinie der „afilias.de"-Entscheidung divergiert das Vorbringen indessen lediglich marginal. So begründet das Gericht seine Auffassung wiederholt mit dem Gesichtspunkt fehlender schutzwürdiger Interessen des Kennzeichenrechtsinhabers,

---

964 BGH, Urt.v.24.04.2008, WRP 2008, S.1520f, 1523,–afilias.de; BGH, Urt.v. 19.02.2009, K&R 2009 S.473f, 477, Rn.42f,-ahd.de.

965 BGH, Urt.v.19.02.2009, K&R 2009, S.473f,-ahd.de.

966 Das Geschäftsmodell der Beklagten besteht im Erwerb und der Veräußerung von Domainnamen. Zu diesem Zweck ließen die Beklagten mehrere tausend Domainnamen registrieren. Seit Mai 1997 zählte auch die Domain ahd.de zum Domainportfolio der Beklagten. Die Klägerin tritt seit dem 02.10.2001 unter der *Kurz*bezeichnung „ahd" im geschäftlichen Verkehr auf. Nachdem Verhandlungen über die Freigabe der Domain in den Jahren 2002/2003 scheiterten, nahm die Klägerin die Beklagten auf Unterlassung und Einwilligung in die Domainlöschung in Anspruch. Eine Benutzungsaufnahme der Domain durch die Beklagten erfolgte nicht.

967 Eine ergänzende Anwendung des *§ 12 BGB* erfolgte trotz des Erfordernisses des Schlechthinverbots nicht.

968 BGH, Urt.v. 19.02.2009, K&R 2009 S.473f, 477, Rn.41,-ahd.de.

wenn für den Domaininhaber ein besonderes Interesse des (künftigen) Kennzeicheninhabers an der zukünftigen Verwendung der Domain zum Zeitpunkt der Domainregistrierung nicht erkennbar war[969]. Dazu führt das Gericht an: Der Umstand der durch die Domainregistrierung geschaffenen faktischen Ausschlusslage sei Resultat des bei der Vergabe von Domainnamen geltenden „Prioritätsprinzips“ und vom Inhaber eines nachfolgenden Kennzeichenrechts grundsätzlich hinzunehmen[970]. Aus dem Zusammentreffen all dieser Umstände sei letztlich zu schließen, dass dem Inhaber des Kennzeichenrechts keine Interessen zur Seite stünden, welche die Interessen des Domaininhabers überwiegen würden. Nur ausnahmsweise sei es dem Domaininhaber verwehrt, sich auf die Vorbenutzungskonstellation zu berufen, nämlich dann, wenn sich die Registrierung oder die Aufrechterhaltung der Domain, gegenüber dem Kennzeichenrechtsinhaber als rechtsmissbräuchlich erweist[971]. In dieser Entscheidung dreht der Bundesgerichtshof die bislang gefestigten kennzeichenrechtlichen Grundsätze in ihr Gegenteil. Nicht der Domaininhaber muss ein berechtigtes Interesse an der Domainverwendung belegen. Der Inhaber des absolut geschützten Kennzeichenrechts muss diesen Nachweis führen. Dabei ist es offenkundig, dass nach Auffassung des BGH die Existenz des Kennzeichenrechts nicht als Beleg eines überwiegenden Interesses ausreicht.

---

969 Amtlicher Leitsatz: „*Die Registrierung eines Domainnamens kann nur bei Vorliegen besonderer Umstände den Tatbestand einer unlauteren Mitbewerberbehinderung erfüllen und einen Anspruch auf Einwilligung in die Löschung des Domainnamens begründen. Solche Umstände liegen nicht schon vor, wenn der Domaininhaber eine Vielzahl von Domainnamen auf sich registrieren lässt, um sie potentiellen Interessenten zum Kauf oder zur entgeltlichen Nutzung anzubieten, und ein einem dieser Domainnamen entsprechendes Unternehmenskennzeichen eines Dritten erst nach der Registrierung des Domainnamens in Gebrauch genommen wird, wenn für den Domaininhaber zum Registrierungszeitpunkt kein besonderes Interesse eines bestimmten Unternehmens erkennbar war, gerade einen dieser Geschäftsbezeichnung entsprechenden Domainnamen zu verwenden.*“

970 BGH, Urt.v.19.02.2009, K&R 2009 S.473f, 477, Rn.42,-ahd.de. Wie bereits dargelegt ist es unrichtig, insoweit von Priorität zu sprechen, da dieser Terminus ausschließlich für Rechte Verwendung finden kann. Was das Gericht meint, ist der Grundsatz der Vergabestellen „first come, first serve“, welchen das Gericht zwar unzutreffend mit Prioritätsgrundsatz tituliert. Gemeint ist (aber?) allein, dass derjenige, der sich eine Domain zuerst eintragen lässt, diese auch behalten darf, sofern er entweder ein eigenes Recht daran hat oder keine Rechte Dritter verletzt.

971 BGH, Urt.v.19.02.2009, K&R 2009 S.473f, 477, Rn.43,-ahd.de. Für die Annahme eines sittenwidrigen Verhaltens sei es allerdings nicht ausreichend, dass der Domaininhaber den Domainnamen nur deshalb registriert hat, um diesen weiterzuveräußern, ohne die Domain für eigene Inhalte zu nutzen. Denn, so das Gericht, sofern weder durch die Registrierung noch Nutzung der Domain Rechte Dritter verletzt werden, sei auch der Domainhandel zulässig und verfassungsrechtlich über *Art. 12* und *14 GG* abgesichert. Verweis auf BGH, Urt.v.02.12.2004, GRUR 2005, S.687f, 688,-weltonline.de.

### *3. Urteil des Bundesgerichtshofs vom 14. Mai 2009, „airdsl.de“*[972]

In der bislang letzten höchstrichterlichen Entscheidung zum Themenkomplex der Domainvorbenutzung präzisierte der BGH die in den Entscheidungen „afilias.de“ und „ahd.de“ herausgearbeiteten Ansätze. So differenzierte das Gericht nach dem jeweiligen Anspruchsziel. Gehe es dem Kennzeichenrechtsinhaber um die Freigabe des Domainnamens, so sei an der Rechtsprechung festzuhalten, wonach sich Zeichenrechte, welche erst nach der Domainregistrierung entstanden sind, nicht gegen die Rechte des Domaininhabers durchsetzen[973]. Demgegenüber sei der Domaininhaber nicht privilegiert, wenn es nicht um das Verbot der Domainverwendung insgesamt, sondern um die Untersagung des Vertriebs verwechslungsfähiger Waren/Dienstleistungen über die Domain gehe[974].

## II. Die Auffassung der Literatur

Die überwiegende Literatur teilt die Auffassung, dass die Freigabe eines Domainnamens, der bereits vor der Entstehung eines Schutzrechts registriert wurde, nicht gefordert werden kann[975]. Jedoch fällt es auch dem Schrifttum nicht leicht, eine einheitliche und dogmatisch überzeugende Begründung für dieses als zutreffend empfundene Ergebnis bereitzustellen. Insoweit ist bereits strittig, ob dem Umstand der Vorbenutzung überhaupt eine eigenständige Bedeutung zukommt oder ob die Ablehnung des Freigabeanspruchs auf allgemeinen kennzeichenrechtlichen Erwägungen basiert[976].

---

972 BGH, Urt.v.14.05.2009, K&R 2009, S.717f,-airdsl.

973 BGH, Urt.v.14.05.2009, K&R 2009, S.717f, 721, Rn.55,-airdsl.

974 BGH, Urt.v.14.05.2009, K&R 2009, S.717f, 721, Rn.55,-airdsl.

975 Exemplarisch: *Röse*, MarkenR 2010, S.245f, 247; *Rössel*, K&R 2008, S.739f, 740; *Weisert*, WRP 2009, S.128f, 130; *Bunnenberg*, MakenR 2010, S.69f, 77. Einschränkend: Ströbele/*Hacker*, *§ 15 MarkenG*, Rn.8 auf den Fall, dass auch der Domaininhaber – nachträglich – ein eigenes Recht am Domainnamen erlangt hat.

976 *Weisert*, WRP 2009, S.128f, 130.

*1. Die für eine Berücksichtigung der Vorbenutzungskonstellation sprechenden Stimmen*

a) Keine überwiegenden Interessen des Kennzeichenrechtsinhabers

Einige Literaturmeinungen pflichten der Argumentation des Bundesgerichtshofs bei und plädieren für die Ablehnung von Freigabeansprüchen gegenüber dem Domainvorbenutzer, da die Interessen des Kennzeichenrechtsinhabers nach ihrer Auffassung diejenigen des Domaininhabers nicht überwiegen[977]. Im Vergleich zu offline-Sachverhalten sei insbesondere der Umstand von Relevanz, dass die Domaininhaberschaft am Eigentumsschutz des *Art. 14 GG* teilnehme. Dieser Faktor gebe den Ausschlag dafür, bei sachgerechter Gewichtung der kontrahierenden Interessen Freigabeansprüche des Kennzeichenrechtsinhabers abzulehnen[978].

b) Ablehnung von Löschungsansprüchen als Folge des Prioritätsprinzips

*Becker* rechtfertigt die Ablehnung der Domainfreigabe mit dem Prioritätsprinzip[979]. Nach seiner Auffassung führt die Domainregistrierung zur Entstehung eines in gewisser Weise verdinglichlichten Rechts. Für den Konflikt zwischen Domainnamen und Namensrecht komme es somit allein darauf an, wer zuerst ein subjektives Recht an der Zeichenfolge erworben habe[980]. Während eine Domainregistrierung zwar durch ein prioritätsälteres Namensrecht abgelehnt werden könne, müsse der Namensrechtsinhaber im umgekehrten Fall die frühere Domainregistrierung dulden[981].

c) Kein schutzwürdiges Interesse des Kennzeicheninhabers

Eine weitere Argumentationslinie der Literatur sieht die Geltendmachung namensrechtlicher Freigabeansprüche gegen Vorbenutzer von Domainnamen im Zusammenhang mit dem Institut des institutionellen Rechtsmissbrauchs[982]. Von maßgeblicher Bedeutung sei in diesem Zusammenhang die Möglichkeit des Kennzeichenaspiranten, vor der Entscheidung über die

977 *Röse*, MarkenR 2010, S.245f, 248; *Rössel*, K&R 2008, S.739f, 740.

978 *Rössel*, K&R 2009, S.478f, 479; *Röse*, MarkenR, 2010, S.245f, 248.

979 *Becker*, WRP 2010, S.467f, 473.

980 *Becker*, WRP 2010, S.467f, 473.

981 *Becker*, WRP 2010, S.467f, 473.

Auswahl seines Kennzeichenrechts eine Domainrecherche durchzuführen[983]. Im Falle, dass die vom Kennzeichenaspiranten ins Auge gefasste Bezeichnung bereits als Domain vergeben ist, könne er schließlich auf die Wahl eines anderen Kennzeichenrechts ausweichen[984]. Dem Kennzeichenrechtsinhaber sei somit kein schutzwürdiges Interesse zuzuerkennen, welches die Freigabe des Domainnamens rechtfertige[985].

d) Geltendmachung von Ausschlussbefugnissen als sittenwidriger Missbrauch von Ausschlussbefugnissen

Nach einem weiteren Ansatz der Literatur fehlt es gleichfalls an einem schutzwürdigen Interesse des Kennzeicheninhabers. Im Unterschied zur zuvor dargestellten Begründung, wird die fehlende Schutzwürdigkeit des Kennzeicheninhabers jedoch von der positiven Kenntnis von der Domainregistrierung abhängig gemacht, wodurch das Verhalten des Kennzeichenaspiranten in Richtung einer verwerflicher Verhaltensweise gerückt wird[986].

*2. Gegen eine Berücksichtigung der Vorbenutzungskonstellation gerichtete Stimmen*

a) Lösung anhand der Kriterien der Zuordnungsverwirrung

Nach Auffassung von *Weisert* führt die Meinung des BGH in der „afilias.de"-Rechtsprechung zur Einführung bis dato unbekannter Vorbenutzungsrechte[987]. So bezweifelt er, dass dem Umstand der Domainvorbenutzung nach der kennzeichenrechtlichen Schrankensystematik eine eigene Bedeutung beizumessen ist[988]. Zwischen der Registrierung des Domainnamens nach Entstehung des Schutzrechts und der Aufrechterhaltung der Domainregistrierung be-

---

982 S.O. Kap.4 B IV.

983 *Bunnenberg*, MarkenR 2010, S.69f, 77; *Röse*, MarkenR, 2010, S.245f, 248; *Rössel*, K&R 2009, S.478f, 479; *Becker*, WRP 2010, S.467f, 473.

984 *Beater*, WRP 2011, S.7ff, 15; *Bunnenberg*, MarkenR 2010, S.69f, 77.

985 *Röse*, MarkenR, 2010, S.245f, 248.

986 *Röse*, MarkenR 2010, S.245f, 248. Allerdings wird nicht thematisiert, wie der Umstand zu bewerten wäre, wenn dem Kennzeicheninhaber die Domainregistrierung infolge des Absehens von einer Domainrecherche verborgen geblieben ist.

987 *Weisert*, WRP 2009, S.128f, 132.

988 *Weisert*, WRP 2009, S.128f, 129.

stünde insofern kein Unterschied[989]. Das Dilemma der Rechtsprechung, welche sich zur Vermeidung einer als missliebig empfundenen Freigabe einer vorbenutzten Domain einer dogmatisch unzutreffenden Interessenabwägung bediene, basiere auf der grundlegenden Fehleinschätzung, dass bereits die mit der Domainregistrierung verbundene faktische Ausschlusslage in jedem Fall zur Annahme einer Namensanmaßung führt[990]. Der BGH habe sich mit dem weiten Verständnis des Namensgebrauchs selbst ein Problem geschaffen, da diese „per se" Namensverletzung als Korrektiv lediglich die dogmatisch abzulehnende Interessenabwägung zulasse[991]. Der Problematik der Domainvorbenutzung sei allein im Wege einer sachgerechten Handhabung des namensrechtlichen Verletzungstatbestandes zu begegnen. Richtigerweise sei in der bloßen Registrierung oder der Aufrechterhaltung derselben nur dann ein Namensgebrauch zu sehen, wenn der Verkehr die Domain – tatsächlich – dem Namensträger zuordnet[992]. Ob dem Namensrechtsinhaber ein Freigabeanspruch wegen der Aufrechterhaltung der Domainregistrierung zuzusprechen ist, ist nach dieser Auffassung somit allein nach Maßgabe namensrechtlicher Zuordnungskriterien anhand einer Bewertung der Einzelfallumstände zu bestimmen.

b) Keine Verletzung eines relevanten Interesses außerhalb des Markenrechts

In dieser Richtung, allerdings aus einem anderen Blickwinkel betrachtet, argumentiert *Bunnenberg*[993]. Auch er plädiert primär für eine Lösung der Konstellation der Domainvorbenutzung anhand der Kriterien namensrechtlicher Zuordnung. Im Fokus seiner Betrachtung steht dabei allerdings nicht die vorregistrierte Domain, sondern das gewerbliche Kennzeichenrecht. D.h. nicht der Umstand, dass die Domain zeitlich vor der Schutzrechtsentstehung registriert wurde, ist der der Grund dafür, Freigabeansprüche abzulehnen, sondern der Gesichtspunkt, dass ein – zeitlich nachfolgendes – gewerbliches Kennzeichenrecht im Zeitpunkt seiner Entstehung nicht zugleich zu einem zeichenrechtlich geschützten Interesses außerhalb

989 *Ingerl/Rohnke*, Nach *§ 15 MarkenG*, Rn.96.

990 *Weisert*, WRP 2009, S.128f, 130; Ebenso ablehnend *Brömmelmeier*, S.243; *Becker*, WRP 2010, S.467f, 472; *Bunnenberg*, MarkenR 2010, S.69f, 76f.

991 *Weisert*, WRP 2009, S.128f, 129.

992 *Weisert*, WRP 2009, S.128f, 130.

993 *Bunnenberg*, MarkenR 2010, S.69f, 76f.

des Markengesetzes führe[994]. Da der Freigabeanspruch jedoch ein Schlechthinverbot der Domain über eine ergänzende Anwendung des *§ 12 BGB* erfordert, könne die Freigabe eines Domainnamens wegen eines just entstandenen gewerblichen Zeichenrechts somit nicht gefordert werden[995]. Ein solches Interesse könne aber zu einem späteren Zeitpunkt entstehen, wenn die Marke im Laufe ihres Lebens an Bekanntheit gewonnen habe[996].

c) Keine stichhaltige Begründung über den verfassungsrechtlichen Schutz der Domain

Auch *Ingerl/Rohnke* vertreten die Auffassung, die Argumentation des Bundesgerichtshofs führe zur Einführung von Vorbenutzungsrechten[997]. Dem Umstand, dass die Domain am verfassungsrechtlichen Schutz des Eigentumsgrundrechts des *Art. 14 GG* partizipiere, sei im Zusammenhang mit der Domainvorbenutzung keine Beachtung zu schenken[998]. So sei die kennzeichenrechtliche Kollisionssystematik schließlich eine verfassungsrechtlich zulässige Ausgestaltung des Eigentumsgrundrechts[999]. Die Korrektur der kennzeichenrechtlichen Schrankensystematik über eine verfassungsrechtliche Argumentationsschiene erfordere somit zunächst den bislang ausstehenden Nachweis, dass die Nichtberücksichtigung der Domainvorbenutzung grundsätzlichen verfassungsrechtlichen Bedenken unterläge[1000].

d) Praktische Schwierigkeiten der Umsetzung der BGH-Rechtsprechung

Letztlich wendet *Rössel* ein, dass die künftige Umsetzung der Vorgaben des Bundesgerichtshofs in der Praxis mit Schwierigkeiten behaftet ist[1001]. In Anbetracht einer Vielzahl kostengünstig zu registrierender Domains sei das Ausweichen auf Kennzeichen, welche noch nicht als Domainnamen registriert seien, nicht ohne weiteres möglich[1002].

---

994 *Bunnenberg*, MarkenR 2010, S.69f, 77.
995 *Bunnenberg*, MarkenR 2010, S.69f, 77.
996 *Bunnenberg*, MarkenR 2010, S.69f, 77.
997 *Ingerl/Rohnke*, Nach *§ 15 MarkenG*, Rn.96f.
998 *Ingerl/Rohnke*, Nach *§ 15 MarkenG*, Rn.96f.
999 *Ingerl/Rohnke*, Nach *§ 15 MarkenG*, Rn.96f, 97.
1000 *Ingerl/Rohnke*, Nach *§ 15 MarkenG*, Rn.96f, 97.
1001 *Rössel*, K&R 2008, S.739f, 741.
1002 *Rössel*, K&R 2008, S.739f, 741.

III. Würdigung

Vorausgeschickt sei die Anmerkung, dass sich die Diskussion der Thematik der Domainvorbenutzung diversen Schwierigkeiten ausgesetzt sieht. Aufgrund der Neuheit der Materie sowie der hochgradigen Prägung des bei Domainfreigabeansprüchen einschlägigen Verletzungstatbestands des *§ 12 BGB* durch Einzelfallentscheidungen, stellt sich zunächst die Frage, auf welcher Grundlage die Stichhaltigkeit der dargebotenen Argumente zu bewerten ist. Der BGH hat erstmals in der „afilias.de"-Entscheidung die Ansicht geäußert, die Registrierung einer Domain vor der Entstehung des Schutzrechts führe auf Seiten des Schutzrechtsinhabers zu einem fehlenden schutzwürdigen Interesse. Aus diesem Grund könne die Freigabe der Domain nicht gefordert werden. Ob diese Einschätzung zutrifft und der Domaininhaber seine Domain behalten darf, erfordert jedoch zunächst Feststellungen zur Relevanz der Vorbenutzung im Rahmen des Verletzungstatbestands des *§ 12 BGB* oder den einschlägigen Einwendungen. Inwieweit sich die Vorregistrierung der Domain innerhalb der einschlägigen Rechtsnormen auswirkt, ist jedoch sowohl nach der bislang ergangenen Rechtsprechung, als auch nach den Literaturstimmen, welche der BGH Ansicht beipflichten, unklar. Andererseits kann auch den Meinungen, welche der Begründung des Bundesgerichtshofs in der „afilias.de" Entscheidung entgegentreten und diese als Einführung von Vorbenutzungsrechten bewerten, nicht ohne weiteres gefolgt werden. Denn auch diese Schlussfolgerung erfordert zunächst eine dezidierte Prüfung der Konstellation vor dem Hintergrund der einschlägigen Vorschriften. Hinzu kommt eine weitere Erschwernis dadurch, dass die Begründungen der Rechtsprechung und der beipflichtenden Literaturstimmen auf der einen Seite sowie diejenigen Auffassungen, welche die Relevanz der Domainvorbenutzung ablehnen, unterschiedliche Anknüpfungspunkte für ihre Argumentation aufweisen. Beispielsweise kritisiert *Weisert* die Auffassung des BGH, bereits von der faktischen Sperrwirkung der Domainregistrierung auf die Verwirklichung des Tatbestands der Namensanmaßung zu schließen[1003]. Folgt man seiner Auffassung, so stellt sich die Frage, ob die Vorbenutzung als Einwendung Relevanz aufweist, nicht, da es bereits an der Verwirklichung des Verletzungstatbestands fehlt, wenn der Verkehr die Domain nicht dem tatsächlichen Namensträger zuordnet. Dies vorausgeschickt, soll nachfolgend der Frage nachgegangen werden, ob die Argumentationen der Rechtsprechung sowie der beipflichtenden Literaturstimmen faktisch zur Anerkennung von Vorbenutzungsrechten führen. Zur Vereinfachung beschränkt sich die Darstellung im Wesentlichen auf die Ausführungen

1003 S.O. Kap.7 II. 2. a).

der „afilias.de“-Entscheidung. Sollte die von der Rechtsprechung dargebotene Lösung nach der kennzeichenrechtlichen Dogmatik keine Relevanz aufweisen, so läge nach dem Ausschlussprinzip in der Abweisung des Freigabeanspruchs eine Anerkennung von Vorbenutzungsrechten[1004]. Aber selbst wenn in der Entscheidung „afilias.de“ eine faktische Anerkennung von Vorbenutzungsrechten zu sehen sein sollte, wäre die Prüfung damit noch nicht am Ende. Denn damit wäre lediglich die Feststellung verbunden, dass sich die Lösung der Rechtsprechung nicht aus der kennzeichen- bzw. namensrechtlichen Dogmatik herleiten ließe und somit eine Rechtsfortbildung durch exogene Wertungen gegeben wäre. Eine abschließende Aussage über die Zulässigkeit der Einführung unbekannter Vorbenutzungsrechte in das Namensrecht kann hingegen nur anhand der Kriterien der gesetzesübersteigenden Rechtsfortbildung getroffen werden. Die von Seiten der Rechtsprechung und Literatur unterlassene Subsumtion ist nunmehr nachzuholen.

### *1. Kein Recht zur Aufrechterhaltung der Domain als Folge des Prioritätsprinzips*

Der teilweise von Seiten der Rechtsprechung und Literatur dargebotene Einwand, die mit der Domainregistrierung geschaffene faktische Ausschlusslage sei Resultat des bei der Vergabe von Domainnamen geltenden „Prioritätsprinzips“ und somit vom Inhaber eines Kennzeichenrechts hinzunehmen, erweist sich in doppelter Hinsicht als unrichtig[1005]. So erlangt der Domaininhaber mit der Registrierung kein absolutes Immaterialgüterrecht am Domainnamen[1006]. Mit dem Begriff der Priorität wird jedoch ausschließlich der Zeitrang eines Kennzeichenrechts in Relation zu einem anderen beschrieben[1007]. Lässt sich auf Seiten des Domaininhabers allerdings keine eigene Rechtsposition dingbar machen, so fehlt es an einer zweiten

1004 Vgl. *Ingerl/Rohnke*, nach *§ 15 MarkenG*, Rn.96f, 97. Auf die dogmatischen Unzulänglichkeiten der Einbeziehung der Interessen des potentiellen Namensverletzers auf der Ebene des Verletzungstatbestands des *§ 12 BGB* wurde bereits hingewiesen. Die Seitens der Rechtsprechung und Literatur vorgetragenen Argumente sind folglich nicht im Rahmen des *§ 12 BGB*, sondern einredeweise zu prüfen.

1005 BGH, Urt.v.19.02.2009, K&R 2009 S.473f, 477, Rn.42,-ahd.de; *Becker*, WRP 2010, S.467f, 473. Wie bereits dargelegt, ist es unrichtig, insoweit von Priorität zu sprechen, da dieser Terminus ausschließlich für Rechte Verwendung finden kann. Was das Gericht meint, ist der Grundsatz der Vergabestellen „first come, first serve“, welchen das Gericht zwar unzutreffend mit Prioritätsgrundsatz tituliert. Gemeint ist allein, dass derjenige, der sich eine Domain zuerst eintragen lässt, diese auch behalten darf, sofern er entweder ein eigenes Recht daran hat oder keine Rechte Dritter verletzt.

1006 S.O. Kap.7 B. II. 2.; vgl. aber die Differenzierung von *Berberich*, WRP 2010, 543ff.

1007 S.O. Kap.5 A.

Rechtsposition. Somit gibt es auch keinen besseren Rang eines von mehreren Kennzeichenrechten, sondern lediglich einen Kennzeichenrechtsinhaber und einen Zeichenverletzer. D.h. ohne eine eigene rechtliche Befugnis des Domainrechtsinhabers am Domainnamen ist der Zeitpunkt der Domainregistrierung – aus Prioritätsgesichtspunkten – irrelevant. Darüber hinaus gilt der Prioritätsgrundsatz bei der privaten Verwendung eines Namens ohnehin nicht[1008]. Auch nach der Koexistenzrechtsprechung ist für die Frage, ob der Domaininhaber zum Behaltendürfen seiner Domain legitimiert ist, allein darauf abzustellen, ob ihm zum Zeitpunkt der Registrierung ein eigenes, wenn auch prioritätsjüngeres Kennzeichenrecht zur Seite steht. Die Berechtigung des Domaininhabers wird folglich auch insoweit nicht durch zeitliche Faktoren determiniert. Die Ablehnung des Freigabeanspruchs kann somit nicht auf das Prioritätsprinzip gestützt werden.

*2. Kein Fall des sittenwidrigen Rechtsmissbrauchs nach § 826 BGB*

Nahezu sämtliche Auffassungen, die der Domainvorbenutzung Relevanz beimessen, begründen die Ablehnung von Freigabeansprüchen mit der Verhaltensweise des Kennzeicheninhabers. So seien Löschungsansprüchen aus zwei Gründen zu verweigern. Zum einen deshalb, da der Kennzeichenrechtsinhaber zum Zeitpunkt des Freigabeverlangens infolge einer Domainrecherche positive Kenntnis von der Domainregistrierung hatte. Zum anderen, da ihm Ausweichmöglichkeiten auf andere Kennzeichenrechte sowie Top-Level Domains zur Verfügung standen[1009]. Ein Zeichenrechtsinhaber, der in einer derartigen Konstellation die Freigabe des Domainnamens fordert, genieße gegenüber dem Inhaber der Domain kein überwiegendes Interesse. In dieser Begründung liegt ein konkreter Vorwurf an den Kennzeicheninhaber, welcher es nahelegt, die Relevanz seines Verhaltens vor dem Hintergrund des sittenwidrigen Missbrauchs zu betrachten[1010].

1008 S.O. Kap. 6 B. IV. 1.; Kap.7. IV. 1.

1009 *Bunnenberg*, MarkenR 2010, S.69f, 77; *Röse*, MarkenR 2010, S.245f, 248.

1010 Die richtige Norm für die Anwendung des Rechtsmissbrauchseinwands wegen sittenwidriger Verhaltensweisen ist *§ 826 BGB*, welchem mitunter eine normkorrigierende Funktion beizumessen ist. BGH, Urt.v.11.11.1966, GRUR 1967, S.304f, 306,-Siroset; BGH, Urt.v.08.07.1964, GRUR 1967, S.490f, 491,-Pudelzeichen; *Oechsler*, in Staudinger, *§ 826 BGB*, Rn.125. Dabei scheint es jedoch fern liegend, bereits den Zeichenerwerb selbst als bösgläubig zu befinden. Die Anmeldung eines mit einem Domain-

a) Modifizierte Anwendung der Kriterien der sittenwidrigen Anmeldung von Sperrzeichen

Dabei gilt es, in der Konstellation der Domainvorbenutzung zunächst die Besonderheit zu berücksichtigen, dass der Kennzeicheninhaber zwar ein gewerbliches Zeichenrecht erwirbt, der Domaininhaber wegen der nichtgewerblichen Natur der Domainregistrierung aber über die ergänzende Anwendung des *§ 12 BGB* im privaten Bereich betroffen ist[1011]. Die Feststellung der Rechtsmissbräuchlichkeit wird hier anhand einer modifizierten Anwendung der Kriterien der sittenwidrigen Anmeldung von Sperrzeichen vollzogen[1012]. Diese Vorgehensweise zeigt sich deshalb als geboten, da eine Orientierung am Schutzzweck des Namensschutzes aufgrund des Umstands, dass der Kennzeichenrechtsinhaber, der eine missbräuchliche Zielsetzung verfolgt, in gleicher Weise von Ausschlussbefugnissen Gebrauch macht wie ein redlicher Schutzrechtsinhaber, keinen Erfolg verspricht[1013]. Insofern bietet der Rückgriff auf die breite wettbewerbsrechtliche Kasuistik eine sachnahe Wertungshilfe.

b) Feststellung der unlauteren Motivation anhand einer Gesamtbetrachtung der Einzelumstände

Nach ständiger Rechtsprechung zur sittenwidrigen Anmeldung von Sperrzeichen ist die Feststellung der Bösgläubigkeit anhand einer Gesamtbetrachtung sämtlicher im Einzelfall erheblicher Faktoren zu treffen[1014]. Diese Vorgehensweise entspricht auch der h.M. in der Kommentarliteratur zu *§ 826 BGB,* welche gleichfalls die persönlichen Motive bzw. die berechtigten Interessen des Täters in die Bewertung der Sittenwidrigkeit des Verhaltens einbezieht[1015]. Es ist somit danach zu fragen, ob das Verhalten des Kennzeichenrechtsinhabers bei objektiver Betrachtung auf eine sittenwidrige Schädigung des Domaininhabers gerichtet ist oder im Wesentlichen der Wahrnehmung eigener Interessen dient. Ist Ergebnis der Gesamtbetrachtung, dass ein Schutzrecht primär zu dem Zweck erworben wurde, den Domaininhaber durch die Entziehung zu schädigen, so ist eine derartige Zielsetzung im Regelfall zu missbilligen. Kann

---

namen gleichlautenden Warenzeichens selbst kann wegen des auf den geschäftlichen Verkehr beschränkten Schutzbereichs nicht zu einer Beeinträchtigung des Domaininhabers führen.

1011 S.O. Kap.7 B. III.

1012 S.O. Kap.6 D.

1013 S.O. Kap.6 D.

1014 EuGH, Urt.v.11.06.2009, GRUR 2009, S. 763f, 765, Rn 53.

1015 *Oechsler*, in Staudinger, *§ 826 BGB*, Rn.53, *Hönn*, in Soergel, *§ 826 BGB*, Rn.41.

sich der Zeicheninhaber hingegen auf legitime Interessen für seine Verhaltensweise berufen, so ist primär von einer Förderung der eigenen Rechtsposition und somit von einem grundsätzlich zulässigen Verhalten auszugehen.

c) Keine sittenwidrige Verhaltensweise der Klägerin in der Entscheidung „afilias.de"

Unter Anwendung dieser Kriterien lässt sich das Verhalten der Klägerin in der „afilias.de"-Entscheidung nicht als sittenwidrig bewerten. Zum einen hatte die Klägerin die Absicht die Domain für eigene Zwecke zu verwenden. Zum anderen steht ihr ein nachvollziehbarer sachlicher Grund für ihre Verhaltensweise zur Seite. Geht es wie in der Konstellation der „afilias.de"-Entscheidung um die Ausdehnung eines ausländischen Kennzeichenschutzes auf das Inland und somit primär um die Förderung eigenen Wettbewerbs, so kann sich der Domainvorbenutzer gerade nicht erfolgreich mit dem Argument der Sittenwidrigkeit verteidigen. Will sich ein Unternehmen einen neuen Markt mit einem im Ausland bereits bestehenden Kennzeichenrecht eröffnen und zu diesem Zweck eine namensgleiche Domain verwenden, so kann die Ausnutzung der bereits vorhandenen Werbekraft nicht als verwerflich angesehen werden. Folglich besteht auch ein eigenes Interesse, diese Waren/DL über eine inländische Domain des neuen Marktes zu bewerben. Die Ablehnung von Freigabeansprüchen in der Konstellation der „afilias.de"-Entscheidung kann nicht auf den Einwand des Rechtsmissbrauchs wegen sittenwidriger Verhaltensweisen des Zeichenanmelders gestützt werden.

*3. Kein Fall des institutionellen Rechtsmissbrauchs nach § 242 BGB*

a) Kein schutzwürdiges Interesse des Namensträgers an der Freigabe des Domainnamnes

Sowohl der Bundesgerichtshof als auch der überwiegende Teil der beipflichtenden Literaturstimmen lehnen die Freigabe einer vorregistrierten Domain mit der Begründung ab, dass es dem Kennzeicheninhaber in dieser Konstellation an einem überwiegenden schutzwürdigen Interesse fehle[1016]. Gestützt wird diese Ansicht dabei vornehmlich auf zwei Überlegungen. Erstens: die Möglichkeit des Kennzeichenaspiranten bei der Auswahl seines künftigen Ken-

1016 BGH, Urt.v.24.04.2008, WRP 2008, S.1520f, 1523, Rn.33,-afilias.de; BGH, Urt.v.19.02.2009, K&R 2009, S.473f, 477,-ahd.de.

zeichenrechts auf Bezeichnungen zurückzugreifen, welche noch nicht als Domainnamen registriert sind[1017]. Und zweitens: der Umstand, dass die Domaininhaberschaft am grundrechtlichen Schutz des *Art.14 GG* partizipiert[1018]. Zunächst liegt es nahe, die Argumentation des BGH, wonach an der Geltendmachung des Freigabeanspruchs kein schutzwürdiges Interesse besteht, unter dem Gesichtspunkt des institutionellen Rechtsmissbrauchs zu betrachten[1019]. Ob die Schutzwürdigkeit des Namensträgers an der Freigabe der Domain durch die zeitliche Abfolge der Domainregistrierung beeinflusst wird, bemisst sich auch bei einem Online-Sachverhalt nach dem Schutzzweck des Verletzungstatbestands des *§ 12 S.1 Alt.2 BGB*[1020]. Denn aufgrund der ergänzenden Anwendung des Tatbestands der Namensanmaßung auf Domainfreigabeansprüche unterliegen beide Sachverhalte denselben materiellen Kriterien. Der Schutzzweck des *§ 12 S.1 Alt.2 BGB* besteht wie dargelegt darin, den Namensträger vor Zuordnungsverwechslungen des Verkehrs zu bewahren[1021]. An dieser Zwecksetzung bemessen erweist sich auch im Online Bereich die zeitliche Abfolge von Zeichenverwendung und Erlangung des Schutzrechts als irrelevant[1022]. Denn entscheidend ist allein, ob der Verkehr den Domainnamen im Zeitpunkt der letzten mündlichen Verhandlung fälschlicherweise dem Namensträger zuordnet[1023]. Entsteht durch die Aufrechterhaltung der Domain eine solche Zuordnungsverwechslung im Verkehr, so wird das Interesse des Namensträgers vor Personenverwechslungen geschützt zu werden, durch die Vorbenutzung nicht vermindert[1024]. An diesem Befund ändert auch weder der Umstand der Ausweichmöglichkeiten noch die Teilnahme der Domaininhaberschaft am Eigentumsschutz des *Art. 14 GG* etwas. Die grundrechtlich abgesicherte Domaininhaberschaft begründet zwar möglicherweise auf Seiten des Domaininhabers ein höheres Interesse daran, die Domain behalten zu dürfen. Die Interessenlage des Na-

---

1017 BGH, Urt.v. 19.02.2009, K&R 2009 S.473f, 477, Rn.42,-ahd.de.

1018 *Röse*, MarkenR 2010, S.245f, 247f; Wie bereits oben dargelegt ist eine Berücksichtigung dieser Gesichtspunkte auf der Ebene des Verletzungstatbestands des *§ 12 S.1 Alt.2 BGB* nicht möglich. Die gegenteiligen Auffassungen verkennen die Rechtsnatur des Namensrechts als absolut geschütztem Recht. Die Interessen des Domaininhabers können somit lediglich als Einwendung über *§ 242 BGB* Berücksichtigung finden. S.O. Kap.6 B. V.2.a)f.

1019 S.O. Kap. 4 B; Kap. 6 C; BGH, Urt.v.24.04.2008, WRP 2008, S.1520f, 1523, Rn.32,-afilias.de, BGH, Urt.v.19.02.2009, K&R 2009, S.473f, 475,-ahd.de; BGH, Urt.v.14.05.2009, K&R 2009, S.717f, 721,-airdsl.

1020 S.O. Kap.6 B.

1021 S.O. Kap.6 B. VI.

1022 S.O. Kap.6 B. V. 2. b).

1023 S.O. Kap. 6 B. III. 2.

1024 S.O. Kap.6 B. V. 2. b).

mensträgers wird dadurch jedoch nicht tangiert. Die Möglichkeit auf nicht als Domain registrierte Zeichen auszuweichen, mag zwar Aufschluss über die Motivation des Zeichenanmelders zum Zeitpunkt des Kennzeichenrechtserwerbs geben, eine Reduzierung seines Interesses, nach dem Erwerb des Schutzrechts vor Zuordnungsverwechslungen geschützt zu werden, bewirkt diese Auswahloption jedoch nicht. Sämtliche Auffassungen, welche die Ablehnung von Freigabeansprüchen auf fehlende Eigeninteressen des Kennzeichenrechtsinhabers zurückführen, gehen somit fehl.

b) Überwiegende Interessen des Domaininhabers wegen *Art.14 GG*

Die Berücksichtigung der Teilnahme der Domain am Grundrechtsschutz erfordert somit einen Perspektivwechsel, welcher die Interessen des Domaininhabers in den Fokus der Betrachtung rückt. Auch zu diesem Zweck kann auf *§ 242 BGB* zurückgegriffen werden, da diese Regelung die Berücksichtigung und Abwägung kollidierender Interessen ermöglicht. So könnte der Umstand des grundrechtlichen Schutzes der Domaininhaberschaft nach *Art. 14 GG* die gesuchte Wertungshilfe darstellen, welche den Interessen des Domainvorbenutzers im Unterschied zum Vorbenutzer von Namen- und gewerblichen Kennzeichenrechten ein besonderes Gewicht verleiht und ihn vor einer Inanspruchnahme des nachfolgenden Zeichenrechtsinhabers schützt[1025]. Zwar haben die Grundrechte vornehmlich die Funktion als Abwehrrecht gegenüber Verhaltensweisen des Staates, jedoch entfalten sie auch erhebliche Bedeutung bei der Anwendung privatrechtlicher Vorschriften[1026]. Insoweit entfalten die Grundrechte Ausstrahlungswirkung und sind als objektive Wertordnung bei Auslegung und Gebrauch des einfachen Rechts zu berücksichtigen[1027]. Das Argument, die grundrechtlich abgesicherte Domaininhaberschaft führe zu überwiegenden Interessen des Domaininhabers, welche eine Einschrän-

1025 S.O. Kap. 4 B; Kap. 6 C.

1026 BVerfG, Beschl.v.15.02.1989, BVerfGE, 79, S.292, S.302f; *Wendt*, in Sachs, *Art. 14 GG*, Rn.15.

1027 *Wendt*, in Sachs, *Art. 14 GG*, Rn.15; BVerfG, Beschl.v.15.01.1958, BVerfGE 7, S. 198ff, 205 (Lüth-Entscheidung) Seit dieser „Lüth-Entscheidung“ aus dem Jahr 1958 misst das BVerfG den Grundrechten objektive Wertentscheidungen bei und sieht in der Gesamtheit der Grundrechte eine objektive Wertordnung verkörpert. Daraus wurden „neue“ Wirkungen der Grundrechte entwickelt, die über die klassischen Funktionen hinausgehen und insbesondere Auswirkungen auf die Auslegung des einfachen Rechts wie auch insbesondere auf das Privatrecht haben.

kung kennzeichenrechtlicher Ausschlussbefugnisse rechtfertige, trägt letztlich nicht[1028]. Das Eigentumsgrundrecht ist ein Grundrecht mit normgeprägtem Schutzbereich, welches nach *Art. 14 Abs.1 S. 2 GG* durch die einfachen Gesetze wie das Markengesetz oder das BGB ausgestaltet wird[1029]. Zu dieser verbindlichen Inhalts- und Schrankenbestimmungen des *Art. 14 GG* zählen auch die einfachgesetzlichen Festlegungen der Kollisionssystematik, welche auch von der Rechtsprechung des *BVerfG* nicht in Zweifel gezogen werden[1030]. Gewährt das Namensrecht einen Anspruch, der dem Domaininhaber eine Rechtsposition entzieht, und kann sich dieser des Anspruchs nicht auf der Grundlage einer einfachgesetzlichen Regelung erwehren, so schützt ihn auch die Tatsache nicht, dass er eine obligatorische Beziehung zur Vergabestelle eingegangen ist, welches dem Grundrechtsschutz unterliegt[1031]. Als Beispiel für diese Bewertung darf angeführt werden, dass auch eine prioritätsjüngere Marke den Schutz des *Art. 14 GG* genießt und dennoch einem prioritätsälteren Recht weichen muss[1032]. D.h. ist die vertragliche Beziehung keine relevante Einwendung innerhalb der Schrankensystematik, welche den Domaininhaber gegenüber dem Kennzeichenrechtsinhaber zur Weiterbenutzung legitimiert, so macht es auch keinen Unterschied, dass diese am Schutz des *Art.14 GG* teilnimmt. Der Schutz der obligatorischen Beziehung hat eine andere Wirkrichtung und schützt nicht gegen Ansprüche aus absoluten Rechten[1033].

## IV. Faktische Anerkennung genereller Vorbenutzungsrechte im Domainrecht

Lässt man die von Seiten der Rechtsprechung sowie der beipflichtenden Literaturmeinungen vorgetragenen Begründungen Revue passieren, so fällt auf, dass ähnliche Argumentationsli-

---

1028 *Weisert*, WRP 2009, S.128f, 130, der zutreffend darauf hinweist, dass die Erkenntnis, dass die Domain dem Schutz durch *Art.14 GG* unterliegt, richtig und unspektakulär ist, da damit noch keine Aussage verbunden ist, ob diese den Eingriff in namensrechtliche Belange rechtfertigt. Ähnlich *Ingerl/Rohnke*, Nach *§ 15 MarkenG*, Rn.97.

1029 *Ingerl/Rohnke*, Nach *§ 15 MarkenG*, Rn.97; Ohly, Geistiges Eigentum und Gemeinfreiheit, S.9.

1030 *Ingerl/Rohnke*, Vor *§§ 14-19 d MarkenG*, Rn.382, unter Verweis auf BVerfG, Beschl.v.24.11.2004, GRUR 2005, S.261f,-ad-acta.

1031 So auch *Weisert*, WRP 2009, S.128f, 132.

1032 BGH, Urt.v.02.04.2009, GRUR 2009, S.678f, 682,-Post/Regio-Post; BGH, Urt.v.03.02.2005, GRUR 2005, S.583f, 585,-Lila-Postkarte; BVerfG, Beschl.v.22.05.1979, GRUR 1979, S.773ff, 778,-Weinbergrolle; BVerfG, Beschl.v.08.03.1988, GRUR 1988, S.610f, 612,-Esslinger Neckarhalde II; BVerfG, Beschl.v.22.01.1997, BVerfGE, 95, S.173ff, 188,-Warnhinweise für Tabakerzeugnisse.

1033 Ähnlich *Weisert*, WRP 2009, S.128f, 130.

nien bereits im Rahmen der historischen Darstellung der Vorbenutzungsrechtsthematik im Markenrecht in Erscheinung getreten sind[1034]. Insbesondere der Begründungsversuch der Weiterbenutzungsbefugnis mit dem Prioritätsgrundsatz zieht sich wie ein roter Faden durch die Historie der Vorbenutzungsrechtsthematik[1035]. Was sich allerdings bereits damals als unrichtig erwies, ist es auch noch heute[1036]. Das Ergebnis der obigen Analyse lässt sich somit zunächst dahingehend zusammenfassen, dass weder die von Seiten der Rechtsprechung, noch die von Seiten der zustimmenden Literaturauffassungen vorgebrachten Argumente die Eignung aufweisen, die Ablehnung der Freigabeansprüche zu stützen. Da die Ansichten somit keinen Rückhalt in der kennzeichenrechtlichen Dogmatik finden, lässt sich darüber hinaus festhalten, dass die Beschränkung namensrechtlicher Ausschlussbefugnisse in dieser Konstellation allenfalls über eine Rechtsfortbildung anhand von außermarkengesetzlicher Wertungen zu erzielen ist. Gleichwohl bleibt die Frage offen, ob in dieser Vorgehensweise die faktische Anerkennung genereller Vorbenutzungsrechte nach dem Vorbild technischer Schutzrechte gesehen werden kann. Gegen eine solche Kategorisierung als Anerkennung einer generellen Weiterbenutzungsbefugnis ließe sich anführen, dass der BGH nach dem Wortlaut der Entscheidungsbegründung der „afilias.de"-Entscheidung lediglich die kollidierenden Interessen einer Abwägung unterzogen und dem überwiegenden Interesse den Vorrang eingeräumt hat[1037]. In der Durchführung einer Interessenabwägung läge jedoch – unabhängig vom Ergebnis – kein Implikat eines generellen Vorbenutzungsrechts, da das Vorbenutzungsrecht unabhängig von den Interessen des Schutzrechtsinhabers immer zur Weiterbenutzung legitimiert und gerade keine Gewichtung im Einzelfall zulässt[1038]. Es scheint somit naheliegend, in der Argumentation des BGH eher eine „weiche Rechtsfolgenkorrektur" vergleichbar dem Recht der Gleichnamigen zu sehen, wie sie bereits von *Reimer* proklamiert wurde[1039]. Nach der hier vertretenen Auffassung ist dies allerdings nicht der Fall. Denn eine Entscheidung wird nur

1034 S.O. Kap.3 H. II. 1. a).

1035 S.O. Kap.3 H. II. 1.; RG, Urt.v.04.01.1927, MuW 1926, S.263,-Jungborn; RG, Urt.v.05.11.1926, MuW 1926, S.175f, 177,-Bärenstiefel; RG, Urt.v.04.01.1929, GRUR 1929, S.361f, 362,-Deutsche Lebensversicherung; RG Urt.v.06.11.1931, GRUR 1932, S.79f, 81,-Essentia aurea; RG, Urt.v.07.10.1932, MuW 1933, S.16f, 18,-Luvos Heilerde; RG, Urt.v.01.12.31,GRUR 1932,S.191f,-Nährbier; RG, Urt.v.28.10.1932, GRUR 1933,S.39f, 40,-rotgelbe Tankstelle; RG, Urt.v.02.03.1937, MuW 1937, S.285f, 288,-Weißpunkt Tabakpfeife.

1036 *Spier*, GRUR 1933, S.371f.

1037 BGH, Urt.v. 24.04.2008, WRP 2008, S.1520f, 1523, Rn.33,–afilias.de.

1038 Kap. 1 A. VII.; Kap.2 A.; B I. 4.

1039 *Reimer*, 1.Auflage (1933), Kap.52, Rn.2f.

dann tatsächlich anhand einer Interessenabwägung getroffen, wenn diese die vom Gesetzgeber festgelegte Bewertung kollidierender Interessen bei der Abwägung hinreichend berücksichtigt. Weist das Gesetz dem Inhaber eines Schutzrechts jedoch ein geschütztes Interesse zu und dem Vorbenutzer nicht, so handelt es sich nicht um das Ergebnis eines Abwägungsprozesses, wenn einem Interesse, welches nach der Bewertung des Gesetzgebers unbeachtlich ist, der Vorrang gegenüber einem gesetzlich geschützten Interesse eingeräumt wird. In dieser Vorgehensweise liegt keine Interessenabwägung, sondern eine von den Festlegungen des Gesetzgebers abweichende Bewertung. Diese führt dazu, dass den Interessen des Domainvorbenutzers an der Weiterbenutzung genereller Vorrang vor dem Interesse des Schutzrechtsinhabers an der ausschließlichen Verwendung eingeräumt wird.

## V. Fazit

Die Synthese dieses Ergebnisses mit der Definition des Vorbenutzungsrechts als Weiterbenutzungsbefugnis ohne eigenes Schutzrecht rechtfertigt die Annahme, dass in der Aberkennung des namensrechtlichen Freigabeanspruchs gegenüber dem Domainvorbenutzer die faktische Anerkennung von generellen Vorbenutzungsrechten gesehen werden kann[1040]. Wie bereits angerissen, besagt dieser Befund jedoch allein noch nichts über die Unzulässigkeit der Anerkennung genereller Vorbenutzungsrechte. Diese bemisst sich allein daran, ob die Kriterien der außergesetzlichen Rechtsfortbildung erfüllt sind. Dieser Problematik ist das nächste Kapitel gewidmet. Zusammenfassend lässt sich festhalten, dass die Ansicht des Bundesgerichtshofs sowie der zustimmenden Literaturstimmen faktisch zur Anerkennung genereller Vorbenutzungsrechte nach dem Vorbild der technischen Schutzrechte im Kennzeichenrecht führt.

1040 So auch *Weisert*, WRP 2009, S.128f, 132.

## Kapitel 8 Übertragung des Vorbenutzungsrechtsgedankens in das Namens- und Domainrecht im Wege der Rechtsfortbildung

### A. Rechtsanalogie zu *§ 12 PatG, § 13 Ab.5 GebrMG, § 41 GeschmacksMG*

Wie bereits dargelegt, lässt sich den positivierten Regelungen des Vorbenutzungsrechts der allgemeine Grundsatz entnehmen, dass der redliche Vorbenutzer eines Sonderrechtsguts auch nach der Erlangung eines Sonderschutzrechts durch einen Dritten zur Weiterbenutzung befugt ist[1041]. Bevor jedoch in die Prüfung der weiteren Analogievoraussetzungen eingetreten wird, sollen nochmals einige präzisierende Erläuterungen vorangestellt werden. Die Beurteilung des Verletzungstatbestands der Namensanmaßung *§ 12 S.1 Alt.2 BGB* im außergeschäftlichen Bereich bemisst sich unabhängig von der Natur des Namensträgers oder des geltend gemachten Zeichenrechts ausschließlich nach originär namensrechtlichen Grundsätzen[1042]. D.h. unabhängig davon, ob die Verletzung eines Unternehmenskennzeichens nach *§ 5 MarkenG*, der Name eines Idealvereins oder einer Privatperson zur Disposition steht, erfolgt die Feststellung der Namensrechtsverletzung anhand derselben namensrechtlichen Kriterien[1043]. Daraus folgt, dass Voraussetzungen der Rechtsanalogie ausschließlich anhand der Vereinbarkeit genereller Vorbenutzungsrechte mit den Grundsätzen des bürgerlichrechtlichen Namensschutzes zu bemessen sind[1044].

### B. Regelungslücke

Zur Frage des Bestehens einer Regelungslücke im Namenrecht sollen in gebotener Kürze einige klarstellende Erläuterungen präsentiert werden. So fehlt es zum einen überhaupt an einer

---

1041 S.O. Kap.5 A. I.

1042 S.O. Kap.6 C. II. 1.

1043 S.O. Kap.6 C. II. 1.

1044 Darüber hinaus soll auch in diesem Kontext nochmals darauf hingewiesen werden, dass die Einführung genereller Vorbenutzungsrechte nicht im Zusammenhang mit dem Prioritätsprinzip steht. Während es sich bei dem Vorbenutzungsrecht um eine Schrankenregelung handelt, regelt das Prioritätsprinzip, welchem von mehreren kon*Kur*rierenden Rechten der Vorrang gebührt. Die Unanwendbarkeit des Prioritätsgrundsatzes im Namensrecht führt somit nicht zum Ausschluss von Vorbenutzungsrechten. Vgl. *Heinrich*, in Soergel, *§ 12 BGB*, Rn.117.

positivierten Kollisionssystematik im Namensrecht[1045]. Der bürgerlichrechtliche Namensschutz des *§ 12 BGB* in seiner heutigen Form ist letztlich nahezu ausschließlich gewachsenes Richterrecht[1046]. So hat die Rechtsprechung auf der Grundlage der äußerst umfangreichen Kasuistik eine eigene Dogmatik der Namensrechtskonflikte geschaffen. Jedoch stößt die normative Ausgestaltung durch die Rechtsprechung immer dann an ihre Grenzen, wenn neue Rechtsmaterien auftauchen, welche sich in Ermangelung einer abstrakt generellen Regelung nicht in den Rechtsprechungsbestand eingliedern lassen. Auch wenn das Richterrecht zur Gesamtrechtsordnung zu zählen ist, lässt sich im Hinblick auf die Vorbenutzungsrechtsproblematik das Bestehen einer Regelungslücke nicht von der Hand weisen, da sich jedenfalls für das Namensrecht im Offline-Bereich noch keine ständige Rechtsprechung herausgebildet hat.

## C. Vergleichbarkeit

### I. Namensrecht als objektives Recht mit Sperrwirkung

Im ersten Teil dieser Arbeit wurde bereits auf die enge Verbindung des Vorbenutzungsrechts mit der spezifischen Ausgestaltung des Schutzrechts als mit Sperrwirkung versehen hingewiesen. Denn allein in dieser Konstellation, in der bereits der bloße Gebrauch des Sonderrechtsguts zur Rechtsverletzung führt, ohne dass es der Kenntnis des Verletzers vom Schutzrecht oder sonstiger subjektiver Merkmale bedarf, lässt sich ein theoretisches Bedürfnis für die Einräumung einer Weiterbenutzungsbefugnis feststellen[1047]. Die analoge Anwendung des gene-

---

1045 Auch hatte der Gesetzgeber nicht die Absicht, zwischen den Regelungen *§ 12 BGB* der Schaffung des *§ 16 UWG a.F* jetzt *§§ 5, 15 MarkenG* sowie dem Markenschutz bzw. Warenzeichengesetz eine bestimmte Gesetzessystematik herbeizuführen. Der Gesetzgeber beabsichtigte lediglich punktuelle Gesetzesänderungen, ohne dass eine Berücksichtigung anderweitiger gesetzlicher Normierungen überhaupt stattgefunden hätte. Diese unabhängige Entstehung der Einzelgesetze erklärt auch, die mehrfache bzw. sich überschneidende und unterschiedliche Ausgestaltung von Regelungsinhalten, wie beispielsweise dem Firmenschutz. Dieser wurde vom historischen Gesetzgeber je nach Blickwinkel im *§ 13 MSchG, § 8 UWG, § 37 HGB*, sowie *§ 12 BGB* normiert. Die Schutzentstehung sowie der Schutzumfang des Namensrechts wurden dabei je nach Regelungszusammenhang unterschiedlich positiviert. Vgl. *Klippel*, S.259ff, 268ff, 280ff, 291. Auch der Gesetzgeber des Markenreformgesetzes 1994 hat durch die explizite Aufrechterhaltung der bisherigen Rechtslage diesbezügliche keine Änderung der Normensystematik herbeigeführt oder überhaupt eine solche beabsichtigt.

1046 *Heinrich*, in Soergel, *§ 12 BGB*, Rn.1; Vgl. zur Entwicklung des Namenschutzes durch die Rechtswissenschaft *Klippel*, S.294ff.

1047 S.O. Kap.1 C.

rellen Vorbenutzungsrechts im Namensrecht setzt somit als Grundvoraussetzung eine entsprechende Ausgestaltung des Schutzrechts voraus. Im Unterschied zu den Schutzrechten des gewerblichen Rechtsschutzes führt der bloße Namensgebrauch, auch wenn er namensmäßig zur Identifizierung eines Namensträgers gebraucht wird, nicht per se zur Rechtsverletzung[1048]. Dieser Befund soll durch eine Gegenüberstellung mit der Ausgestaltung des markenrechtlichen Schutzbereichs verdeutlicht werden. Wie bereits dargelegt, wird die Feststellung der Markenverletzung anhand einer abstrakten Betrachtung der kollidierenden Zeichen sowie der gekennzeichneten Produkte getroffen[1049]. Die Begleitumstände des Zeichengebrauchs, sowie der Umstand tatsächlicher Verwechslungen des Verkehrs sind von der Beurteilung grundsätzlich ausgeschlossen[1050]. Diese Ausgestaltung des gewerblichen Kennzeichenrechts bewirkt, dass allein der markenmäßige Gebrauch des Zeichens, welches nach abstrakter Bewertung innerhalb des Schutzbereichs des Markenrechts liegt, zur Rechtsverletzung führt[1051]. Besonders prägnant zeigt sich diese Eigenschaft bei der Verwendung eines identischen Zeichens für identische Waren. Ist ein solcher markenmäßiger Gebrauch belegt, so liegt allein darin nach *§ 14 Abs.2 Nr.1 MarkenG* eine Markenrechtsverletzung. Der Schutzbereich des Namensrechts unterscheidet sich von dieser Ausgestaltung maßgeblich. So erfordert eine Namensrechtsverletzung die Beeinträchtigung eines namensrechtlich relevanten Interesses[1052]. Eine solche Interessenverletzung wird jedoch nicht bereits durch den namensmäßigen Gebrauch des Zeichens verwirklicht. Vielmehr erfordert die Beeinträchtigung eines namensrechtlich relevanten Interesses das Vorliegen einer personellen Zuordnungsverwirrung des Verkehrs[1053]. Im Gegensatz zum Markenrecht ist dieses Merkmal jedoch zumindest teilweise empirisch zu beantworten und setzt eine tatsächliche Verknüpfung des Namens mit dem Namensträger vo-

1048 S.O. Kap.6 III.; Vgl. *Klippel*, S.372f. Teilweise wird dieser Befund bereits aus den zusätzlichen Kriterien der Interessenverletzung und dem Merkmal der Unbefugtheit hergeleitet. Vgl. *Wassermann*, MuW 1915/16, S.352f, 353f.

1049 S.O. Kap.1 B. III. 2 b).

1050 *Jansen*, in Ekey/Klippel/Bender, *§ 9 MarkenG*, Rn.27; der Schutz vor realen Verwechslungen des Verkehrs wird demgegenüber von *§ 5 Abs.2 UWG* erfasst. Vgl. *Köhler*/Bornkamm, *§ 5 UWG*, Rn.4.209f, 4.212b.

1051 Kap.1 B. III. 2 b).

1052 *Klippel* betont dabei, dass auch die Ausschlusswirkung nicht die Folge der Charakterisierung des Namensrechts als absolutes Recht ist. Diese Befugnis sei vielmehr umgekehrt alleinige Folge des Eingriffs in den Schutzbereich des Namensrechts, welcher sich über die namensrechtlich geschützten Funktionen und Interessen bestimmt. Vgl. *Klippel*, S.372.

1053 S.O. Kap. 6 B. III. 2.

raus[1054]. Die Verwendung eines Namens führt folglich solange nicht zur Verletzung des Namensrechts, als der Verkehr darin keine Verbindung zum tatsächlichen Namensträger sieht. Als weiteren Beleg dafür, dass dem Namensrecht nicht dieselbe strukturelle Zuweisungsdichte beigemessen werden kann, wie dem gewerblichen Zeichenrecht, dient das von Seiten der Rechtsprechung konzipierte „Recht der Gleichnamigen". Kollidieren die Schutzbereiche zweier entstandener Namensrechte, so gilt nicht das Prioritätsprinzip mit der Folge, dass das prioritätsjüngere Namensrecht dem Älteren allein aufgrund des zeitlichen Vorrangs zu weichen hätte. Vielmehr werden die kollidierenden Interessen einem Abwägungsprozess unterzogen, mit der Maßgabe möglichst beiden Interessen Geltung zu verleihen. Ist der Interessenwahrung auch durch eine Abgrenzung der verwendeten Namen mittels Hinzufügung unterscheidungskräftiger Zusätze genüge getan, so kann die Untersagung der Namensverwendung im Regelfall nicht verlangt werden[1055]. Zusammenfassend lässt sich festhalten, dass der Name nicht die Zuweisungsdichte eines gewerblichen Schutzrechts erreicht, bei welchem bereits die bloße Verwendung des Sonderrechtsguts die Rechtswidrigkeit indiziert[1056]. Da das Namensrecht folglich keine Sperrwirkung entfaltet fehlt es gerade an der zentralen Voraussetzung des Vorbenutzungsrechts. Denn bewirkt nicht bereits die Weiterverwendung des vorbenutzten Sonderrechtsguts eine Verletzung des Sonderschutzrechts, so entfällt das Bedürfnis zur Berücksichtigung der Interessen des Vorbenutzers. Eine Übertragung genereller Vorbenutzungsrechte nach dem Vorbild technischer Schutzrechte in das Namensrecht muss somit aufgrund wesensmäßiger Divergenzen ausscheiden.

### II. Verwirklichung des Schutzzwecks des Vorbenutzungsrechts

Darüber hinaus lässt sich gegen die Vereinbarkeit genereller Vorbenutzungsrechte anführen, dass sich der Schutzzweck des Vorbenutzungsrechts im Namensrecht nicht verwirklichen lässt. Dieser konzentriert sich allein auf den im gewerblichen Verkehr erlangten Besitzstand als Quelle zukünftiger wirtschaftlicher Betätigung[1057]. Der Schutz eines lediglich ideellen, jedoch nicht vermögensrechtlichen Interesses ist hingegen nicht von der Intention des Vorbe-

1054 S.O. Kap. 6 B. III. 3.

1055 S.O. Kap.6. B. VII.

1056 *Klippel*, S.370f, 372.

1057 S.O. Kap.2 E.

nutzungsrechts erfasst[1058]. Unabhängig von dem Gesichtspunkt, dass das Namensrecht neben dem Schutz ideeller auch wirtschaftliche Interessen erfasst, erlangt der Vorbenutzer einer Bezeichnung, welche infolge mangelnder Bekanntheit – noch – nicht als Name anzusehen ist, keinen in wirtschaftlicher Hinsicht schutzwürdigen Besitzstand[1059]. So dient der Name außerhalb des geschäftlichen Verkehrs primär der Identifikation bzw. der Unterscheidung von anderen Namensträgern und nicht der Sicherung der Erwerbsquelle. Eine in der Funktion als Identifikationsmittel und nicht zum Zwecke der geschäftlichen Betätigung eingesetzte Bezeichnung begründet im Gegensatz zu gewerblichen Zeichenrechten die Werbefunktion im Regelfall erst mit der Bekanntheit des Namens. So wird zwar dem Namen Prominenter aufgrund der immanenten Werbefunktion häufig auch ein beträchtlicher wirtschaftlicher Wert beigemessen. Dem durchschnittlich bekannten Namen eines Idealvereins oder einer natürlichen Person wird jedoch kaum ein beträchtlicher Vermögenswert beizumessen sein. Für eine Bezeichnung, welche infolge beschreibender Bestandteile oder da es sich um ein Pseudonym handelt, noch nicht einmal die Fähigkeit erlangt, vom Verkehr als Identifikationsmittel des Trägers verstanden zu werden, ist ein wirtschaftlicher Besitzstand jedenfalls ausgeschlossen.

### III. Fazit

Da es im Hinblick auf die Einführung genereller Vorbenutzungsrechte bereits an einer Übereinstimmung in den wesentlichen Gesichtspunkten fehlt, ist eine analoge Anwendung des Vorbenutzungsrechts im Namensrechts abzulehnen.

---

1058 S.O. Kap.2 E.

1059 So wurde *§ 12 BGB* nach der Intention des historischen Gesetzgebers explizit auch deshalb geschaffen, um die wirtschaftlichen Interessen, die mit einem Familiennamen einhergehen, zu schützen. Ähnlich, *Bayreuther*, in MüKo, *§ 12 BGB*, Rn.4; eine andere Denkweise war zum Zeitpunkt der Schöpfung des BGB gegen Ende des 19. Jahrhunderts gar nicht vorstellbar. Die Idee von Persönlichkeitsrechten steckte noch in den Kinderschuhen. So waren ursprünglich überhaupt nur zwei Gründe für einen subjektiven Namensschutz denkbar. Die Zugehörigkeit zu einer Adelsfamilie, sowie der Schutz wirtschaftlicher Interessen eines Namens, die mit dessen guten Ruf einhergehen. Vgl. *Klippel*, S.397.

### D. Vorbenutzungsrechte wegen im Einzelfall überwiegender Interessen nach *§ 242 BGB*

Wie im Markenrecht ist auch im Namensrecht grundsätzlich die Möglichkeit in Betracht zu ziehen, den Interessen des Kennzeichenvorbenutzers nach *§ 242 BGB* Rechnung zu tragen[1060]. Voraussetzung einer solchen Weiterbenutzungsbefugnis über *§ 242 BGB* wäre das Bestehen exogener Wertungsvorgaben, welche den Interessen des Vorbenutzers im Einzelfall ein höheres Gewicht beimessen als den Interessen des Namensträgers. Dem Namensrecht sind derartige Postulate nicht zu entnehmen. Namensrechtlich ist die Vorbenutzung ohne Belang[1061]. Neben den erstrangigen Wertungsmaximen der Grundrechte sowie der allgemeinen gesellschaftlichen Anschauungen kann auch die ständige Rechtsprechung als Quelle der Wertschöpfung herangezogen werden. Die Rechtsprechung des Bundesgerichtshofs, welche den Domainvorbenutzer gegenüber dem Namensträger durch die Einräumung einer Weiterbenutzungsbefugnis begünstigt, wird indessen nicht für die Heranbildung entsprechender Wertungsmaximen ausreichen. In Ermangelung sachlicher Differenzierungskriterien zur Offline-Verwendung des Namensrechts ließe sich der Rechtsprechung nur dann eine allgemeine Wertung entnehmen, dass den Interessen des Vorbenutzers im Einzelfall der Vorrang gegenüber dem Namensträger gebührt, wenn sie den Offline-Bereich einschlösse, was allerdings nicht der Fall ist. De lege lata lässt sich eine Rechtsfolgenkorrektur über *§ 242 BGB* im Namensrecht folglich nicht erreichen.

### E. Ergebnis

Vorbenutzungsrechte im Namensrecht sind abzulehnen. Diese Feststellung impliziert zugleich, dass die Begründung des BGH in den Entscheidungen „afilias.de“, „ahd.de“ und „airdsl.de“ nicht zu halten sind. Die Problematik der Vorbenutzung im Domainrecht bedarf folglich eines alternativen Lösungskonzepts, welchem das nächste Kapitel gewidmet ist.

1060 S.O. Kap.5 B.

1061 S.O. Kap.6 C. II. 1.; 2. b) bb).

## Kapitel 9 Alternative Lösungsmodelle der Vorbenutzungsrechtsproblematik im Namens-/Domainrecht

Nachdem die Unvereinbarkeit von Vorbenutzungsrechten im Domainrecht mit den Grundsätzen des Namensrechts feststeht ist nach alternativen Lösungskonzepten zu suchen. Zuvor sind jedoch in einem ersten Schritt Überlegungen dazu anzustellen, aus welchem Grund der Bundesgerichtshof gerade bei der Freigabe von Domainnamen den Interessen des Domainvorbenutzers Vorrang gegenüber denen des Zeichenrechtsinhabers einräumt. Denn wie in Kapitel 3 aufgezeigt, hat es der BGH in ständiger Rechtsprechung zum *MarkenG* abgelehnt den Interessen des Kennzeichenvorbenutzers durch Weiterbenutzungsbefugnisse Rechnung zu tragen. D.h. erst wenn es gelingt die Gesichtspunkte aufzuzeigen, die den BGH dazu bewogen haben, in Abweichung von seiner ständigen Rechtsprechung im gewerblichen Kennzeichenrecht auf ein Vorbenutzungsrecht zu erkennen, kann der Versuch unternommen werden ein konkurrierendes Lösungsmodell zu unterbreiten.

### A. Modifikation des Verletzungstatbestands der Namensanmaßung

Wie bereits dargelegt werden Freigabeansprüche gegenüber Domainnamen – wegen des Erfordernisses des Schlechthinverbots – auf die ergänzende Anwendung des namensrechtlichen Verletzungstatbestands des *§ 12 S.1 Alt.2 BGB* gestützt[1062]. Im Namensrecht jedoch, besteht kein Bedürfnis die Interessen des Vorbenutzers gesondert zu berücksichtigen. Da eine Namensrechtsverletzung eine Zuordnungsverwechslung des Verkehrs voraussetzt, bewirkt die bloße Weiterbenutzung einer kollidierenden Bezeichnung nach der Entstehung eines Namensrechts allein noch keine Rechtsverletzung[1063]. Eine der Ursachen für die Anerkennung faktischer Vorbenutzungsrechte ist, wie *Weisert* zutreffend aufzeigt, in der Rechtsprechungspraxis zur Registrierung von Domainnamen zu sehen[1064]. Denn nach ständiger Rechtsprechung verwirklicht bereits die bloße Registrierung einer mit einem Zeichenrecht übereinstimmenden

1062 S.O. Kap.7 B. III.

1063 S.O. Kap.8 C. I. Denn wie bereits dargelegt kann sich das Verbot der Weiterbenutzung eines vorbenutzten Sonderrechtsguts auch nur dann als unbillige Härte darstellen, wenn allein die Weiterbenutzung bzw. die Aufrechterhaltung der Domain die Rechtsverletzung bewirkt.

1064 S.O. Kap.7 C. II. 2. a); *Weisert*, WRP 2009, S.128f, 129.

„.de“ -Domain den Tatbestand der Namensanmaßung nach *§ 12 S.1 Alt.2 BGB*[1065]. Durch diese Vorgehensweise hat die Rechtsprechung den Charakter des namensrechtlichen Verletzungstatbestands maßgeblich modifiziert und das Namensrecht entgegen seiner Rechtsnatur zum Recht mit Sperrwirkung erhoben[1066]. Denn kommt es für die Verwirklichung des Tatbestands der Namensanmaßung nicht mehr auf die fälschliche Zuordnung des Verkehrs an, sondern wird der Verletzungstatbestand bereits durch den bloßen Gebrauch des Namens verwirklicht, so wird auf diese Weise die Sperrwirkung in das Namensrecht integriert. Durch diese Handhabungspraxis hat der BGH genau diejenigen Rahmenbedingungen geschaffen, welche auch den Gesetzgeber beispielsweise bei der Reform des Geschmackmustergesetzes bewogen haben, die Interessen der Vorbenutzer des Sonderrechtsguts vor einer Inanspruchnahme durch den nachfolgenden Schutzrechtsinhaber zu bewahren[1067]. Die Einführung des Vorbenutzungsrechts ist somit letztlich das Korrektiv der gleichfalls von Seiten der Rechtsprechung eingeführten Sperrwirkung in das Domainrecht[1068].

## B Neugewichtung divergierender Interessen im Domainrecht

Gleichwohl ist die Einführung der Sperrwirkung in das Namensrecht nicht geeignet als alleinige Ursache für die Anerkennung faktischer Vorbenutzungsrechte im Domainrecht zu fungieren. Denn trotz der markenrechtlichen Funktionenlehre führt auch im Markenrecht die bloße Weiterbenutzung einer vorbenutzten Kennzeichnung zur Verwirklichung markengesetzlicher Verletzungstatbestände. Bei markenrechtlichen Sachverhalten jedoch verweigert die Rechtsprechung die Anerkennung einer Weiterbenutzungsbefugnis[1069]. Die Einführung der Sperrwirkung in das Namensrecht begründet somit zwar ein Bedürfnis zur Berücksichtigung der Interessen des Vorbenutzers, sie ist jedoch nicht geeignet die Ungleichbehandlung zu markenrechtlichen Sachverhalten zu erklären. Eine sachliche Rechtfertigung für diese Diver-

1065 Ständige Rechtsprechung: BGH, Urt.v.22.11.2001, GRUR 2002, S.622f, 624,–shell.de; BGH, Urt.v.11.04.2002, GRUR 2002, S.706f, 709,–vossius.de; BGH, Urt.v. 26.06.2003, MMR 2003, S.726f, 727,–maxem.de; BGH, Urt.v.19.02.2004, GRUR 2004; S. 619f, 620,-*Kurt*-biedenkopf.de; BGH, Urt.v.09.09.2004, WRP 2005, S.488f, 490,-mho.de; *Bettinger*, DE 364f; *Hackbarth*, WRP 2006, S.519f, 520.

1066 S.O. Kap.8 C. I.

1067 S.O. Kap.1 A. V. 3. b).

1068 Ähnlich *Weisert*, WRP 2009, S.128f, 129.

genz lässt sich auch nicht aufzeigen. Wie bereits dargelegt ist eine Privilegierung des Domainvorbenutzers mit der Begründung die Domaininhaberschaft nehme am Grundrechtsschutz teil, nicht zu rechtfertigen. Denn die obligatorische Verbindung zur DENIC schützt ihn nicht, da diese nach der Kollisionssystematik des Kennzeichenrechts keine Relevanz aufweist[1070]. Eine Ungleichbehandlung lässt sich auch nicht mit dem Argument rechtfertigen, dass der Gesetzgeber mit der Benutzungsmarke nach *§ 4 Nr.2 MarkenG* bei Marken eine gesetzliche Wertung getroffen hat, wonach unterhalb der Schwelle der Verkehrsgeltung kein Schutz des Markenvorbenutzers bestehen soll[1071]. Denn der Gesetzgeber hat damit lediglich die Anforderungen an den Monopolschutz definiert und keine Aussage über eine kooperative Weiterbenutzungsbefugnis getroffen. Letztlich basiert die Anerkennung faktischer Vorbenutzungsrechte im Domainrecht darauf, dass der BGH die Interessen des Domainvorbenutzers im Vergleich zum Markenvorbenutzer ohne sachliche Rechtfertigung unterschiedlich gewichtet, indem er dem Domainvorbenutzer übergeordnete Interessen an der Weiterbenutzung zuweist[1072]. Es handelt sich dabei um eine Bewertungsentscheidung, welche zwar im Einzelfall der Billigkeit entsprechen mag, die aber nicht auf zwingenden Sachgründen basiert und somit keine Ungleichbehandlung mit dem Markrecht rechtfertigt.

## C. Namensrechtlicher Lösungsansatz

### I. Erfordernis der Verletzung eines originär namensrechtlichen Interesses

Ein Ansatz zur Lösung der Problematik der Domainvorbenutzung könnte darin bestehen, bereits das Bedürfnis zur Berücksichtigung zeitlicher Komponenten im Namensrecht zu beseitigen. Dieses Lösungskonzept propagiert somit eine Abkehr von der bisherigen Rechtsprechungspraxis, wonach bereits jede Domainregistrierung unmittelbar zur Verletzung des Namensrechts führt. Denn entfällt die Alterierung des namensrechtlichen Ausschlussrechts und wird allein auf namensrechtliche Kriterien abgestellt, so egalisiert sich zugleich das Bedürfnis zur Berücksichtigung der Interessen des Vorbenutzers. Ein solches Konzept wird von Seiten

1069 S.O Kap.3 L.

1070 S.O. Kap. 7 C. III. 3. b).

1071 S.O. Kap. 5 A. III. 1. b).

1072 S.O. Kap.7 C. IV.

der jüngeren Literatur bereitgestellt[1073]. Danach wird der Vorschlag unterbreitet, die Vorbenutzungsrechtsproblematik dadurch zu lösen, dass die Beurteilung des Verletzungstatbestands der Namensanmaßung durch die Registrierung von Internetdomains anhand derselben Kriterien vollzogen wird wie die Verletzung des Namensrechts im Offline-Bereich[1074]. Diese Ansicht stützt sich auf den Schutzzweck des Namensrechts, den Namensträger vor Zuordnungsverwirrungen des Verkehrs zu bewahren[1075]. Die vom BGH herangezogenen Kriterien der faktischen Sperrwirkung sowie der fehlenden Selbstdarstellungsmöglichkeiten des Namensträgers seien hingegen keine vom Namensrecht getragenen Interessen[1076]. Voraussetzung eines solchen auf die Ermöglichung der Selbstdarstellung gerichteten Herausgabeanspruchs, wäre danach, das Bestehen eines absoluten Rechts auf einen bestimmten Domainnamen, was anerkanntermaßen nicht der Fall ist[1077]. Folgt man dieser Sichtweise, so wird der Verletzungstatbestand der Namensanmaßung des *§ 12 S.1 Alt.2 BGB* nicht bereits durch die bloße Domainregistrierung, sondern erst dann verwirklicht, wenn infolge einer personellen Zuordnungsverwirrung berechtigte Interessen des Namensträgers beeinträchtigt sind[1078].

### *1. Kriterien der Zuordnungsverwirrung durch die Aufrechterhaltung eines vorbenutzten Domainnamens*

Ob eine Domainregistrierung eine personelle Zuordnungsverwirrung bewirkt, welche die berechtigten Interessen des Namensträgers verletzt, bemisst sich danach, ob eine Beeinträchtigung der Identifikations- oder Individuierungsfunktion zu verzeichnen ist[1079]. Bereits ein kursorischer Blick auf die Konstellation der Domainvorbenutzung zeigt, dass eine Beeinträchtigung der Identitätsfunktion durch die Aufrechterhaltung eines Domainnamens nicht zu be-

1073 *Weisert*, WRP 2009, S.128f, 129; *Bunnenberg*, MarkenR 2010, S.69f, 77; *Becker*, S.467f, 472. Als gemeinsame Basis dieser Ansichten dient dabei zunächst die Ablehnung der Ansicht des Bundesgerichtshofs, jede Registrierung eines Domainnamens, führe „*per se*“ zur Namensrechtsverletzung.

1074 *Weisert*, WRP 2009, S.128f, 131.

1075 *Bunnenberg*, MarkenR 2010, S.69f, 72f 76; *Weisert*, WRP 2009, S.128f, 130.

1076 A.A. *Becker*, WRP 2010, S.467f, 471.

1077 *Weisert*, WRP 2009, S.128f, 131.

1078 *Bunnenberg*, MarkenR 2010, S.69f, 77; *Weisert*, WRP 2009, S.128f, 130; *Becker*, S.467f, 472.

1079 *Klippel*, S.389f, 401f. Vgl. auch BGH, Urt.v.07.11.1975, GRUR 1976, S. 379f, S.380,-KSB. Danach kann eine juristische Person des Privatrechts Namens- und Firmenschutz nur im Rahmen ihres Funktionsbereichs beanspruchen. Der Schutz der geschäftlichen Bezeichnung steht dem Schutz der natürlichen Person somit nicht in jeder Beziehung gleich. A.A *Kohl*, in BGB-AK, *§ 12 BGB*, Rn.1.

fürchten steht[1080]. So geht es bei der Registrierung und Aufrechterhaltung von Domainnamen ersichtlich nicht um Verwechslungen in Bezug auf den Namensträger selbst, sondern darum, ob der Verkehr dem Namensträger fälschlicherweise eine fremde Domain als die seine zuordnet. Nicht Herr Müller wird für Herr Schmidt gehalten, sondern die Domain von Herrn Müller für die von Herrn Schmidt. Die Zulässigkeit der Aufrechterhaltung der vorbenutzten Domain ist folglich daran zu bemessen, ob diese zur Beeinträchtigung der Individuierungsfunktion führt. Diese Funktion ist tangiert, sofern der inländische Verkehr zur Auffassung gelangt, die Domain sei eine solche des Namensträgers bzw. diese sei zumindest mit Gestattung des Namensträgers erfolgt[1081]. Ist der Verkehr der Auffassung, es handele sich um eine Domain des Namensträgers, so braucht dieser es nicht zu dulden, dass die Domain fälschlicherweise mit ihm in Verbindung gebracht wird[1082]. Wird diese Ansicht der Literatur zu Grunde gelegt, so ergibt sich für die Konstellation der Domainvorbenutzung zukünftig ein differenziertes Bild.

*2. Keine Beeinträchtigung der Individuierungsfunktion durch Registrierung eines nicht verwendeten Kennzeichens*

Da eine Beeinträchtigung der Individuierungsfunktion nach diesem Ansatz den empirischen Nachweis einer Zuordnungsverwechslung erfordert, lässt sich lediglich eine definitive Untergrenze festlegen, unterhalb derer eine Zuordnung eines Domainnamens zu einem Namensträger ausscheidet. So kommt eine Namensverletzung jedenfalls dann nicht in Betracht, wenn es sich um eine lediglich registrierte, aber nicht benutzte Marke handelt[1083]. Auch bei neuen Unternehmenskennzeichen und Namen natürlicher Personen ist eine gewisse Bekanntheit zu fordern, welche dem Verkehr eine Zuordnung der Domain zu einem individuellen Namensträger überhaupt erst ermöglicht[1084]. Bei der Registrierung eines Namens- oder Kennzeichenrechts als Domain, welches keine besondere Bekanntheit genießt, wird der Verkehr im

1080 a.A. wohl *Becker*, WRP 2010, S.467f, 468; zur Identitätsfunktion S.O Kap.6 B. III.; *Klippel*, S.355; *Heinrich*, in Soergel, *§ 12 BGB*, Rn.2; *Sack*, WRP 1984, S.521ff, 529; *Krüger-Nieland*, in RGRK, *§ 12 BGB*, Rn.87.

1081 *Weisert*, WRP 2009, S.128f, 131. Ähnlich *Klippel*, S.376.

1082 *Habermann*, in Staudinger, *§ 12 BGB*, Rn.271; *Klippel*, S.417, 443; ähnlich *Krüger-Nieland*, in RGRK, *§ 12 BGB*, Rn.82. Es sei eine erkennbare Beziehung zum Namensträger erforderlich.

1083 *Bunnenberg*, MarkenR 2010, S.69f, 77.

1084 *Köhler*/Bornkamm, *§ 5 UWG*, Rn.4.212b.

Regelfall keine Möglichkeit haben, den Domainnamen dem Namensträger zuzuordnen[1085]. Kennt er weder den Namen noch die Domain, so besteht für den Verkehr kein Anlass, diesen in das Browserfenster oder eine Suchmaschine einzugeben. Vorbehaltlich der Ausführung von Eingabefehlern kann der durchschnittliche Internetnutzer überhaupt nicht auf die Domain gelangen. Jedoch selbst wenn das im Einzelfall geschehen sollte, so ist er im Regelfall gar nicht in der Lage, den unbekannten Domainnamen mit dem Namen eines ihm ebenfalls unbekannten Namensträgers zu verknüpfen.

### *3. Im Regelfall Zuordnung der Domain zu einem bekannten oder berühmten Zeichenrecht*

Begehrt der Namensrechtsinhaber die Freigabe der Domain hingegen erst zu einem Zeitpunkt, zu dem der Name bereits bekannt ist, so präsentiert sich unter Zuordnungsgesichtspunkten im Regelfall ein abweichendes Bild. Der Verkehr, der im Internet Informationen über eine bestimmte bekannte Person oder ein Unternehmen sucht, erwartet unter diesem Domainnamen ein Informationsangebot des spezifischen Namensträgers[1086]. Findet er dort lediglich eine Baustellenseite, so wird er auch diese dem ihm bekannten Namensträger zurechnen. Stammt diese Webseite somit nicht vom Inhaber des bekannten Namens, so führt diese Verknüpfung zur Beeinträchtigung des Individuierungsinteresses. Der bekannte oder gar berühmte Namensträger braucht es nicht zu dulden, dass ihm der Verkehr fälschlicherweise eine fremde Domain zuordnet. Die Reihenfolge des Domain- bzw. Zeichenerwerbs ist nach diesem Lösungsansatz unbeachtlich[1087]. Ob es sich um die zeitlich nachfolgende Registrierung eines bereits im Registrierungszeitpunkt bekannten Namens handelt oder ob zuerst eine Domain registriert wurde und erst nachträglich ein bekanntes Namensrecht entstanden ist, ist irrelevant, sofern feststeht, dass die Domain im Zeitpunkte der letzten mündlichen Verhandlung überhaupt dem Namensträger zugeordnet wird. Denn namensrechtlich ist es unerheblich, ob der Verkehr den Namensträger deshalb verwechselt, da der Domaininhaber die Benutzung der

1085 Ähnlich *Bunnenberg*, MarkenR 2010, S.69f, 77.

1086 BGH, Urt.v.22.11.2001, GRUR 2002, S.622f, 624,–shell.de; in diesem Sinne gleichfalls nach der Bekanntheit differenzierend *Beater*, WRP 2011, S.7f, 15; *Bunnenberg*, MarkenR 2010, S.69f, 77. Klarzustellen ist in diesem Kontext, dass mit dem Begriff des bekannten Kennzeichens oder der Bekanntheit nicht derjenige der *§ 14 Abs.2 Nr.3* oder *§ 15 Abs.3 MarkenG* gemeint ist. Der Begriff bezieht sich vielmehr auf die Kenntnis relevanter Verkehrskreise von der Existenz des Namensträgers im Sinne einer natürlichen Bekanntheit.

Domain bereits vor der Entstehung des Rechts aufgenommen und nach der Entstehung fortgesetzt hat oder deshalb, weil die Domain erst zeitlich nachfolgend in Gebrauch genommen wurde[1088].

## II. Würdigung

Wie bereits dargestellt, lässt sich die Lösung der Domainvorbenutzungsproblematik des Bundesgerichtshofs nicht mit der Dogmatik des Namensrechts in Einklang bringen[1089]. Gleichwohl könnte dem Lösungsmodell der Literatur trotz aller dogmatischen Einwände gegen diese Rechtsprechung nur unter der Prämisse der Vorrang eingeräumt werden, dass es neben der sachgerechten Handhabung der Vorbenutzungsthematik zugleich ermöglicht, alltägliche Domainverletzungskonstellationen zu bewältigen. Denn es muss berücksichtigt werden, dass die Modifikation der Tatbestandsvoraussetzungen des Verletzungstatbestands der Namensanmaßung unmittelbare Auswirkungen sowohl für Vorbenutzungskonstellationen, als auch für sämtliche sonstigen Fälle der Domainfreigabe zeitigt. Ein Lösungsmodell muss somit geeignet sein, sämtliche Konstellationen einer dogmatisch überzeugenden und praxistauglichen Lösung zuzuführen. Vor diesem Hintergrund soll bevor in eine Auseinandersetzung mit den Ansichten eingetreten wird, zunächst das Für und Wider der Meinungen dargestellt werden.

### *1. Die Auffassung der Rechtsprechung*

#### a) Vorteile der Ansicht der Rechtsprechung

Die Handhabungspraxis der Rechtsprechung, wonach bereits die bloße Domainregistrierung den Verletzungstatbestand der Namensanmaßung verwirklicht, präsentiert ihre Vorteile weniger in der dogmatischen Begründung, als vielmehr in praktischer Hinsicht[1090]. So ist dieses Modell einfach in der Handhabung und führt, da es umfangreicher Beweisaufnahmen nicht bedarf, zu schnellen und kostengünstigen Verfahren. Stimmt die Second-Level-Domain mit dem Namensrecht des Namensträgers überein, ohne dass dem Domaininhaber ein Recht am

---

1087 *Weisert*; WRP 2009, S.128f, 131; so auch *Ingerl/Rohnke*, Nach *§ 15 MarkenG*, Rn.96.

1088 S.O. Kap.6 C. II. 2. b).

1089 S.O. Kap. 8. C.; Kap. 7. C. III, IV.

Domainnamen zusteht oder er die Domain nach der Entstehung des Namensrechts registriert hat, so besteht ein Anspruch auf Freigabe des Domainnamens.

b) Nachteile der Ansicht der Rechtsprechung

aa) Dogmatische Inkonsistenz der Auffassung der Rechtsprechung

(1) Erfordernis eines absoluten Rechts auf einen bestimmten Domainnamen

Die Auffassung des Bundesgerichtshofs, wonach bereits jede Domainregistrierung „per se" zu einer Namensrechtsverletzung führt, lässt sich, wie bereits angerissen, nicht mit dem Namensrecht vereinbaren[1091]. Ein Anspruch, dessen Zielsetzung nicht auf die Verhinderung von Zuordnungsverwechslungen- sondern auf die ausschließliche Nutzung eines bestimmten Domainnamens gerichtet ist, findet im Namensrecht keine Stütze. So ist der Ansicht von *Weisert* zuzustimmen, wonach ein Anspruch, welcher dem Bedürfnis zur Selbstdarstellung des Namensträgers dienlich ist, das Bestehen eines absoluten Rechts auf einen bestimmten Domainnamen voraussetzen würde[1092]. Ein solcher Anspruch auf ausschließliche Nutzung eines bestimmten Namens als Domain wird jedoch noch nicht einmal von der Rechtsprechung anerkannt[1093]. Denn der BGH lehnt es selbst bei überragender Bekanntheit des Zeichenrechts nach wie vor kategorisch ab, dem Zeichenrechtsinhaber einen Anspruch auf Übertragung des Domainnamens, zuzusprechen[1094].

(2) Widersprüchlichkeit der BGH Rechtsprechung im Domainrecht

In dieser Rechtsprechungspraxis offenbart sich zugleich ein hohes Maß an Widersprüchlichkeit. Entweder ein Domainname ist seinem Träger als Immaterialgut derart zugeordnet, dass dieser jedermann die Benutzung desselben als Domainname verbieten kann. Nur unter dieser

---

1090 Vgl. *Eckhardt*, CR 2005, S.364f, 365.

1091 S.O. Kap.8 C. I.; Kap.9 A.

1092 *Weisert*, WRP 2009, S.128f, 131.

1093 BGH, Urt.v.22.11.2001, GRUR 2002, S.622f, 626,–shell.de.

1094 BGH, Urt.v.22.11.2001, GRUR 2002, S.622f, 626,–shell.de. Demgegenüber sieht beispielsweise *Art. 4 Abs.2 b) VO 733/2002*, *Art. 21 VO 874/2004* im Bezug auf .eu Domains, ausdrücklich einen eigenständigen materiellen Übertragungsanspruchs vor. Vgl. *Pothmann/Guhn*, K&R 2007, S.69f, 72.

Prämisse kann bereits die bloße Registrierung zur Namensrechtsverletzung führen[1095]. Dann jedoch ist nicht nachvollziehbar, aus welchem Grund ein Anspruch auf Übertragung der Domain an denjenigen, dem diese Domain als einzigem zugeordnet ist, abgelehnt wird[1096].

bb) Verstoß gegen den Gleichheitsgrundsatz durch die Ungleichbehandlung gleicher Sachverhalte[1097]

(1) Ungleichbehandlung von Domainregistrierungen vor und nach der Entstehung des Namensrechts

Die Ansicht des Bundesgerichtshofs, welche die Einführung der Sperrwirkung in das Domainrecht durch die Einführung eines ebenso unvereinbaren Vorbenutzungsrechts wieder auszugleichen versucht, kann auch unabhängig von den dogmatischen Unzulänglichkeiten im Ergebnis nicht zu überzeugen. Ob eine Domain vor oder nach der Entstehung eines Zeichenrechts registriert wurde, ist häufig allein von Zufälligkeiten abhängig. Während derjenige, der einen Domainnamen einen Tag vor der Entstehung des Namensrechts registriert hat, seine Domain nach der Ansicht des BGH wegen eines Vorbenutzungsrechts behalten darf, müsste derjenige, welcher seinen Domainnamen einen Tag nach der Namensrechtsentstehung registriert hat, freigeben[1098]. Diese unterschiedliche Handhabung der Sachverhalte ist namensrechtlich betrachtet, problematisch. Denn anerkanntermaßen entsteht durch die bloße Registrierung einer Domain kein Immaterialgüterrecht am Domainnamen[1099]. Verfügt der Domaininhaber jedoch nicht über ein eigenes Recht an der Bezeichnung, so ist der Zeitpunkt der ersten Benutzungsaufnahme bzw. der Domainregistrierung wie bereits dargelegt irrelevant, da es allein darauf ankommt, ob der Verkehr die Domain zum Zeitpunkt der letzten mündlichen Verhandlung dem Namensrechtsinhaber zuordnet[1100]. Aus namensrechtlicher Sicht ist mit dem Registrierungszeitpunkt somit keine relevante Zäsur verbunden, welche eine unterschiedliche Be-

1095 S.O. Kap.9 A.

1096 *Weis*, S.132.

1097 S.O. Kap.5 A.

1098 Es sei denn der Domaininhaber hätte entsprechend der Kriterien der „mho.de“ Entscheidung die Benutzungsaufnahme alsbald nach der Registrierung aufgenommen. S.O.Kap.7 B. IV. 2.

1099 S.O. Kap.7 B. II. 2.

1100 S.O. Kap.6 B. III.; C. II. 2. b) bb).

handlung dieser Sachverhalte rechtfertigt. In der Vorgehensweise des Bundesgerichtshofs liegt somit eine unzulässige Ungleichbehandlung gleicher Sachverhalte.

(2) Ungleichbehandlung der Namensverwendung Online-Offline

Ein weiterer Nachteil des Lösungskonzepts des Bundesgerichtshofs besteht darin, die Handhabung des namensrechtlichen Verletzungstatbestands des *§ 12 S.1 Alt.2 BGB*, sowie der Problematik der Vorbenutzung für die Online- und Offline- Verwendung unterschiedlichen Bewertungsparametern zu unterwerfen[1101]. So wurde bereits festgehalten, dass es im Hinblick auf die Vorbenutzungsrechtsthematik zwischen der Verwendung eines Domainnamens und der Offline Verwendung von Namensrechten an einem sachlichen Differenzierungskriterium fehlt[1102]. Denn für die Frage der Legitimation zur Weiterbenutzung erweist es sich als unbeachtlich, dass der Domainname am Grundrechtsschutz des *Art.14 GG* teilnimmt und eine offline verwendete Bezeichnung nicht[1103]. Da es insoweit an Anknüpfungspunkten für eine Ungleichbehandlung fehlt, verstößt das Konzept des Bundesgerichtshofs, welches die Online- und Offline- Verwendung von Namensrechten unterschiedlichen Kriterien unterwirft, gegen den Gleichheitsgrundsatz.

cc) Domainrechtsprechung und Rechtssicherheit

Zuletzt zeigt es sich als erforderlich, die oben als Vorteil angepriesene Einfachheit und Praktikabilität der Rechtsprechungslösung wieder zu relativieren. So ist zwar die Feststellung einer Namensrechtsverletzung nach der Konzeption der Rechtsprechung durch den bloßen Abgleich der Second-Level-Domain mit dem Namensrecht ohne weiteres möglich. Jedoch impliziert die Feststellung der Namensrechtsverletzung aufgrund der zwischenzeitlich ergangenen Rechtsprechung nicht automatisch einen Freigabeanspruch auf den Domainnamen. Dazu bedarf es wiederum eines Rückgriffs auf die Rechtsprechung, welche mit den Entscheidungen „mho.de“ sowie „afilias.de“ zwischenzeitlich eine Mehrzahl von Ausnahmen vorsieht. Der Ansatz der Rechtsprechung, die einen Ausgleich der kontrahierenden Interessen im Wege der

---

1101 *Weisert*, WRP 2009, S.128f, 128.

1102 S.O. Kap. 7 C. III. 3; *Weisert*, WRP 2009, S.128f, 128.

Einzelfallrechtsprechung sucht, ist darüber hinaus konzeptionell lückenhaft. So bleibt beispielsweise im Anschluss an die „mho.de"- Entscheidung offen, in welchem zeitlichen Zusammenhang die Benutzungsaufnahme im geschäftlichen Verkehr erfolgt sein muss, um noch „alsbald" nach der Registrierung gewesen zu sein. Auch bleibt die Rechtslage ungeklärt, wenn zwar die Benutzung alsbald aufgenommen wurde, aber die Benutzungsaufnahme im geschäftlichen Verkehr innerhalb des vom Begriff der Branchennähe abgesteckten Schutzbereichs des gewerblichen Zeichenrechts liegt. Soll in dieser Konstellation kein Namensrecht entstanden sein? Daran knüpft sich die praktische Frage an, auf welche Art und Weise der Namensträger Kenntnis über den zeitlichen Zusammenhang zwischen der Domainregistrierung und der Benutzungsaufnahme erlangt. Will der Zeichenrechtsinhaber nicht Gefahr laufen, in einem auf Freigabe einer Domain gerichteten Verfahren zu unterliegen und die Kosten des Rechtsstreits zu tragen, so ist die Kenntnis vom Zeitpunkt der Benutzungsaufnahme des Domaininhabers essentiell[1104]. Diese Rechtsprechungspraxis trägt somit zu einem nicht unerheblichen Grad zur Unsicherheit im Hinblick auf den Ausgang künftiger Zeichenrechtsstreitigkeiten bei.

### *2. Die Ansicht der Literatur*

#### a) Vorteile der Ansicht der Literatur

#### aa) Dogmatische Konsistenz des namensrechtlichen Lösungsansatzes

Der Lösungsansatz der Literatur ermöglicht hingegen eine dogmatisch überzeugende Lösung der Problematik der Domainvorbenutzung. Mit der Entfernung der Sperrwirkung aus dem Tatbestand der Namensrechtsverletzung entfällt zugleich das Bedürfnis zur Berücksichtigung zeitlicher Aspekte. Denn namensrechtlich ist die Reihenfolge der Domainregistrierung sowie des Zeichenerwerbs irrelevant[1105]. Respektive des Schutzzwecks des Namensrechts, den Namensträger vor Zuordnungsverwirrungen zu bewahren, macht es keinen Unterschied, ob der Verkehr einen zunächst registrierten Domainnamen einem später entstandenen Namensrecht

1103 S.O. Kap. 7 C. III. 3.

1104 Vergleiche zur Kritik an diesem Gesichtspunkt *Hackbarth*, WRP 2006, S.519f, 524f.

1105 S.O. Kap. 6 C. II. 2. b) bb).

zuordnet oder umgekehrt[1106]. Abzustellen ist allein darauf, ob der Verkehr zum Zeitpunkt der letzten mündlichen Verhandlung über die Eigentumsverhältnisse des Domainnamens einem Irrtum unterliegt.

bb) Einheitliche Lösung für den Online und Offline Bereich

Ein weiterer Vorteil dieses Lösungskonzepts besteht darin, dass es Widersprüche mit dem Namensgebrauch im Offline-Bereich vermeidet. Ein Auseinanderdriften des Namensrechts online und offline ist mit dieser Lösung nicht zu befürchten, da sie für jegliche Anwendung des *§ 12 S.1 Alt. 2 BGB* gilt[1107].

cc) Rechtssicherheit

Die Ansicht der Literatur ermöglicht darüber hinaus eine einheitliche Lösung der Gesamtproblematik des Domainkonflikts. Abgesehen von der Koexistenzrechtsprechung, welche das Recht der Gleichnamigen im Domainrecht abbildet und dem Domaininhaber, unter der Prämisse einer eigenen Berechtigung, den Erhalt seines Domainnamens zusichert, bedarf es weiterer Schranken zu Gunsten des Domainvorbenutzers nicht. Insofern dürfte das Lösungsmodell auch zu einer verbesserten Akzeptanz der Entscheidungen beitragen, da einheitliche und dogmatisch nachvollziehbare Urteile weniger Streitpotential beinhalten.

b) Nachteile der Ansicht der Literatur

aa) Schwächung des Kennzeichenschutzes gegen Domainregistrierungen

Durch die Anbindung der Freigabeansprüche an namensrechtliche Zuordnungsgesichtspunkte wird die Durchsetzung von Domainlöschungsansprüchen signifikant erschwert. Muss der Namensträger nach der BGH Rechtsprechung lediglich darlegen, dass dem Domainrechtsinhaber kein eigenes Schutzrecht zur Seite steht (und nach neuer Rechtsprechung kein Fall der Vorbenutzung vorliegt), so müsste er nunmehr – empirisch – nachweisen, dass der Verkehr

---

1106 S.O. Kap. 6 C. II. 2. b) bb).

den Domainnamen tatsächlich dem Namensträger zuordnet[1108]. Durch das Erfordernis des empirischen Nachweises der Zuordnungsverwirrung wird der Zeichenrechtsinhaber darüber hinaus mit zusätzlichen Kosten und längeren Verfahrensdauern belastet. Dieser Lösungsansatz führt somit zu einer markanten Schwächung des nicht benutzten oder weitgehend unbekannten Kennzeichens gegen fremde Domainregistrierungen. Denn der Domaininhaber darf seine Domain nach diesem Lösungsansatz, im Unterschied zur Koexistenzrechtsprechung, nicht nur dann behalten, wenn er im Zeitpunkt oder in zeitlichem Zusammenhang mit der Registrierung über eine eigene rechtliche Befugnis verfügt, sondern auch dann, wenn der Nachweis einer Zuordnungsverwirrung im Einzelfall scheitert[1109]. Diese Schwächung gilt jedoch nicht für die gesamte „Lebensspanne" des Kennzeichens, sondern lediglich unter der „auflösenden" Bedingung, dass das Zeichenrecht wie *Bunnenberg* formuliert, im Laufe des Lebens nicht an Bedeutung, d.h. Bekanntheit gewinnt[1110]. Im Unterschied zum berechtigten Domaininhaber, der bereits im Registrierungszeitpunkt über eigene Rechte verfügt, ist die Rechtsposition des unberechtigten Domaininhabers nicht gesichert. So schwebt über dem ungesicherten Domaininhaber stets das Damoklesschwert, dass künftige Entwicklungen des Kollisionszeichens alsbald zu einer abweichenden Bewertung der Zuordnungsverwirrungen und somit zu Freigabeansprüchen führen. In dieser Absenkung des Schutzniveaus nichtbenutzter oder unbekannter Kennzeichen mag man einen Nachteil dieses Lösungsmodells sehen, sofern das hohe Schutzniveau von Kennzeichenrechten in Bezug auf die korrespondierende Registrierung als Domainnamen als sachgerecht erachtet wird.

bb) Erhöhte Darlegungs- und Kostenlast für Inhaber bekannter- oder berühmter Zeichenrechte

Für Inhaber bekannter oder gar berühmter Kennzeichen ändert sich durch dieses Lösungskonzept, abgesehen von einer gesteigerten Darlegungs- und Kostenlast, wenig. So braucht es der Inhaber eines bekannten Kennzeichen- oder Namensrechts grundsätzlich nicht zu dulden, wenn ihm der Verkehr fälschlicherweise die von einem unberechtigten Dritten verwendete

1107 Vgl. auch *Weisert*, WRP 2009, S.128f, 130.

1108 Der Preis der dogmatisch zutreffenden Lösung ist somit eine nachhaltige Abwertung kennzeichenrechtlicher Ausschlussbefugnisse.

1109 S.O. Kap.6 B. III.

1110 *Bunnenberg*, MarkenR 2010, S.69f, 77.

Domain als die seine zuordnet[1111]. Der einzige - allerdings maßgebliche - Unterschied zur Rechtsprechungspraxis des BGH besteht darin, dass er die Zuordnungsverwirrung relevanter Verkehrskreise nachweisen muss.

## III. Fazit

Der Auffassung der jüngeren Literatur ist zu folgen. Diese Lösung führt zu dogmatisch zutreffenden und auch in sachlicher Hinsicht überzeugenden Ergebnissen. Darüber hinaus werden divergierende Ergebnisse zwischen dem Online- und dem Offline-Bereich vermieden. Die Vorteile des Lösungskonzepts wiegen die Nachteile desselben bei weitem auf. Was den Umstand des verlängerten Verfahrens betrifft, so ist der Kennzeichenrechtsinhaber über den Dispute-Eintrag bei der DENIC hinreichend gegen missbräuchliche Übertragung des Domainnamens an Dritte geschützt[1112]. Auch die durch demoskopische Gutachten erhöhten Verfahrenskosten dürften letztlich nicht ausschlaggebend sein. Bei Internetdomains handelt es sich um entscheidende Wirtschaftsgüter und zentrale Absatz- und Marketinginstrumente, so dass die zusätzlichen Kosten des Nachweises einer Zuordnungsverwirrung hinzunehmen sein dürften[1113]. Hinzu kommt, dass Zeichenrechtsinhaber, welche den Bekanntheits- oder sogar Schutz des berühmten Kennzeichens für sich in Anspruch nehmen, ohnehin nicht gänzlich um das Erfordernis der Einholung demoskopischer Gutachten herumkommen werden[1114]. Auch die Absenkung des Schutzniveaus im Hinblick auf den Schutz formaler, d.h. nicht benutzter, sowie unbekannter Kennzeichen gegen Domainregistrierungen erweist sich als akzeptabel. So kann der Einwand, dieses Lösungsmodell benachteilige gerade solche „neuen“ bzw. in Entstehung befindlichen Zeichen, die eines korrespondierenden Domainnamens gerade bedürftig sind, um ihre Angebote im Verkehr einer gewissen Bekanntheit zuzuführen, nicht durchgrei-

1111 S.O. Kap.9. B. II. 1. b).

1112 Die Löschung einer Domain führt zwar zur Beendigung der Rechtsverletzung, jedoch kann dadurch nicht die erneute Registrierung desselben Domainnamens verhindert werden. Zu diesem Zweck dient der sogenannte Dispute-Eintrag. Die DENIC versieht eine Domain mit dem Dispute-Eintrag, sofern der Antragsteller glaubhaft macht, dass ihm an dem Domainnamen ein besseres Recht zusteht und erklärt, diesen Anspruch gegenüber dem Inhaber der Domain geltend zu machen. Mit der Löschung des Domainnamens rückt automatisch der Berechtigte, als Inhaber des Domainnamens ein. Vgl. *Pütz-Poulalion*, in Stöckel/Lüken, S.331.

1113 Vgl. etwa *Weis*, S.3.

1114 Vgl. etwa Ströbele/*Hacker*, *§ 14 MarkenG*, Rn.212f, 213.

fen. Diese Kritik wäre nur dann als fundiert zu erachten, wenn die Zeicheninhaberschaft nach aktueller Rechtslage zugleich ein absolutes Recht auf einen bestimmten Domainnamen beinhalten würde. Hält man jedoch wie bisher an der Auffassung fest, dass es einen solchen Anspruch gerade nicht gibt, so kann auch die Entwicklungsmöglichkeit eines Kennzeichens nicht dadurch beeinträchtigt sein, dass der entsprechende Domainname nicht zu Selbstdarstellungszwecken zur Verfügung steht. Für die Inhaber bekannter oder gar berühmter Zeichenrechte ändert sich durch dieses Lösungskonzept in materiellrechtlicher Hinsicht wenig, so dass es sich nahtlos in die Koexistenzrechtsprechung einfügen lässt. Auch nach diesem Lösungsansatz bleibt es dabei, dass der Inhaber eines bekannten Zeichenrechts trotz Zuordnungsverwirrung nicht befugt ist, von demjenigen Domaininhaber die Einwilligung in die Domainlöschung zu verlangen, der im Registrierungszeitpunkt über eine eigene Berechtigung an der Bezeichnung verfügt[1115]. Eine Ausnahme von diesem Grundsatz gilt allein bei der Registrierung eines berühmten Zeichenrechts. In dieser Konstellation besteht ein derart übergeordnetes Interesse des Inhabers des berühmten Zeichens, dass nach den Grundsätzen der Gleichnamigkeit sogar von einem berechtigten Domaininhaber die Freigabe eingefordert werden kann[1116].

## C. Schutz des Domainvorbenutzers vor missbräuchlichen Freigabeansprüchen

Nachdem feststeht, dass dem Umstand der Domainvorbenutzung vom Standpunkt des Kennzeichenrechts keine Beachtung beizumessen ist, soll zuletzt noch in gebotener Kürze auf die Rechtsschutzmöglichkeiten vor missbräuchlichen Verhaltensweisen eingegangen werden. So kann sich die Geltendmachung von Freigabeansprüchen, selbst dann wenn der Verkehr die Domain dem Namensträger zuordnet und somit eine Zuordnungsverwirrung vorliegt, als rechtsmissbräuchlich darstellen.

---

1115 S.O. Kap.7 B. IV. 1; auch wenn es auf den ersten Blick verwunderlich erscheint, dass der berechtigte Domaininhaber trotz tatsächlicher Irreführung des Verkehrs befugt ist seine Domain zu behalten, so darf nicht außer Acht gelassen werden, dass der Schutzzweck des Namensrechts allein darin besteht, die Individualinteressen des Namensträgers zu schützen. Nicht etwa geht es wie bei *§ 5 Abs.2 UWG* darum, die Öffentlichkeit vor Irreführung zu bewahren. Der Namensträger muss eine Beeinträchtigung seiner Interessen durch einen anderen berechtigten Namensträger folglich deshalb hinnehmen, da die ständige Rechtsprechung mit dem Recht der Gleichnamigen insoweit eine Interessenbewertung getroffen hat.

1116 BGH, Urt.v.22.11.2001, GRUR 2002, S.622f, 625,–shell.de.

I. Erfordernis der Modifikation des *§ 826 BGB*

Den Weg zur Charakterisierung des Verhaltens des Zeicheninhabers weist auch hier die Entscheidung des EuGH in Sachen „Goldhase“, deren Kriterien nach der hier vertretenen Auffassung auch im außergewerblichen Bereich – zumindest in modifizierter Form – zur Anwendung zu bringen sind[1117]. Ausgangspunkt der Bewertung ist somit stets die Feststellung der Bösgläubigkeit anhand einer Gesamtbetrachtung sämtlicher im Einzelfall erheblicher Faktoren[1118].

II. Hoher Maßstab für die Annahme der Sittenwidrigkeit

Gleichwohl gilt es bei der Übertragung dieses Rechtsinstituts in den außergeschäftlichen Bereich zu bedenken, dass sich der Ausschluss von der – privaten – Domainnutzung oder der Aufrechterhaltung der Domain durch die Geltendmachung von Ausschlussansprüchen zumindest im Hinblick auf die Eingriffsintensität von der wettbewerbsrechtlichen Konstellation der Anmeldung von Sperrzeichen unterscheidet. Denn in letzterer Situation wird die Sperrwirkung des Zeichenrechts letztlich zu dem Zweck eingesetzt, um den Wettbewerb bzw. die geschäftliche Tätigkeit des Wettbewerbers zu unterbinden und somit dessen Erwerbsquelle zu beseitigen. Demgegenüber beeinträchtigt der Freigabeanspruch gegenüber der nichtbenutzten Domain lediglich die vertragliche Beziehung zu DENIC und die lediglich privat verwendete Domain im Hinblick auf die fehlende Selbstdarstellungsmöglichkeit des Domaininhabers. Gemeinsam ist diesen Konstellationen somit der Ausschluss von der Verwendung einer Bezeichnung durch ein missbräuchlich erworbenes Zeichenrecht. Da die Nutzung einer Kennzeichnung im geschäftlichen Verkehr der Erwerbssicherung dient, führt das Abschneiden dieser Einkommensquelle für den Zeichennutzer, anders als beim privaten Domainnutzer, zu weitreichenden, möglicherweise existenzbedrohenden Nachteilen. Aus diesem Grund dürften bezüglich der Annahme eines sittenwidrigen Verhaltens gegenüber dem privaten Domaininhaber höhere Anforderungen zu stellen sein.

---

1117 S.O. Kap.7 C. III. 2.; Vgl. auch EuGH, Urt.v.03.06.2010, K&R 2010, S.480f,-reifen.eu.

1118 S.O. Kap.7 C. III. 2.

### III. Feststellung der unlauteren Motivation anhand einer Gesamtbetrachtung der Einzelumstände

Werden die Kriterien des EuGH auf die Konstellation der Domainvorbenutzung transferiert, so wäre anhand einer Gesamtbetrachtung der objektiven Umstände des Einzelfalls die Feststellung zu treffen, ob die Motivation des Zeicheninhabers primär auf die Förderung des eigenen Wettbewerbs oder vorrangig auf die Schädigung des Domaininhabers gerichtet ist. Legt man den Maßstab für sittenwidrige Verhaltensweisen höher an als bei der Fallgruppe der sittenwidrigen Anmeldung von Sperrzeichen, so müsste bei der Gesamtbetrachtung wegen des geringeren Eigeninteresses des Domaininhabers jedoch berücksichtigt werden, dass an das Vorliegen eines sachlichen Grundes für das Verhalten des Zeichenrechtsinhabers keine hohen Anforderungen zu stellen sind. So dürfte es im Gegensatz zur Entscheidung AKADEMIKS bereits als ausreichend angesehen werden, wenn die Absicht des Zeicheninhabers besteht, die Domain für eigene geschäftliche Zwecke zu verwenden. Nach diesem Ansatz wäre die Missbräuchlichkeit des Zeichenanmelders im Regelfall nur in Konstellationen evident sittenwidrigen Verhaltens anzunehmen, etwa wenn auf Seiten des Zeicheninhabers eine eigene Benutzungsabsicht vollständig fehlt und es die Gesamtbetrachtung folglich nahelegt, dass die Motivation des Zeicheninhabers primär auf die Schädigung des Domaininhabers gerichtet ist[1119].

### IV. Fazit

Erweist sich die Geltendmachung von Freigabeansprüchen gegenüber dem Domainvorbenutzer als evident rechtsmissbräuchlich, so kann sich der Inhaber der Domain trotz seiner fehlenden Berechtigung nach *§ 826 BGB* gegen die Löschung seines Domainnamens zur Wehr setzen.

1119 *Becker*, WRP 2010, S.467f, 469 m.w.N..

## D. Ergebnis

Diese Betrachtung belegt, dass es zur Auflösung des Konflikts zwischen vorbenutzter Domain und nachträglich erworbenem Schutzrecht der Einführung von Vorbenutzungsrechten nicht bedarf. Vielmehr lässt sich die Vorbenutzungsrechtsthematik im Namensrecht, sowohl im Online- als auch im Offline-Bereich, über die Anwendung originär namensrechtlicher Grundsätze, ergänzt durch das Rechtsmissbrauchsinstitut, einer dogmatisch konsistenten und sachgerechten Lösung zuführen.

## Zusammenfassung / Ergebnis

### A. Zusammenfassung

Nachfolgend sollen nochmals die maßgeblichen Erkenntnisse der referierten Einzelkapitel kursorisch zusammengestellt werden. In *Kapitel 1* wurde der Bedeutungsgehalt des Vorbenutzungsrechts als Recht zur Weiterbenutzung kraft Vorbenutzung umrissen. Im Weiteren wurde der enge Zusammenhang zwischen den normierten Vorbenutzungsrechten und der objektiven Sperrwirkung aufgezeigt. Denn allein unter der Prämisse, dass bereits die Verwendung des Sonderrechtsguts eine Verletzung des Sonderschutzrechts bewirkt, besteht ein Bedürfnis zur Berücksichtigung der Interessen des Vorbenutzers. So lassen sich gesetzliche Regelungen auch nur in solchen Sondergesetzen des Immaterialgüterrechts auffinden, deren Ausschlussrechte mit objektiver Sperrwirkung versehen sind. Sonderschutzgesetze, welche einer abweichenden Kollisionssystematik folgen, wie beispielsweise das *Urheberrechtsgesetz*, lassen eine derartige positivrechtliche Regelung vermissen. In *Kapitel 2* wurde das Vorbenutzungsrecht selbst anhand der patentrechtlichen Vorschrift des *§ 12 PatG* skizziert. Die bereits im ersten Kapitel angerissene historische Betrachtung belegt eine Abkehr vom Schutz des Doppelerfinders zum Investitionsschutz und mündet in der Widerlegung des Erfordernisses einer eigenen geistigen Leistung als Präliminarium der Vorbenutzungsrechtsentstehung. Des Weiteren konnte anhand spezifischer Charakteristika des Vorbenutzungsrechts, wie des Phänomens des Abnehmerschutzes, die Rechtsnatur als Recht „sui generis“ bestimmt werden. Ferner wurde die Zweigliedrigkeit des Schutzzwecks aufgezeigt, welcher sowohl dem Schutz eingesetzter Investitionen als auch dem Erhalt des erlangten Besitzstands als Grundlage künftiger wirtschaftlicher Tätigkeit zu dienen bestimmt ist. Das Kapitel schließt mit der wichtigen Klarstellung, dass das Vorbenutzungsrecht allein einer besonderen gesetzgeberischen Interessenbewertung geschuldet und nicht etwa auf allgemeine Erwägungen wie den Grundsatz von Treu und Glauben zurückzuführen ist. Die Erkenntnisse der historischen Betrachtung aus *Kapitel 3* sind vielfältig, so dass aufgrund der Fülle lediglich ein begrenzter Rückblick gewährt werden kann. Die Vorbenutzungsrechtsthematik wurde stets von der Faktorentroika des Verständnisses des sachlichen Zeichenschutzes, der sittenwidrigen Zeichenanmeldung sowie dem Konkurrenzverhältnis des Marken- zum Lauterkeitsrecht geprägt. Gewandelte Vorstellungen bei einem dieser Faktoren schlugen sich unmittelbar in der Handhabung des Grundkonflikts zwischen vorbenutzter Kennzeichnung und nachträglich erworbenem Schutzrecht nieder. Eine der wesentlichen Erkenntnisse der historischen Analyse besteht nicht zuletzt in der Feststellung, dass die Einräumung von Weiterbenutzungsbefugnissen, zumindest bei der Kollision sachlicher Zeichen, über lange Zeit der ständigen Rechtsprechung des Reichsgerichts entsprach. In *Kapitel 4* wurde die Thematik der Vor bzw. Weiterbenutzung im Markenrecht vor dem Hintergrund der aktuellen Rechtslage beleuchtet. So konnte aufgezeigt werden, dass eine Objektivierung der Rechtsposition des Vorbenutzers über das Institut der bösgläubigen Markenanmeldung ausscheidet. Da das Verhalten des Zeichenanmelders einer Gesamtbetrachtung sämtlicher im Einzelfall relevanter Faktoren unterzogen wird, welche seine Interessen an der Anmeldung einschließt, kommt eine Anerkennung als Rechtsposition nicht in Betracht. Auch über *§ 242 BGB* ist eine generelle Weiterbenutzungsbefugnis wegen der Vorbenutzung der Kennzeichnung nicht zu erkennen. So wurde festgestellt, dass *§ 242 BGB* prinzipiell eine geeignete Norm zur Berücksichtigung der Interessen des Vorbenutzers darstellt. In Ermangelung exogener Wertungsvorgaben zeigt sich jedoch, dass eine Abweichung von der Kollisionssystematik des Markenrechts nicht angezeigt ist. Mit *Kapitel 5,* welches die Frage der Übertragung des Vorbenutzungsrechts in das Markenrecht behandelt, endet zugleich die Darstellung des zweiten Abschnitts. Der erste Teil des Kapitels, welcher der analogen Anwendung des Vorbenutzungsrechts nach dem Muster der normierten Vorbenutzungsrechte gewidmet ist, wird mit der Feststellung der Verallgemeinerungsfähigkeit des Vorbenutzungsgedankens eingeleitet. Jedoch findet die Ansicht der h.M. letztlich ihre Bestätigung darin, dass sich generelle Vorbenutzungsrechte als mit dem Markenrecht unvereinbar erweisen. Mit *Kapitel 6* beginnt zugleich der dritte Abschnitt, welcher die Vorbenutzungsrechtsthematik im Namens- Domainrecht skizziert. In *Kapitel 6* konnte festgestellt werden, dass die Einbeziehung der Vorbenutzerinteressen in die Prüfung des Verletzungstatbestands der Namensanmaßung des *§ 12 S.1 Alt.2 BGB* wegen der Rechtsnatur des Namensrechts als absolutes Recht abzulehnen sind. Darüber hinaus belegte eine am Schutzzweck orientierte Betrachtung auch im Übrigen die Irrelevanz der Vorbenutzung. Denn das Interesse des Namensträgers, vor Zuordnungsverwirrungen des Verkehrs geschützt zu werden, wird durch den Umstand der zeitlichen Reihenfolge der Benutzungsaufnahme nicht tangiert. In *Kapitel 7,* welches der Darstellung des Domainrechts gewidmet ist, konnte letztlich der Nachweis erbracht werden, dass der BGH in jüngeren Entscheidungen zum Domainrecht generelle Vorbenutzungsrechte nach dem Vorbild technischer Schutzrechte anerkannte. Ferner konnte aufgezeigt werden, dass das Fehlen sachlicher Differenzierungskriterien zwischen der Online- und Offline- Verwendung von Namensrechten eine einheitliche Lösung gebietet. In *Kapitel 8* wurde analog der Vorgehensweise in *Kapitel 5* die Vereinbarkeit zwischen Namens- und Vorbenutzungsrecht begutachtet, welche wegen fehlender Voraussetzungen der Vergleichbarkeit gleichfalls abgelehnt wurde. In *Kapitel 9* zuletzt wurde dem Erfordernis nach der Bereitstellung alternativer Lösungsmodelle der Vorbenutzungsrechtsthematik abgeholfen und aufgezeigt, dass allein durch eine konsequente Anwendung originär namensrechtlicher Kriterien eine dogmatisch konsistente Lösung zu erzielen ist.

## B. Ergebnis

Mit dem in der Einleitung beschriebenen Zitat, welches dem Vorbenutzungsrecht die Fremdheit im Markenrecht bescheinigt, findet diese Arbeit zugleich ihren Abschluss. Generelle Vorbenutzungsrechte sind weder mit dem Marken- noch mit dem Namensrecht zu vereinbaren. Auch lässt sich jenseits vorhandener Instrumentarien zum Schutz des Kennzeichenvorbenutzers kein maßgebliches Schutzbedürfnis aufzeigen. Im Markenrecht hat insbesondere die Ausweitung der bösgläubigen Markenanmeldung durch die Rechtsprechung einen entscheidenden Beitrag geleistet, die Rechtsschutzoptionen des Kennzeichenvorbenutzers aufzuwerten. Ein vollständiger Schutz des Kennzeichenvorbenutzers, insbesondere gegen redliche Verhaltensweisen nachfolgender Zeichenerwerber besteht nicht. Diese Feststellung ist jedoch die logische Konsequenz der Tatsache, dass es an einer absolut geschützten Rechtsposition des Kennzeichenvorbenutzers gerade fehlt. Auch im Namens- und Domainrecht lässt sich ein Bedürfnis zur Einführung genereller Weiterbenutzungsbefugnisse nicht aufzeigen. Bereits die konsequente Anwendung vorhandener Rechtsschutzinstitute trägt den Interessen des Vorbenutzers in ausreichendem Umfang Rechnung.

**Studien zum deutschen und europäischen Medienrecht**

Herausgegeben von Dieter Dörr und Udo Fink
mit Unterstützung der Dr. Feldbausch Stiftung

Band 1 Peter Charissé: Die Rundfunkveranstaltungsfreiheit und das Zulassungsregime der Rundfunk- und Mediengesetze. Eine verfassungs- und europarechtliche Untersuchung der subjektiv-rechtlichen Stellung privater Rundfunkveranstalter. 1999.

Band 2 Dieter Dörr: Umfang und Grenzen der Rechtsaufsicht über die Deutsche Welle. 2000.

Band 3 Claudia Braml: Das Teleshopping und die Rundfunkfreiheit. Eine verfassungs- und europarechtliche Untersuchung im Hinblick auf den Rundfunkstaatsvertrag, den Mediendienste-Staatsvertrag, das Teledienstegesetz und die EG-Fernsehrichtlinie. 2000.

Band 4 Dieter Dörr, unter Mitarbeit von Mark D. Cole: *Big Brother* und die Menschenwürde. Die Menschenwürde und die Programmfreiheit am Beispiel eines neuen Sendeformats. 2000.

Band 5 Martin Stock: Medienfreiheit in der EU-Grundrechtscharta: Art. 10 EMRK ergänzen und modernisieren! 2000.

Band 6 Wolfgang Lent: Rundfunk-, Medien-, Teledienste. Eine verfassungsrechtliche Untersuchung des Rundfunkbegriffs und der Gewährleistungsbereiche öffentlich-rechtlicher Rundfunkanstalten unter Berücksichtigung einfachrechtlicher Abgrenzungsfragen zwischen Rundfunkstaatsvertrag, Mediendienstestaatsvertrag und Teledienstegesetz. 2001.

Band 7 Torsten Schreier: Das Selbstverwaltungsrecht der öffentlich-rechtlichen Rundfunkanstalten. 2001.

Band 8 Dieter Dörr: Sport im Fernsehen. Die Funktionen des öffentlich-rechtlichen Rundfunks bei der Sportberichterstattung. 2000.

Band 9 Dieter Dörr (Hrsg.): www.otello.de. Klassik nur noch im Internet oder per pay? Symposium aus Anlass des 85. Geburtstages von Professor Dr. Heinz Hübner. 2000.

Band 10 Markus Nauheim: Die Rechtmäßigkeit des Must-Carry-Prinzips im Bereich des digitalisierten Kabelfernsehens in der Bundesrepublik Deutschland. Illustriert anhand des Vierten Rundfunkänderungsstaatsvertrages. 2001.

Band 11 Stefan Sporn: Die Ländermedienanstalt. Zur Zukunft der Aufsicht über den privaten Rundfunk in Deutschland und Europa. 2001.

Band 12 Christian Ebsen: Fensterprogramme im Privatrundfunk als Mittel zur Sicherung von Meinungsvielfalt. 2003.

Band 13 Dieter Dörr / Stephanie Schiedermair: Rundfunk und Datenschutz. Die Stellung des Datenschutzbeauftragten des Norddeutschen Rundfunks. Eine Untersuchung unter besonderer Berücksichtigung der verfassungsrechtlichen und europarechtlichen Vorgaben. 2002.

Band 14 Dieter Dörr (Hrsg.): Rundfunk über Gebühr. Die Finanzierung des öffentlich-rechtlichen Rundfunks im Zeitalter der technischen Konvergenz. 3. Mainzer Mediengespräch. 2003.

Band 15 Dieter Dörr / Stephanie Schiedermair: Die Deutsche Welle. Die Funktion, der Auftrag, die Aufgaben und die Finanzierung heute. 2003.

Band 16 Frauke Blechschmidt: Das Instrumentarium audiovisueller Politik der Europäischen Gemeinschaft aus kompetenzrechtlicher Sicht. 2003.

Band 17 Christine Jury: Die Maßgeblichkeit von Art. 49 EG für nationale rundfunkpolitische Ordnungsentscheidungen unter besonderer Berücksichtigung von Art. 151 EG. Eine Untersuchung am Beispiel öffentlich-rechtlicher Spartenkanäle. 2005.

Band 18 Sabine Groh: Die Bonusregelungen des § 26 Abs. 2 S. 3 des Rundfunkstaatsvertrages. 2005.

Band 19 Sylke Wagner: Das *Websurfen* und der Datenschutz. Ein Rechtsvergleich unter besonderer Berücksichtigung der Zulässigkeit sogenannter *Cookies* und *Web Bugs* am Beispiel des deutschen und U.S.-amerikanischen Rechts. 2006.

Band 20 Stephanie Reese: Der Funktionsauftrag des öffentlich-rechtlichen Rundfunks vor dem Hintergrund der Digitalisierung. Zur Konkretisierung des Funktionsauftrages in § 11 Rundfunkstaatsvertrag. 2006.

Band 21 Henrike Maaß: Der Dokumentarfilm – Bürgerlichrechtliche und urheberrechtliche Grundlagen der Produktion. 2006.

Band 22 Dorit Bosch: Die „Regulierte Selbstregulierung" im Jugendmedienschutz-Staatsvertrag. Eine Bewertung des neuen Aufsichtsmodells anhand verfassungs- und europarechtlicher Vorgaben. 2007.

Band 23 Johannes Gerhard Reitzel: Arbeitsrechtliche Aspekte der Arbeitnehmerähnlichen im Rundfunk. 2007.

Band 24 Ulf Böge / Jürgen Doetz / Dieter Dörr / Rolf Schwartmann: Wieviel Macht verträgt die Vielfalt? Möglichkeiten und Grenzen von Medienfusionen. 2007.

Band 25 Valérie Schüller: Die Auftragsdefinition für den öffentlich-rechtlichen Rundfunk nach dem 7. und 8. Rundfunkänderungsstaatsvertrag. 2007.

Band 26 Simone Naumann: Die arbeitnehmerähnliche Person in Fernsehunternehmen. 2007.

Band 27 Nathalie Hellmuth: ARTE – Europa auf Sendung. Verfassungsrechtliche Rahmenbedingungen für die Beteiligung von ARD und ZDF an supranationalen Gemeinschaftssendern am Beispiel des Europäischen Kulturkanals ARTE. 2007.

Band 28 Dieter Dörr / Stephanie Schiedermair: Ein kohärentes Konzentrationsrecht für die Medienlandschaft in Deutschland. 2007.

Band 29 Dieter Dörr / Simone Sanftenberg / Rolf Schwartmann (Hrsg.): Medienherausforderungen der Zukunft. Seminar zum nationalen und internationalen Medienrecht. Vom 06.–10. Dezember 2006 in Lech am Arlberg (Österreich). 2008.

Band 30 Nina Nicole Hütt: Zur Frage der Existenz von Hörfunkrechten des Sportveranstalters unter besonderer Berücksichtigung der Fußball-Bundesliga. 2008.

Band 31 Hans-Martin Schmidt: Rundfunkgebührenfinanzierung unter dem GATS. 2008.

Band 32 Julia Niebler: Die Stärkung der Regionalfensterprogramme im Privaten Rundfunk als Mittel zur Sicherung der Meinungsvielfalt durch den Achten Rundfunkänderungsstaatsvertrag. 2009.

Band 33 Jörg Michael Voß: Pluraler Rundfunk in Europa – ein duales System für Europa? Rahmenbedingungen für den öffentlich-rechtlichen Rundfunk in einer europäischen dualen Rundfunkordnung. Unter Berücksichtigung der Anforderungen der europäischen Meinungs- und Medienfreiheit. 2008.

Band 34 Nina Knorre: Die Abwicklung des Arbeitsverhältnisses nach erfolgreicher Statusklage im Rundfunk. 2008.

Band 35 Kai Friedrich Zentara: Medienordnung und Öffentlicher Diskurs. Die Pflicht des Staates zur Gewährleistung der Funktionstüchtigkeit des Öffentlichen Diskurses. 2009.

Band 36 Daniel Rudolph: Erhalt von Vielfalt im Pressewesen. Unter besonderer Berücksichtigung des publizistischen Wettbewerbs. 2009.

Band 37 Felix Heimann: Der Pressekodex im Spannungsfeld zwischen Medienrecht und Medienethik. 2009.

Band 38 Christine Scheunert: Europäischer Jugendschutz für das Fernsehen.Bestimmungen eines kohärenten Harmonisierungsgrades unter Berücksichtigung der Jugendschutzsysteme in Großbritannien, den Niederlanden, Deutschland und Polen. 2009.

Band 39 Kristoff M. Ritlewski: Pluralismus als Strukturprinzip im Rundfunk. Anforderungen aus dem Funktionsauftrag und Regelungen zur Sicherung in Deutschland und Polen. 2009.

Band 40 Carola Drechsler: Europäische Förderung audiovisueller Medien zwischen Welthandel und Anspruch auf kulturelle Vielfalt. Unter besonderer Berücksichtigung der Kulturkompetenz der Europäischen Gemeinschaft. 2009.

Band 41 Marco Rau: Der internationale Schutz von Domainnamen und Markenrechten im Internet. Analyse unter Berücksichtigung deutschen Rechts. 2010.

Band 42 Caroline Hahn: Die Aufsicht des öffentlich-rechtlichen Rundfunks. Bestandsaufnahme und Zukunftsperspektiven. 2010.

Band 43 Harald Bretschneider: Bewertung crossmedialer Verflechtungen im Medienkonzentrationsrecht. Eine rechtsvergleichende Untersuchung unter besonderer Berücksichtigung Deutschlands, Großbritanniens sowie der Entwicklung in der EU. 2010.

Band 44 Rolf Schwartmann: Die Beteiligung von Presseunternehmen am Rundfunk. Rechtsgutachten zur Novellierung des § 33 Abs. 3 LMG NRW. 2010.

Band 45 Christopher Wolf: Der Kulturauftrag des öffentlich-rechtlichen Rundfunks in der Rechtsprechung des Bundesverfassungsgerichts. 2010.

Band 46 Dieter Dörr (Hrsg.): Die Medienordnung der Zukunft. Zum 10jährigen Bestehen des Mainzer Medieninstituts. 2011.

Band 47 Laura Johanna Reinlein: Medienfreiheit und Medienvielfalt. Kontrolle crossmedialer Konzentration in Zeiten der Konvergenz. 2011.

Band 48 Eva Ellen Wagner: Abkehr von der geräteabhängigen Rundfunkgebühr. Die Neuordnung der Rundfunkfinanzierung. 2011.

Band 49 Dieter Dörr (Hrsg.): Die Macht der Medien. Medienrechtliches Kolloquium zum 75. Geburtstag von Hartmut Schiedermair. 2011.

Band 50 Christine Seehaus: Das Pornographieverbot im Rundfunk und in den elektronischen Medien. 2011.

Band 51 Eva Aernecke: Der Schutz elektronischer Daten im Verfassungsrecht. Bedrohungen durch neue Ermittlungsmethoden. 2012.

Band 52 Armin Kühne: Haftung von Suchmaschinenbetreibern. 2012.

Band 53 Christian Gehweiler: Immaterialgüterrechtliche Vorbenutzungsrechte. 2012.

www.peterlang.de